Ulrike Richter (Hrsg.)
Jugendsozialarbeit im Gender Mainstream

Übergänge in Arbeit

Band 4

Ulrike Richter (Hrsg.)

Jugendsozialarbeit im Gender Mainstream

Gute Beispiele aus der Praxis

Verlag Deutsches Jugendinstitut 2004

Das Deutsche Jugendinstitut e.V. (DJI) ist ein zentrales sozialwissenschaftliches Forschungsinstitut auf Bundesebene mit den Abteilungen „Kinder und Kinderbetreuung“, „Jugend und Jugendhilfe“, „Familie und Familienpolitik“, „Geschlechterforschung und Frauenpolitik“ und „Social Monitoring“ sowie dem Forschungsschwerpunkt „Übergänge in Arbeit“. Es führt sowohl eigene Forschungsvorhaben als auch Auftragsforschungsprojekte durch. Die Finanzierung erfolgt überwiegend aus Mitteln des Bundesministeriums für Familie, Senioren, Frauen und Jugend und im Rahmen von Projektförderung aus Mitteln des Bundesministeriums für Bildung und Forschung. Weitere Zuwendungen erhält das DJI von den Bundesländern und Institutionen der Wissenschaftsförderung.

Die Untersuchung, über deren Ergebnisse dieser Band berichtet, wurde im Rahmen des Modellprogramms „Arbeitsweltbezogene Jugendsozialarbeit 1998–2002“ des Bundesministeriums für Familie, Senioren, Frauen und Jugend durchgeführt. Diese Veröffentlichung wurde im Rahmen des Dokumentationsprojektes „Gender Mainstreaming in der Jugendsozialarbeit“ erarbeitet. Das Projekt und die Veröffentlichung wurden vom Bundesministerium für Familie, Senioren, Frauen und Jugend gefördert. Die vom Projekt aufgebaute Good Practice-Datenbank PRAXIMO „Gender Mainstreaming in der Jugendsozialarbeit“ ist im Internet unter der Adresse www.dji.de/praximo_gender zugänglich.

Die Deutsche Bibliothek – CIP-Einheitsaufnahme
Ein Titeldatensatz für diese Publikation ist bei
Der Deutschen Bibliothek erhältlich

Alleinauslieferung: VS Verlag für Sozialwissenschaften, Wiesbaden

Umschlagentwurf: Anja Rohde, Hamburg
Gesamtherstellung: Grafik + Druck GmbH, München
ISBN 3-87966-408-0

Inhalt

1 Einleitung

Ulrike Richter

Jugendsozialarbeit im Gender Mainstream

Mit dem vorliegenden Buch wird eine Auswahl bewährter Beispiele genderpädagogischer Praxis und der Umsetzung von Gender Mainstreaming in den Organisationen der Jugendsozialarbeit vorgestellt.

Gender Mainstreaming verlangt von allen öffentlich geförderten Projekten der Jugendsozialarbeit, ihre Strukturen und Aktivitäten so zu gestalten, dass bestehende Benachteiligungen zwischen den Geschlechtern abgebaut werden. Formal ist das Prinzip Gender Mainstreaming sei Januar 2001 als allgemeiner Grundsatz in den Richtlinien des Kinder- und Jugendhilfeplanes (KJP) verankert: „Der Kinder- und Jugendhilfeplan soll (…) darauf hinwirken, dass die Gleichstellung von Jungen und Mädchen als durchgängiges Leitprinzip gefördert wird (Gender Mainstreaming)" (BMFSFJ 2001). Dabei werden beide Geschlechter aufgefordert, die Verantwortung zum Gelingen zu übernehmen.

Für die Umsetzung von Gender Mainstreaming in der Jugendsozialarbeit lassen sich Anknüpfungspunkte an bestehende Formen geschlechtsbewusster Arbeit mit Mädchen und Jungen finden. In diesen Bereichen wird seit langem die Anerkennung der geschlechtsbezogenen Arbeit als Querschnittsaufgabe gefordert. Die Geschlechterfrage ist kein neues Thema der Jugendarbeit. Für den Bereich der Jugendhilfe hat sie der Gesetzgeber in § 9 Nr. 3 SGB VIII als handlungsleitendes Prinzip festgeschrieben. Dieses erhält durch eine Politik des Gender Mainstreaming zusätzliche Relevanz. Danach sollen Leistungen der Jugendhilfe die unterschiedlichen Lebenslagen von Mädchen und Jungen berücksichtigen, Benachteiligungen abbauen und die Gleichberechtigung von Mädchen und Jungen fördern. In den 1980er-Jahren wurden geschlechtshomogene Angebote eher in Abgrenzung zu koedukativen Angeboten entwickelt. Zielgruppen waren vorwiegend die Mädchen. Der Ausbau der Mädchenarbeit sollte dazu beitragen, geschlechtsspezifische Benachteiligungen abzubauen und das Selbstbewusstsein der Mädchen zu stärken. Einige Länder legten spezielle Mädchenprogramme auf. Jungenarbeit wurde vor allem im Zuge der Gewaltprävention entwickelt (als antisexistische Jungenarbeit). Seit der PISA-Studie hat sich jedoch das Interesse an geschlechterbewusster Jungenarbeit deutlich verstärkt.

Die Gemeinsamkeit von Mädchen- und Jungenarbeit besteht darin, dass das soziale Geschlecht die zentrale Kategorie für den Zugang bildet. Mädchen- wie Jungenarbeit verkörpert eine bestimmte professionelle Haltung der Fachkräfte. Gender Mainstreaming kann auf dieser Arbeit aufbauen. Geschlechterspezifische Jugendarbeit und Gender Mainstreaming ersetzen sich nicht, sie sind vielmehr aufeinander angewiesen. Aufgabe ist es, bisherige Ansätze mit neuen zu verknüpfen. Genderpädagogik stellt dabei ein Element von Gender Mainstreaming dar.

Die Anwendung von Gender Mainstreaming in der Jugendsozialarbeit ist bisher durch ein hohes Maß an Unsicherheit gekennzeichnet. Einerseits sind in diesem Arbeitsfeld anspruchsvolle Konzepte der geschlechtsspezifischen Förderung (z.B. Mädchen- aber auch Jungenarbeit) entwickelt und erprobt worden. Andererseits hat der Mainstream der Jugendsozialarbeit diese Konzepte nur begrenzt übernommen und betrachtet in der Regel die eigenen Strukturen und Aktivitäten als „geschlechtsneutral“. Aus der Perspektive des Gender Mainstreaming würde man dies allerdings eher als „geschlechtsblind“, also blind für die Auswirkungen auf die Chancengleichheit zwischen den Geschlechtern, bezeichnen.

Die Lebenswirklichkeit von Mädchen und Jungen unterscheidet sich in vielen Bereichen. Dadurch können „neutrale“ Maßnahmen bestehende Unterschiede verstärken. Gender Mainstreaming in der Jugendhilfe heißt, grundsätzlich danach zu fragen, ob und wie die Angebote zur Chancengerechtigkeit beitragen können. Wie wirken sich Maßnahmen jeweils auf Mädchen und Jungen aus? Für die Gleichstellung von Mädchen und Jungen im pädagogischen Kontext bedeutet das, die biografischen Handlungsmöglichkeiten für beide Geschlechter in ihrer privaten und beruflichen Lebensführung zu erweitern.

Zu den Begriffen Gender und Mainstreaming

Im englischen Sprachraum wird zwischen dem biologischen (sex) und dem sozial bedingten Geschlecht (gender) unterschieden. In der deutschen Sprache fehlt diese Unterscheidung. Mit „Gender“ als dem sozialen Geschlecht wird die Tatsache thematisiert, dass Frauen und Männern verschiedene Rollen und Verhaltensweisen zugeschrieben werden. Die Zuschreibungen schließen auch das Verhältnis der Geschlechter zueinander ein. Rollenzuschreibungen als soziale Rollen müssen nicht deckungsgleich mit dem biologischen Geschlecht sein.

Die gesellschaftliche Konstruktion und Zuschreibung von Aufgaben, Funktionen, Rollen, Charakteren im öffentlichen und privaten Leben hat zur Folge, dass Männer und Frauen unterschiedliche soziokulturelle Lebens- und Verhaltensweisen aufweisen und auch unterschiedlichen Zugang zu gesellschaftlichen Ressourcen wie der Verteilung von Geld, Zeit, Macht, Arbeit, Versorgung usw. haben. Diese Unterschiede betreffen demnach das soziale Geschlecht. In den Zuschreibungen liegen systematische Benachteiligungen für Frauen wie auch für Männer begründet.

Die vorbereitende Expertengruppe des Europarates sagt dazu: „Dieses Konstrukt [des sozialen Geschlechts, d. A.] geht von ungleichen Machtverhältnissen aus, in denen die Männer dominieren und die Frauen ihnen in den meisten Lebensbereichen untergeordnet sind. Die Männer und die ihnen zugeschriebenen Aufgaben, Rollen, Funktionen und Werte werden in vielerlei Hinsicht höher eingestuft als diejenigen, die zu Frauen gehören. Die Erkenntnis setzt sich immer stärker durch, dass die Gesellschaft von dieser Voreingenommenheit zugunsten des Männlichen bestimmt wird: Die männliche Norm gilt als Maßstab für die gesamte Gesellschaft und dementsprechend sehen die politischen Konzepte und Strukturen aus. Politik und Strukturen schreiben oft ohne Absicht die Ungleichheit von Frauen und Männern fest“ (Europarat 1998, S. 6).

Durch die Thematisierung der gesellschaftlichen Konstruktion des Geschlechterverhältnisses im Begriff „Gender“ soll die Macht der geschlechtsspezifischen Zuschreibungen relativiert werden: Da die Verhältnisse zwischen den Geschlechtern als kulturell und historisch determiniert angesehen werden, können diese durch einen kulturellen oder historischen Veränderungsprozess überwunden werden.

Der Begriff „Mainstream“ verweist auf diesen Veränderungsprozess: Er bezeichnet ein Verfahren, welches durchgängig und ständig Beachtung findet – vergleichbar z.B. mit dem Prinzip der Wirtschaftlichkeit. Nur mit einem allgemein gültigen Prinzip, das alle Bereiche der Gesellschaft durchdringt, kann die Geschlechtergerechtigkeit hergestellt werden.

„Gender Mainstreaming“ heißt nun, die Auswirkungen von Geschlechtszuschreibungen auf das Leben von Frauen und Männer auf allen gesellschaftlich relevanten Ebenen stets zu berücksichtigen (mainstream), um mehr Chancengerechtigkeit zu bewirken.

Daten zur Einführung von Gender Mainstreaming

Erstmals wurde diese Strategie im Rahmen der dritten Weltfrauenkonferenz 1985 in Nairobi erwähnt (internationale Entwicklungspolitik). Auf der vierten Weltfrauenkonferenz 1995 in Peking wurde beschlossen, dass alle Regierungen, Parteien und Organisationen bei allen ihren Handlungen und Entscheidungen das Prinzip anwenden, d. h. in jedem Fall nachprüfen sollen, inwieweit ihre Politik die Lage der Frauen im Sinne der verabschiedeten Zielsetzungen verbessert (vgl. Stiegler 2000, S. 7). Für die Staaten der Europäischen Union wurden 1996 verbindliche Vorgaben zur Anwendung von Gender Mainstreaming im „Amsterdamer Vertrag" festgelegt. 1999 beschloss die Bundesregierung, dass die Gleichstellung von Frauen und Männern ein durchgängiges Leitprinzip der Bundesregierung wird. Dazu konstituierte sich im Jahr 2000 unter Federführung des Bundesministeriums für Familie, Senioren, Frauen und Jugend (BMFSFJ) eine interministerielle Steuerungsgruppe zur Implementierung von Gender Mainstreaming in alle Ressorts.

Gender Mainstreaming ist eine – im Rahmen der EU weiterentwickelte – Gleichstellungsstrategie mit dem Ziel, die tatsächliche Gleichstellung von Frauen und Männern sowie von Mädchen und Jungen zu befördern. Gender Mainstreaming ist ein weiteres Element zur Durchsetzung des politischen Auftrags, geschlechtsspezifische Benachteiligung in der Gesellschaft abzubauen bzw. zu verhindern. „Denn allein mit Formen und Maßnahmen der institutionalisierten Frauenpolitik auf der einen, wie mit Aktionen der Emanzipationsbewegungen auf der anderen Seite (wurden) die Strukturen geschlechtsbezogener Ungleichheiten nicht verändert" (Meyer/von Ginsheim 2002, S. 11). Diese Strategie erweitert die bisherige Gleichstellungs- und Frauenpolitik, da grundsätzlich Frauen und Männer einbezogen werden. Gender Mainstreaming lenkt mehr als die bisherige Frauenpolitik den Blick auf Strukturen, die soziale Ungleichheit hervorbringen und verstärken. „Insgesamt muss noch immer von einer benachteiligten Stellung von Frauen gegenüber Männern in der deutschen Gesellschaft gesprochen werden" (Liebe 2003, S. 6). Dennoch sind genaue Differenzierungen innerhalb der Zielgruppen notwendig, da Pauschalisierungen bestehende Stereotype und Rollenverhalten verstärken. Gender Mainstreaming ist eine Querschnittsaufgabe, die alle Ressorts, alle Ebenen durchzieht. Gleichzeitig stellt diese Strategie hinsichtlich der Organisation einen Top-Down-Ansatz dar. Mit Gender Mainstreaming sollen die Rahmenbedingungen hergestellt werden, die Frauen und Männern gleiche Chancen eröffnen. Es ist eine Strategie, die die Bedürfnisse und Erfahrungen von

Frauen und Männern in die Planung, Durchführung, Auswertung von Maßnahmen in jedem Bereich auf allen Ebenen einbezieht.

Umsetzungsebenen von Gender Mainstreaming in der Jugendsozialarbeit

Die Maßnahmen der Jugendsozialarbeit können nur dann Chancengerechtigkeit von Mädchen und Jungen fördern, wenn auf der Organisationsebene Gleichstellung angestrebt wird, wenn auf der Ebene der Konzeption Gleichstellung festgeschrieben ist, und wenn auf der Ebene der Maßnahmen die Mitarbeiter/innen geschlechtssensibel hinsichtlich ihres eigenen Geschlechts und des Geschlechts der Zielgruppe arbeiten. Die Organisation einer Einrichtung muss Gender-Mainstreaming-Prinzipien genauso verwirklichen (vertikal) wie die Fachkräfte der Jugendhilfe in ihrem pädagogischen Handeln (horizontal).

Organisationsebene

Gender Mainstreaming ist aufgrund des Top-Down-Ansatzes in der Leitung von Organisationen anzusiedeln. Adressatinnen/Adressaten sind hier Entscheidungsträger, z. B. im Jugendhilfeausschuss oder im Jugendamt. Die Umsetzung von Gender Mainstreaming kann insbesondere mit Prozessen der Qualitätsentwicklung in den Organisationen verknüpft werden. Ansatzpunkte sind auf verschiedenen Ebenen denkbar: auf der Ebene der Personalentscheidungen, der Organisationskultur, der Gremienarbeit, der Zusammenarbeit im Team usw.

Ebene der Maßnahmen und Zielgruppen

Koedukation

In der Jugendsozialarbeit ist die Koedukation das bestimmende Prinzip, jedoch orientiert sie sich im Wesentlichen auf Jungen. Mädchen und junge Frauen sind in den Einrichtungen der Jugendsozialarbeit unterrepräsentiert. Die meisten Jugendsozialarbeitsangebote werden – obwohl es kaum explizite Jungenarbeit gibt – von Jungen wahrgenommen, da die Angebote vorwiegend auf die Interessen von Jungen ausgerichtet sind (Berufsfelder, Sportangebote). Der Charakter vieler Einrichtungen ist männlich geprägt, sodass die Angebote Mädchen weniger ansprechen. Es fehlt noch an Ansätzen einer geschlechterbewussten Koedukation. Mit der Vorgabe des Gender Mainstreaming besteht die Chance, systematisch einen „Gender-Blick“ auch in koedukative Angebote einzubringen.

Mädchenarbeit

Gender Mainstreaming und Mädchen- bzw. Frauenarbeit haben die gleichen emanzipatorischen Wurzeln. Aktive Frauen brachten Gender Mainstreaming als Strategie zur Gleichstellung der Geschlechter in die Weltfrauenkonferenzen in Nairobi und Peking, in die Europäische Union und in die Geschäftsordnung der Bundesministerien im Jahr 2000 ein. Die Frauenarbeit hat dazu umfangreiche Vorarbeit geleistet. Diese Wurzeln werden gern übersehen, wenn Gender Mainstreaming lediglich als Modell für Organisationsveränderungen und mit der Abschaffung der Frauen- und Mädchenarbeit gleichgesetzt wird. Es wurde auch befürchtet, dass die bestehenden frauen- und mädchenpolitischen Strukturen aufgelöst werden. Dies ist zum Teil auch Realität, wenn z. B. in einer Kommune mit dem Bezug auf Gender Mainstreaming nur noch koedukativ arbeitende Projekte öffentlich gefördert werden, oder wenn die Auflösung von Kommissionen für Mädchen- und Frauenbildung diskutiert werden oder wenn Leitlinien zur Mädchenarbeit so lange politisch außer Kraft gesetzt werden, bis Leitlinien zur Jungenarbeit geschrieben wurden (Rauw/Drogand-Strud 2002, S. 28).

Aufgrund der Tatsache, dass Mädchen an den Angeboten der Jugendsozialarbeit weniger partizipieren, müssen sie einen breiteren Zugang erhalten, wenn ihre Chancengleichheit in diesem Bereich hergestellt werden soll. „Strukturell-organisatorisch wird es allerdings nach wie vor häufig darum gehen, die Strukturen so zu verändern, dass eine Benachteiligung von Frauen reduziert wird“ (Liebe 2003, S. 7). Mädchenarbeit heißt, die Interessen von Mädchen in den Blick zu nehmen. Mit spezifischen Angeboten für Mädchen wird der impliziten Jungenorientierung in der Jugendhilfe entgegengesteuert und so eine geschlechtergerechte Arbeit erreicht.

Mädchenarbeit hat vor allem in der offenen Jugendarbeit differenzierte Ansätze entwickelt, um der Lebensrealität von Mädchen gerecht zu werden und sie im Hinblick auf Selbstbestimmung, Selbstbewusstsein, Abwehr von Gewalt und die Entfaltung ihrer Fähigkeiten in vielfältiger Weise zu unterstützen. Aber auch hier sind Weiterentwicklungen angesagt: Diskutiert wird, ob die etablierten

Angebote der Mädchenarbeit deren Bedürfnisse noch treffen und wie bestimmte Altersgruppen besser erreicht werden können. Zudem ist Mädchenarbeit randständig geblieben. Gender Mainstreaming könnte dazu beitragen, dass die Mädchenarbeit sich verändert und an Bedeutung gewinnt. „Es gilt, zukünftig mit einer erhöhten Achtsamkeit gerade auf die widersprüchlichen Anforderungen an Mädchen und ihre Wahrnehmungen angemessen einzugehen" (Heiliger 2003, S. 10). Trotz der neuen Mädchenbilder (Mädchen scheinen selbstbewusst, durchsetzungsfähig und zielstrebig) wirken die geschlechtshierarchischen Strukturen unverändert; sie treten jedoch subtiler in Erscheinung (ebd.).

Jungenarbeit

Wer mit Jungen arbeitet, macht deshalb noch lange keine Jungenarbeit. In den Angeboten der Jugendsozialarbeit sind Jungen und junge Männer überrepräsentiert, jedoch gibt es nur wenige Ansätze geschlechtssensibler Arbeit mit Jungen. Gender Mainstreaming in der Jugendarbeit bedeutet, die Ergänzung der Mädchenarbeit im Sinne einer beiderseitigen Chancengleichheit durch den Aufbau einer reflektierten Jungenarbeit voranzutreiben (LAG Mädchenarbeit in NRW 2002, S. 16). Aufgabe der Jungenarbeit ist es, „den Blick auf typisierende Strukturen, Prozesse, Vorbilder zu richten, sich ihrer einengenden Folgen für die Identitätsentwicklung der Jungen bewusst zu werden und Angebote zu entwickeln, die neue Entfaltungsmöglichkeiten und alternative berufliche Perspektiven eröffnen" (Mavroudis 2002, S. 32).

Jungenarbeit sollte integraler Bestandteil von Regelangeboten werden. Jugendpolitische Anerkennung verspricht nicht nur gesichertere finanzielle Förderung, sondern auch Anerkennung der geleisteten Arbeit. Voraussetzung für den Ausbau der Jungenarbeit ist eine Grundlagenforschung zur Sozialisation und zu den Lebenslagen von Jungen, die systematische Qualifizierung männlicher Fachkräfte und eine verstärkte Kooperation der Jungen- mit der Mädchenarbeit (vgl. Mavroudis 2002, S. 35).

Genderkompetenz der Fachkräfte

Um die Bedürfnisse von Mädchen und Jungen zu erkennen und darauf angemessen reagieren zu können, ist eine gendersensible Einstellung der Mitarbeiter/innen in der Jugendhilfe Voraussetzung.

Gerade für die Pädagoginnen und Pädagogen ist die selbstreflexive Auseinandersetzung mit den eigenen normativen Vorstellungen von Männlichkeit und Weiblichkeit bedeutsam, um zu verhindern, dass sie ihre eigenen Vorstellungen auf die Kinder und Jugendlichen übertragen. Ein aktives Eintreten für Geschlechtergleichstellung muss mit Faktenwissen und Methodenkenntnissen und vor allem mit Macht verbunden werden. „Unter Macht wird neben der Macht, Entscheidungen treffen oder beeinflussen zu können, auch die Definitionsmacht von Problemen verstanden" (Enggruber 2001, S. 26).

Die Entwicklung von Genderkompetenz spielte bisher in der Aus- und Weiterbildung von Mitarbeiterinnen/Mitarbeitern nur eine untergeordnete Rolle. Neben zahlreichen Weiterbildungsveranstaltungen zur Mädchen- oder Jungenarbeit sind deshalb Bestrebungen zum Erwerb von Genderkompetenz zu begrüßen. Exemplarisch sollen hierzu zwei aktuelle Angebote genannt sein: Das Institut für Weiterbildung der Fachhochschule Kiel bietet erstmals im Jahr 2004 einen berufsbegleitenden Kurs „Genderkompetenz in Unternehmen und Organisationen" an, der mit dem Zertifikat „Genderexpertin/Genderexperte" abschließt (www.weiterbildung.fh-Kiel.de). Acht Hamburger Hochschulen haben sich vor über drei Jahren zu einem hochschulübergreifenden Studienprogramm „Gender Studies" zusammengeschlossen. Das Programm besteht aus mehreren Gender-Schwerpunkten an verschiedenen Hochschulen, zwei Gender-Studiengängen (Magister- und Diplom-Nebenfach) und ist mit fünf Gender-Professuren ausgestattet (www.frauenforschung-hamburg.de).

Literatur

Bayrischer Jugendring (Hrsg.) (2003): Jugendnachrichten. Fokus Gender Mainstreaming. 9, 57. Jg. München

Betriff Mädchen (2002): Love me gender – Gender Mainstreaming und Mädchenarbeit. Heft 3-02. Münster

BMFSFJ (2001): Kinder- und Jugendplan des Bundes (KJP). Broschüre, http://www.bmfsfj.de/Kategorien/Publikationen/Publikationen,did=3838.html

Bundesarbeitsgemeinschaft Evangelische Jugendsozialarbeit e.V. (Hrsg.) (2003): Gender Mainstreaming: Das geht alle an! Informationen, Einschätzungen, Anregungen und Praxisbeispiele aus der Arbeit der BAG EJSA. Materialheft 2. Stuttgart

Enggruber, Ruth (2001): Jugendsozialarbeit und Gender Mainstreaming. Münster

Europarat (1998): Gender Mainstreaming. Konzeptueller Rahmen. Methodologie und Beschreibung bewährter Praktiken. EG-S-MS(98)2. Straßburg

Heidelberger Institut beruf und arbeit (hiba) (Hrsg.) (2002): Durchblick, Zeitschrift für Ausbildung, Weiterbildung und berufliche Integration. Themenheft Gender Mainstreaming. 4. Heidelberg

Heiliger, Anita (2003): Gender Mainstreaming und Mädchenarbeit. Der Widerspruch zwischen Bildern und Realitäten. In: K3. Magazin des Kreisjugendrings München-Stadt. 6. Jg., Nr. 3, S. 10f.

Heiliger, Anita (2002): Mädchenarbeit im Gendermainstream. München 2002

Liebe, Martina (2003): Warum Gender Mainstreaming und woher kommt es? In: K3. Magazin des Kreisjugendrings München-Stadt. 6. Jg., Nr. 3

Mavroudis, Alexander (2002): Geschlechtsspezifische Jungenarbeit in der Jugendsozialarbeit und Chancen von Gender Mainstreaming. In: BAG JAW (Hrsg.): Dokumentation des Workshops „Gender Mainstreaming in der Jugendsozialarbeit" in Bonn, S. 32ff.

Meyer, Dorit/von Ginsheim, Gabriele (2002): Gender Mainstreaming. Zukunftswege der Jugendhilfe – ein Angebot. Berlin

Meyer, Dorit/von Ginsheim, Gabriele (2001) (Hrsg.): Gender Mainstreaming. Neue Perspektiven für die Jugendhilfe. Berlin

LAG Mädchenarbeit in NRW e. V. (2002): Presseerklärung. Gender Mainstreaming – Rückenwind für die Mädchenarbeit. In: LAG Mädchenarbeit in NRW (Hrsg.): Gender Mainstreaming. Bielefeld, S. 16f.

Rauw, Regina/Drogand-Strud, Michael (2002): Gender Mainstreaming in der Jugendhilfe –Neue Chance oder lästiges Pflichtprogramm? In: LAG Mädchenarbeit in NRW (Hrsg.): Gender Mainstreaming. Bielefeld, S. 20–29

Stiegler, Barbara (2000): Wie Gender in den Mainstream kommt. Konzepte, Argumente und Praxisbeispiele zur EU-Strategie des Gender Mainstreaming. Bonn

Ulrike Richter

Zum Projekt „Gender Mainstreaming in der Jugendsozialarbeit" und zum Aufbau des Buches

Um einen Überblick über Praxisprojekte zu erhalten, die in besonderer Weise einen Beitrag zur Umsetzung von Gender Mainstreaming und Genderpädagogik in der Jugendsozialarbeit leisten, führte das Deutsche Jugendinstitut im Auftrag Bundesministeriums für Familie, Senioren, Frauen und Jugend (BMFSFJ) im Rahmen der Datenbank PRAXIMO eine Untersuchung durch.

Im Herbst 2002 wurden alle Jugendämter und Gleichstellungsstellen/Frauenbüros bundesweit mit der Bitte um Empfehlung von Projekten angeschrieben. Darüber hinaus erfolgte die Recherche in Fachzeitschriften, im Internet sowie auf Fachveranstaltungen. Es sollte sich um Projekte handeln, die mindestens einen der folgenden Ansätze verfolgen:

- pädagogische Konzepte, durch die Mädchen und Jungen befähigt werden, Erwerbs- und Familienarbeit in ihrer Lebensplanung erfolgreich zu integrieren,
- Konzepte, die die Erweiterung der Handlungsmöglichkeiten jenseits geschlechtstypischer Einengungen ermöglichen,
- Strategien, die die Benachteiligung von Mädchen und jungen Frauen in Ausbildung und Erwerbsarbeit aufheben,
- organisatorische Ansätze, die geeignet sind, die Diskriminierung von Frauen in Verbänden und Institutionen zu überwinden.

In der Zeit von Mai 2002 bis März 2004 wurden Interviews mit Projektmitarbeiterinnen und -mitarbeitern vor Ort geführt, 40 Projektdokumentationen erstellt und das Modul „Gender Mainstreaming" in der Datenbank PRAXIMO eingerichtet.

Die Datenbank PRAXIMO

Das Deutsche Jugendinstitut e.V. baute ab 1999 im Auftrag des Bundesministeriums für Familie, Senioren, Frauen und Jugend (BMFSFJ) die Datenbank PRAXIMO – Praxismodelle „Jugend in Arbeit" auf, die Informationen über innovative Praxismodelle zur sozialen und beruflichen Integration von benachteiligten Jugendlichen enthält. Die Datenbank gibt einen Überblick über Zielstellungen, Umsetzungsstrategien und Erfahrungen zu Angeboten, die Jugendliche auf dem Weg in Ausbildung und Arbeit fördern. Fachkräfte in Politik, Verwaltung und Praxis sollen sich an dieser Stelle aktuell über Praxismodelle informieren können, um Entscheidungsgrundlagen für die Übertragung bereits erprobter Modelle oder für die Durchführung eigener Versuche zu gewinnen.

Ziele

Das Ziel des Projekts „Gender Mainstreaming in der Jugendsozialarbeit" am Deutschen Jugendinstitut e.V. bestand darin, Praxisprojekte der Jugendsozialarbeit zu dokumentieren, die in besonderer Weise einen Beitrag zur Gleichstellung von jungen Frauen und Männern leisten. Es sollte eine Auswahl von solchen Projekten getroffen werden, die eine außergewöhnliche Strategie verfolgen, bereits über Erfahrungen verfügen, über Stärken und Hemmnisse berichten können und in dieser Weise Interessierte anregen können. Es sollten Projekte sein, von denen gelernt werden kann. Die Projektbeschreibungen befinden sich in der Datenbank PRAXIMO – Modul Gender Mainstreaming, die im Internet bereitgestellt wird.

Aus der Gesamtzahl der in der Datenbank eingestellten Projektdarstellungen wurde für dieses Buch eine Auswahl von Beispielen guter Praxis getroffen.

Beschreibungsformat

Ein Merkmal der vorliegenden Beschreibungen ist, dass die Dokumentation nicht auf Selbstdarstellungen der Projekte, sondern auf einer Begutachtung durch Mitarbeiter/innen des DJI und externe Fachkräfte basiert. Auf Grundlage von standardisierten Interviews und Projektbesuchen vor Ort wurde jeweils eine ausführliche Projektbeschreibung erstellt. Diese ist in folgende Abschnitte gegliedert: Ausgangssituation, Konzeption, Umsetzung und Erfahrungen. Es ist damit nachvollziehbar, aus welcher Bedarfslage heraus ein Projekt entwickelt wurde und welche besonderen lokalen Voraussetzungen es beeinflussten. Des Weiteren werden Zielsetzung, Zielgruppe und pädagogische Konzepte beschrieben. Die „Umsetzung" beinhaltet detaillierte Angaben zu Ansprache der Zielgruppe, Projektablauf, Methoden, Kooperationen, Personalsituation und zu den räumlichen und organisatorischen Bedingungen. Schließlich werden besondere Stärken und Hemmnisse während der Entwicklung vermerkt. So wird deutlich, ob ein Projekt übertragbar und aus welchen Gründen ein Transfer zu empfehlen ist.

Neben der ausführlichen Modellbeschreibung wird ein Steckbrief erstellt, der einen schnellen Überblick ermöglicht. Außerdem sind die Rahmenbedingungen des Projekts sowie Veröffentlichungen dazu eigens aufgeführt. Über die ebenfalls genannten Ansprechpersonen sind direkte Kontakte zu den Projekten möglich.

Auswahl der Projekte

Ausgewählt wurden Projekte entsprechend den Zielsetzungen: Die Projekte sollten in der Praxis funktionieren (Praxisbezug), sie sollten im Bereich der Chancengleichstellung der Geschlechter arbeiten und dabei idealerweise die Prinzipien des Gender Mainstreaming umsetzen, und sie sollten in Konzeption und Durchführung neue Wege der Jugendsozialarbeit beschreiten (Innovation).

Erkenntnisse

Die im Projekt dokumentierten Praxisprojekte beziehen sich überwiegend auf die Ebene der Zielgruppen und sind somit der Genderpädagogik zuzuordnen. Das ist einerseits mit der Herangehensweise (Recherche, Fokus) der Untersuchung zu begründen. Andererseits gaben die meisten Projekte im Erhebungszeitraum an, keine bzw. kaum Gender-Mainstreaming-Aktivitäten bei ihrem Träger vorzufinden. Praxisbeispiele für einen Anfang zur Implementierung von Gender Mainstreaming in den Organisationen der Jugendsozialarbeit stehen demnach noch aus.

Die Ausnahme bilden diejenigen Projekte, die durch Gelder des Europäischen Sozialfonds gefördert werden. Die Auflage, das Angebot unter Genderaspekten zu überprüfen, verpflichtet die Träger, ihr Konzept zu überdenken. Leider hat das in den meisten Fällen keine Auswirkungen auf die Trägerstruktur, sondern nur auf die Konzeption der jeweiligen Maßnahme (horizontal).

Durchgängig festzustellen ist, dass die Mitarbeiterinnen von Mädchenprojekten zur Verbesserung des Angebots für alle Jugendliche adäquate Angebote für Jungen fordern. Diese Vorhaben scheitern meist an fehlenden Ressourcen: fehlende männliche Sozialarbeiter für die Jungenarbeit, fehlende Zeit zur Erstellung der Konzeption oder fehlendes Geld.

Im Feld der Jugendsozialarbeit ist festzustellen, dass Angebote der Mädchenarbeit anerkannt und verbreitet sind und die Entwicklung von geschlechtssensiblen koedukativen Angeboten begonnen wird. Im Bereich der geschlechtssensiblen Koedukation ist die Jungenarbeit stark nachgefragt, sodass sich Jungenarbeit, die im Vergleich zur Mädchenarbeit in der Praxis nur vereinzelt anzutreffen ist, im Zeichen von Gender Mainstreaming aufgrund der starken Nachfrage verstärkt weiterentwickeln wird. Jungenarbeit verlässt dann ihr Nischendasein.

Auf Tagungen zum Thema Gender Mainstreaming konnte beobachtet werden, dass im Jahr 2002 vor allem politische Hintergründe und Richtlinien erklärt wurden, und Diskussionen zur Zielbestimmung dominierten. Von allen größeren Trägern der Jugendhilfe wurden mittlerweile Leitlinien verfasst, Broschüren für den eigenen Tätigkeitsbereich zur Umsetzung sowie Zeitschriften mit thematischem Schwerpunkt Gender Mainstreaming herausgegeben. Bei dem überwiegenden Teil der Mitarbeiter/innen, die mit Jungendlichen arbeiten, ist nach wie vor ein hoher Beratungsbedarf hinsichtlich der Konzeptionserstellung zu erkennen.

Buchaufbau

In der vorliegenden Veröffentlichung finden Sie für jedes Kapitel zunächst einen einführenden Beitrag in die Thematik. Daran schließen sich zwei oder drei Beschreibungen guter Beispiele aus der Praxis an. Die Beschreibungen sind in Ausgangssituation, Konzeption, Umsetzung und Erfahrungen gegliedert. Am Ende einer jeden Projektbeschreibung sind Ansprechpartner/innen und die Adresse vermerkt. Dazu wurde eine Liste der verwendeten sowie der weiterführenden Literatur zusammengestellt. Informationen (Veröffentlichungen, Rahmenbedingungen, Steckbrief) zu den Projekten sowie weitere Projektbeschreibungen finden Sie in der Datenbank PRAXIMO im Internet (www.dji.de/praximo_gender).

Analog zum „Top-Down-Prinzip“ wurden die Kapitel des vorliegenden Buches gegliedert. Angefangen von der Ebene der Organisation über die der Maßnahmen bis zur Ebene der Zielgruppen sind Hintergründe und bewährte Strategien zur Gleichstellung der Geschlechter zusammengestellt.

Ute Wanzek, Geschäftsführerin des Gender-Instituts Sachsen-Anhalt G/I/S/A in Magdeburg, zeigt in ihrem Text, aus welchen Phasen der Gender-Mainstreaming-Prozess in Bezug auf Organisationsentwicklung besteht und auf welche Voraussetzungen für ein erfolgreiches Gelingen besonders geachtet werden sollte. Als Beispiele aus der Praxis beschreiben Christine Kolmer, Referentin für Erziehungshilfen/Mädchen- und Frauensozialarbeit/Gender Mainstreaming in der Zentralen Geschäftsstelle des Internationalen Bundes Frankfurt/Main sowie Heike Schlottau, Jugendbildungsreferentin des Nordelbischen Zentrums in Plön, die aktuellen Umsetzungsprozesse in ihren Organisationen. Des Weiteren stellt Petra Stockdreher das Vorhaben des Verbundes der Berufsbezogenen Jugendhilfe in München vor, den Frauenanteil an den Ausbildungs- und Qualifizierungsgängen zu erhöhen.

Dr. Barbara Wagner, Geschäftsführerin des Zentrums für Weiterbildung in Frankfurt/Main, stellt im zweiten Kapitel das Gendertraining als neue Form zum Erwerb von Genderkompetenz vor. Das Gendertraining ist u.a. ein Baustein der Hessischen Regionalinitiative „Equal-IT-y in the information society – Mehr Mädchen und Frauen in IT" im Rahmen der Europäischen Gemeinschaftsinitiative EQUAL. Diese Entwicklungspartnerschaft wird nachfolgend vorgestellt. Als weiteres Umsetzungsbeispiel beschreibt Fabian W. Williges von der Bundesvereinigung Kulturelle Jugendarbeit (BKJ) den jährlich stattfindenden Fachtag „Jungenarbeit" in Leipzig, der männliche und weibliche Fachkräfte der Jugendarbeit und Lehrkräfte für die spezifische Arbeit mit Jungen ansprechen möchte.

Das dritte Kapitel ist dem Thema Berufsorientierung und Lebensplanung gewidmet. Bärbel Geiß fasst in ihrem Einführungstext erprobte Problemlösungsansätze zusammen. Sie führte beim Träger Zentrum für Lernen und Arbeit (ZELA) e.V. in Gießen 14 Jahre die wissenschaftliche Begleitung von Modellversuchen zu geschlechtsspezifischen Ansätzen in der arbeitsweltbezogenen Jugendsozialarbeit durch (Zielgruppe Mädchen und junge Frauen aus benachteiligten Lebenslagen). Die Praxisbeispiele im Einzelnen: Das erfolgreiche Projekt „Zukunft im Blick" in Münster konnte in Kooperation mit Lehrerinnen und Lehrern eine kontinuierliche geschlechtsdifferenzierte Lebensplanung und Berufswahlorientierung als Projektunterricht für Schülerinnen und Schüler an Münsteraner Schulen etablieren. Mitarbeiterinnen des Jugendamtes Osnabrück entwickelten ausleihbare Materialien zur Berufswahlorientierung und Lebensplanung in geschlechtergetrennten Gruppen zur Durchführung in Schulen und Jugendeinrichtungen. Das Göttinger Projekt „Erzählcafé" verwendet einen biografischen Ansatz für berufsorientierende Gesprächsrunden für Schülerinnen zur geschlechterbewussten Auseinandersetzung mit der eigenen Berufs- und Lebensplanung.

Zu dem Thema Migration und Gender geben Prof. Leonie Herwatz-Emden und Corinna Steber von der Universität Augsburg mit ihrem Beitrag einen Überblick über Rollenerwartungen, denen Migrantenjugendliche sowie einheimische Jugendliche sich gegenüber sehen. Dazu wurden zwei konkrete Praxisbeispiele, die Beratungsangebote insbesondere für türkische Jugendliche vorhalten, ausgewählt. Das dritte vorgestellte Projekt MiA entstand als Modellprojekt im Rahmen des Programms „Mädchen in der Jugendhilfe“ und konnte sich als Regelangebot mit seinem besonderen Ansatz etablieren.

Das fünfte Kapitel gibt einen Überblick zu geeigneten Strategien, um Kompetenzen gendersensibel zu erfassen und zu fördern. Dabei spielt das Assessment Center als verbreitete Strategie in der Jugendsozialarbeit eine besondere Rolle. Als Praxisbeispiel wird das vom Berliner Frauenbildungsträger entwickelte Verfahren „taste for girls“ ausführlich vorgestellt. Es gibt jedoch noch weitere vielfältige Ansätze, die Fähigkeiten sichtbar machen. Einen davon stellt der Techniktest „Miss Technik“ des Technikzentrums Lübbecke e.V. dar, der in NRW beinahe flächendeckend Einsatz fand.

Bärbel Geiß stellt im sechsten Kapitel dar, wie die Kategorie Gender in die Förderung sozialer Kompetenzen integriert werden kann. Drei sehr unterschiedlich ausgerichtete Praxisprojekte werden hier vorgestellt. Die Kinder- und Jugendakademie BLIXX in Waren/Müritz hat ein Bildungsprogramm entwickelt, in dem durchgängig Genderaspekte berücksichtigt werden. Im Schulverweigererprojekt „KidZ3“ in Bremen (aufbauend auf „KidZ1“ für Mädchen) erhalten Jungen eine handwerklicher Grundbildung und werden in Schulfächern unterrichtet sowie sozialpädagogisch betreut. Im Projekt „Starke Mädchen – Starke Jungen – Gemeinsam stark!“ des Jugendbildungswerkes Groß-Gerau werden soziale Kompetenzen von Mädchen und Jungen, insbesondere Konflikt-, Kommunikations- und Kooperationsfähigkeit gefördert.

Der Zugang der Mädchen zu den Neuen Medien und IT-Berufen ist das Thema des siebten Kapitels. Der Einführungsbeitrag von Elise Bohlen und Claudia Flesch ist dem Reader „Lebensentwürfe jenseits von Rollenfixierungen“ entnommen, der von IN VIA Katholische Mädchensozialarbeit – Deutscher Verband e.V. herausgegeben wurde. Dazu wurden drei Praxisbeispiele ausgewählt. In Stade entwickeln Mädchen während eines Ferienkurses ein Online-Informationsangebot für Mädchen des Landkreises. In Darmstadt arbeitet das Projekt „M@dchen M-IT“ darauf hin, das Berufswahlspektrum von Mädchen und jungen Frauen mit dem Fokus auf Informations- und Kommunikationstechnologien zu erweitern. Die Beauftragte für

Chancengleichheit am Arbeitsmarkt des Arbeitsamtbezirkes Chemnitz initiiert und fördert besonders Angebote der Berufsorientierung, z. B. PC-Kurse für Mädchen oder der Ferienkurs „Mädchen und Technik“.

Im achten Kapitel berichtet Dr. Uta Zybell von der TU Darmstadt über bewährte Strategien, jungen Eltern die Ausbildung in Teilzeit anzubieten, um ihnen die Vereinbarung von Ausbildung und Familie zu ermöglichen. Wiederum drei Praxisbeispiele aus Frankfurt/Main, aus Oldenburg und Heilbronn sollen die Unterschiedlichkeit der Konzepte verdeutlichen.

Dank

Ich möchte allen Autorinnen und Autoren für Ihre Beiträge sowie den Mitarbeiterinnen und Mitarbeitern der Projekte, die ihre Arbeit offen legten, danken. Dank gilt ebenso den DJI-Kolleginnen Elisabeth Helming und Dr. Reinhilde Schäfer aus dem Projekt „Gender Mainstreaming in der Jugendhilfe“, die mich mit ihren Projekterfahrungen und ihren fachlichen Anregungen bestärkten. Besonders möchte ich Dr. Frank Braun für seine Unterstützung danken.

Ich wünsche Ihnen eine spannende Lektüre und viel Erfolg bei Ihren Schritten zur Umsetzung von Gender Mainstreaming in Ihrer täglichen Arbeit. Darüber hinaus würde ich mich über Ihre Rückmeldungen zu diesem Buch sehr freuen.

2 Gender Mainstreaming und Organisationsentwicklung

Ute Wanzek

Gender Mainstreaming als Veränderungsprozess in Organisationen

Gender Mainstreaming (GM) bedeutet die aktive Berücksichtigung der Wirkungen aller Entscheidungen, aller Maßnahmen und aller Prozesse auf die jeweiligen Lebenssituationen von Frauen und Männern. Die geschlechterbezogene Sichtweise beginnt bereits in der Konzeptionsphase und setzt sich bei der Entscheidungsfindung, bei der Umsetzung, deren Begleitung und deren Bewertung fort. Mit dieser neuen Strategie sollen die Bedürfnisse und Prioritäten von Frauen und Männern in allen Bereichen des beruflichen und öffentlichen Lebens berücksichtigt werden.

Die notwendigen Veränderungen betreffen zunächst die Führungskräfte in Politik, Wirtschaft und Verwaltung. Die konsequente Umsetzung von GM im weiteren Prozess ist jedoch Aufgabe aller Akteurinnen und Akteure, die in den verschiedenen Ebenen und in den verschiedenen Phasen der Entscheidungsfindung, -umsetzung, und -kontrolle beteiligt sind.

Das spezifische Problem der Etablierung von Gender Mainstreaming besteht darin, dass bei der Prüfung der geschlechtsspezifischen Implikationen nur Mechanismen berücksichtigt werden können, die auch individuell wahrgenommen werden. Leiter/innen oder Mitarbeiter/innen, die sich noch nicht intensiv mit Geschlechterfragen beschäftigt haben, nehmen die verborgenen Mechanismen häufig nicht angemessen wahr. Die Mehrheit der Fach- und Führungskräfte verfügt nicht über ein angemessenes Genderwissen und hat in der Ausbildung nicht die erforderlichen Genderkompetenzen erwerben können. Wie aber sollen die unterschiedlichen Bedürfnisse von Männern und Frauen berücksichtigt werden, wenn die Unterschiede in den Lebenslagen und -situationen nicht bewusst sind? Dazu fehlt es auch oft an aussagefähigen Statistiken, die die unterschiedlichen Lebenswelten von Männern und Frauen ausreichend abbilden. Die meisten Organisationen und Akteure/Akteurinnen haben sich auch bisher nicht *systematisch* damit beschäftigt, wie sich die Normen und Werte von Männern und Frauen (z.B. in der Arbeitswelt) unterscheiden und wie sich diese Differenzen auf Einstellungen und Verhalten konkret auswirken.

Häufig besteht keine Einsicht darüber, dass die konsequente Einführung von GM einen umfassenden Reorganisationsprozess darstellt. Die Gestaltung dieses Prozesses verlangt – wie alle anderen Veränderungsprozesse auch – Kompetenzen im „Change-Management", die innerhalb der Organisationen und Unternehmen oft nicht vorausgesetzt werden können, besonders dann nicht, wenn sie mit einer entsprechenden Genderexpertise verbunden sein müssen.

Der Europarat hat in seiner Definition den Prozesscharakter von GM ausdrücklich berücksichtigt. Nach dieser Definition bedeutet Gender Mainstreaming: die (Re-)Organisation, Verbesserung, Entwicklung und Evaluation grundsatzpolitischer Prozesse mit dem Ziel, eine geschlechterbezogene Sichtweise in alle politischen Konzepte, auf allen Ebenen und in allen Phasen durch alle normalerweise an politischen Entscheidungsprozessen beteiligten Akteurinnen und Akteure einzubringen.

Wenn GM als ein Veränderungsprozess zu beschreiben ist, muss nun gefragt werden: Was ist das Besondere an diesem Prozess? Wie ist dieser (Veränderungs-)Prozess zu gestalten? Welche Voraussetzungen braucht ein solcher Prozess, um erfolgreich zu sein?

Das Gender-Institut Sachsen-Anhalt (G/I/S/A) hat sich gemeinsam mit anderen Expertinnen und Experten seit seiner Gründung im Jahr 2001 mit diesen Fragen auseinander gesetzt. Nachfolgend werden die Erkenntnisse dargestellt.

Grundsatz

Der Gender-Mainstreaming-Prozess vollzieht sich nach den gleichen Grundsätzen wie die Gestaltung von Entscheidungsprozessen in modernen Organisationen/Verwaltungen. Ein solcher Prozess umfasst folgende grundlegende Aspekte:

- Vorbereitung
- Zielbestimmung
- Folgenabschätzung
- Durchführung
- Kontrolle
- Evaluierung

Der Gender-Mainstreaming-Prozess berücksichtigt hierbei, dass unterschiedliche Merkmale der Lebenswirklichkeiten von Frauen und Männern unterschiedliche Wirkungen auf Frauen und Männer durch

Entscheidungen nach sich ziehen. Geschlechtsneutrale Entscheidungen erzeugen also – ob gewollt oder ungewollt – geschlechtspezifische Wirkungen. Um diese zu beseitigen, bedarf es in der Folge erheblicher zusätzlicher Entscheidungen und Ressourcen.

Die Umsetzung von Gender Mainstreaming fördert somit:
- die Effektivität und die Effizienz von Organisations- und Verwaltungshandeln und wird somit zum Qualitätsmerkmal,
- die Realisierung des demokratischen Grundverständnisses von der Gleichstellung aller Mitglieder einer Gesellschaft und damit die Nachhaltigkeit dieser Veränderungen.

Top-Down-Prinzip

Der Prozess der Entscheidungsfindung vollzieht sich in einer Organisation z. B. eines Trägers der Jugendsozialarbeit, über drei verschiedene Ebenen:
- Normative Ebene: Was wollen wir?
  Hier werden die Organisationsziele und die Unternehmenskultur artikuliert.
- Strategische Ebene: Wie wollen wir die Ziele erreichen?
  Zur Zielerreichung werden hierbei Organisationsstrukturen und Managementaufgaben festgelegt.
- Operative Ebene: Wie arbeiten wir?
  Die konkrete Umsetzung des Handels wird auf dieser Ebene beschrieben.

Das Top-Down-Prinzip besagt, dass die Entscheidung, GM in der Einrichtung zu etablieren, von oben (d. h. von der normativen Ebene aus) gefällt wird. Einerseits wird damit deutlich, dass die Gleichstellung bereits in der Konzeption einer Einrichtung verankert sein muss, und andererseits, dass die Umsetzung der GM-Prinzipien direkt mit dem Handeln der Organisation/des Trägers verbunden ist. Die Einrichtung als Ganzes ist geschlechtersensibel; nicht ausschließlich einzelne Mitarbeiter/innen, die damit wahrscheinlich kaum Unterstützung finden würden.

Prozessgestaltung

Eine weitere Grundannahme ist, dass es immer interne und externe Prozessgestalter/innen gibt (bzw. geben sollte). Dabei gelten als *in-*

terne Prozessgestalter/innen alle, die am Prozess aktiv beteiligt sind. Dies sind verantwortliche Führungskräfte, bestimmte Organisationseinheiten (z. B. Personalämter), Mitarbeiter/innen von Modellprojekten, Interessenvertretungen wie Betriebs- und Personalräte u. a.

Unter *externen Prozessgestalter/innen* werden alle diejenigen gefasst, die die Organisation bei der Implementierung von GM von außen dauerhaft unterstützen und in die Arbeit der entsprechenden Steuerungsgremien kontinuierlich einbezogen werden.

Voraussetzungen für den Erfolg von Gender-Mainstreaming-Prozessen

Bevor auf die Anwendung dieses Prozessmodells auf den Gender-Mainstreaming-Prozess im Einzelnen eingegangen wird, soll beschrieben werden, welche Erfolgsvoraussetzungen wir für diesen Prozess definiert haben.

Klarheit des Konzepts

Diese Bestimmtheit umfasst einerseits das reflektierte Wissen über den Ansatz des GM, und andererseits die exakte Artikulation des einrichtungsspezifischen Konzepts (Verankerung im Leitbild, in der Satzung, in Beschlüssen usw.), das die Besonderheiten der Organisation und deren Strukturen, Themen und Projektfelder in Rechnung stellt.

Transparenz des Umsetzungsverfahrens

Jeder Gender-Mainstreaming-Prozess muss unmissverständlich und anschaulich hinsichtlich der Gestaltung des gesamten Verfahrens sein. Diese Erfolgsvoraussetzung umfasst Transparenz in der Durchführung hinsichtlich der Steuerung, der Festlegung von Verantwortlichkeiten, der Informationsvermittlung, der Kommunikationsstrukturen und des Controllings.

Konsequente geschlechterdifferenzierte Datenerhebungen und -auswertungen

Geschlechterdifferenzierte Informationen und Erkenntnisse werden in allen Phasen des Gender-Mainstreaming-Prozesses als Entscheidungsgrundlage benötigt und bestimmen maßgeblich dessen Qualität und Praxiswirksamkeit. Sie dienen der Erhöhung der Effektivität und Effizienz politischer Entscheidungen.

Gender-Mainstreaming-Kompetenz

Eine weitere Voraussetzung für den Erfolg eines Gender-Mainstreaming-Prozesses ist die Befähigung und Qualifikation der Führungskräfte und Mitarbeiter/innen. Die Entwicklung von Gender-Mainstreaming-Kompetenz als Handlungskompetenz durch Fortbildung und Personalentwicklung sind hierbei die konkreten Aufgaben.

Evaluation

Die Erreichung der Prozessziele muss in Form einer geplanten Evaluation überprüft werden. Die Evaluation muss die Frage beantworten, wie der Prozess bisher verlaufen ist und ob das geplante Ziel erreicht werden kann. Die Beurteilung des Prozesses kann nur anhand zuvor festgelegter Kriterien/Indikatoren erfolgen.

Der Gender-Mainstreaming-Prozess

Wir haben zur Beschreibung des Gender-Mainstreaming-Prozesses ein 4-Phasen-Prozess-Modell (ProGRes 1999) zugrunde gelegt, wie es generell im Bereich der Organisationsentwicklung üblich ist.

Grundsätzlich ist zu bemerken, dass kein Prozess ohne klaren politischen Willen, ohne Konzepte und Verantwortlichkeiten erfolgreich sein kann (Top-Down-Ansatz), und dass die hierfür notwendigen personalen Kompetenzen im Rahmen des Prozesses ausgebildet werden müssen.

Selbstverständlich ist es notwendig, dass mit dem politischen Willen zunächst das „gleichstellungspolitische Großziel“ exakt bestimmt sein muss, bevor ein Gender-Mainstreaming-Prozess initiiert wird. Es muss grundsätzlich darüber Entschlossenheit herrschen, dass mit GM ein Beitrag zur Verbesserung geschlechterdemokratischer Verhältnisse geleistet werden soll. Nur durch das Engagement aller Beteiligten in allen Phasen, auf allen Ebenen kann der Gender-Mainstreaming-Prozess erfolgreich durchgeführt werden.

Im Folgenden werden die vier Phasen des Gender-Mainstreaming-Prozesses beschrieben:

Phase 1: Analyse der Ausgangslage, Konkretisierung des Handlungsbedarfes, Motivation und Sensibilisierung

In dieser Phase geht es darum, zunächst die Ausgangslage in der Organisation, im Fachbereich oder im Projekt unter der Geschlechterperspektive zu analysieren und zu bewerten. Dabei müssen die Felder eingegrenzt werden, in denen ein gleichstellungspolitischer Handlungsbedarf deutlich wird. In dieser Phase ist es wichtig, die in den Handlungsfeldern notwendig agierenden Führungskräfte und Beteiligten für diese Aufgaben zu sensibilisieren und sie zu motivieren, aktiv an der Prozessgestaltung mitzuwirken.

Phase 2: Kontrakte, Vereinbarung der Ziele und des Umsetzungskonzeptes

Es müssen in dieser Phase die gleichstellungspolitischen Zielstellungen exakt abgeleitet und formuliert werden. Gleichzeitig müssen die Kriterien definiert werden, an denen der Erfolg gemessen werden soll. Es geht also um die Operationalisierung der gleichstellungspolitischen Ziele und Indikatoren.

In dieser Phase ist das Umsetzungskonzept zu planen. Hierbei sind die Aktionsbereiche/Maßnahmen/Projekte genau zu bestimmen und Verantwortlichkeiten festzulegen sowie Ressourcen zu planen (personell, zeitlich, räumlich, finanziell). Bestandteil der Planung muss auch sein, wie die Gender-Mainstreaming-Kompetenz in Fortbildungen und Workshops bei den Akteurinnen/Akteuren entwickelt werden soll. Außerdem ist zu planen, wie der Transfer der Ergebnisse erfolgen, wie gesteuert und kontrolliert werden und inwiefern externe Prozessbegleitung durch Bildung und Beratung in Anspruch genommen werden soll.

Phase 3: Durchführung, Prozessmanagement

In der Durchführungsphase wird es innerhalb der in Phase 1 ermittelten Handlungsfelder notwendig sein, weitere geschlechterdifferenzierte Analysen vorzunehmen und die Ziele und Indikatoren weiter zu differenzieren. Eine Bewertung der geschlechtsspezifischen Wirkungen ist während der Durchführung kontinuierlich notwendig.

Die Ausprägung der Gender-Mainstreaming-Kompetenz ist in vielfältiger Form an Hand der konkreten fachlichen Handlungsfelder kontinuierlich zu verfolgen. Es ist der Prozessverlauf in seiner Umsetzung begleitend zu evaluieren und das Prozessmanagement eng auf die zu erreichenden Ziele abzustellen.

Phase 4: Auswertung, Bewertung der Ergebnisse, Transferentscheidungen

In dieser Phase müssen der Prozess ausgewertet, die Ergebnisse der Zielerreichung bewertet und die Entscheidungen darüber getroffen werden, wie der Transfer der Ergebnisse in die „Organisationsroutinen“ erfolgen soll – wie also „Gender in den Mainstream“ gelangen soll. Gegebenenfalls müssen gleichstellungspolitische Ziele angepasst, neue Handlungsfelder, neue Verantwortliche bestimmt werden.

Gender-Mainstreaming-Leitprinzip

Gemäß den Anforderungen an einen Gender-Mainstreaming-Prozess hat das G/I/S/A ein Gender-Mainstreaming-Leitprinzip (basierend auf dem Konzept der Koordinierungsstelle für Gender Mainstreaming im ESF, GeM Österreich) entwickelt:

- Analyse der Ausgangslage
- Zielentwicklung
- Umsetzung
- Evaluation

Die Umsetzung des Leitprinzips lässt sich wie folgt beispielhaft für Programme, Maßnahmen und Projekte darstellen:

Analyse der Ausgangslage

Geschlechtsspezifische Fragestellungen und Ungleichheiten wahrnehmen und analysieren – welche geschlechtsspezifischen Unterschiede existieren bei der Zielgruppe im Hinblick auf:

- Beteiligung und Disparitäten (z. B. Anteil von Männern und Frauen in Entscheidungspositionen, Anteil von Frauen und Männern an Beschäftigung)?
- Ressourcen (z. B. Zeit, Geld, Macht, Mobilität, Freizeit, Bildungszugang)?
- Normen und Werte (z. B. Geschlechterrollen, Arbeitsteilung nach Geschlecht, Einstellung und Verhalten von Männern bzw. Frauen)?

- Rechte (z. B. direkte oder indirekte Diskriminierung aus Gründen des Geschlechts, Menschenrechte, Zugang zum Recht im legalen, politischen oder sozialökonomischen Umfeld)?
- Wie lässt sich die künftige Entwicklung einschätzen?

Zielformulierung

Konkrete und überprüfbare Gleichstellungsziele formulieren (bezogen auf Programme, Projekte und die Organisation):
- aus der Ausgangsanalyse chancengleichheitsorientiert Ziele ableiten;
- Beitrag, den das Programm, die Maßnahme, das Projekt zur Veränderung der Ausgangssituation leistet;
- geschlechterdifferenzierte Formulierung;
- konkret und überprüfbar formulieren.

Umsetzungsstrategie

Zugangs- und Teilhabechancen sicherstellen (z. B. Akquisition und Gestaltung), geschlechtsspezifische Wirkungen planen und bewerten:
- Womit sollen geschlechtsspezifische Wirkungen erzielt werden?
- Geschlechtssensible Gestaltung und Didaktik.

Evaluierung

Indikatoren und Daten geschlechtsspezifisch ausweisen, ihren Beitrag zur Erreichung der Gleichstellungsziele betrachten:
- Geschlechterdifferenzierte Dokumentation.
- Wie werden Ziele operationalisiert?
- Wird die Zielerreichung gemessen und bewertet?
- Werden (neue) Zielsetzungen abgeleitet?

Mit der Einführung von Gender Mainstreaming ist erfahrungsgemäß ein vielfältiger Zusatznutzen verbunden. Die systematische Bearbeitung von Konzepten und Problemstellungen und deren Lösung führt, quasi als Nebeneffekt, zur Qualitätsentwicklung der fachlichen Arbeit. So kann durch die im Gender-Mainstreaming-Prozess geforderte Analyse der jeweiligen Ausgangssituationen besser gewährleistet werden, dass die angebotenen Leistungen und Produkte dem tatsächlichen Bedarf in der Region entsprechen. Werden aus der Ausgangslage dann geschlechtsspezifische Zielsetzungen abgeleitet, erhöht sich auch die Qualität und die Zielgruppenorientierung der Projektarbeit insgesamt. Ein weiterer Zusatznutzen besteht in der Qualitätsverbesserung der konzeptionellen Arbeit. Durch entsprechende Instrumente, z. B. eine Ziel- und Konzeptanalyse, werden die Ziele operationalisiert und die geplanten Maßnahmen hinsichtlich ihrer Adäquatheit (Passgenauigkeit und Anwendbarkeit) überprüft. Abschließend soll noch auf ein sehr wesentliches Erfolgskriterium für GM eingegangen werden, ohne das letztlich der gesamte Gender-Mainstreaming-Prozess nicht geführt werden kann – die personalen Kompetenzen, die hierfür ausgeprägt sein müssen.

Gender-Mainstreaming-Kompetenz

Um Kompetenz für eine erfolgreiche Umsetzung von GM zu erlangen, ist eine umfangreiche Fortbildung für die Verantwortlichen und Beschäftigten sowie die Begleitung des Prozesses durch interne und externe Expertinnen und Experten unerlässlich.

Wissen

Das wird spätestens dann offensichtlich, wenn man sich verdeutlicht, dass zur Gestaltung geschlechtersensibler und geschlechterdifferenzierter Entscheidungen *Wissen* notwendig ist, z. B. über:

- Daten und Fakten zur Chancen(un)gleichheit,
- gesellschaftliche Rahmenbedingungen und Konzepte (Geschlechterdemokratie),
- neue Konzepte in der Gleichstellungspolitik (Genderkonzept, Gender als kulturelle Differenz, Doppelstrategie),
- fachspezifisches Genderwissen (z. B. Gesundheit, Verkehr, Beschäftigungspolitik, Jugendarbeit),
- Geschlechterrollen, Stereotype und ihre Wirkung,
- geschlechtsspezifische Kommunikationsstile,
- Organisationsentwicklung und Prozessgestaltung.

Können

Es braucht aber auch Können, z. B. bezüglich:

- des Umgangs mit Konflikten und Missverständnissen im Geschlechterverhältnis,
- der produktiven Nutzung von Geschlechterdifferenzen im beruflichen Alltag,
- der integrativen Förderung von Chancengleichheit/GM in der Prozessgestaltung,

- der Selbstständigkeit in der Identifizierung von Genderaspekten.

Wollen

Wenn *Wissen* und *Können* ausgeprägt sind, dann ist entscheidend, dass GM auch das Wollen der Organisation/Verwaltung bestimmt – das Wollen aller Akteurinnen und Akteure, sich selbst mit eigenen Werthaltungen, Einstellungen, Motivationen und denen der Organisation auseinander zu setzen. Hier geht es um Problemstellungen wie

- sich der eigenen Prägungen durch Herkunftsfamilie, Sozialisationsinstanzen, Milieus bewusst werden,
- Reflexion der eigenen Geschlechtsrolle im beruflichen Alltag,
- „professionelle Eigenmotivation“ (eigene Verständigungs- und Handlungsstrategien entwickeln),
- Offenheit, Beweglichkeit, Einfühlungsvermögen (dem anderen Geschlecht kritisch, aber nicht abwertend begegnen).

Dürfen

Schließlich ist es notwendig, dass in der Organisation entsprechende Rahmenbedingungen geschaffen werden, um das *Wissen*, das *Können* und das *Wollen* auch zielgerichtet einsetzen zu können – dies ist die Ebene des *Dürfens*. Hier geht es z. B. um

- Identifizierung und Schaffung von Anlässen für GM,
- Entwicklung einer förderlichen Organisationskultur.

Fazit

Gender Mainstreaming als Strategie und Methode erfolgreich umzusetzen, heißt, bereit und fähig zu sein, sich einem grundlegenden Veränderungsprozess in der Organisation zu stellen. Es heißt, bereit und fähig zu sein, die unterschiedlichen Lebenswirklichkeiten von Männern und Frauen in der Gesellschaft produktiv in alle Entscheidungen einzubeziehen. Es heißt, sich darüber bewusst zu sein, dass daher Entscheidungen, die geschlechtsneutral getroffen werden, sich zumindest unterschiedlich, häufig aber auch nachteilig, auf eines der Geschlechter auswirken können. Wenn geschlechtsspezifische Benachteiligung tatsächlich verhindert oder zumindest eingeschränkt werden soll, ist der geschlechterbezogene Entscheidungsprozess –

der Gender-Mainstreaming-Prozess – ein „Muss“ und damit ein Qualitätskriterium für die Arbeit einer jeden Organisation.

Literatur

Brückner, Margit/Böhnisch, Lothar (Hrsg.) (2001): Geschlechterverhältnisse. Gesellschaftliche Konstruktionen und Perspektiven ihrer Veränderung. Weinheim/München

Bundesministerium für Bildung, Wissenschaft und Kultur (Hrsg.) (2001): Handbuch Gender Mainstreaming in der Regionalentwicklung. Einführung in die Programmplanung. Wien

Bundesministerium für Familie, Senioren, Frauen und Jugend (2002): Gender Mainstreaming. Was ist das? Berlin

Döge, Peter (2002): Gender-Mainstreaming als Modernisierung von Organisationen. Ein Leitfaden für Frauen und Männer. In: IAIZ-Schriften, Band 2, zweite aktualisierte Auflage

Europäische Kommission (o. J): Leitfaden zur Bewertung geschlechtsspezifischer Auswirkungen, http://europa.eu.int/comm/employment_social/equ_opp/gms_de.html

GeM, Koordinierungsstelle für Gender Mainstreaming im ESF, Österreich, http://www.gem.or.at/de/index.htm

ISG Dresden Sozialforschung und Gesellschaftspolitik Gender Mainstreaming GmbH (2001): Konzept zum Gender-Mainstreaming-Ansatz in der EU-Strukturfondsförderung (Bezug: puxi@isg-institut.de). Dresden

Krannich, Margret (Hrsg.) (1999): Geschlechterdemokratie in Organisationen. Frankfurt/Main

Krell, Gertraude (Hrsg.) (2001): Chancengleichheit durch Personalpolitik. Gleichstellung von Frauen und Männern in Unternehmen und Verwaltungen. Rechtliche Regelungen – Problemanalysen – Lösungen. Wiesbaden

Kremer, Sandra/Cords-Michalzik, Detlef/Hahn, Jutta (1999): QUATRO-Transfer-Projekt: Gestaltungswissen für betriebliche Reorganisationsprozesse – ProGRes – Entwicklung eines Curriculums für betriebliche Prozeßgestalter. Stand: 15. Oktober 1999, Manuskript. Gelsenkirchen: Institut Arbeit und Technik im Wissenschaftszentrum Nordrhein-Westfalen

Ministerium für Gesundheit und Soziales des Landes Sachsen-Anhalt (2004): Gender Mainstreaming in Sachsen-Anhalt. Magdeburg, http://www.ms.sachsen-anhalt.de

Rösgen, Anne/Kratz, Maria-Theresia (2003): Chancengleichheit und Gender Mainstreaming in der EU, Studienbrief 2-010-0312 im postgradualen und weiterbildenden Fernstudienangebot Europäisches Verwaltungsmanagement, Fernstudienagentur des FVL mit Sitz an der Fachhochschule für Technik und Wirtschaft, Berlin, http://www.fvl-agentur.de

Rösgen, Anne/Wanzek, Ute/Körner, Kristin (2003): Das Gender Mainstreaming-Potenzial erhöhen – Gender-Kompetenz entwickeln. In: Ministerium für Gesundheit und Soziales des Landes Sachsen-Anhalt (Hrsg.): Gender Mainstreaming in Sachsen-Anhalt, Konzepte und Erfahrungen. Opladen, S. 101–146, http://www.g-i-s-a.de

Christine Kolmer

Gender Mainstreaming als Teil von Qualitätsmanagementprozessen am Beispiel des Internationalen Bundes[1]

Vorbemerkungen zum Internationalen Bund

Der Internationale Bund (IB) ist einer der großen freien Träger der Jugend-, Sozial- und Bildungsarbeit in Deutschland. Bundesweit arbeiten fast 11 000 Mitarbeiterinnen und Mitarbeiter des IB jährlich mit 350 000 Menschen in 700 Einrichtungen an mehr als 300 Orten in 27 Verbünden. Betreuen, Bilden, Brücken bauen, unter diesem Leitmotiv organisiert der IB Hilfen für Mitmenschen. Die Geschäftsfelder des IB sind der beruflichen Bildung und sozialen Arbeit zugeordnet. Innerhalb der beruflichen Bildung sind die wesentlichen Arbeitsfelder: Berufsvorbereitung, Ausbildung, ausbildungsbegleitende Hilfen (abH), Weiterbildung, Beschäftigungsmaßnahmen. Innerhalb der sozialen Arbeit sind die wesentlichen Geschäftsfelder: die Erziehungshilfen, Kinderhilfen, Jugendsozialarbeit/Jugendarbeit, Freiwilligendienste, Behindertenhilfen, Migrationshilfen, Wohnungslosenhilfe und Altenhilfe. Hinzu kommen politische Bildung und internationale Arbeit als Querschnittsaufgaben. Bezogen auf all diese Handlungsfelder muss Gender Mainstreaming wirksam werden.

Ausgangspunkt für die Umsetzung der Strategie des Gender Mainstreaming (GM) beim IB war u. a. das Engagement der Referentin für Mädchen- und Frauensozialarbeit, die für die Koordination der Frauenförderung und für GM im Verband zuständig ist.

---

[1] Dieser Bericht wurde der Dokumentation zur Fachtagung „Gender Mainstreaming – Umsetzung in der Kinder- und Jugendhilfe" am 11. September 2003 in Bonn entnommen. Die Fachtagung fand im Rahmen der wissenschaftlichen Begleitung des Umsetzungsprozesses von Gender Mainstreaming statt, die vom Deutschen Jugendinstitut e.V. im Auftrag des Bundesministeriums für Familie, Senioren, Frauen und Jugend durchführt wird. Untersucht werden alle freien Träger der Kinder- und Jugendhilfe, die aus dem Kinder- und Jugendplan gefördert werden. Weitere Tagungsbeiträge sowie Informationen zum Projekt unter www.dji.de/kjhgender.
Das vorgestellte Projekt zur Integration des Gender-Mainstreaming-Ansatzes in das Qualitätsmanagement des Internationalen Bundes hat im Jahr 2003 begonnen und ist zurzeit noch nicht abgeschlossen. Ein Auswertungsworkshop mit dem Vorstand zu den Erkenntnissen und Erfahrungen des Projekts wird im April 2004 stattfinden, um weitere Schritte der Implementierung in den Internationalen Bund zu beraten.

Die Zentrale Geschäftsführung hat die Funktion, fachlich anzuleiten, zu koordinieren, Fachtagungen und Fortbildungen anzubieten und Leitlinien der Geschäftsfelderpolitik zu entwickeln, was in Bezug auf GM bedeutet, dass viel Überzeugungsarbeit zu leisten ist. In den 27 Verbünden müsste GM auf alle Handlungs- bzw. Geschäftsfelder bezogen werden, aber es sind bisher noch keine Leitlinien entwickelt worden, wie GM verankert werden soll. Der Prozess des Einbezugs von GM in die Qualitätsentwicklung hat erst begonnen. Es gibt eine Jahresstatistik zu den Teilnehmerinnen und Teilnehmern in den Geschäftsfeldern, die geschlechterdifferenzierte Daten enthält, aber noch nicht systematisch ausgewertet wird.

Gender Mainstreaming: Definition des Prinzips

Gender Mainstreaming besteht in der Reorganisation, Verbesserung, Entwicklung und Evaluation von Entscheidungsprozessen in allen Politik- und Arbeitsbereichen einer Organisation. In allen Politikfeldern und Konzepten ist die Dimension der Chancengleichheit offensiv in Planung, Durchführung und Kontrolle einzubringen, d.h. es geht um die nachhaltige Beseitigung von Geschlechterdiskriminierung.

GM ist damit ein Auftrag an die Spitze einer Verwaltung, einer Organisation, eines Unternehmens und an alle Beschäftigten, die unterschiedlichen Interessen und Lebenssituationen von Frauen und Männern, in der Struktur, in der Gestaltung von Prozessen und Arbeitsabläufen, in den Ergebnissen und Produkten, in der Kommunikation und Öffentlichkeitsarbeit und in der Steuerung (Controlling) von vornherein zu berücksichtigen, um das Ziel der Gleichstellung von Frauen und Männern effektiv verwirklichen zu können.

GM ist ein Auftrag an die Leitung einer Verwaltung/Organisation oder eines Unternehmens einerseits und an alle Beschäftigten andererseits, die unterschiedlichen Interessen und Lebenssituationen von Frauen und Männern in der Struktur der Organisation, in der Gestaltung von Prozessen und Arbeitsabläufen, in den Ergebnissen und Produkten, in der Kommunikation, in der Öffentlichkeitsarbeit und in der Steuerung von vornherein und systematisch zu berücksichtigen. Das Ziel besteht darin, Chancengerechtigkeit für Frauen und Männer effektiv zu verwirklichen. GM ist ein Auftrag an die Führungsspitze einer Organisation, der als Top-Down-Prozess über die verschiedenen Ebenen der Organisation von oben nach unten – aber im Zusammenspiel – implementiert werden sollte: Alle sind beteiligt oder sind zu beteiligen, alle Führungsebenen, alle Mitarbeiter/innen,

Männer wie Frauen. Es muss ein Leitbild der Organisation geben, was GM umfassen sollte.

IST-Analyse: Zum Stand von Geschlechtergerechtigkeit und Gender Mainstreaming beim Internationalen Bund

Der *Vorstand* des Internationalen Bundes hat die folgende Zielsetzung zur Umsetzung von GM formuliert:

„Auf den Ebenen von Organisations-, Personal- und Qualitätsentwicklung entwickelt und erprobt der IB zurzeit Verfahren, Gender Mainstreaming zu verankern. Mit dem Ziel, in Bewertungsmaßstäben Geschlechtergerechtigkeit zu berücksichtigen, werden Prinzipien des Gender Mainstreaming in das Qualitätsmanagementsystem des IB integriert, das sich an dem EFQM[2]-Modell orientiert. Um Stärken und Verbesserungspotenziale der Organisation bezogen auf Gender Mainstreaming zu erkennen und zu unterstützen, wird die Thematik in die Elemente des Qualitätsmanagements (Mitarbeiter/innenberfragung usw.) integriert und bei der Einleitung von Maßnahmen zur Qualitätsverbesserung einbezogen“ (internes Arbeitspapier).

Damit ist die inhaltliche Orientierung benannt, in die das Projekt „Integration des Gender-Mainstreaming-Ansatzes in das IB-Instrument Selbstbewertung der Organisation durch die Führung nach dem EFQM-Modell“ eingebettet ist. Dieser Beschluss sagt noch nicht aus, was GM in *dieser* Organisation beinhaltet und wie Geschlechtergerechtigkeit als Qualität von Handeln konkret aussieht. Bevor auf Einzelheiten des Projekts eingegangen wird, soll im Sinne einer *IST-Analyse* skizziert werden, welche Infrastrukturen für GM im IB vorhanden bzw. nicht vorhanden sind. Diese Analyse ist die „Hintergrundfolie“, vor der sich das oben genannte Projekt entwickelt hat.

Diese IST-Analyse bezieht sich auf den vom DJI entwickelten Fragebogen zur Umsetzung bei den aus dem Kinder- und Jugendplan (KJP) des Bundes geförderten Trägern der Kinder- und Jugendhilfe.

Im Folgenden werden die Aspekte der Geschlechtergerechtigkeit in Bezug auf die Organisations- und Personalstrukturen vorgestellt.

---

[2] EFQM = European Foundation for Quality Management.

Verteilung von Positionen nach Geschlecht

Obwohl mit 61 % mehr Frauen als Männer im IB arbeiten, sind die entscheidenden Führungspositionen (Vorstand, Verbundgeschäftsführungen, Abteilungsleitungen) überwiegend männlich besetzt:

- Es arbeiten 66 % Männer (33 % Frauen) im Vorstand,
- 85 % Männer (15 % Frauen) als Verbundgeschäftsführer/innen,
- 70 % Männer (30 % Frauen) als Abteilungsleiter/innen.

Wie auch in anderen Verbänden und Organisationen gibt es eine geschlechtsspezifische Segmentierung nach Positionen. Aus dieser Schieflage hat sich die Notwendigkeit ergeben, mehr Frauen für Führungspositionen zu gewinnen. Es wurden dafür die folgenden zwei Instrumente gewählt:

- Assessment Center mit verschiedenen Funktionen,
- Mentoring-Programm.

Konzepte im Bereich der Personalentwicklung mit Berücksichtigung des Geschlechteraspektes

Der IB führt Assessment Center mit unterschiedlichen Zielsetzungen durch: als Förder-AC für zukünftige Führungskräfte, als Entwicklungs-AC und Auswahl-AC zur Stellenbesetzung. Insbesondere durch die Förder-AC (20 Frauen, 12 Männer nahmen teil) und ein spezielles Mentoring-Programm sollen perspektivisch Frauen für Führungspositionen gewonnen werden. Die Beobachtergremien in den AC sind jeweils paritätisch mit Männern und Frauen besetzt. Es wird darauf geachtet, dass immer männliche und weibliche Beobachter dabei sind, die das Verhalten auswerten. Bisher fehlt aber noch eine systematische Schulung der Beobachter/innen unter Genderaspekten.

Betriebsvereinbarungen

Der IB hat 1992 eine Betriebsvereinbarung zur „Chancengleichheit von Arbeitnehmerinnen und Arbeitnehmern und zur Vereinbarkeit von Beruf und Familie“ abgeschlossen. Hierbei geht es um die gleiche Repräsentanz von Männern und Frauen in Führungspositionen und beinhaltet z. B. die Möglichkeit, im Einzelfall auch in Führungspositionen Arbeitszeit zu reduzieren. Es geht um die gemeinsame

Beteiligung an Entscheidungen, um die gleichwertige Beteiligung an Fortbildungen, um die Gewährleistung von Kinderbetreuung usw.

Seit 1.4.2002 ist die Betriebsvereinbarung „Schutz vor sexueller Belästigung am Arbeitsplatz“ in Kraft getreten. Eine Fachkommission, die paritätisch mit Arbeitgeber- und Arbeitnehmer-/Arbeitnehmerinnenvertretung besetzt ist, wurde berufen. Ihr Aufgabengebiet sind die Einleitung und Durchführung präventiver und intervenierender Maßnahmen bezogen auf sexuelle Belästigung am Arbeitsplatz.

Gleichstellungsbeauftragte oder eine Person in ähnlicher Funktion

Das seit 16 Jahren bestehende Referat Mädchen- und Frauensozialarbeit ist inzwischen auch für die Koordination von Frauenförderung im IB und für fachpolitische Impulse zu GM zuständig. In allen 27 Verbünden als größeren Organisationseinheiten des IB sind 45 Ombudsfrauen in nebenamtlicher Funktion berufen worden, die Ansprechpartnerinnen bei Diskriminierung und sexueller Belästigung am Arbeitsplatz sind.

Berücksichtigung von Genderaspekten in der Organisationsphilosophie

Dem Thema „Geschlechtergleichstellung“ kommt in der Außendarstellung eine Bedeutung zu, die bisher ausschließlich durch Veröffentlichungen zur Mädchen- und Frauenarbeit (Leitlinien usw.) und Frauenförderung bzw. Schutz vor sexueller Belästigung am Arbeitsplatz umgesetzt worden ist. In der Organisationsphilosophie (Leitbild, Satzung usw.) ist GM bisher nicht verankert. In Stellungnahmen/Positionspapieren wird im Einzelfall GM eingearbeitet, allerdings nicht systematisch. Der Fachausschuss Mädchen- und Frauensozialarbeit als beratendes Gremium des Vorstandes arbeitet u.a. konzeptionell zu GM. An dieser Auflistung ist auch zu sehen, dass GM zwar einerseits als Top-Down-Prozess konzipiert ist, aber andererseits sich durchaus auf Initiativen von unten bezieht bzw. diese einbezieht. Die Vereinbarungen, von denen hier die Rede ist, sind aus Diskussionen in den Mitgliederversammlungen des IB entstanden und sind dann als Forderung an den Gesamtverband herangetragen worden. Dieser musste sich darauf hin positionieren, Kommissionen einrichten und Handlungsstrategien entwickeln. Das Thema GM trifft auf gute Voraussetzungen durch die bisherigen Bemühungen um Gleichstellung im Verband.

Da GM einen sehr breiten Auftrag enthält, schien es die relativ „einfachste" Möglichkeit zu sein, GM mit dem Qualitätsmanagementprozess, der im IB bereits stattfindet, zu verknüpfen.

Projekt „Integration des Gender-Mainstreaming-Ansatzes in das IB-Instrument Selbstbewertung der Organisation durch die Führung nach dem EFQM-Modell. Entwicklung von Bewertungskriterien und Erprobung von Umsetzungskonzepten"

Der Internationale Bund hat im Jahr 2002 das oben genannte Projekt beim Bundesministerium für Familie, Senioren, Frauen und Jugend (Referat 502) als Einzelmaßnahme im Rahmen des Kinder- und Jugendplans beantragt. Anlass war die Anforderung, dass GM als Qualitätsstandard und Leitprinzip in der beruflichen Bildung und sozialen Arbeit zu verankern ist. Aufgrund einer längerfristigen Erkrankung der zuständigen Referentin konnte erst im Jahr 2003 mit der Umsetzung begonnen werden. In dem Schreiben vom BMFSFJ vom Dezember zu GM in der Kinder- und Jugendhilfe wird darauf verwiesen, dass GM bedeutet, „die Entwicklung, Organisation und Evaluierung von Entscheidungsprozessen und Maßnahmen so zu betreiben, dass in jedem Bereich und auf allen Ebenen die Ausgangsbedingungen und Auswirkungen auf die Geschlechter berücksichtigt werden, um auf das Ziel einer tatsächlichen Gleichstellung von Frauen und Männern, Mädchen und Jungen hinwirken zu können".

Wesentlich ist die Verankerung von GM als Top-Down-Verfahren, das auf den Ebenen der Organisations-, Personal- und Qualitätsentwicklung anzusetzen hat und von den Führungskräften einzuleiten ist. Einen wesentlichen Zugang zu GM bietet das im IB eingesetzte Qualitätsmanagementsystem, das sich an dem EFQM-Modell orientiert. Im Rahmen des Qualitätsmanagementprozesses führen alle 27 Verbünde des IB und die Zentrale Geschäftsführung eine „Selbstbewertung der Organisation durch die Führung nach dem EFQM-Modell" durch, die sich an einem vorgegebenen Frage- und Bewertungsraster orientiert (siehe Abbildung 1).

Projektträger

Internationaler Bund, Zentrale Geschäftsführung Frankfurt am Main, Ressort Bildung und Soziale Arbeit.

Projektbeteiligte

- Vorstand, Geschäftsführer und Abteilungsleiter/innen der Zentrale,
- Verbundgeschäftsführungen, Führungskräfte,
- interne Koordinatorin der Zentrale für das gesamte Projekt, Christine Kolmer,
- Leiterin des QM-Projekts des IB, Beate Harwarth,
- externes Trainer-/Trainerinnenteam, Wolfgang Böhm und Gitte Landgrebe.

Ziele des Projekts

Ziel des Projekts ist es, GM in das Instrument Selbstbewertung der Organisation durch die Führung zu integrieren. Dabei werden Bewertungskriterien zur Realisierung von GM in der Organisation entwickelt, Verbesserungspotenziale identifiziert und Umsetzungskonzepte exemplarisch erprobt, die Geschlechtergerechtigkeit in Programmen überprüfbar machen.

Diese modellhaften Erfahrungen sollen für die systematische Integration des Gender-Mainstreaming-Ansatzes in den Qualitätsmanagementprozess in allen 27 Verbünden und der Zentralen Geschäftsführung des IB genutzt werden.

Der Weg zu diesem Projekt enthielt folgende Schritte: Der IB-Vorstand fasste den Beschluss, GM in den QM-Prozess zu integrieren, was zuvor eine Diskussion innerhalb des Vorstandes vorausgesetzt hatte. Es gab zwei Veranstaltungen mit den Verbundgeschäftsführungen, um eine Beschlusslage zu bekommen. Um die Bereitschaft herzustellen, Qualitätsmanagement und GM zu verknüpfen, musste vorerst Überzeugungsarbeit geleistet werden. Es gab Widerstände gegen eine Änderung des laufenden QM-Prozesses. Insbesondere durch die Auflagen der EU waren einzelne Geschäftsführer/innen aus Bereichen, die von EU-Förderung abhängig sind, indessen bereit, sich mit dem Thema auseinander zu setzen und haben das in den Gesamtverband transportiert. Es fanden verschiedene Einzelveranstaltungen statt, auf denen die Vorstandsbeschlüsse zu GM innerhalb des Verbandes kommuniziert wurden.

Abbildung 1: Bewertungskonzepte der „European Foundation für Quality Management (EFQM)“

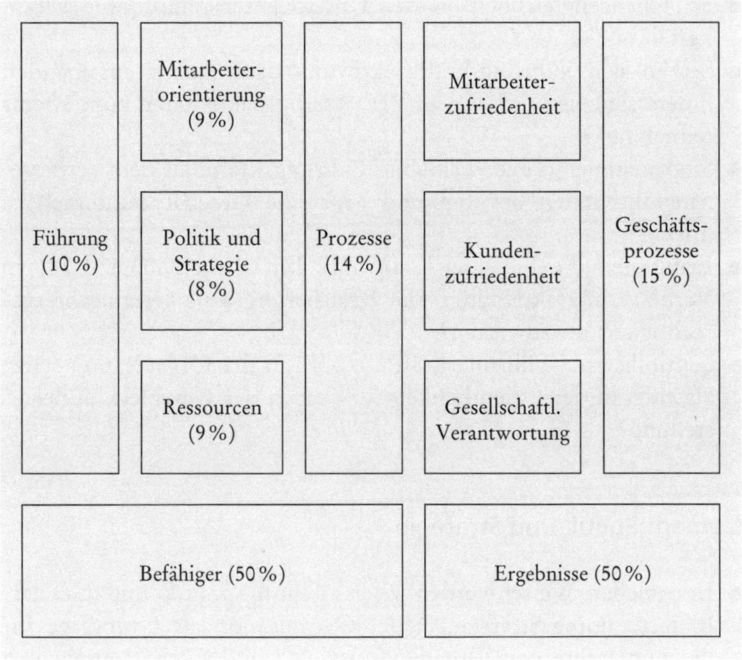

Das EFQM-Modell ist ein Bewertungsmodell für die Qualität in einer Organisation, das sich an diesen einzelnen Kriterien orientiert. Auf der linken Seite befinden sich die Kriterien, die notwendig sind, um zu bestimmten Leistungen zu befähigen. Wenn diese zufrieden stellend entwickelt sind, dann werden entsprechend zufrieden stellende Ergebnisse erwartet. Jeder Verbund führt eine Selbstbewertung nach diesen Elementen durch, in die jeweils Gender Mainstreaming als Prüfkriterium einbezogen werden kann.

Beispiele für Bewertungskriterien unter Gender-Mainstreaming-Aspekten

Diese Bewertungskriterien nach Gender-Mainstreaming-Aspekten, die in das IB-Konzept „Selbstbewertung der Organisation durch die Führung“ zu integrieren sind, werden im Rahmen des Projekts entwickelt (bezogen auf die Befähigerkriterien). Erste Überlegungen zu Bewertungskriterien liegen bereits vor:

Element Führung

- Ist Chancengleichheit in der Unternehmensphilosophie verankert?
- Setzen sich Führungskräfte aktiv mit dem Thema auseinander, indem sie beispielsweise an Verbesserungsaktivitäten zum Thema teilnehmen?
- Sind männliche und weibliche Führungskräfte an den Verbesserungsaktivitäten beteiligt und wirkt die Geschäftsleitungsebene mit?
- Ermutigen die Führungskräfte ihre Mitarbeiter/innen dazu, an Verbesserungsaktivitäten zur Realisierung von Geschlechtergerechtigkeit mitzuwirken?
- Sensibilisieren Führungskräfte sowohl in der Organisation selbst als auch in der Öffentlichkeit für Fragen der Geschlechtergleichstellung?

Element Politik und Strategie

- In welcher Weise werden Gleichstellungspolitik und Gender-Mainstreaming-Strategie in der Organisation als Grundlage für die Festlegung von Organisationszielen und Aktivitätenplanung verwendet?
- Werden für die neuen Konzeptionen, Maßnahmen etc. in die Planungsphase geschlechtsspezifische Analysen einbezogen? Werden auf der Grundlage von systematisch erhobenen Daten Gender-Mainstreaming-Strategien für den IB formuliert und daraus entsprechende Maßnahmen eingeleitet?
- Werden genderspezifische Bedürfnisse und Erwartungen von Teilnehmerinnen/Teilnehmern und Kooperationspartnerinnen/Kooperationspartnern bei der Strategieplanung ausreichend berücksichtigt?
- Werden genderspezifische Bedürfnisse und Erwartungen von Mitarbeiterinnen/Mitarbeitern bei der Strategieplanung ausreichend berücksichtigt?

Element Mitarbeiter-/Mitarbeiterinnenorientierung

- Findet eine regelmäßige Überprüfung auf die ausgewogene Vertretung von Frauen und Männern in Führungspositionen auf allen Ebenen statt?

- Werden der Gedankenaustausch sowie der Austausch über gelungene Aktionen/Projekte bezüglich GM gefördert? Gibt es Fachgremien im Verbund zu bestimmten GM-Fragen? Haben diese Fachgremien ein entsprechendes Zeitbudget und/oder Ressourcen zur Verfügung? Wird dieser Gedankenaustausch systematisch gefördert, können die Mitarbeiter/innen während der Arbeitszeit teilnehmen?

Element Partnerschaft und Ressourcen

- Wie werden Schlüsselpartner/innen und Netzwerke bezüglich der Gender-Mainstreaming-Strategie in der Organisation genutzt?
- Wird Frauennetworking zur Erreichung des Ziels „Chancengleichheit“ gefördert?

Element Prozesse

- Werden die Erwartungen der Teilnehmer/innen geschlechtsspezifisch erhoben und ausgewertet?
- Fließen die Erkenntnisse zu genderspezifischen Bedürfnissen der Teilnehmer/innen in die Gestaltung der Prozesse ein?

Von den Führungskräften wird erwartet, dass sie mit diesem Frageraster zur Selbstbewertung in die Einrichtung, in den Verbund gehen und die Infrastruktur danach bewerten: Was muss verbessert werden? Wo gibt es Handlungsbedarfe? Müssen zuvor Daten erhoben und ausgewertet werden?

Arbeitsschwerpunkte des Projekts

Die wesentlichen Arbeitsschwerpunkte des Projekts sind:

- Information der Verbundgeschäftsführungen über das Projekt, Sensibilisierung für die Thematik (Juni 2002).
- Erster Workshop (9.9.2003) mit dem Vorstand, Verbundgeschäftsführungen und Führungskräften aus den Verbünden mit folgenden Inhalten: Zur Integration des Gender-Mainstreaming-Ansatzes in das Qualitätsmanagement des IB wurde eine strategische Rahmenkonzeption sowie ein organisationsspezifischen Trainingskonzepts entwickelt und verabschiedet. Dazu wurden strategische

Ziele – bezogen auf GM – erarbeitet. Zudem wurde eine Vorlage zur Selbstbewertung erstellt.

- Durchführung eines zweitägigen Trainingsworkshops (6.–7.11.2003) mit Führungskräften aus den Verbünden und der Zentralen Geschäftsführung. Im Rahmen dieses zweiten Workshops sollten die Selbstbewertungsgrundlage durchgearbeitet und Verbesserungspotenziale gefunden werden.[3] Der Workshop diente dazu, die eigene Führungsrolle und die Führungsaufgabe im Sinne der Politik und Strategie der Organisation zu reflektieren, Stärken und Lücken bzw. Verbesserungspotenziale zu erkennen sowie individuelle Verbesserungsmaßnahmen, die das eigene Arbeitsfeld betreffen, abzuleiten.
- Team-Coaching in regionalen Gruppen (ca. je vier Teilnehmer/innen) zur Reflexion der geplanten und durchgeführten Verbesserungsmaßnahmen sowie Unterstützung bei der Implementierung der Vorhaben. Eine Thematik kann dabei die Integration des Gender-Mainstreaming-Ansatzes in die Arbeitsabläufe in verbundbezogenen Pilotprojekten sein. Team-Coaching bedeutet: Die Führungskräfte gehen mit der erarbeiteten Selbstbewertungsvorlage in ihren Verbund, wenden dort die Selbstbewertung an, erkennen Verbesserungspotenziale, die dann in kleinen Projekten umgesetzt werden sollen. Diese Projekte präsentieren sie dann in Regionalgruppen, in denen ein Coaching im Sinne einer Reflexion stattfindet, wie die Umsetzung der Projekte läuft (Zielerreichung, Stärken, Hemmnisse). Die Ergebnisse sollen dokumentiert werden.
- Dokumentation des Trainingsworkshops und der Erfahrungen aus den Pilotprojekten in Zusammenarbeit mit der internen Koordinatorin.
- Auswertungsworkshop mit dem Vorstand sowie den Verbundgeschäftsführungen und Führungskräften zur Präsentation der Projektergebnisse, Auswertung der Erfahrungen und weitere Strategieplanung.
- Dokumentation der Workshops und der Erfahrungen aus den Pilotprojekten in Form einer Veröffentlichung (IB-intern und -extern in Absprache mit dem BMFSFJ) der im Projekt erarbeite-

---

[3] Die Ombudsfrauen, die gleichstellungspolitische Aufgaben im Verband wahrnehmen, sind in den Implementierungsprozess nicht direkt eingebunden, da zunächst die Managementebene gefordert ist, ein Rahmenkonzept und strategische Ziele zu entwickeln.

ten Bewertungskriterien zur Umsetzung von GM in der Organisation und der realisierten Maßnahmen.

- Da Gender Mainstreaming eine dauerhafte Querschnittsaufgabe ist, müssen deren Erfüllung bzw. Fortschritte im Rahmen des Qualitätsmanagementprozesses im IB sowohl auf Verbundebene als auch für den IB insgesamt kontinuierlich überprüft werden.

Kontakt:
Frau Christine Kolmer
Referat Erziehungshilfen/Mädchen- und
Frauensozialarbeit/Gender Mainstreaming
Internationaler Bund
Zentrale Geschäftsführung
Ressort Bildung und soziale Arbeit
Burgstraße 106
60389 Frankfurt/Main

Heike Schlottau

Die Umsetzung von Gender Mainstreaming im Bundesverband der Evangelischen Trägergruppe für gesellschaftspolitische Jugendbildung[4]

Ausgangssituation

Im Januar 2003 hat die Konferenz der Jugendbildungsreferentinnen und -referenten der Evangelischen Trägergruppe für gesellschaftspolitische Jugendbildung ein Konzept des Gender Mainstreaming als grundlegende Orientierung für die Arbeit der Organisation und für die Gestaltung der Bildungsangebote beschlossen. Dieser Beschluss wurde vom Verwaltungsrat der Evangelischen Trägergruppe bestätigt und zur verbindlichen Grundlage für die Aktivitäten des Verbandes erklärt. Erfolgreich verabschiedet werden konnte das Konzept, weil es einen Vorlauf von mehr als zwei Jahren gab, in dem die Mitglieder der fachlichen Arbeitsgruppe „Innovationsgruppe Gender" mit Unterstützung des Bundestutors auf dieses Ziel hingearbeitet haben. Sie haben Beschlussvorlagen zur Umsetzung von Gender Mainstreaming erarbeitet und das Konzept in den verschiedenen Gremien der Trägergruppe vertreten. Die Innovationsgruppe setzt sich aus etwa gleich vielen Frauen und Männern aus dem Bundesverband zusammen. Im Bundesverband arbeiten insgesamt 19 Frauen und 26 Männer mit, die bei unterschiedlichen Trägerorganisationen bundesweit angestellt sind. Die Spitze des Bundesverbandes mit Sitz in Berlin ist zurzeit mit einem Bundestutor und einer pädagogischen Mitarbeiterin besetzt.

Bevor die „Innovationsgruppe Gender" eingerichtet wurde, gab es bereits seit über zehn Jahren eine Frauenprojektgruppe zum Schwerpunkt Mädchenbildungsarbeit. Im Lauf der Jahre bildete sich auch ein kleiner Kreis von Jugendbildungsreferenten zur Jungenarbeit. An der Evangelischen Akademie Nordelbien fanden dann erstmals einige gemeinsame Tagungen zu Mädchen- und Jungenarbeit statt, in denen es gelungen ist, die Diskussion zwischen Männern und Frauen über

[4] Dieser Bericht ist ebenfalls der Dokumentation zur Fachtagung „Gender Mainstreaming – Umsetzung in der Kinder- und Jugendhilfe" am 11. September 2003 in Bonn entnommen (vgl. Fußnote 1).

geschlechterbewusste Arbeit voranzutreiben. Diese positiven Erfahrungen konnten in die Evangelische Trägergruppe hineingebracht werden, wo gleichzeitig für die Gründung der „Innovationsgruppe Gender“ geworben wurde. Die Mitglieder der Innovationsgruppe haben sich zunächst mit der Frage auseinander gesetzt, wie sie genderbezogene Fragen in ihrer eigenen Bildungsarbeit mit Jugendlichen und mit Multiplikatorinnen und Multiplikatoren umsetzen können. In dieser Gruppe entstand der Wunsch, den Anstoß zur Umsetzung von Gender Mainstreaming im Bundesverband zu geben. Dazu erarbeitete die Gruppe das Konzept von Gender Mainstreaming, das im Januar 2003 verabschiedet werden konnte.

Die Strategien von Gender Mainstreaming in der Evangelischen Trägergruppe richten sich auf drei Bereiche: Im ersten Bereich zielt Gender Mainstreaming auf die Veränderung des Leitbildes, der Organisationskultur und -strukturen und der Arbeitsweise der Trägergruppe. Ein Ziel in diesem Zusammenhang ist unter anderem die Veränderung der Zusammensetzung von und des Arbeitsstils in den Gremien. Der zweite Bereich betrifft die Qualifikationen und Kompetenzen der Mitarbeiter/innen und die Zusammensetzung der Teams; denn ein zentrales Element der Umsetzung von Gender Mainstreaming wird in der Qualifizierung, Weiterbildung und der Erweiterung von genderbezogenen Kompetenzen der Mitarbeiter/innen gesehen. Der dritte Bereich besteht aus den Angeboten, Aktivitäten und Projekten der Evangelischen Trägergruppe.

Um Gender Mainstreaming in dem erstgenannten Bereich „Leitbild, Organisationskultur“ zu etablieren, wurde die Präambel der Ordnung der Evangelischen Trägergruppe um das folgende, allgemeine Ziel ergänzt: „Die Evangelische Trägergruppe will mit ihrer Arbeit einen Beitrag zur Verwirklichung von mehr Geschlechtergerechtigkeit leisten. Mit ihren Angeboten und Aktivitäten befördert sie eine gegenseitige Anerkennung von Individuen, die in kultureller Vielfalt und Differenz zusammenleben, im Horizont der Vision einer gerechten Gemeinschaft. Dabei hat sie die Entfaltung der Potenziale und Kompetenzen der einzelnen Person ebenso im Blick wie die sozialen Strukturen, die sich zum Beispiel in der Verteilung von Aufgaben und Ressourcen zwischen den Geschlechtern und an ihrem Zugang zu Entscheidungsstrukturen und Gestaltungsmöglichkeiten zeigen.“

Damit dieses allgemeine Ziel in der Praxis umgesetzt werden kann, hat die Innovationsgruppe Gender zusätzlich Ziele nach außen (bezogen auf Angebote und Projekte) und Ziele nach innen (bezogen auf Strukturen und Arbeitsweisen) formuliert. Die auf die Angebote und Projekte der Evangelischen Trägergruppe gerichteten Ziele beinhalten zum einen die geschlechtergerechte Gestaltung von Veranstaltungen und zum anderen die Beteiligungsmöglichkeiten sowie Arbeitsformen und -materialien. So soll zum Beispiel darauf geachtet werden, dass das verwendete Bildmaterial die Vielfalt von Menschen zeigt, an die die Angebote adressiert sind. Ebenso soll auf eine inklusive, Frauen und Männer benennende Sprache geachtet werden. Ein weiteres Ziel ist, verfügbare finanzielle Mittel und Ressourcen so einzusetzen, dass sie unterschiedlichen Mädchen und Jungen, jungen Frauen und jungen Männern in gerechter Weise zugute kommen. Darüber hinaus werden eine geschlechtergerechte Zusammensetzung und geschlechterbewusstes Arbeiten in den Projekt- und Veranstaltungsteams angestrebt. In dem Zusammenhang ist es der Evangelischen Trägergruppe wichtig, sowohl die Festangestellten als auch die Honorarmitarbeiter/innen im Sinne des Gender Mainstreaming weiterzubilden.

Zu den auf Strukturen und Arbeitsweise der Evangelischen Trägergruppe bezogenen Zielen nach innen gehört, dass sich in der Zusammensetzung des Personals – etwa der Jahreskonferenz der Jugendbildungsreferentinnen und -referenten – die Vielfalt an Lebensformen abbildet. Als ein weiteres Ziel wurde formuliert: „Die Evangelische Trägergruppe gestaltet Arbeitsweise und Zusammensetzung von Leitungsorganen und Gremien geschlechtergerecht." Dabei geht es sowohl um die Organisationsstruktur als auch um die Art, wie miteinander kommuniziert wird und um den Zugang zu Informationen. Dieser Bereich beinhaltet also auch die Frage nach informellen Netzwerken, in denen Informationen ausgetauscht werden und von denen bestimmte Mitarbeiter/innen profitieren, während andere keinen Zugang dazu haben. Ein anderes Ziel besteht darin, die Arbeitsbedingungen so zu gestalten, dass unterschiedliche Lebensformen und -konzepte realisierbar sind. Zudem will die Evangelische Trägergruppe die vorhandenen Mittel geschlechtergerecht einsetzen und dafür sorgen, dass Finanzen und Ressourcen wie z. B. Räume von allen auf gerechte Weise genutzt werden können.

Ansatzpunkte der Umsetzung

Ausgehend von der Frage, wie die definierten Ziele praktisch umgesetzt werden können, hat die Evangelische Trägergruppe Handlungsfelder von Gender Mainstreaming bestimmt. Das erste Handlungsfeld betrifft die Formulierung von Leitbild und Zielen. An zweiter Stelle steht die geschlechtergerechte Gestaltung von Angeboten.

Checklisten zur geschlechtergerechten Durchführung von Veranstaltungen

Dazu hat die Innovationsgruppe Gender eine Checkliste erarbeitet. Vorgabe war, dass diese Checkliste möglichst einfach zu handhaben sein soll und alle Mitarbeiter/innen bei der Planung und Durchführung jeder Veranstaltung dabei unterstützen soll, Aspekte geschlechtergerechter Arbeit zu berücksichtigen. Die Checkliste enthält Fragen 1. zur Zielgruppe, 2. zu Themen und Inhalten des Vorhabens, 3. zur Programmgestaltung und Werbung, 4. zu den Mitwirkenden, 5. zur Didaktik und Methodik, 6. zur Evaluation der Vorhaben und 7. zu Tagungsstätten und Bildungseinrichtungen.

Die Checkliste ist in der von der Evangelischen Trägergruppe aktuell herausgegebenen Broschüre „Gender Mainstreaming in der gesellschaftspolitischen Jugendbildung. Wege zu mehr Geschlechtergerechtigkeit“ enthalten. Die folgenden Beispiele für Kriterien zur Berücksichtigung von Genderaspekten in der Arbeit sind überwiegend daraus entnommen.

1. Beispiele für Fragen zur Zielgruppe: Wen will ich mit der Veranstaltung erreichen, welche Mädchen/Jungen, Frauen/Männer? Was weiß ich über die Teilnehmenden (Geschlecht, Alter, soziale Herkunft, Nationalität, Szene, Lebensform, Besonderheiten)?
2. Beispiele für Fragen zu Themen und Inhalten der geplanten Veranstaltung: Was könnte welche Mädchen und Jungen, welche Frauen und Männer an dem Thema interessieren? Welche Bedeutung hat der Inhalt für sie? Wie können geschlechterbezogene Aspekte in das Thema aufgenommen werden? Welche geschlechtsbezogenen Aspekte sind im Thema enthalten? Wie spricht der gewählte Titel der Veranstaltung Mädchen bzw. Jungen, Frauen bzw. Männer an?
3. Beispiele für Gesichtspunkte zur Programmgestaltung und Werbung: Sprechen Layout und Illustration des Programms Mädchen und Jungen/Frauen und Männer in ihren unterschiedlichen Lebenssituationen an? Wie sieht der Verteiler zur Werbung für die Veranstaltung aus? (Wie erreicht das Programm unterschiedliche Mädchen und Jungen/Frauen und Männer in ihren Lebenswelten? Können z.B. Frauen- und Männernetzwerke berücksichtigt werden?)
4. Beispiele für Fragen im Hinblick auf die Mitwirkenden: Wie setzt sich das Leitungsteam der Veranstaltung zusammen? Wer arbeitet mit bei der Veranstaltung? Welche Referenten und Referentinnen wurden eingeladen? Wenn die Veranstaltung für Mädchen und Jungen/Frauen und Männer geplant ist, ist auch das Team der

Mitwirkenden und Referierenden gemischt zusammengesetzt? Welche Vorerfahrungen haben die Mitwirkenden in geschlechterbewusster Arbeit, über welche Genderkompetenzen verfügen sie?
5. Beispiele für Fragen zur Didaktik und Methodik: Welche geschlechterbezogenen Aspekte beinhalten die Lerneinheiten und Fragestellungen? Inwieweit regen sie zur Reflexion über Geschlechterverhältnisse an? Ist es sinnvoll, Arbeitsphasen in geschlechterhomogenen Gruppen einzuplanen? Wird gegebenenfalls der Austausch zwischen den Gruppen angeregt?
6. Beispiele für Kriterien zur Evaluation der Veranstaltung: Bei welchen Veranstaltungen (Themen, Veranstaltungsformen) überwiegen weibliche bzw. männliche Teilnehmende? Ließ sich ein besonderes Interesse von Mädchen/Frauen bzw. Jungen/Männern an bestimmten Programmteilen feststellen? Gab es unterschiedliche Rückmeldungen der weiblichen bzw. männlichen Teilnehmenden, worin haben sie sich unterschieden? Wie konnten Mädchen und Jungen/Frauen und Männer ihre Interessen und Erwartungen in die Planung der Veranstaltung einbringen?
7. Beispiele für Prüfsteine zu Tagungsstätten und Bildungseinrichtungen: Wie ist die Tagungsstätte auf die Arbeit mit Kindern/Familien vorbereitet? Können auf Wunsch getrennte Bereiche für Mädchen und Jungen eingerichtet werden? Welche Möglichkeiten der Freizeitgestaltung bietet das Tagungshaus? Welche Angebote sprechen welche Jungen und Mädchen/Männer und Frauen an? Welche Schritte zur Umsetzung von Gender Mainstreaming wurden am Tagungsort bereits unternommen?

Evaluation

Evaluation ist nicht nur Kriterium bei der geschlechtergerechten Gestaltung von Angeboten, sondern stellt zudem ein eigenes, das dritte Handlungsfeld von Gender Mainstreaming in der Evangelischen Trägergruppe dar. So hat die Trägergruppe bundesweit in alle Fragebögen zur Auswertung von Tagungen eine Querschnittsfrage zur geschlechterbewussten Arbeit eingebaut. Diese erfasst zwar nicht alle Gesichtspunkte, aber sie soll Anstoß geben, über Fragen der Geschlechtergleichberechtigung unter Gendergesichtspunkten im Rückblick auf die jeweilige Tagung nachzudenken. Von der Auswertung der Antworten auf diese Frage erhofft der Bundesverband sich weitere Anstöße für die Umsetzung von Gender Mainstreaming im Verband.

Gender Mainstreaming in der Organisations- und Personalentwicklung

Das vierte Handlungsfeld von Gender Mainstreaming in der Evangelischen Trägergruppe bezieht sich auf eine Studie zur Frage der Geschlechtergerechtigkeit in Bezug auf die Organisations- und Personalentwicklung. Diese Studie, eine Befragung aller Jugendbildungsreferenten und -referentinnen, um Datenmaterial zur Beschreibung der Ausgangslage des Umsetzungsprozesses von Gender Mainstreaming zu erhalten, wurde von der Innovationsgruppe Gender vorbereitet. Die Auswertung der Befragung erfolgte dann aber aus Datenschutzgründen (u.a. wurde nach den Sozialdaten und Lebensumständen gefragt, nach der Ausbildung, dem Arbeitsvertrag und den Arbeitszeiten) durch Externe. Ein Ergebnis dieser Studie ist, dass deutlich mehr Frauen in Teilzeit arbeiten als Männer, und dass die in Teilzeit arbeitenden Frauen ein deutliches Plus an Mehrarbeit als die Vollzeit arbeitenden Frauen und Männer aufweisen. Gefragt wurde auch danach, welche finanziellen Mittel den Kollegen und Kolleginnen in ihren jeweiligen Einrichtungen zur Verfügung stehen. Die Mitglieder des Bundesverbandes sind bei einzelnen Trägern angestellt, d. h. es entscheidet nicht nur die Trägergruppe – also der Bundesverband – darüber, wie viel Geld man für die Arbeit hat, sondern auch die Leitung der einzelnen Einrichtungen. Deshalb wurde in der Studie auch nach den Einrichtungen selbst gefragt. Dabei wurde festgestellt, dass zum Beispiel in den Evangelischen Akademien die Leitungspositionen durchweg männlich besetzt sind. Es gibt zwar einige wenige Akademien, in denen die Position der Geschäftsführung, also der Verantwortung für Finanzen, weiblich besetzt ist, aber die Verantwortung für die Inhalte ist bei den einzelnen Anstellungsträgern durchweg in männlicher Hand. Im Rahmen der Studie wurde auch deutlich, dass der Stand der Debatte um Gender Mainstreaming wie auch um Frauenförderpläne erheblich variiert.

In der Studie wurde schließlich auch danach gefragt, wie die Kolleginnen und Kollegen das Verhältnis zwischen Arbeit und Freizeit in ihrem Leben einschätzen. Die Frage lautete: „Welche Bedeutung nimmt eigentlich Arbeit in meinem Leben ein? Welche Bedeutung haben andere Aktivitäten in meinem Leben? Bin ich zufrieden damit, dass ich so viel Mehrarbeit leiste, ohne dass ich dafür zusätzlich Geld oder Freizeitausgleich bekomme?“ Bei dieser Frage gab es erstaunliche Ergebnisse: So sind viele Männer, aber auch einige Frauen offensichtlich damit einverstanden, viel Mehrarbeit zu leisten, ohne dafür Geld oder Freizeitausgleich zu bekommen. Sie sagen: „Die

Arbeit ist gut, macht Spaß und es macht uns gar nichts, dass wir mehr arbeiten." Demgegenüber gibt es eine Gruppe von Frauen, die diese Situation kritisiert und sagt: „Ich mache das zwar, aber ich bin damit sehr unzufrieden." In diesem Punkt zeigt sich also schon ein bemerkenswerter Unterschied zwischen Frauen und Männern in der Arbeitszufriedenheit.

Erweiterung von Genderkompetenzen

Das fünfte und letzte Handlungsfeld von Gender Mainstreaming in der Evangelischen Trägergruppe ist die „Erweiterung von Genderkompetenzen". Dieses Handlungsfeld war der am stärksten umstrittene Punkt in dem von der Innovationsgruppe Gender entwickelten Konzept, das in der Jahreskonferenz im Januar 2003 verabschiedet worden ist. Alle anderen Punkte des vorgestellten Konzeptes wurden dort zwar ebenfalls ausführlich diskutiert, erhielten dann aber durchweg allgemeine Zustimmung. In puncto „Erweiterung von Genderkompetenzen" hingegen gab es Streit über Inhalt und Konsequenzen dieses Handlungsfeldes, das im Konzept wie folgt beschrieben ist: „Basis zur Umsetzung von Gender Mainstreaming ist eine Erweiterung und Intensivierung der Genderkompetenzen der Mitarbeiter/innen im Bereich der Trägergruppe. Aus diesem Grund nehmen alle Jugendbildungsreferentinnen und -referenten im Zeitraum von zwei Jahren an einem Gendertraining teil." Die Kritik vieler Kolleginnen und Kollegen machte sich vor allem an dem verpflichtenden Ton dieses Vorschlages fest. Erst nach langer Debatte in der Jahreskonferenz gelang es, die Widerstände gegen diesen Punkt zu überwinden. So konnte das Gesamtkonzept – auch weil der Bundestutor der Trägergruppe sich vehement für das Konzept eingesetzt hatte – verabschiedet werden. Aus den Erfahrungen der Diskussion dieses Aspektes von Gender Mainstreaming in der Trägergruppe lässt sich die Erkenntnis gewinnen, dass die Schaffung von Akzeptanz für die Notwendigkeit der Erweiterung von Genderkompetenzen ein schwieriger Prozess ist, der überzeugender Argumente bedarf.

In diesem Zusammenhang hat die Innovationsgruppe Gender sich auch über Anforderungen an Gendertrainings für die Trägergruppe verständigt. Danach soll ein solcher Kurs zum einen ausführliche Informationen darüber enthalten, was Gender Mainstreaming überhaupt ist. Der zweite und Hauptanspruch ist zum anderen, dass die Teilnehmenden sich mit den Geschlechterbildern auseinander setzen, die sie mit sich herumtragen, die in den Köpfen sind und die wirken, sowohl in der Arbeit im Umgang mit anderen Menschen als auch in vielen anderen Lebensbereichen. Dabei geht es insbesondere auch um eine Auseinandersetzung mit den Geschlechterbildern im Hinblick auf die Zielgruppen der Arbeit: „Welche Bilder haben wir im Kopf in Bezug auf die Mädchen und Jungen/jungen Frauen und jungen Männer, mit denen wir arbeiten?“ Es geht zudem um Geschlechterbilder, die die Kommunikationskultur in der Trägergruppe prägen. In diesem Teil der Gendertrainings sollen anhand praktischer Übungen Erfahrungen und Erkenntnisse über die eigenen Geschlechterbilder gesammelt werden. Als drittes Element eines Gendertrainings in der Trägergruppe soll schließlich auch noch der Umgang mit der Checkliste trainiert werden. Der Schwerpunkt liegt jedoch auf der Auseinandersetzung mit Geschlechterbildern. Bei der Planung eines Gendertrainings muss zudem überlegt werden, ob das Training von Kolleginnen und Kollegen oder von externen Trainern/Trainerinnen durchgeführt werden soll. Die Evangelische Trägergruppe hat sich bei ihrem ersten Gendertraining, an dem knapp die Hälfte der Kolleginnen und Kollegen teilnahmen, für ein externes Trainer/innenteam entschieden, um Konflikte aufgrund bestehender Hierarchien zu vermeiden. Werden externe Trainer/innen eingeladen, empfiehlt sich eine möglichst konkrete Absprache mit ihnen über das zentrale Ziel und die einzelnen Schwerpunkte des geplanten Gendertrainings.

Anreize zur Umsetzung

Um die Umsetzung von Gender Mainstreaming im Trägerverband zu fördern, hat die Innovationsgruppe auch Überlegungen über mögliche Anreize angestellt, denn Sanktionsmöglichkeiten gibt es in dem Zusammenhang nicht. Ein möglicher Anreiz könnte sein, dass geschlechterbewusst arbeitende Einrichtungen eine bessere Chance haben, Fördermittel für ihre Veranstaltungen zu bekommen. Die Innovationsgruppe diskutierte diesen Aspekt davon ausgehend, dass – wenn Gender Mainstreaming im Leitbild verankert ist – geschlechterbewusste Arbeit auch honoriert werden muss. Doch darüber gibt es bislang noch keinen Beschluss. Als förderlicher Faktor im Umsetzungsprozess erweist sich hingegen bereits jetzt die bundesweite Zusammensetzung der Innovationsgruppe Gender. Die Mitglieder dieser Arbeitsgruppe arbeiten zusätzlich in unterschiedlichen anderen Arbeitszusammenhängen mit und bringen Genderaspekte auch in diese Gruppen ein. Dies lässt sich zurzeit als das Ausschlaggebendste der Umsetzung kennzeichnen, denn ein Beschluss allein sorgt noch nicht für die Vermittlung der Notwendigkeit geschlechterbewusster Arbeit im Trägerverband. Es sind vielmehr die Kolleginnen und Kollegen, die das Prinzip des Gender Mainstreaming mittragen und in den unterschiedlichen Arbeitszusammenhängen entsprechende Überzeugungsarbeit leisten.

Weitere Planung des Umsetzungsprozesses im Evangelischen Trägerverband

Im Jahr 2004 wird zunächst ein weiteres Gendertraining für die Mitarbeiter/innen angeboten, die am ersten Training nicht teilnehmen konnten. Darüber hinaus soll im Laufe des Jahres die Evaluation der Umsetzung von Gender Mainstreaming verankert werden. Für die Jahreskonferenz im Januar 2004 ist außerdem vorgesehen, über Erfahrungen aus dem bisherigen Umsetzungsprozess und mögliche Konsequenzen aus den Ergebnissen der oben beschriebenen Studie zu diskutieren. Die Innovationsgruppe Gender wird dazu eine von ihr bereits ausgearbeitete Beschlussvorlage einbringen. Zudem wird Gender Mainstreaming Schwerpunktthema des Jahrbuches 2004 sein.

Literatur

Das Konzept zur Umsetzung von Gender Mainstreaming in der Evangelischen Trägergruppe wie auch die bereits erwähnte Checkliste zur geschlechtergerechten Gestaltung von Veranstaltungen und Projekten sind der Broschüre „Gender Mainstreaming in der gesellschaftspolitischen Jugendbildung. Wege zu mehr Geschlechtergerechtigkeit" entnommen. Diese Broschüre wurde von der Trägergruppe im Jahr 2003 herausgegebenen und kann unter folgender Adresse bezogen werden:

Evangelische Trägergruppe für gesellschaftspolitische Jugendbildung,
Auguststraße 80, 10117 Berlin, Tel. 030/28395417,
Homepage: www.politische-jugendbildung-et.de

Kontakt:
Frau Heike Schlottau
Jugendbildungsreferat
Nordelbisches Zentrum
Koppelsberg 5
24306 Plön

Petra Stockdreher

Frauen in der Berufsbezogenen Jugendhilfe München – ein Qualitätsmanagementprojekt

Ausgangsproblematik

Der Münchner BBJH-Verbund

Im Rahmen der Berufsbezogenen Jugendhilfe München (BBJH) bieten neun Betriebe jungen benachteiligten Menschen Qualifizierungs- und Ausbildungsplätze an. Die Besonderheit der bei sieben unterschiedlichen Trägern angesiedelten Betriebe besteht darin, dass sich alle mit ihren betrieblichen Leistungen und Produkten am freien Markt orientieren und einen Teil ihrer Ausgaben selbst erwirtschaften.

Das Konzept der Betriebe, benachteiligten jungen Menschen Lern- und Entwicklungsraum anzubieten, ist durch die Integration von drei Elementen charakterisiert:

- In einem betrieblichen Lernfeld, das produktions- oder dienstleistungsorientiert auf den freien Markt ausgerichtet ist, werden Ausbildungs-, Qualifizierungs- und Beschäftigungsplätze angeboten.
- Der Arbeitsplatz bietet ein soziales Lernfeld, in dem direkt in der Arbeitswelt soziale Kompetenzen wie Konfliktfähigkeit, Kommunikationsfähigkeit, Solidarität, Flexibilität u.a. gelernt und eingeübt werden können.
- Die intensive berufspädagogische Begleitung unterstützt die jungen Menschen bei den verschiedenen Lernprozessen, insbesondere beim Erwerb von Schlüsselqualifikationen.

Die Strukturen, in denen dieses ganzheitliche Konzept angeboten wird, sind vielfältig. Es gibt Ausbildungsbetriebe und Qualifizierungsbetriebe, die sich ausschließlich auf einen Beruf oder ein Berufsfeld konzentrieren, neben solchen, die sowohl Ausbildung als auch Beschäftigungsplätze in mehreren Berufen oder Berufsfeldern bereitstellen. Eines der Projekte arbeitet als Kooperationsprojekt mit den Stadtwerken München. Das Atelier „La Silhouette" bietet als reiner Frauenbetrieb jungen benachteiligten Frauen Ausbildungsplätze im Schneiderhandwerk an.

Auftragsgrundlage sind für alle Münchner BBJH-Betriebe das SGB VIII § 13, der Kommunale Kinder- und Jugendplan der Stadt

München, Stadtratsbeschlüsse zur Arbeitsförderung und das Münchener Beschäftigungs- und Qualifizierungsprogramm, in dessen Rahmen die Stadt München auch die BBJH-Betriebe – in Abhängigkeit von Konzept und Finanzierungsstruktur unterschiedlich – bezuschusst.

Insgesamt werden von den neun Münchner BBJH-Betrieben 167 Stellen bereitgestellt, davon 90 Ausbildungsplätze in 15 Berufen und 77 Plätze zur Beschäftigung bzw. Qualifizierung in zwölf Berufsfeldern.

Die Koordination und Abstimmung der Betriebe erfolgt über einen gemeinsamen Fachausschuss, dem eine Vertreterin der kommunalen Förderung (Zuschussgeber) zugehört. Die Träger stimmen sich parallel in einer Arbeitsgemeinschaft ab.

Im Durchschnitt blicken die Betriebe auf eine Geschichte von 20 Jahren zurück. Im Laufe ihrer gemeinsamen Entwicklung sind stabile und tragfähige Kooperationsstrukturen gewachsen, aus denen heraus sich die Identifikation als BBJH-Verbund entwickelt und gefestigt hat. Verschiedene Projekte wurden bereits gemeinsam durchgeführt.

Gender Mainstreaming in der BBJH

Das in den BBJH-Betrieben angebotene Berufsspektrum konzentriert sich auf handwerkliche Berufe. Diese sind besonders geeignet, ganzheitliche Erfahrungs- und Lernmöglichkeiten zu bieten. Die meisten der angebotenen Berufe gehören zu den so genannten Männerberufen (Kfz-Mechanik, Zweiradmechanik, Industriemechanik, Malerhandwerk). Zu den von Männern und Frauen gleichermaßen nachgefragten Berufsfeldern zählen die Berufe Raumausstattung, Schreinerei und Siebdruck.

Immer wieder mussten Nachfragen junger Frauen nach einem Ausbildungsplatz abgelehnt werden. In den 1980er-Jahren beschloss ein Träger, dessen Zielgruppe türkische Migrantinnen sind, einen Ausbildungsbetrieb mit dem Berufsbild der Schneiderin zu gründen. Der Betrieb wurde als reiner Frauenbetrieb konzipiert. Zum einen sollte damit jungen Frauen aus strenggläubig islamischen Familien der notwendige Raum für eine berufliche Qualifizierung geboten werden. Zum anderen sollten mit diesem geschlechtsspezifischen Angebot die berufliche Identifikation und die persönliche Entwicklung gefördert werden. Das Atelier „La Silhouette“ wurde als Modellbetrieb wissenschaftlich begleitet, und das ausgereifte Konzept und die Erfolge mit der partizipativen und ganzheitlichen Arbeitsweise bei der Ausbildung von benachteiligten jungen Frauen wurden als beispielhaft hervorgehoben.

Innerhalb des BBJH-Verbundes in München galt die Damenmaßschneiderei „La Silhouette“ einerseits als Garant der Frauenausbildung. Andererseits herrschte jedoch in den meisten BBJH-Betrieben Unzufriedenheit, weil mit dem bestehenden beruflichen Angebot benachteiligte junge Frauen teilweise gar nicht oder nicht im gewünschten Maße erreicht werden konnten. Intensive Werbeaktionen führten genauso wenig zu signifikant besseren Teilnehmerinnenzahlen wie Kooperationen mit berufsorientierenden Institutionen oder die Bereitschaft, junge Frauen bei der Einstellung in besonderem Maße zu berücksichtigen.

Aufgrund dieser Unzufriedenheit sollten im Jahr 2001 im Rahmen eines von der Stadt München finanzierten Qualitätsmanagementprojektes die Situation von Frauen in der BBJH genauer beleuchtet und notwendige Schlussfolgerungen gezogen werden.

Bedarfslage

Frauen sind in der BBJH München unterrepräsentiert. Im Ausbildungsbereich war ein Drittel der Teilnehmer/innen weiblich, im Qualifizierungsbereich der BBJH waren es mit einem Fünftel aller Teilnehmer/innen noch weniger.

Der geringe Frauenanteil steht in unmittelbarem Zusammenhang mit dem angebotenen Berufsspektrum. Während im typischen Frauenberuf Damenmaßschneiderin 100 % Frauen ausgebildet werden – Bewerbungen junger Männer lagen nicht vor – und in den für Frauen wie Männer interessanten Berufen Raumausstattung und Siebdruck der Anteil von Frauen bei 65 % liegt, wurde in den in der BBJH stark vertretenen Berufen Industriemechanik und Automechanik keine Frau ausgebildet.

Eine genauere Untersuchung der Anzahl der Bewerber/innen für die Qualifizierungs- und Ausbildungsplätze in der BBJH ergab, dass Frauen unter den Bewerbern/Bewerberinnen deutlich unterrepräsentiert sind. Nur 6 % aller Bewerbungen für einen Ausbildungs- oder Qualifizierungsplatz der Berufsbezogenen Jugendhilfe (wenn man die Bewerbungen für den Frauenbetrieb „La Silhouette“ außer Acht lässt) kamen von jungen Frauen. Zwar zeigt die Betrachtung des Verhältnisses von Anzahl der Bewerber/innen und Anzahl der Einstellungen eine überaus hohe Einstellungsquote von jungen Frauen, aber insgesamt ist festzuhalten: Das durch hohe Vermittlungsquoten charakterisierte Leistungsangebot der Berufsbezogenen Jugendhilfe München erreicht junge Frauen nicht.

Konzeption

Das Qualitätsprojekt „Frauen in der BBJH München“ verfolgte mehrere Fragen und Zielstellungen:

1. Mit welchem Anteil sind junge Frauen in den Ausbildungs- und Qualifizierungsgängen der BBJH-Betriebe vertreten? Welche Strategien zur Gewinnung von Frauen werden bisher in den einzelnen Betrieben praktiziert?
2. Es sollte der ganzheitliche und partizipative Handlungsansatz des Modeateliers „La Silhouette“ beleuchtet werden – einerseits mit der Perspektive, übertragbare Elemente zu identifizieren und andererseits, um Impulse für weiterführende Qualitätsprozesse in diesem Betrieb selbst zu initiieren.
3. Es sollte ein tragfähiges Konzept zur Vergrößerung des Frauenanteils entwickelt werden, das die bestehenden Ressourcen nutzt.

Zur Bearbeitung der Aufgabe wurde eine externe Begleitung beauftragt. Sie sollte den Prozess strukturieren, moderieren und das Ergebnis dokumentieren.

Umsetzung

Der Qualitätsprozess vollzog sich in mehreren Stufen, die den für Organisationsentwicklungsprozesse typischen Phasen entsprechen:

- Bildung einer Projektgruppe
- IST-Analyse
- Zielentwicklung
- Maßnahmeentwicklung
- Umsetzungsplanung
- Umsetzung

Bildung einer Projektgruppe

Als erster Schritt zur Realisierung des Vorhabens konstituierte sich auf dem Fachausschuss des BBJH-Verbundes eine Projektgruppe. Ihr gehörten an:

- eine Betriebsleiterin eines Ausbildungsbetriebes

- ein Betriebsleiter eines Qualifizierungsbetriebes
- die stellvertretende Betriebsleiterin eines Betriebes, in dem sowohl Qualifizierungsmaßnahmen und Ausbildungen durchgeführt werden
- die verantwortliche Sachbearbeiterin des städtischen Zuschussgebers
- die Betriebsleiterin des Frauenbetriebs „La Silhouette“

Die Projektgruppe tagte monatlich über einen Zeitraum von acht Monaten. Moderiert und strukturiert wurde die Projektgruppe von der externen Prozessbegleitung.

IST-Analyse

Die Zusammenschau von Daten, Meinungen und Erfahrungen, die über das in den einzelnen Betrieben vorhandene Wissen hinausreichte, sollte den Blick auf die Fragestellung neu öffnen. Die geplante IST-Analyse bezog sich auf drei Punkte:

Zusammenschau statistischer Daten – Strukturerhebung

Bislang lag für den Verbund der Münchner BBJH-Betriebe keine einheitliche geschlechtspezifische Dokumentation von Teilnehmerinnen/Teilnehmern und Daten der Bewerber/innen vor, auf deren Basis berufsbezogene und teilnehmerbezogene Aussagen für den Verbund getroffen werden konnten. Die Durchführung einer alle BBJH-Betriebe umfassenden Erhebung machte die Unterrepräsentanz von Frauen in der BBJH München deutlich. Sie verdeutlichte nicht nur das vorhandene Defizit, sondern lieferte aktuelle Analyse- und Planungsdaten. Die kommunale statistische Erfassung der BBJH-Teilnehmer/innen wurde daraufhin geschlechtsspezifisch umstrukturiert.

Bestandsaufnahme beim Frauenbetrieb „La Silhouette“

Die IST-Analyse zur Qualität der Ausbildung und Qualifizierung junger Frauen zeigte, vor allem im Atelier „La Silhouette“, einen Wissensbestand und Erfahrungshintergrund zur Qualifizierung junger Frauen, der für die Entwicklung neuer Perspektiven genutzt und aufgegriffen werden kann.

Überlegungen zum Berufswahlverhalten junger Frauen

Eine Literaturanalyse zum Berufswahlverhalten junger Frauen unterstrich die Erfahrung der Betriebe, dass sich junge Frauen bereits in der Berufswahlphase überwiegend auf die typischen Frauenberufe festlegen. Die Bereitschaft zu einer Umorientierung auf andere Berufsbilder wird in den meisten Fällen abgelehnt. Neuere Studien belegen darüber hinaus, dass Arbeitsmarktchancen in den typischen Frauenberufen gerade für benachteiligte Frauen eher größer sind als in den so genannten Männerberufen. Die Erfahrungen bei „La Silhouette" zeigen, dass die Möglichkeit, den Wunschberuf zu erlernen, die jungen Frauen in großem Maße motiviert. Vor allem der starken Motivation ist es zu verdanken, dass die jungen Frauen die zum Teil großen Herausforderungen der Ausbildung mit entsprechender Unterstützung erfolgreich bewältigen.

Zielentwicklung

In der Phase der Zielentwicklung konnte auf Basis der in der IST-Analyse gewonnenen Informationen zügig ein konkretes Ziel formuliert werden: „Die BBJH München macht ihr Angebot für Frauen interessanter. Sie erweitert das Berufsspektrum der BBJH um solche Berufe, die sich am bestehenden Nachfrageverhalten junger benachteiligter Frauen orientieren. Darüber hinaus soll längerfristig dem besonderen Bedarf junger Mütter Rechnung getragen werden" (internes Arbeitspapier).

Entwicklung von Maßnahmen

Im nächsten Schritt des Qualitätsprozesses ging es darum, zur Realisierung des Ziels einen möglichst kostengünstigen Weg aufzuzeigen. Träger der Umsetzung sollte der BBJH-Verbund sein.

Um ein Maximum an Erfahrungen und Ideen erschließen zu können, wurden in dieser Phase die bisher erarbeiteten Ergebnisse veröffentlicht und der Projektarbeitskreis erweitert.

Als Form wurde ein Entwicklungsworkshop gewählt, zu dem Vertreter/innen aus allen Betrieben eingeladen wurden. Auf diesem intensiv vorbereiteten Workshop stellte der Projektarbeitskreis die Ergebnisse der IST-Analyse vor, begründete die Ziele und stellte in Kooperation mit dem Deutschen Jugendinstitut gute Praxisbeispiele aus der Datenbank PRAXIMO als Basis für Strategien zur Erweiterung des Angebotsspektrums vor.

Unterstützt durch die externe Moderation wurden Perspektiven für das weitere Vorgehen erarbeitet. Sie enthielten die folgenden Elemente:

- Wir streben eine Verbundlösung an, in der vorhandene Ressourcen (Wissen, Erfahrungen, Kapazitäten) genutzt und gebündelt werden.
- Wir haben verbundinterne, d. h. auf die BBJH bezogene, und verbundexterne Handlungsmöglichkeiten, die auf Kooperation mit der freien Wirtschaft gerichtet sind.
- Wir haben Kooperationserfahrungen mit einem großen kommunalen Betrieb im Rahmen eines unserer BBJH-Projekte. Sie können bei der Installierung eines Projektes, das weitere Kooperationspartner aus der freien Wirtschaft erschließt, genutzt werden.
- Die BBJH München verfügt insgesamt über einen umfangreichen Erfahrungshintergrund und auch eine gute Reputation hinsichtlich der Qualifizierung und Ausbildung benachteiligter junger Menschen. Dies ist eine gute Ausgangsbasis, um in Verhandlung mit Ausbildungsbetrieben zu treten.
- Es wird leichter sein, Ausbildungsplätze zu erschließen als Plätze für eine Qualifizierung. Bei den Projektzielen sollten die Interessen der jungen Frauen, die für eine Ausbildung nicht geeignet sind, Berücksichtigung finden.

Auf dieser Basis erarbeitete die Projektgruppe eine Empfehlung für das weitere Vorgehen:

In Kooperation mit der freien Wirtschaft werden Ausbildungsplätze für benachteiligte junge Frauen innerhalb eines Jahres erschlossen. Ein tragfähiges Konzept für eine begleitende Betreuung der jungen Frauen im Rahmen der BBJH wird entwickelt. Als Erstes müssen finanzielle Mittel für die Bereitstellung der personellen Ressourcen zur Vorbereitung und Konkretisierung des Konzeptes für das Projekt erschlossen werden. Zur Realisierung wird eine halbe Stelle für eine Diplom-Sozialpädagogin als notwendig erachtet. Außerdem ist die weitere Unterstützung durch die externe Begleitung gerade in der Konzeptions- und Einführungsphase des Projektes unabdingbar.

Zusammenfassend arbeitete die externe Prozessbegleitung die Ergebnisse des gesamten Prozesses inklusive der Empfehlung der Projektgruppe zu einem Abschlussbericht aus, der dem Fachausschuss der BBJH-Betriebe vorgelegt wurde. Nach intensiver Diskussion, in der vor allem die verbundinternen Möglichkeiten, Ausbildungs- oder

Qualifizierungsplätze bereitzustellen thematisiert wurden, stimmten die Fachausschussmitglieder der Empfehlung der Projektgruppe zu. Es konstituierte sich eine personell neu zusammengesetzte Projektgruppe, um die weiteren Schritte zu planen und vorzubereiten.

Umsetzungsplanung – Finanzierung und weitere Schritte

Die erste Aufgabe der neuen Projektgruppe bestand in der Sicherung der Finanzierung für die nächsten Schritte. Aufgrund der angespannten Lage der öffentlichen Haushalte traten erwartungsgemäß Schwierigkeiten bei der Finanzierung auf. Dennoch scheint die Lösung den Initiatorinnen/Initiatoren nicht unmöglich, da es sich bei der erarbeiteten Perspektive um einen kostengünstigen, langfristig angelegten Handlungsansatz handelt. Solange dieser Schritt nicht beendet ist, kann mit der Umsetzung nicht begonnen werden.

Mittlerweile hat der städtische Zuschussgeber die Finanzierung einer halben Stelle für eine Sozialpädagogin in Aussicht gestellt. Für die Finanzierung der externen Begleitung wurden Mittel über den Europäischen Sozialfonds/Mikroprojekte beantragt. Die endgültige Bewilligung steht noch aus (Stand Dezember 2003).

Erfahrungen

Es ist in diesem Prozess gelungen, einen Lösungsansatz zur Erhöhung des Frauenanteils in der BBJH zielorientiert zu entwickeln. Die Selbstevaluation im Rahmen des beschriebenen Prozesses zeigte nicht nur das Defizit, sondern auch die Kompetenz der BBJH-Betriebe im Blick auf die Qualifizierung junger benachteiligter Frauen. Die vorhandenen Kompetenzen bilden die Basis für das neue Vorhaben: die Realisierung eines Kooperationsprojekts im Verbund zur Erschließung neuer Ausbildungsplätze für benachteiligte junge Frauen in der freien Wirtschaft. Betriebsbezogene Handlungsansätze wurden in eine Verbundperspektive integriert, die es erlaubt, Potenziale zu bündeln und unter Nutzung von Synergieeffekten neue Lösungswege zu beschreiten. Schließlich konnte mit diesem Prozess gezeigt werden, dass die Einbeziehung der Genderperspektive Angebote zu verbessern hilft und den Blick, bezüglich der Bedarfe von jungen Frauen und Männern schärft.

Voraussetzung für die stringente Gestaltung des Prozesses war die Einbeziehung einer externen Begleitung, die durch die Förderung der städtischen Zuschussgeber möglich wurde. Der in der gegenwärtigen

Situation hohe Rechtfertigungsdruck und die vorhandenen finanziellen Engpässe verschärfen die Lage der sozialen Betriebe im Alltag zunehmend und verhindern die Dynamik notwendiger Veränderungsprozesse.

Während es intern gelungen ist, eine kostengünstige und die vorhandenen Ressourcen optimal nutzende Strategie zu entwickeln, könnte das Vorhaben – so wird befürchtet – dennoch an der Finanzierung scheitern.

Kontakt:
Werkstätte für 2-Radmechanik e.V.
Frau Maya Wuschek
Planeggerstraße 125
81241 München

3 Qualifizierungsangebote für Fachkräfte der Jugendsozialarbeit

Barbara Wagner

Gendertraining

Ausgangssituation

Fachkräfte in der Jugendsozialarbeit tragen als professionelle Begleiter/innen von Jugendlichen eine besondere Verantwortung bei der Entwicklung und Gestaltung von Lebensplanung, beruflicher Orientierung und Rollenhandeln. Jugendliche reflektieren besonders während der Pubertät die Welt und konstruieren eine eigene Sichtweise, erleben erstmals bewusst das Zusammenspiel und die Auseinandersetzung zwischen den Geschlechtern. Sie nehmen die Umwelt verändert wahr, grenzen sich gegenüber der Elterngeneration ab und reflektieren bestehende Muster und Rollenbilder. Die Übernahme tradierter oder neu entstehender Rollendefinitionen ist mitentscheidend für die Lebensplanung und damit auch für die berufliche Orientierung junger Menschen.

Beide, Mädchen und Jungen, befinden sich beim Erwachsenwerden oftmals in paradoxen Situationen. Persönliche Neigungen und eigene Kompetenzen stehen gesellschaftlichen Ansprüchen und sozialen Rollenerwartungen (z. B. Zukunftswünschen der Eltern oder anderer Bezugspersonen) gegenüber. Hilfreich ist eine Sensibilisierung für das eigene Rollenverhalten im familialen und gesellschaftlichen Umfeld. Der Blick auf Neigungen und Kompetenzen ist ein Ansatzpunkt für eine individuelle Reflexion, der – durch Genderaspekte ergänzt – neue Sichtweisen auf persönliche Möglichkeiten und berufliche Orientierung eröffnet.

Genderkompetentes Handeln vollzieht sich im Spannungsfeld von individueller Entwicklung und gesellschaftlichem Umfeld. Es bezieht sich auf die sozial und kulturell geprägten Unterschiede zwischen (jungen) Frauen und Männern hinsichtlich ihrer Interessen, Bedürfnisse, Kompetenzen und Lebenserfahrungen.

Anforderungen an Fachkräfte

Fachkräfte der Jugendsozialarbeit agieren in diesem Spannungsfeld. Sie sind Reflexionspartner/innen und repräsentieren Normen und Werte. Welche dies sind, hängt in hohem Maße von den eigenen Lebensbildern und dem Rollenhandeln der Sozialarbeiter/innen und Sozialpädagoginnen und Sozialpädagogen ab. Sie sind oftmals Mittler/innen zwischen der Welt der Jugendlichen, die sie kennen und deren Handlungen sie begleiten, und der Welt der Erwachsenen, die sie vertreten. Fachkräfte der Jugendsozialarbeit beeinflussen durch ihre Vorbildfunktion Normen und Wertvorstellungen von Jugendlichen. Sie können bei beiden Geschlechtern durch gendersensibles Handeln die Vielfalt der Möglichkeiten, Lebensentwürfe und Handlungsspielräume erweitern. Genderkompetenz ist folglich eine wichtige Kernkompetenz in der Arbeit mit Jugendlichen, die in Jugendhilfeorganisationen gezielt gefördert werden sollte.

Gendertraining

Gendertrainings für Fach- und Führungskräfte sind als unterstützende Maßnahmen zur Entfaltung von Genderkompetenz und Gendersensibilität in Organisationen der Jugendsozialarbeit zu sehen. Sie sollen für Benachteiligungen und Disparitäten bei Jugendlichen und ihrem gesellschaftlichem Umfeld, aber auch für eine auf Chancengleichheit ausgerichtete Organisationskultur sensibilisieren. Den Teilnehmenden bieten sie eine Chance zur erweiterten Reflexion, haben die Stärkung des individuellen Handlungsrepertoires im jeweiligen Arbeitsgebiet zum Ziel und bieten im günstigsten Fall neue Handlungsfelder oder -perspektiven. Die Verstetigung im Alltagshandeln setzt jedoch eine Einbindung in die Gesamtzielstellung einer Organisation voraus.

Die differenzierte Wahrnehmung der Geschlechterperspektive erhält sowohl auf gesellschaftspolitischer als auch auf organisatorischer Ebene als Qualitätsmerkmal eine wachsende Bedeutung. Fortbildungen in diesem Bereich sind ein wachsender Markt mit bislang wenig definierten und überprüften Kriterien. Rückmeldungen von Teilnehmerinnen/Teilnehmern aus Trainings zeigen wiederkehrende Probleme. Insbesondere das Rollenhandeln von männlichen und weiblichen Trainern/Trainerinnen, die Unterrepräsentanz männlicher Teilnehmer, der fehlende Praxisbezug und die mangelnde Rückkopplung in den Organisationsentwicklungsprozess der beauftragenden Institutionen werden immer wieder benannt.

Qualitätskriterien von Gendertrainings

Die Entwicklung von Qualitätskriterien und Standards für die Planung, Durchführung und Auswertung von Gendertrainings ist eine Aufgabe, zu der das vorliegende Konzept einen Beitrag leisten will.

Gendertrainings sollten Bestandteil eines kontinuierlichen Personal- und Organisationsentwicklungsprozesses sein, der von den Leitungskräften getragen und aktiv unterstützt wird. Auftraggeber/innen von Gendertrainings sind gefordert, vor einer Durchführung ihre eigene Motivation und ihre organisatorischen und inhaltlichen Ziele klar zu definieren. Die differenzierte Analyse und daraus resultierende Zielstellungen sowie die Festlegung der teilnehmenden Zielgruppen sind eine wichtige Voraussetzung für die erfolgreiche Umsetzung eines Gendertrainings. Wenn Gendertrainings nicht in Personal- und Organisationsentwicklungsprozesse eingebunden sind, bleiben sie relativ wirkungslos.

Die Problemanalyse vor der Durchführung eines Trainings sollte sich mit den Bereichen Repräsentation, Ressourcen und Realisierung (analog der 3R-Methode) auseinander setzen.

Bei der Repräsentation geht es beispielsweise um die Fragestellungen, wie viele Personen welchen Geschlechts bezogen auf die eigene Organisation von Maßnahmen betroffen sind oder welche Jugendlichen welchen Geschlechts durch Aktivitäten erreicht werden sollen. Die geschlechterbezogene Repräsentanz auf unterschiedlichen Hierarchieebenen sowie in der Arbeit mit Jugendlichen sind wichtige Basiskennzahlen, um Zielvereinbarungen zu treffen.

Die ressourcenbezogene Betrachtung prüft geschlechterdifferenzierend die Beteiligung bei der Verteilung von Geld, Zeit, Raum, Bildung und Beziehungen.

Bei der Realisierung werden Ziele formuliert, um festgestellte Ungleichheiten zu beseitigen, Veränderungsprozesse einzuleiten und diese zu überprüfen. Hierbei handelt es sich um die Initiierung von Gender-Mainstreaming-Prozessen, die strukturelle Veränderungen zur Beseitigung von Ungleichheiten zwischen den Geschlechtern anstreben. Ziel der Gendertrainings ist eine nachhaltige Unterstützung dieser Prozesse.

Organisationsinterne Ziele sollten mit Anbieterinnen/Anbietern von Gendertrainings grundsätzlich abgestimmt und auf ihre Realisierbarkeit hin überprüft werden, da sie für die inhaltliche Ausgestaltung der Trainings von großer Bedeutung sind.

Werden Gendertrainings zur Unterstützung einer ganzheitlichen Gender-Mainstreaming-Strategie eingesetzt, hat die auftraggebende Organisation folgende Fragen zu klären: Sind die Beseitigung von

Diskriminierungen und die Herstellung von Chancengleichheit wichtige Ziele unserer Organisation? Wird Unterschiedlichkeit (diversity) als Mehrwert oder Barriere erlebt? Definiert sich die Organisation als „lernende Organisation"? Steht die Leitung durch Kommunikations- und Steuerungsbereitschaft hinter den formulierten Zielen? Sollen die definierten Ziele Wirklichkeit werden? Welche Ressourcen (zeitlich, personell, finanziell, organisatorisch) werden hierfür zur Verfügung gestellt?

Es ist sinnvoll, in einem Anforderungskatalog inhaltliche und organisatorische Ziele festzulegen. Hierzu zählt eine klare Definition von Ansprechpartnerinnen und Ansprechpartnern und das Briefing der Gendertrainer/innen, die Abstimmung über Inhalte und Methoden sowie die Festlegung der Evaluationskriterien und der vorgesehene Transfer von Ergebnissen.

Trainingsangebote sollten sowohl den Prozess der Einführung auf der Leitungsebene unterstützen und sich an Entscheidungsträger/innen von Organisationen wenden als auch konkrete Handlungshilfen für die Fachkräfte bei der Arbeit mit Jugendlichen bieten. Zielstellung und Inhalte sind je nach Zielgruppe unterschiedlich zu gewichten.

Gendertrainings für Führungskräfte unterstützen den Gender-Mainstreaming-Prozess in Organisationen. Die Trainings orientieren sich an den vorhandenen bzw. geplanten Strukturen einer Organisation und ihrer inhaltlichen Ausrichtung und sollten mit einem Beratungsangebot gekoppelt werden.

Bei den Leitungskräften beziehen sich die Trainings auf Fragen der Personal- und Organisationsentwicklung, des Qualitätsmanagements, der Ressourcenverteilung und der Implementierung in die Gesamtorganisation. Hierzu zählt auch die Definition bzw. Überprüfung eines Leitbildes. Gehören Geschlechterdemokratie und Chancengleichheit zum Leitbild der Organisation? Wenn ja, wie wirkt es sich auf die Personal- und Organisationsstrukturen aus, z.B. Frauen-/Männeranteil auf unterschiedlichen Hierarchieebenen, teamorientierte Leitungsmodelle mit geschlechtersensibler Perspektive, Möglichkeiten zur Verbesserung der infrastrukturellen Rahmenbedingungen wie Arbeitszeit-/Arbeitsortregelungen, Kinderbetreuungsangebote, Jobsharing-Angebote, aber auch gendersensibler Sprachgebrauch, Bilddarstellungen und die Gestaltung von Informationsmaterialien.

Der Schwerpunkt der Gendertrainings für Fachkräfte liegt auf der gendersensiblen Arbeit mit Jugendlichen. Der individuelle, organisatorische und gesellschaftliche Kontext sollte beleuchtet werden. Genderkompetenz bei Fachkräften in der Jugendsozialarbeit bezieht das

Geschlechtsrollenhandeln von Jungen und Mädchen ebenso ein wie das geschlechtertypische Berufswahlverhalten, Arbeitsmarktsegregationen und die unterschiedliche Nutzung von Angeboten.

Grundsätzlich sollten sich die Trainings an den vereinbarten Zielen und den konkreten Interessen der Teilnehmenden orientieren. Der Bezug zur beruflichen Praxis muss hergestellt werden, um konkrete Umsetzungshilfen zu gewährleisten.

Bei der Umsetzung der Trainings sind folgende Aspekte besonders wichtig:

- Prozess- und Handlungsorientierung
- genderkompetente Trainer/innen
- methodische Gestaltung
- Medieneinsatz
- Gestaltung der Rahmenbedingungen

Gendertrainings sollten prozess- und handlungsorientiert gestaltet sein. Sie beziehen die individuelle Ebene ebenso ein wie gesellschaftliche Rahmenbedingungen und Handlungsmöglichkeiten in der eigenen Arbeitsumgebung. Sensibilisierung, Information, handlungsorientierte Projektplanung und arbeitsprozessorientierte Implementierung sind wesentliche Bestandteile eines gelungenen Trainings.

Ziel der Sensibilisierung ist die Reflexion der eigenen männlichen bzw. weiblichen Geschlechterrolle, die Wahrnehmung des sozialen Geschlechts und die Förderung des Dialogs zwischen den Geschlechtern. In Rollenspielen können Klischees und spezifische Probleme der Männer- bzw. Frauenrolle verdeutlicht werden. Rollenspiele, besonders auch Rollenwechsel (Frau sein, Mann sein), sollten aus dem eigenen Lebens- und Arbeitszusammenhang abgeleitet werden. Eine ausgewogene Beteiligung von Männern und Frauen in Trainings ist anzustreben, eine Kultur der Zweigeschlechtlichkeit zu fördern. Es ist empfehlenswert, den Diskurs über Rollenklischees und Berufsbilder, Normen und Werte anzuregen. In den Medien finden sich zahlreiche Beispiele, die sich hervorragend zur Gendersensibilisierung eignen. Versteckte Hindernisse wie traditionelle Einstellungen, Werte, Normen, die Frauen oder Männern die vollständige und ungehinderte Teilnahme an bestimmten Bereichen des wirtschaftlichen und sozialen Lebens verwehren, sollen bewusst gemacht werden.

Das unterschiedliche Lernverhalten von Jungen und Mädchen sollte ebenso thematisiert werden wie geschlechterdifferenzierte Körpersprache und Kommunikation. Wenn die Rollenspiele zu klischeehaft sind, kann dies allerdings auch zu Problemen und Abwehrhaltungen in einer Gruppe führen.

Neben der Sensibilisierung für Geschlechterrollen sollten Gendertrainings konkrete Fakten und Informationen liefern, sie aber gleichzeitig auch aus den Organisationen einfordern. Auf der gesellschaftspolitischen Ebene zählen hierzu rechtliche Rahmenbedingungen und geschlechterpolitische Strategien des Gender Mainstreaming wie Chancengleichheitsgesetze, die Beseitigung struktureller Ungleichheiten, aber auch konkrete Daten zum geschlechtsspezifischen Berufswahlverhalten von jungen Männern und Frauen und der Segregation des Arbeitsmarktes. Weitere relevante Themen sind die gesellschaftliche Bewertungen von „Frauenarbeit“ und „Männerarbeit“, Verteilung von Ressourcen (Zeit, Einkommen, Karriereaussichten), der Frauen- und Männeranteil in Führungspositionen, ungleiche Entlohnung im internationalen Vergleich, ungleiche Arbeitszeitregelungen bei der Vereinbarkeit Familie/Beruf, infrastrukturelle Rahmenbedingungen, z. B. Verkehrsinfrastruktur und die Rolle der Medien, die einen großen Einfluss auf Geschlechterrollen ausüben.

Es empfiehlt sich, darauf zu achten, dass der Bereich der Informationsvermittlung nicht zu theorielastig und zu einseitig wird. Die thematische Gewichtung sollte sich nicht ausschließlich auf Bereiche mit Benachteiligungen für Frauen beziehen.

Die Sensibilisierung und Informationsvermittlung bilden eine gute Grundlage für handlungsorientierte Projektplanungen und die Erarbeitung und Implementierung von konkreten Arbeitsschritten. In Lerngruppen werden für die zuvor vereinbarten Zielstellungen Umsetzungsschritte entwickelt und auf ihre Realisierbarkeit hin überprüft. Hierzu zählt auch die Definition von Gleichstellungsindikatoren für die eigene Organisation. Geschlechterspezifische Auswirkungen in Organisationsentwicklungsprozessen sollen bewertet und an den Organisationszielen ausgerichtet werden. Fachliche Genderkompetenz soll durch eine genderorientierte Projektplanung vermittelt und reflektiert werden.

Bei der praktischen Umsetzung sind die Trainer/innen besonders auf die Erfahrungen und die aktive Teilnahme der Gruppe angewiesen. Wissenslücken und fehlende Erfahrung (z. B. mit Jugendlichen oder Jugendhilfeträgern) der Trainer/innen werden hier besonders schnell sichtbar. Einer der häufigsten Kritikpunkte nach Gendertrainings bezieht sich auf den fehlenden Bezug zu konkreten praktischen Fragestellungen.

Trainings, die über eine allgemeine Information und Sensibilisierung zu Genderfragestellungen hinausgehen, erfordern einen branchenspezifischen Zugang der Trainer/innen, um die Praxisorientierung zu gewährleisten. In Einrichtungen der Jugendhilfe sind Erfahrungen in der Arbeit mit Jugendlichen ebenfalls eine wichtige Voraussetzung.

Anforderungen an die Trainer/innen

Gendertrainer/innen sollten darüber hinaus im Team arbeiten und über ein breit gefächertes Qualifikationsprofil verfügen. Die erforderliche Genderkompetenz beschreibt eine Querschnittsqualifikation, die wissenschaftliche Kenntnisse aus der Genderforschung mit branchenbezogenem Wissen, sozialer, kommunikativer und Methodenkompetenz verbindet. Das Genderteam ermöglicht einen Perspektivenwechsel, die Reflexion der eigenen Arbeit und eine geschlechterdifferenzierende Evaluation.

Wichtige Eigenschaften von Gendertrainerinnen/Gendertrainern sind eine hohe Reflexions- und Veränderungsbereitschaft, Eigenverantwortlichkeit sowie die grundsätzliche Bereitschaft, sich mit Neuem auseinander zu setzen.

Methoden

Trainings sollten methodisch so ausgestaltet sein, dass sie mit ihrer Vielfalt auf die Verschiedenheit der Kommunikations- und Interaktionsweisen der Geschlechter und die unterschiedlichen Lernstrategien und Lerntypen differenziert reagieren. Um Genderkompetenz und Gendersensibilität zu entfalten, ist der Einsatz eines breiten Methodenrepertoires von Vorteil.

Zur Sensibilisierung sind Kommunikationstheater und Rollenspiele sehr gut geeignet. Sie ermöglichen Perspektivenwechsel, das Erproben ungewohnter Rollen und Überspitzen von Klischees. Die Darstellung von Berufsbildern oder Führungsrollen im Spiel verdeutlichen eigene Handlungsmuster, zeigen Unterschiede und Gemeinsamkeiten auf. Zur Informationsvermittlung eignen sich besonders gut Statistiken, Checklisten, Recherchen, aber auch Inputvorträge.

Bei der Implementierung sollten die Trainings Tools zur praktischen Anwendung im Arbeitsprozess vermitteln. Diese Tools sollten gemeinsam entwickelt und im Arbeitsalltag erprobt werden. Die in den Trainings eingesetzten Lehrmaterialien sollten von den Trainerinnen/Trainern auf direkte und indirekte Diskriminierungen, Stereotypisierungen, Wertungen in Sprache und Bildern überprüft werden.

Praktische Beispiele aus Medien und Lehrbüchern können eine Sensibilisierung für eine geschlechtersensible Wortwahl bzw. vorhandene Diskriminierungen in Bilddarstellungen unterstützen. Es ist empfehlenswert, in Trainings praxisnahe Beispiele einzubringen, z.B. Fotos mit neuen und alten Rollenbildern, die einen Diskurs anregen und Identifikationsmöglichkeiten für beide Geschlechter bieten. Zum Thema Berufswahl und berufliche Orientierung lassen sich zahlreiche Klischees und Negativbeispiele finden. Good-Practice-Beispiele hingegen sollen alternative Gestaltungsideen aufzeigen.

Rahmenbedingungen

Schließlich erfordern Gendertrainings geeignete Rahmenbedingungen, die sich u.a. auf Dauer, Ort und Gruppengröße beziehen. Hierzu zählen auch Flexibilität, Mobilität und Ressourcen von Teilnehmerinnen/Teilnehmern bezogen auf die zeitliche Lage der Angebote und den Veranstaltungsort (Verkehrsanbindung, Einsehbarkeit von Parkplätzen), aber auch auf die Verfügbarkeit von Kinderbetreuungsangeboten und Kosten.

Zu den Rahmenbedingungen zählt ebenso der Zugang zu Angeboten: Erreichen die Informationen beide Geschlechter? Sind die Angebote so gestaltet und formuliert, dass sich beide Geschlechter angesprochen fühlen und sich identifizieren können, und wie umfassend ist die Qualität der Informationen?

Von großer Bedeutung ist auch, ob es sich um organisationshomogene oder -heterogene Gruppen im Rahmen eines offenen Fortbildungsangebots handelt. Es ist ein großer Unterschied, ob Mitarbeiter/innen an einem offenen Angebot mit Teilnehmerinnen/Teilnehmern aus unterschiedlichen Organisationen mitwirken oder ob das Training direkt am Bedarf einer Organisation orientiert wird. Im letzteren Fall kann eine direkte Verknüpfung mit den Zielen der Personal- und Organisationsentwicklung stattfinden. In offenen Lerngruppen bestehen zusätzliche Möglichkeiten eines organisationsübergreifenden Erfahrungsaustausches zwischen den Teilnehmenden. Grundsätzlich sollten Teilnehmer/innen zu einer Teilnahme an Gendertrainings nicht zwangsverpflichtet werden.

Evaluation

Die Evaluation und Transfersicherung von Trainings ist eine vorrangige Aufgabe der Führungskräfte in Organisationen und setzt die

Kultur einer „lernenden Organisation“ voraus. Arbeitsvorhaben und Ergebnisse von Trainings sollten in der Organisation umgesetzt werden können. Wichtige Voraussetzungen für eine gelungene Evaluation sind die Einbeziehung der Teilnehmer/innen von Trainings in die vorab festgelegten Ziele und Strategien, die aufgestellten Evaluationskriterien, Implementierungsstrategien, die Dokumentation und die Transparenz der Ergebnisse.

Für den Transfer von Ergebnissen ist bedeutsam, ob die erarbeiteten Zielstellungen aufgegriffen und verfolgt werden und die Organisation bereit ist, hierfür auch entsprechende Ressourcen zur Verfügung zu stellen. Ein wichtiger Indikator dafür ist der Stellenwert, den das Thema in der täglichen Arbeit der Fach- und Führungskräfte einnimmt. Die Integration der Ergebnisse in die Organisationskultur sollte überprüft und mit neuen Zielstellungen verknüpft werden, sodass ein kontinuierlicher Qualitätsentwicklungsprozess zur Umsetzung von Chancengleichheit eingeleitet werden kann.

Der Erfolg von Gendertrainings hängt wesentlich davon ab, wie die Fortbildung in den Gesamtentwicklungsprozess einer Organisation eingebettet ist. Trainings können die Implementierung von Gender Mainstreaming in einer Organisation unterstützen, ersetzen aber keine Strategie. Von großem Vorteil ist, wenn Gender-Mainstreaming-Strategien in Qualitätsmanagementprozesse eingebettet werden, da sie dann, ausgehend vom Leitbild einer Organisation, in allen Prozessen Berücksichtigung finden.

Der Erfolg eines Trainings orientiert sich darüber hinaus an der individuellen Zielerreichung der Teilnehmer/innen, dem erfolgreichen Transfer von Ergebnissen in die Organisation und den Möglichkeiten für einen realen Abbau geschlechtsspezifischer Diskriminierungen.

Literatur

Bauer, Ingrid/Neissl, Julia (2003): Gender Studies. Denkachsen und Perspektiven der Geschlechterforschung. Innsbruck

Blickhäuser, Angelika (2001a): Gender-Trainings – ein Instrument zum Erwerb von Gender-Kompetenz. In: BzgA Forum, H. 4, S. 14–17

Blickhäuser, Angelika (2001b): Genderkompetenz durch Training: Der Weg ist das Ziel, In: Gender Mainstreaming – eine Chance für NRW. Dokumentation einer Veranstaltung der Grünen im Landtag NRW. S. 36–38

Bohlen, Elise/Nowak, Susanne (2002): Gender Mainstreaming – Chancen und Herausforderungen für die Mädchen- und Jugendsozialarbeit. In: Jugend, Beruf, Gesellschaft, Jg. 53, H. 1, S. 28ff.

Bohn, Irina (2002): Gender Mainstreaming und Jugendhilfeplanung. Münster

Burbach, Christiane/Schlottau, Heike (Hrsg.) (2001): Abenteuer Fairness. Ein Arbeitsbuch zum Gendertraining. Göttingen

Enggruber, Ruth (2001): Gender Mainstreaming und Jugendsozialarbeit. Münster

Faulstich-Wieland, Hannelore (1995): Geschlecht und Erziehung. Grundlagen des pädagogischen Umgangs mit Mädchen und Buben. Darmstadt

Gentner, Ulrike. (Hrsg.) (2001): Geschlechtergerechte Visionen. Politik in Bildungs- und Jugendarbeit. Königstein im Taunus

Ginsheim, Gabriele/Meyer, Dorit (Hrsg.) (2001): Gender Mainstreaming – neue Perspektiven für die Jugendhilfe. Berlin

Gruber, Christine/Fröschl, Elfriede (Hrsg.) (2001): Gender-Aspekte in der Sozialen Arbeit. Wien

Hofmann, Isolde/Körner, Kristin/Färber, Jochen/Rösgen, Anne/Wanzek, Ute (2003): Gender Mainstreaming in Sachsen-Anhalt. Konzepte und Erfahrungen. Opladen

Horstkemper, Marianne/Zimmermann, Peter (Hrsg.) (1998): Zwischen Dramatisierung und Individualisierung. Geschlechtstypische Sozialisation im Kindesalter. Opladen

Hurrelmann, Klaus/Albert, Mathias (2002): Jugend 2002 – 14. Shell-Jugendstudie. Frankfurt/Main

Jansen, Mechtild M./Röming, Angelika/Rohde, Marianne (Hrsg.) (2003): Gender Mainstreaming. Herausforderung für den Dialog der Geschlechter. München

Koch-Priewe, Barbara (Hrsg.) (2002): Schulprogramm zur Mädchen- und Jungenförderung. Die geschlechterbewusste Schule. Weinheim

Lassnigg, Lorenz/Paseka, Angelika (Hrsg.) (1997): Schule weiblich – Schule männlich. Zum Geschlechterverhältnis im Bildungswesen. Innsbruck/Wien

Merchel, Joachim (Hrsg.) (1998): Qualität in der Jugendhilfe. Kriterien und Bewertungsmöglichkeiten. Münster

Prengel, Annedore (1995): Pädagogik der Vielfalt. Verschiedenheit und Gleichberechtigung in Interkultureller, Feministischer und Integrativer Pädagogik. Opladen

Rauw, Regina (Hrsg.) 2001): Perspektiven geschlechtsbezogener Pädagogik. Impulse und Reflexionen zwischen Gender, Politik und Bildungsarbeit. Opladen

Stepanek, Brigitte/Krull, Petra (2003): Gleichstellung und Gender Mainstreaming. Ein Handbuch. Schwerin

Bärbel Geiß

Hessische Entwicklungspartnerschaft „Equal-IT-y in the information society" – Mehr Mädchen und Frauen in IT

Ausgangssituation

Auf dem Ausbildungs- und Arbeitsmarkt der Informations- und Kommunikationstechnologien ist der Frauenanteil nach wie vor sehr gering. Auch in der strukturstarken Rhein-Main-Region, die durch einen hohen Beschäftigungsstand, ein starkes wirtschaftliches Wachstum und einen großen Bedarf an qualifizierten Fachkräften in der IT-Branche gekennzeichnet ist, sind Mädchen und junge Frauen stark unterrepräsentiert. So betrug der Anteil an jungen Frauen bei den abgeschlossenen Ausbildungen in den IT-Berufen in Hessen 2001 nach Angaben des Statistischen Bundesamtes nur 13,6 % und liegt damit leicht unter dem Bundesdurchschnitt.

Trotz der Qualifikationserfolge von Frauen in allen Bereichen der schulischen Bildung bleibt das Berufswahlspektrum von Mädchen und jungen Frauen doch weiterhin in einem traditionell engen Spektrum. Noch immer wählen sie bevorzugt Berufe wie Verkäuferin, Arzthelferin oder Frisörin. Bei der Studienwahl bevorzugen junge Frauen weiterhin sozial- und geisteswissenschaftliche Fächer. Hier setzt die hessische Entwicklungspartnerschaft „Equal-IT-y in the information society" an, die im Rahmen der europäischen Gemeinschaftsinitiative Equal gefördert wird. Unter Einsatz spezieller Gender-Mainstreaming-Ansätze hat sich das Verbundprojekt (neun aktive Projektträger) zum Ziel gesetzt, Mädchen und jungen Frauen einen neuen Zugang zu den Arbeitsbereichen der Computertechnologien zu eröffnen und den Frauenanteil in diesen Branchen im Rhein-Main-Gebiet zu erhöhen. Zur Umsetzung dieses Ziels werden über einen Zeitraum von drei Jahren Fachveranstaltungen, Events, Qualifizierungsangebote und Workshops angeboten. Das Verbundprojekt wird von insgesamt 30 strategischen Partnerinnen und Partnern aus Unternehmen, Kommunen, Verbänden, Institutionen und Netzwerken sowie einem prominent besetzten Beirat unterstützt. Das Zentrum für Weiterbildung gGmbH hat die Entwicklungspartnerschaft initiiert und ist für die Gesamtkoordination zuständig.

Dieser hessische Verbund von Projektträgern ist eingebettet in die europäische Beschäftigungsinitiative EQUAL. In ihr haben sich europaweit Akteurinnen und Akteure zu so genannten Entwicklungspartnerschaften zusammengeschlossen, um gemeinsam Maßnahmen gegen Diskriminierungen auf dem Arbeitsmarkt zu entwickeln. Die Besonderheit der Equal-Initiative liegt in den transnationalen Kooperationen, die darauf abzielen, ein europäisches Netzwerk zu gründen. Im Rahmen der hessischen Entwicklungspartnerschaft Equal-IT-y in the information society – Mehr Mädchen und Frauen in IT hat der Gender-Mainstreaming-Ansatz einen zentralen Stellenwert und wird als verbindliche Querschnittsaufgabe definiert. Alle beteiligten Projektträger sind verpflichtet, Strategien zu entwickeln, die die kontinuierliche Einbeziehung der Geschlechterperspektive im Sinne des Gender Mainstreaming sicherstellt. Dieser Anspruch steht in der hessischen Entwicklungspartnerschaft umso mehr im Vordergrund, da diese ausschließlich frauenspezifische und gleichstellungspolitische Ziele verfolgt.

Konzeption

In der Vergangenheit orientierte sich der Umgang mit Technik in der IT-Branche ausschließlich an der männlichen Lebenswelt (ihren Wahrnehmungsformen und Bedürfnissen). Auf diese Weise scheiterten Maßnahmen zur Förderung des Frauenanteils in diesen Arbeitsbereichen. Das einseitig männlich geprägte Technikverständnis sprach Mädchen und junge Frauen nicht an. Jüngere Ansätze berücksichtigen Gender-Mainstreaming-Aspekte und beziehen weibliche Lebenswirklichkeiten und Bedürfnisse mit ein. Der Grundsatz lautet hier: Frauen und Männer haben unterschiedliche Zugangsweisen zum IT-Bereich. Drei Faktoren sind in diesem Zusammenhang entscheidend: Erstens die gesellschaftliche Zweiteilung von Erwerbs- und Familienarbeit (Vereinbarkeit von Familie und Beruf), zweitens die Stereotypisierung der Geschlechterrolle (Kopplung von Technik und Männlichkeit) und drittens die vertikale und horizontale Segmentierung des Arbeitsmarktes. Die Gender-Mainstreaming-Strategie des Projekts Equal-IT-y ist auf diese Faktoren abgestimmt und umfasst Maßnahmen in den Bereichen

- Erweiterung des Berufswahlspektrums
- Beratung, Training, Qualifizierung
- Sensibilisierung und Information
- Genderkompetenz – Strategien zur Sensibilisierung u. a. von Multiplikatorinnen/Multiplikatoren und Führungskräften
- transnationale Zusammenarbeit mit den Partnern und Partnerinnen aus Österreich, Spanien und Italien.

Eine Gesamtübersicht über die Angebote der Entwicklungspartnerschaft „Equal-IT-y in the information society“ – Mehr Mädchen und Frauen in IT! sind in der DJI-Datenbank PRAXIMO zu finden. Nachfolgend wird ein Schwerpunkt auf die Angebote zur Förderung der Genderkompetenz gelegt.

Umsetzung

Genderkompetenz – Strategien zur Sensibilisierung von Multiplikatorinnen/Multiplikatoren, Führungskräften und anderen Zielgruppen

Um Einstellungsänderungen zu erreichen, müssen die Maßnahmen sowohl auf der Ebene der Wissensvermittlung (Informationen über Statistiken, politische Rahmenbedingen etc.) als auch auf der kognitiven Ebene (Persönlichkeit, Werte, persönliche Motivationen) ansetzen. Die hessische Regionalinitiative bietet hierzu einen abgestimmten Mix von Fachveranstaltungen, Fortbildungen und einer flankierenden Öffentlichkeitsarbeit.

Ein wichtiger Schwerpunkt dieser Angebote sind die Gender-Bildungsveranstaltungen des Gender-Institut Sachsen-Anhalt (G/I/S/A). Sie haben zum Ziel, die Grundlagen für die Entwicklung von „Genderkompetenz“ zu legen. Genderkompetenz, so wie G/I/S/A sie definiert, bedeutet, dass gleichstellungsrelevante Aspekte erkannt und die Erkenntnisse in die Praxis übertragen und umgesetzt werden können. Die Bildungsveranstaltungen zielen deshalb darauf ab, dass sowohl die Sensibilität gesteigert als auch Faktenwissen und Handlungskompetenz vermittelt werden. Bildungsveranstaltungen für Fachkräfte an Schulen sind zweitägig konzipiert und werden von den Frauenbüros in Frankfurt/Main und Darmstadt koordiniert. Sie richten sich an Schulleitungen und Lehrkräfte sowie Funktionsträger/innen von Studienseminaren und Schulämtern. Der thematische Schwerpunkt für diese Zielgruppen liegt im Bereich der Berufswahl von Mädchen und Jungen. Neben der Vermittlung von Grundlagenwissen zum Thema Gender Mainstreaming werden folgende Fragestellungen behandelt:

- Wie kann Schule dazu beitragen, Geschlechterrollen für Jungen und Mädchen zu erweitern?
- Wie können klassische Rollenzuschreibungen und -erwartungen bei Schülerinnen/Schülern an das eigene und das andere Geschlecht verdeutlicht werden?

- Welchen Beitrag kann Gender Mainstreaming zur Berufsorientierung an Schulen leisten?

Mit Vortrag, Diskussion und Arbeit in wechselnden – auch geschlechtshomogenen – Gruppenzusammensetzungen werden die Voraussetzungen geschaffen, um den Prozess der Umsetzung von Gender Mainstreaming in der eigenen Institution zu initiieren.

Nachfolgend wird ein Beispiel für eine solche Gender-Bildungsveranstaltung an einer Schule vom Ablauf und den ersten Erfahrungen her vorgestellt. Dabei handelt es sich um eine Auftaktveranstaltung zur Gendersensibilisierung von Lehrkräften an einer Gesamtschule, denen weitere folgen sollen. Verantwortliches Teilprojekt im Rahmen der Entwicklungspartnerschaft Equal-IT-y ist G/I/S/A Gender Institut Sachsen-Anhalt; Kontakt: Ute Wanzek, G/I/S/A Gender Institut Sachsen-Anhalt, E-Mail: ute.wanzek@g-i-s-a.de, Tel.: 0391 5066577.

Ablauf

1. Tag 13.30 bis 19.00 Uhr
Inhalte: Kennenlernen, Sensibilisieren, Grundbegriffe des GM, Video
- Ankommen, Einführung/Zielstellung, Erwartungen
- Soziometrie-Übung: Wertestrahl 0 bis 10
- Input: GM – die Grundlagen
- Übung: Meine Werte – deine Werte (Gender als kulturelle Differenz)
- Video: Wie im richtigen Fernsehen
- Auswertung Video

2. Tag 9.00 bis 18.00 Uhr
Inhalte: Sensibilisierung; GM: Abläufe, Leitlinien, Felder; Bestandsaufnahme, Beispiele; Visionsarbeit; Schritte in die eigene Arbeit
- Input: GM als Prozess – Abläufe, Leitlinien, Felder
- Gruppenübung: Bestandsaufnahme – wo ist Schule heute schon genderbewusst?
- Input: Beispiele für GM in der Schule
- Visionsarbeit
- Worauf können wir bauen? Voraussetzungen für Implementierung GM in Schule und Unterricht
- Von der Vision zu ersten Projekten
- Erste Schritte
- Feedback

Fazit der Veranstaltung

Schwerpunktmäßig wurden genderspezifische Unterrichtssituationen von den Teilnehmerinnen und Teilnehmern angesprochen und diskutiert. Berichte von abendlichen Diskussionen zum Seminar im Kollegen- oder Familienkreis wiesen auf eine rege Auseinandersetzung hin. Mit sehr viel Freude und Begeisterung inszenierten die Lehrkräfte die Zukunftsvision „Wie würde unsere Schule nach zehn Jahren Einsatz von Gender-Mainstreaming-Strategien aussehen?“. In der abschließenden Runde wurde deutlich geäußert, dass das Thema im Kollegium weitertransportiert werden soll, um es an der Schule zu verankern. Die Vorschläge für eine weitere Implementierung von Gender-Mainstreaming-Strategien an der Schule reichten von konkreten Anfragen zur gegenseitigen Hospitation und „Gender-Beobachtungen“ von Unterricht und Lehrkraft bis hin zu Information und Einbezug von weiteren Kolleginnen und Kollegen. Auch die Schulleitung beabsichtigt das Thema zu unterstützen.

Angebote für Eltern und Lehrkräfte

Eltern haben großen Einfluss auf die Berufswahl ihrer Töchter. Sie hegen häufig Vorbehalte gegenüber ungewöhnlichen, technischen und als „männlich“ eingestuften Berufen für ihre Töchter. Präsentationen neuer Berufsbilder und Diskussionen auf schulischen Elternabenden, initiiert vom IB-Technikzentrum für Mädchen und Frauen in Frankfurt/Main, sind ein erster Schritt, Ressentiments und Informationsmängel abzubauen.

Neben den Eltern nehmen vor allem aber auch die Lehrkräfte Einfluss auf den Berufswahlprozess. Allerdings vermitteln sie oft selbst geschlechtsspezifische Zuschreibungen bezüglich der Berufswahl. Solche Vorbehalte gilt es aufzubrechen. Wer im Umgang mit dem PC selbst unsicher oder ahnungslos ist, wird den PC im Unterricht wenig einsetzen und kann kaum Mädchen motivieren, eine IT-Ausbildung anzustreben.

In Fortbildungen des Computer Fitness Centers (Träger: Zentrum für Weiterbildung) und des IB-Technikzentrums werden die Kompetenzen von weiblichen Lehrkräften und Pädagoginnen im IT-Bereich gestärkt. Die Veranstaltungen werden bedarfsorientiert gestaltet, d. h. Niveau und Inhalt werden in Absprache mit den Teilnehmerinnen der Kooperationsschulen von Equal-IT-y festgelegt. Es geht dabei weniger um die Kompetenz, selbst EDV zu unterrichten, als vielmehr bereit zu sein, die Möglichkeiten des PC und des Internets fachunabhängig zu nutzen und im Unterricht einzusetzen.

In den Multiplikatorinnen-/Multiplikatoren-Workshops wird die „Galli-Methode“ eingesetzt. Dies sind Theater-Workshops, in denen die Lehrkräfte die Möglichkeit haben, den Umgang von Frauen und Mädchen mit Computern in einer lockeren Atmosphäre spielerisch unter die Lupe zu nehmen. Die Teilnehmer/innen (Lehrkräfte aus Schulen und dem Weiterbildungsbereich) werden über das Spiel mit ihren eigenen „IT-Berührungsängsten“ oder Vorurteilen konfrontiert und können auf der Bühne die Chance nutzen, neue Herangehensweisen zu probieren. Darüber hinaus werden den Teilnehmerinnen/Teilnehmern Ideen vermittelt, wie sie mit ihren Schülerinnen über die Methodik des Theaterspiels das Thema „Mädchen und IT“ umsetzen können. Sie lernen, mit ihren Schülerinnen kleine spontane Szenen zum Thema zu kreieren, die dann auf Berufsmessen, Schulfesten oder ähnlichen Anlässen aufgeführt werden können.

Die Aktivitäten der Initiative werden von öffentlichkeitswirksamen Maßnahmen in Verantwortung der Women.de GmbH flankiert. Die Medienkampagne startete mit einem lokalen Event und der Eröffnung des Computer Fitness Centers. Weitere Aktivitäten im Rahmen des Computer Fitness Centers folgten, wie zum Beispiel eine viermal jährlich stattfindende Frauen-Talkshow, um (prominente) Vertreterinnen aus den IuK-Bereichen vorzustellen, neue Berufsbilder zu vermitteln und neue Aspekte aus dem Themenspektrum „Frauen und IT“ öffentlich zu diskutieren. Auch die Präsenz auf Fachveranstaltungen leistet einen Beitrag, um die Ziele der Initiative zu verbreiten. Denn während Bildungsveranstaltungen und Workshops gezielt die personale Ebene ansprechen, dienen die Fachveranstaltungen dazu, Informationen zu vermitteln und in der Öffentlichkeit das Thema „Frauen, Mädchen und IT“ zielgruppengerecht aufzubereiten.

Wichtigstes Informationsmedium – neben einem Printnewsletter – ist der Online-Auftritt der Initiative. Die gesamten Aktivitäten der Partnerinnen und Partner werden unter www.equal-it-y.de einer breiten Öffentlichkeit zugänglich gemacht. Gleichzeitig fördert die Plattform (inklusive eines internen Bereichs) die Interaktion und Kommunikation zwischen den Partnern und interessierten Frauen, Mädchen und Multiplikatorinnen/Multiplikatoren, sodass sich das Netzwerk auch als Online Community im Netz dynamisch weiterentwickeln kann. Darüber hinaus bietet die Website eine spezielle IT-Jobbörse an, die eigens auf Arbeitsplätze, Ausbildungsplätze und Praktika aus den neuen IT-Beschäftigungsfeldern ausgerichtet ist. Dieses Spezialangebot wurde von der jobpilot AG, einem der größten Internet-Stellenportale, entwickelt, die mit diesem Service die Initiative in hohem Maße unterstützt.

Erfahrungen

Der Ansatz des Gender Mainstreaming wirft ein neues Licht auf die Betrachtung der Ursachen von Ungleichheiten zwischen den Geschlechtern. Die Erfahrungen zeigen, dass isolierte Maßnahmen zu kurz greifen, um strukturelle Veränderungen zu bewirken und den Frauenanteil in den Arbeitsbereichen der Informations- und Kommunikationstechnologien tatsächlich zu erhöhen. „Doing Gender in Technology“ ist eine wichtige Herausforderung dieser Zeit und braucht einen langen Atem. Die Initiative „Equal-IT-y in the information society“ leistet dazu einen Beitrag. Sie versteht sich als vernetzte Innovationswerkstatt, in der Partner aus Wirtschaft, Bildung und Politik neue Modelle erproben und veröffentlichen, damit „Chancengleichheit in der Informationsgesellschaft“ gelebte Wirklichkeit wird.

Kontakt
Zentrum für Weiterbildung gGmbH
Frau Heike Pawelzick
Elbinger Straße 7
06048 Frankfurt/Main
Tel. 069/97 07 23-18
Email: pawelzick@zfw.de

Fabian W. Williges

Fachtag Jungenarbeit Leipzig der LKJ Sachsen

Ausgangsbedingungen

Die Landesvereinigung Kulturelle Jugendbildung in Sachsen e.V. (LKJ) ist als Dachverband für 18 Fachverbände der Kinder- und Jugendkulturarbeit für die Vertretung jugendpolitischer Belange im Allgemeinen und der außerschulischen kulturellen Bildung im Besonderen verantwortlich. Sie setzt sich für kulturelle Betätigungsmöglichkeiten von Kindern und Jugendlichen ein, um die Rahmenbedingungen für eine auf Persönlichkeitsbildung und Partizipation zielende Kinder- und Jugendkulturarbeit zu sichern und auszubauen. Neben der Lobbyarbeit auf Landesebene hat sich die 1992 gegründete LKJ zu einem wichtigen Anbieter von Fortbildungen im Bereich der Kinder- und Jugend(kultur)arbeit entwickelt. Des Weiteren initiiert, organisiert und vermittelt sie internationale Jugendbegegnungsmaßnahmen überwiegend in osteuropäischen Ländern. Die LKJ und ihre Fachverbände schaffen kulturell-künstlerische Höhepunkte für Kinder und Jugendliche auf Landesebene, z.B. durch die Ausschreibung von Wettbewerben für die Ausrichtung von Tanz- und Musikfesten, Theater- und Chortreffen oder des landesweiten Jugendkulturtages. Die Landesvereinigung Kulturelle Jugendbildung sieht sich dabei häufig in der Rolle des Initiators, der wichtige Themen aus dem gesellschaftlichen Kontext aufgreift und in den jugendpolitischen Diskurs einbringt. Die LKJ Sachsen ist der Träger des Bundesmodellprojektes Freiwilliges Soziales Jahr Kultur (FSJ Kultur) in Sachsen.

Im Jahr 2001 hat die LKJ in Zusammenarbeit mit dem Offenen Forum für Jungen und Männer, eine Fortbildung mit dem Titel „JUNGENkulturARBEIT“ (1. bis 3. November 2001) durchgeführt, in deren Verlauf die Idee für den Fachtag Jungenarbeit und die Leipziger Jungentage geboren wurde. Das Offene Forum versteht sich als Ursprung und Initiator der Jungen- und Männerarbeit in Leipzig. Dem Thema war nach der Mädchenarbeit im Leipziger Raum bisher nur wenig Beachtung geschenkt worden. Deshalb hat sich die Landesvereinigung entschlossen, ihre Infrastruktur zur Verfügung zu stellen und einen organisatorischen Rahmen zu bieten. Ein Netzwerk der Jungen- und Männerarbeit soll geschaffen werden. Als die Bildungsreferentinnen der LKJ Marit Vissiennon (verantwortlich für die Jungenarbeit) und Birgit Wolf (2003 in Vertretung für Frau Vissiennon) das Umfeld der Jungen- und Männerarbeit untersuchten, bemerkten sie, dass in einigen Orten Ansätze für die Arbeit dieses Themenschwerpunkts zu finden waren, dass aber die Gruppen fast gar nicht voneinander wussten und eine Verknüpfung bisher nicht stattgefunden hatte. Während die Arbeitsgemeinschaft Jugendfreizeitstätten Sachsen e.V. (AGJF) Jungenarbeit in den Regionen Chemnitz und Dresden anbietet, sieht die LKJ ihren Schwerpunkt in Leipzig.

Auch an den Schulen Sachsens, speziell bei den Vertrauenslehrerinnen und -lehrern, gibt es einen Bedarf an Weiterbildung hinsichtlich der Umsetzung von Gender Mainstreaming. Das Regionalschulamt bietet kaum Weiterbildungen dazu an. Die Landesvereinigung musste auch feststellen, dass den Lehrkräften nach der Bewältigung des Schulalltags häufig die Motivation für zusätzliches Engagement fehlt. Zum „Girls' Day“, der Mädchen für technische Berufe interessieren soll, kommt jedoch regelmäßig der Hilferuf von Schulen, was mit den „verbliebenen“ Jungen passieren soll.

Am 6. September 2002 fanden der 1. Fachtag Jungenarbeit der LKJ und im Anschluss die 1. Leipziger Jungentage des Offenen Forums statt. Schwerpunktthema war die Standortbestimmung der Arbeit. Mit ca. 40 Teilnehmerinnen/Teilnehmern kam unerwartet viel Rückmeldung für den ersten Ansatz, die Beschäftigung mit dem Themenkreis der Jungen- und Männerarbeit auf einer fachlichen Ebene als Kontinuum zu implementieren. Interessanterweise kam die Mehrheit der Teilnehmer/innen aus den Großstädten Leipzig, Halle, Dresden und Chemnitz.

Die Leipziger Jungentage finden indes jährlich am ersten Septemberwochenende statt und bieten konkrete sozialpädagogische Arbeit von Männern mit Jungen an. Der Fachtag Jungenarbeit offeriert hingegen den theoretischen Diskurs durch ausgesuchte Referenten aus dem Bundesgebiet, der mit praktischen Übungen und methodischen Anregungen unterlegt ist. Fachkräfte der Jugendarbeit und Jugendhilfe, aber auch Lehrer/innen und Entscheidungsträger in Politik und Verwaltung sind zum Fachtag Jungenarbeit eingeladen, um ihre Sensibilität für Gender Mainstreaming allgemein und speziell für Jungenarbeit zu entwickeln.

Der 2. Fachtag Jungenarbeit wurde am 12. September 2003 unter dem Titel „Spannungsfeld Jugendhilfe – Schule“ durchgeführt. Trotz der geringen Teilnehmerzahl von 15 Personen hält die LKJ an der Dringlichkeit zur Sensibilisierung für die Jungenarbeit fest. Noch entschlossener muss bei dem geplanten 3. Fachtag am 23. und 24. September 2004 für die Jungenarbeit geworben werden.

Konzeption

Der Fachtag Jungenarbeit richtet sich an alle, die an der Arbeit mit Jungen im Rahmen von sozial-, kultur- oder lehrpädagogischen Maßnahmen beteiligt sind. Dies beinhaltet sowohl pädagogische Fachkräfte (z. B. freier Träger der Jugendhilfe, aber auch von Regelschulen) als auch Entscheidungsträger aus Politik und Verwaltung bis hin zu engagierten Müttern und Vätern.

Die LKJ hat den Fachtag bewusst aus zwei Gründen für Männer *und* Frauen ausgeschrieben: Erstens ist eine Durchführung ohne Frauen aufgrund der Personalstruktur der Landesvereinigung (ausschließlich weibliche Mitarbeiterinnen) nicht denkbar, auch wenn dieser Umstand – wie beobachtet – bei manchen teilnehmenden Männern während der Workshops zu Irritationen führt. Zweitens gewährt er auch Frauen den Zugang zur Jungenarbeit. Es ist eine Tatsache, dass in den pädagogischen Berufen mehr Frauen als Männer beschäftigt und somit immer wieder Frauen mit jungenspezifischen Problemen konfrontiert sind. Viele Veranstaltungen zum Thema Jungen- und Männerarbeit blenden diesen Umstand aus. Ergebnis ist ein geschlossener Kreis, der Frauen ausschließt und in dem Männer nicht von einer Reflexion Außenstehender profitieren können. Gerade im Spannungsfeld der Geschlechter besteht die Möglichkeit, sich selbst zu hinterfragen und neu zu erfahren. Beteiligte Frauen können von wichtigen Beobachtungen aus der Jungenarbeit auch für die Mädchen- und Frauenarbeit profitieren.

Die Mitarbeiterinnen der Landesvereinigung sind sich bewusst, dass Frauen einigen Themen und Methoden – z. B. männliche Sexualität oder andere „Männerthemen“ betreffend – fern bleiben müssen, da sonst kein geschützter Raum entsteht, in dem sich die teilnehmenden Männer öffnen können. Insgesamt blicken Veranstalter und Teilnehmer auf gute Erfahrungen zurück, Frauen den Zugang zum Fachtag zu ermöglichen. Der Fachtag erfüllt für sie die ganz besondere Aufgabe, das Thema der Jungenarbeit eben auch über Geschlechtergrenzen hinweg zu kommunizieren.

Mit der Organisation des Fachtages Jungenarbeit verfolgt die Landesvereinigung Kulturelle Jugendbildung nachstehende Ziele:

- Bewusstseinsbildung und Sensibilisierung der (Fach-)Öffentlichkeit für den Themenkomplex der Jungen- und Männerarbeit
- Professionalisierung des bestehenden Diskurses in Bezug auf Gender-Mainstreaming-Aspekte
- Stärkung bestehender Beziehungen zwischen den Handelnden und Schaffung eines landesweiten und Ländergrenzen übergreifenden Netzwerkes

- Öffnung der Jungenarbeit für Frauen und daraus folgend Nutzung von Synergieeffekten zwischen Jungen- und Mädchenarbeit
- Vermittlung und Training praktischer Methoden für den Alltag in der Jugend- und Sozialarbeit

Ein wichtiger Teil des Fachtags ist die Arbeit in Methodenworkshops. Um den Teilnehmerinnen und Teilnehmern den Einstieg zu erleichtern, beginnt die Veranstaltung jedoch mit einem Einführungsreferat als einem theoretischen Input zum jeweiligen Schwerpunktthema des Fachtags. Die Workshops werden in einer ausreichenden Anzahl angeboten, sodass die Gruppengröße überschaubar bleibt und für die Teilnehmer/innen ein reflektierter Austausch möglich ist. Die Methoden sind von den Referenten abhängig. Es wird im Vorfeld bei der Auswahl der Themen, Referenten und Methoden auf Vielseitigkeit geachtet, um den unterschiedlichen Teilnehmergruppen, deren Erfahrungshorizonten und Bedürfnissen gerecht zu werden.

Veranstaltungsort des Fachtages ist ein Haus des Wabe e.V. – Kanal 28 in Leipzig. In diesem Gebäude trifft sich auch regelmäßig das Offene Forum für Jungen und Männer. Die 1. Leipziger Jungentage fanden ebenfalls dort statt. Wegen der günstigen Mietkonditionen und der guten Arbeitsbedingungen stellt die alte Fabrik am Elster-Saale-Kanal den Ort praktizierter Jungenarbeit in Leipzig dar. Für die Veranstalterinnen der LKJ stellt dieses Haus mit Werkstattcharakter das ideale Ambiente für das Thema dar.

Der Fachtag Jungenarbeit wird im Rahmen des Fortbildungsprogramms der Landesvereinigung Kulturelle Jugendbildung vom Sächsischen Staatsministerium für Soziales sowie vom Landesjugendamt gefördert.

Rückhalt erfährt die LKJ bei der Organisation des Fachtages durch ihre Kooperationspartner, dem Offenen Forum für Jungen und Männer und dem Wabe e.V. Weitere Partner sind wegen des wachsenden Interesses am Thema Jungenarbeit herzlich willkommen.

Umsetzung

Der 2. Fachtag Jungenarbeit fand mit dem Thema „Spannungsfeld Jugendhilfe – Schule“ am 12. September 2003 statt. Die Bildungsreferentin der LKJ Birgit Wolf gewann Prof. Michael May (FH Wiesbaden) für das Inputreferat „Zur Notwendigkeit einer neuen Lernkultur – Jungen in der Schule“. Im Anschluss dazu fanden folgende Workshops statt: „Das Herz eines Boxers“ mit dem Sozialpädagogen Roberto Weber und dem Boxer Fabian Seyde und „Zwischen Aggression und Hingabe – Methoden in der Jungenarbeit“ mit dem Sozialpädagogen Peter Moser von Manne e.V. Potsdam.

Zu den drei Angeboten im Einzelnen:

1. Jungen in der Schule: Das Einstiegsreferat wurde vertiefend diskutiert hinsichtlich der Situation der Jungen zwischen Lehrerinnen, gleichaltriger Jungengruppe, 8-Stunden-Unterricht und ihren Träumen, unterschiedlichen Gefühlswelten, Bilder, Metaphern der Jungen zu denen der Mädchen und Lehrerinnen. Außerdem gab es einen methodischen Einstieg zu den Themen „Männlichkeit“, „Macht“ und „Kraft“.

2. Das Herz eines Boxers: Den Teilnehmerinnen/Teilnehmern wurde Boxen als eine Methode vorgestellt, um jungen Männern gezielt einen Raum zu bieten, wo sie kämpfen und vergeben lernen und sich der Erfahrung von Verwundung öffnen sowie ein neues Körpergefühl entwickeln können. Die Teilnehmer/innen des Workshops wurden eingeladen, sich selbst dieser Erfahrung auszusetzen. Im Vordergrund stand nicht die Selbsterfahrung, sondern die Umsetzung für die Jungengruppe im sozialpädagogischen Alltag.

3. Zwischen Aggression und Hingabe – Methoden in der Jungenarbeit: Hier ging es um praktische Methoden in der Arbeit mit Jungen zum Aggressionsabbau; es ging darum, Nähe zu spüren und zuzulassen oder in Kooperations- und Wahrnehmungsübungen sich anders zu begegnen. Dabei wurden Alltagssituationen der Teilnehmer/innen aufgegriffen, die durch das eigene Erleben in der Rolle des Jungen anders gesehen wurde. Gemeinsam wurden Lösungsansätze ausprobiert und reflektiert. Durch die räumliche Nähe mit dem Workshop Boxen wurden einige Übungen gemeinsam durchgeführt.

Zum Abschluss des Fachtages fanden sich Teilnehmer/innen der Workshops paarweise zusammen, um von den Erfahrungen und Ergebnissen der jeweils anderen Workshops zu berichten.
Wurde bei der Fortbildung JUNGENkulturARBEIT die Organisatorin zeitweise „rausgeschickt“, da einige Teilnehmer „Männerthemen“ nicht in Anwesenheit einer Frau besprechen wollten, zeigten sich die Fachtage 2002 und 2003 diesbezüglich weniger problematisch – stellt doch diese Veranstaltung in ihrer Konzeption eher die Meta-Ebene dar, auf der methodische Ansätze von größerem

Interesse sind als konkrete Ergebnisse der Selbsterfahrung. Vielmehr hilft da die Anwesenheit von Frauen den Teilnehmenden, um sich den Unterschied, der bleibt, bewusst zu machen. Somit ist die Öffnung des Fachtages Jungenarbeit für Frauen als grundlegender Ansatz von großer Bedeutung für die LKJ.

Die Landesvereinigung ist der Veranstalter und Organisator des Fachtages. Den fachlichen Input übernehmen die externen Referenten, die sowohl über praktische Erfahrungen als auch über theoretische Kenntnisse verfügen müssen. Die LKJ-Bildungsreferentin vor Ort übernimmt die Moderation und Intervention. Um eine Veranstaltung wie den Fachtag Jungenarbeit zu organisieren und zu begleiten braucht es fachliche Qualifikationen im Leiten von Gruppen und zur Jugendarbeit. Die LKJ gewährleistet diese Qualifikation unter anderem durch die Weiterbildung ihrer Mitarbeiterinnen.

Geworben wurde für den Fachtag auf den Informationswegen der Landesvereinigung Kulturelle Jugendbildung: in dem eigenen Jahresprogrammheft, auf der eigenen Website, in der eigenen Fachinfo „in puncto – Kulturelle Jugendbildung“ und schließlich auf speziellen Flyern, die neben dem Verteiler der LKJ auch dem Offenen Forum für Jungen und Männer zur Verfügung standen. Außerdem gab es Beiträge im Infofax, dem Online-Informationsservice für Jugendarbeit in Sachsen, und CORAX, dem Magazin für Kinder- und Jugendarbeit in Sachsen.

Während im Jahr 2002 mit rund 40 Teilnehmerinnen und Teilnehmern die Kapazität des Fachtages an ihre Grenzen stieß, war die Teilnehmerzahl 2003 mit 15 eher bescheiden. Die Gründe dafür sehen die Veranstalterinnen unter anderem in der geringen Sensibilität für geschlechterbewusste Jugendarbeit und im niedrigen Bekanntheitsgrad bzw. Wissen um die Notwendigkeit von Jungenarbeit im Speziellen. Dennoch sind einige Vorteile der kleinen Teilnehmergruppe offensichtlich: Mit wenigen Teilnehmerinnen/Teilnehmern steigt die Intensität der personenbezogenen Arbeit. Auf individuelle Bedarfe kann dadurch umfassender eingegangen werden, der Austausch untereinander wird vertieft, was wiederum den Möglichkeiten der Vernetzung zuträglich ist. Für 2004 wird mit 30 Anmeldungen gerechnet.

Da die Teilnahme am Fachtag Jungenarbeit an keine Zugangsvoraussetzung geknüpft ist, bringen die Interessierten die unterschiedlichsten Erfahrungen und Wissensstände mit, auch bezüglich Gender Mainstreaming. Einige kommen zum Fachtag mit sehr konkreten und detaillierten Fragen aus dem Arbeitsalltag, sehr viele aber suchen noch ihren Standpunkt auf diesem Gebiet der Jugendarbeit. So hat die LKJ insgesamt feststellen müssen, dass die Strategie des Gender

Mainstreaming für viele noch ein Fremdwort ist, so wie vor einigen Jahren die Jungenarbeit auch. Als weiteres Angebot im Jahr 2003 ist die Werkstatt-Tagung „Frauen.Männer.AnSichten – Selbstreflexion für die pädagogische Arbeit" in Kooperation mit der LKJ Thüringen zu nennen. Leider musste diese Veranstaltung wegen zu geringer Resonanz ausfallen. Ziel der Werkstatt-Tagung war es, Fragen nach der Realität von Gender Mainstreaming in der Lebens- und Arbeitswelt der pädagogischen Fachkräfte aufzuwerfen. Die Landesvereinigungen lassen sich nicht entmutigen und bieten diese Weiterbildung im Jahr 2004 wieder an.

Wer als Teilnehmer/in des Fachtages anreist, hat sich in der Regel schon mit dem Themenkomplex beschäftigt. Die Kompetenz der Teilnehmer/innen steigert sich jährlich, da es neben den willkommenen „Neulingen" auch Experten der Jungen- und Männerarbeit unter den Teilnehmenden gibt, die im Folgejahr als Workshopleiter/innen gewonnen werden können. Wie Teilnehmer für den Fachtag aus dem Umfeld des Offenen Forums aktiviert wurden, so konnte auch das Offene Forum Interessierte durch den Fachtag gewinnen.

In zeitlicher Nähe zum Fachtag Jungenarbeit organisiert das Offene Forum für Jungen- und Männerarbeit die Leipziger Jungentage, die das praktische Pendant zum Fachtag bilden. Die Jungentage halten ein vielfältiges Programm bereit: Anfangsritual, Wildniscamp (Hütten und Zelte, in denen dann auch übernachtet wird, werden selbst gebaut), Tageskurse und offene Workshops (Floßbau mit anschließender Nutzung, Boxen, Buchdruck, Schmiede, Kletterwand) und Endritual. Ziel all dieser Aktivitäten und Methoden ist immer, die Zusammenarbeit von Jungen mit Männern zu stärken. Teilnehmer der Jungentage sind begeistert von den Erfahrungsmöglichkeiten, die dort eröffnet werden. Jungen und Männern wird hier ein Ort geboten, an dem sie sich nach den Entfremdungen des beruflichen/schulischen Alltags wieder einander annähern, sich selbst und ihr älteres/jüngeres Gegenüber entdecken können.

Eine Gefahr besteht: Zum Fachtag wird den Teilnehmerinnen/Teilnehmern eine spezifische Methode vorgestellt. Zur Veranstaltung sind alle begeistert von diesem Ansatz und nehmen ihn zuversichtlich mit nach Hause. Doch hier landen die Veranstaltungsmaterialien „in der Schublade", und an der pädagogischen Praxis wird dadurch kaum etwas geändert. Die LKJ legt bei der Auswahl der Referenten und auch bei der Organisation des Ablaufs großen Wert auf eine aktive Wissensvermittlung. Ein Zeichen dieser Praxisorientierung ist in der Nähe zu den Jungentagen zu sehen. Geben die Jungentage dem Fachtag nun mit der lebendigen Praxis ein Beispiel der Notwendigkeit von Jungenarbeit, strahlt dieser auch zurück auf die Jungentage, stärkt somit den thematisch-theoretischen Ansatz desselben.

Welche Erkenntnisse der Fachtag den teilnehmenden Personen bringt, wie zufrieden sie mit der Organisation sind und was sie sich für folgende Fachtage wünschen, wird zum einen in einem Fragebogen abgefragt, zum anderen auch ganz direkt in einer abschließenden Feedback-Runde geklärt. Damit ist die Nähe der Landesvereinigung zu den Praktikerinnen und Praktikern der Jungenarbeit gewährleistet. Rückmeldung erhält man allerdings meist von den Engagiertesten. Wenn man den Vorschlägen jener dann kritiklos nachgeht, besteht die Gefahr, dass zum nächsten Fachtag Neueinsteiger/innen überfordert werden. Deshalb wird es zu jedem Fachtag trotz aller Weiterentwicklung auch immer einen Basis-Workshop geben, in dem Personen, die sich erst kurze Zeit mit dem Thema der Jungenarbeit beschäftigen, abgeholt werden, um sie auf einen gemeinsamen Stand zu bringen. Auch die Referenten werden von den Mitarbeiterinnen der LKJ in die Weiterentwicklung des Fachtages mit einbezogen. So gibt es einzelne Workshopleiter, die jetzt zum dritten Mal mitwirken.

Erfahrungen

Bei Durchführung der Fortbildung „JUNGENkulturARBEIT" (2001) spürten die Mitarbeiterinnen der Landesvereinigung Kulturelle Jugendbildung, dass sie ein Thema gefunden hatten, das unbedingt weitergeführt werden musste. Da die Beschäftigung mit der Jungenarbeit – trotz ihrer in der Theorie und Praxis unbestrittenen Notwendigkeit – bisher von sehr wenigen landesweit tätigen Institutionen Sachsens (vor allem in der Umgebung Leipzigs) angegangen wird, sieht sich die LKJ in der Verantwortung, diese Aufgabe zu übernehmen. Die Bedeutung der Jungenarbeit in der sozialpädagogischen Praxis wird in den kommenden Jahren steigen. Umso gebotener ist es für einen Dachverband auf Landesebene, eine Plattform zur Diskussion dieses Themenkomplexes anzubieten.

Über den Fachtag wurden Teilnehmende als zukünftige Referentinnen/Referenten gewonnen. So geben einige ihre Erfahrungen aus der pädagogischen Praxis ein Jahr später wieder zurück in den Fachtag, sodass ein langfristiger Erfahrungsaustausch möglich ist. 2004 gibt es z.B. einen Workshop über die Leipziger Jungentage, den u.a. ehemalige Teilnehmer/innen des Fachtages organisierten. Es sollen verstärkt die Fachvertreter/innen in Sachsen mit ihren Erfahrungen und Erlebnissen zu Wort kommen, und somit nicht ausschließlich auf Referenten aus den westlichen Bundesländern zurückgegriffen werden.

Als ein großes Plus des Fachtages haben sich Offenheit und Breite der Themen erwiesen, die es Männern und Frauen aus verschiedenen Kontexten erlaubt, diese Plattform für einen ungezwungenen Zugang zu dem zunächst abstrakten Thema des Gender Mainstreaming zu nutzen und dabei die Selbstreflexion anzuregen. In diesem Zusammenhang fällt aber auch ein Defizit auf: Ein einzelner Tag ist nicht genug, um eine tatsächliche methodische Weiterbildung zu gewährleisten. Manche Teilnehmer/innen haben auch den Eindruck, auf der Stelle zu stehen, da sie sich immer wieder mit „Neulingen" auseinander setzen müssen. Der Widerspruch zwischen Weiterentwicklung des Bestehenden und Einführung von Neuem gilt es auszubalancieren.

Um einen persönlicheren Einstieg zu finden, wird es 2004 am Vorabend des Fachtages einen zwanglosen Einstieg in Gestalt eines thematischen Salons geben. Diese Art des Anfangens stellt ein Experiment dar, um die starre Form des Impulsvortrags aufzubrechen. Die LKJ hofft, mit diesem anders aufbereiteten Beginn eine intensivere Einbeziehung der Teilnehmer auf einer persönlichen Ebene zu erreichen. Die Fragen aus der Gruppe sollen stärker aufgenommen werden, damit der Fachtag eher an die Bedürfnisse und Interessen aus der Praxis angepasst werden kann.

Auch für die Mitarbeiterinnen der LKJ selbst stellt die Organisation und Durchführung des Fachtages Jungenarbeit eine Herausforderung dar. Die eigene Haltung zu Gender Mainstreaming in der Jugendarbeit muss gefunden und ständig erneut hinterfragt werden. Birgit Wolf, die Marit Vissiennon im Jahr 2003 vertrat, spricht ganz offen von Grenzerfahrungen, die ihr letztendlich geholfen haben, ihr Bild von Gender Mainstreaming mit einer schärferen Kontur zu versehen. Beide glauben, dass die gesamte Arbeit der LKJ hier substanziell gewonnen hat, dass sie nun mit neuen Augen auf die unterschiedlichen Anlagen und die soziale Prägung von Jungen und Mädchen blicken, was für jeden Bereich der Landesvereinigung nur förderlich sein kann. Birgit Wolf plant nun konkret, ihre Erfahrungen des Jahres mit der Jungenarbeit und Gender Mainstreaming in der Konzeption von neuen Projekten zu berücksichtigen.

Es liegt nicht im Interesse der LKJ, dass Mädchen- und Jungenarbeit strikt voneinander getrennt existieren, denn gerade im Vergleich, im Finden von Unterschieden und Gemeinsamkeiten liegt der Schlüssel zur Entdeckung der eigenen Identität. Das gilt nicht nur für den Jugendlichen in seiner Entwicklung zum Erwachsenen, sondern eben auch für die Fachkräfte in der Sozialarbeit und Kulturpädagogik.

Aus dem Kreis der Teilnehmer kam der Wunsch, innerhalb des Fachtages noch stärker einen geschützten Raum zu gestalten, in dem die Auseinandersetzung mit den eigenen Erfahrungen im Umgang mit Jungen, den „Sternstunden“, aber auch den schmerzlichen Erfahrungen möglich ist. Dies und die Gedanken der Bewusstseins- und Netzwerkbildung stehen für die Mitarbeiterinnen der Landesvereinigung ganz oben auf der Agenda.

Als Initialzündung sieht die LKJ die Fachtage Jungenarbeit, in deren Folge langfristig eine LAG Jungenarbeit denkbar wäre. Doch dies müssen dann die Männer in die Hand nehmen. Vorerst, da die gesellschaftliche Anerkennung der Jungenarbeit eher gering ist, nimmt die LKJ ihre Aufgabe als Impulsgeber gerne wahr und installiert den Fachtag als ein Kontinuum ihrer Bildungsarbeit auf Landesebene.

Kontakt:
LKJ Sachsen e.V.
Frau Marit Vissiennon
Bildungsreferentin
Sternwartenstraße 4
04103 Leipzig

4 Berufsorientierung und Lebensplanung

Bärbel Geiß

Lebensplanung als Querschnittsaufgabe von Berufsorientierung

Welches Problem soll gelöst werden? – Problemaufriss

Berufsorientierung ist ein umfassender Begriff, der nicht mit dem Berufswahlunterricht in den Schulen gleichzusetzen ist. Nachfolgende Anregungen für ein integriertes Konzept von Berufsorientierung und Lebensplanung richten sich aus diesem Grund sowohl auf den schulischen Berufswahlunterricht als auch auf Angebote der Jugendsozialarbeit sowie auf die Ausbildungs- und Berufsvorbereitung im weiteren Sinne. Fokussiert sind sie – vor dem Erfahrungshintergrund der Autorin[5] – auf die Zielgruppe benachteiligter Jugendlicher.

Die Lebenslage benachteiligter Jugendlicher im Übergang Schule–Beruf und damit im Prozess der Berufsorientierung ist geprägt durch die Lebensphase Jugend, in der junge Menschen ihre Identität aufbauen. Die meisten benachteiligten Jugendlichen blicken zu diesem Zeitpunkt ihres Lebens bereits auf negative Schul- und Sozialisationserfahrungen zurück. Sie erleben sich als Versager/innen, die glauben, nichts zu können. Vorhandene Kompetenzen liegen vielfach brach. Stattdessen stehen Defizite im Vordergrund ihrer Eigen- und Fremdwahrnehmung. Die Jugendlichen fühlen sich den anstehenden Forderungen des Berufslebens oft nicht gewachsen.

Ausgehend von dieser Situation benachteiligter Jugendlicher im Übergang Schule–Beruf ergibt sich die Forderung nach Konzepten der Berufsorientierung, die die individuelle Förderung des einzelnen Jugendlichen in den Vordergrund stellen, und nicht bei einer „einseitigen“ Informationsgewinnung und Praxiserfahrung in Bezug auf die Arbeitswelt stehen bleiben.

[5] Bärbel Geiß (Diplom-Soziologin) führte über 14 Jahre die wissenschaftliche Begleitung von Modellversuchen zu geschlechtsspezifischen Ansätzen in der arbeitsweltbezogenen Jugendsozialarbeit (Zielgruppe Mädchen und junge Frauen aus benachteiligten Lebenslagen) beim Träger Zentrum für Lernen und Arbeit (ZELA) e.V. in Gießen durch. Die Modellversuche fanden im Rahmen des Modellprogramms „Arbeitsweltbezogene Jugendsozialarbeit“ statt.

Es gilt, die Gesamtpersönlichkeit und Lebenswelt junger Frauen und Männer ganzheitlich zu erfassen. In diesem Prozess treffen Berufsorientierung und Lebensplanung aufeinander und müssen konzeptionell eng miteinander verzahnt werden. Die Lebensplanung muss als Querschnittsaufgabe in die Konzepte der Berufsorientierung Eingang finden.

Damit verbunden sind neue Gestaltungselemente, die die traditionelle Berufsorientierung im Hinblick auf eine ganzheitliche Sicht- und Förderweise erweitern, und diese ganzheitliche Berufsorientierung soll hier als Lebensplanung bezeichnet werden.

Die Lebensplanung soll Impulse zur Selbstreflexion setzen. Hierbei müssen die unterschiedlichen soziokulturellen Lebenswelten der Jugendlichen ebenso berücksichtigt werden wie ihre geschlechtsspezifischen Sozialisationsbedingungen.

Bei einem großen Teil der Zielgruppe handelt es sich um Jugendliche mit Migrationshintergrund, die noch auf der Suche nach einer Orientierung zwischen der zurückliegenden und der neuen Lebenswelt sind. Neben Sprachschwierigkeiten führen auch kulturelle Ausgrenzungen zu beruflichen Integrationsproblemen.

Junge Frauen und junge Männer sollten im Rahmen von lebensplanerischen Angeboten in geschlechtshomogenen Gruppen die Möglichkeit zur Reflexion ihrer Geschlechterrolle und die Chance zu „Gegenerfahrungen“ erhalten. Darüber hinaus ist insbesondere für die jungen Frauen eine intensive Auseinandersetzung mit dem Thema Vereinbarkeit von Familie und Beruf in der Berufsorientierung notwendig, denn hier liegen die Ursachen für instabile und somit oft existenzgefährdende Verläufe der Berufswege von Frauen.

Lebensplanerische Angebote sollen also Anstöße für die Auseinandersetzung mit der Bedeutung der Berufswahl innerhalb einer langfristigen Lebensplanung initiieren und die persönliche Lebensplanung auf eine realistische Grundlage stellen.

Ganzheitliche Konzepte von Berufsorientierung, die Lebensplanung als Querschnittsaufgabe integrieren, können nur in einem Gesamtcurriculum verwirklicht werden. Diese müssen ein Angebot von flexibel einsetzbaren und aufeinander aufbauenden Bausteinen sein, die auf eine lang andauernde Prozessbegleitung angelegt sind. Dieses Curriculum sollte die folgenden Ebenen beinhalten:

Ebene 1	Ganzheitlichkeit verwirklichen
Ebene 2	Auf die geschlechtsspezifische und soziokulturelle Lebenswelt der Jugendlichen eingehen
Ebene 3	Zuschnitt auf die jeweilige Zielgruppe garantieren

Ebene 4	Frühzeitiger Beginn, lange Zeiträume einplanen, Kette von berufsorientierenden Bausteinen einsetzen
Ebene 5	Nähe zur Arbeitswelt erhöhen
Ebene 6	Kooperationen zwischen Jugendhilfe und Schule und anderen Institutionen weiter ausbauen

Dabei sind die lebensplanerischen Elemente vorrangig in den Ebenen 1 bis 3 vorgesehen, insgesamt aber als eine Querschnittsaufgabe von Berufsorientierung zu verstehen.

Problemlösungsstrategien

Der methodische Ansatz der Lebensplanung ist in der berufsorientierenden Arbeit mit benachteiligten Mädchen und jungen Frauen in der arbeitsweltbezogenen Jugendsozialarbeit entstanden.[6] Durch die Einführung des Gender-Mainstreaming-Ansatzes fand der Lebensplanungsansatz in der weiteren Entwicklung auch Eingang in die sozialpädagogische Arbeit mit Jungen und jungen Männern und ist mittlerweile zu einem Qualitätsstandard lebensweltorientierter Ansätze geworden. Lebensplanung wurde das neue Zauberwort geschlechtsspezifischer Konzeptionen in der Jugendsozialarbeit.

Modellversuche, die spezifisch auf benachteiligte Mädchen und junge Frauen ausgerichtete Konzepte zur Berufsorientierung erprobten[7], stellten als Ergebnis den starken Einfluss von Konfliktpotenzialen weiblicher Lebensrealität in die berufsorientierenden Prozesse fest. Demzufolge war die Bearbeitung dieser spezifischen Konfliktlinien eine der wichtigsten Aspekte berufsorientierender Arbeit mit der Zielgruppe und wurde mit dem Fachbegriff „Lebensplanung“ umrissen. Lebensplanerische Aspekte fanden vor diesem Hintergrund als Querschnittsaufgabe in alle berufsorientierenden Angebote Eingang. Da bis zu diesem Zeitpunkt (Anfang der 1990er-Jahre) für die Zielgruppe noch kein integriertes Konzept von Berufsorientierung und lebensplanerischen Elementen (Materialien/Methoden) existierte, bildete dies die Zielsetzung eines weiteren

---

[6] Als ein Beispiel hierfür sei der Trägerverein Zentrum für Lernen und Arbeit (ZELA) in Gießen genannt, der von 1988 bis 2001 Konzepte, Methoden und Angebote zur Integration benachteiligter junger Frauen in das Arbeitsleben entwickelte.

[7] Zum Beispiel das ZELA-Mädchenprojekt (Träger Zentrum für Lernen und Arbeit [ZELA e.V.] in Gießen) oder MACH MAL in Grünberg (Träger Arbeiterwohlfahrt).

Modellversuchs.[8] Hier wurde ein Konzept zur Berufsorientierung für Mädchen und junge Frauen entwickelt, das lebensplanerische Elemente als Querschnittsaufgabe einbezog und in Kooperation mit Schulen durchführte. Es umfasste rund vier Jahre Prozessbegleitung (ab 12 Jahren).

Dieses Konzept zur Berufsorientierung beinhaltet somit die zentralen Aspekte, die eine ganzheitliche Berufsorientierung umfassen muss:[9]

- Integration von lebensplanerischen Elementen als Querschnittsaufgabe
- frühzeitiger Beginn bereits ab 12 Jahren
- lange zeitliche Kontinuität
- spezieller Zuschnitt auf die Zielgruppe (Mädchen und junge Frauen differenziert nach Alterstufen)
- vielfältigen Praxiserfahrungen
- Kooperation der an Berufsorientierung beteiligten Institutionen (Schulen, Arbeitsamt etc.)

Zum Verständnis von Lebensplanung im Kontext berufswahlorientierender Arbeit

In der lebensplanerischen Arbeit geht es darum, die Jugendlichen darin zu unterstützen, eigene Lebensentwürfe zu entwickeln. Dabei wird im Sinne einer integrierten Gesamtkonzeption von Berufsorientierung und Lebensplanung der Beruf im Lebenskontext nicht isoliert gesehen, sondern im Zusammenhang mit anderen wichtigen Lebensbereichen behandelt.

Das Verständnis von Lebensplanung als integralem Bestandteil einer ganzheitlichen Berufsorientierung junger Frauen und Männer bezieht sich sowohl

- auf die Zielsetzungen und Inhalte als auch
- auf die hierfür eingesetzten pädagogischen Methoden.

---

[8] Modellversuch „Entwicklung lebensplanerischer Angebote und Methoden für Mädchen und junge Frauen" (1992–1996), Trägerverein Zentrum für Lernen und Arbeit (ZELA) e.V. in Gießen.

[9] Darüber hinaus sind mannigfaltige Konzepte und Strukturen von Berufsorientierung vorstellbar (siehe hierzu Abschnitt „Lebensplanung als Methode im Rahmen von Berufswahlorientierung").

Zielsetzungen und Inhalte von Lebensplanung im Kontext berufsorientierender Arbeit

Vorrangige Zielsetzung von Lebensplanung im Rahmen von Berufsorientierung ist die Auseinandersetzung mit tief greifenden biografischen Erfahrungen für eine Zukunftsplanung im Spannungsfeld zwischen beruflicher und privater Lebenswelt. Dazu gehören

- die Auseinandersetzung mit vorgelebten und internalisierten Lebensentwürfen (insbesondere soziokulturellen und geschlechtsspezifischen Lebensentwürfen, Erweiterungen der Berufswahlspektren),
- die Erlangung von Fähigkeiten zur eigenverantwortlichen Lebensgestaltung,
- das Erkennen eigener Stärken und Fähigkeiten und ihre berufliche Umsetzung,
- die Auseinandersetzungen mit unterschiedlichen Lebensperspektiven im Spannungsfeld von beruflicher und privater Lebenswelt (Partnerschafts- und Liebesbeziehungen, Kinderwünsche und Elternschaft, Vereinbarkeit von Beruf und Familie für beide Geschlechter) sowie
- die Auseinandersetzung mit der faktischen Arbeitsmarktsituation (für die Zielgruppe ist die Realisierung eines Wunsch-Lebensentwurfes in besonderer Weise konflikthaft, da Wünsche auf reale Beschränkungen und Widersprüche stoßen).

Lebensplanung als Methode im Rahmen von Berufswahlorientierung

Eine umfassende Gesamtdarstellung lebensplanerischer Methoden und Angebote, die im Rahmen von Berufsorientierung in den letzten Jahren entwickelt wurden, kann an dieser Stelle nicht erfolgen. Dazu ist das Spektrum zu umfangreich und vielseitig.[10] Die verschiedenen Konzepte lassen sich jedoch hinsichtlich der durchführenden Institutionen und den zwischen ihnen stattfindenden Kooperationsformen systematisieren. Dazu gehören an erster Stelle

---

[10] Hier wäre eine umfassende und systematische Bestandsaufnahme nach unterschiedlichen Formen von Lebensplanung von großer Hilfe für die Anwender/innen. Eine erste Teilbestandsaufnahme wird derzeit in einem Forschungsprojekt an der Universität Bielefeld durchgeführt „Berufsorientierung und Lebensplanung: Jugendliche in der Sekundarstufe II“.

- die allgemein bildenden Schulen,
- Träger der Jugendsozialarbeit.

Zwischen diesen beiden institutionellen Ebenen haben sich vielfältige Formen der Zusammenarbeit entwickelt. Häufig gehören auch die Arbeitsverwaltung oder Unternehmen aus der Region mit zu den Kooperationspartnerinnen und -partner.

Schulen

An den Schulen wird Berufsorientierung im Rahmen unterschiedlicher Fächer angeboten. Die früheste Alterstufe ist dabei die Klasse 7. Schulische Konzepte zur Berufsorientierung, die lebensplanerische Bausteine enthalten, entwickelten sich in den letzten Jahren mit der Erkenntnis, dass geschlechterdifferenzierte Angebote zur Erreichung von Mädchen und Jungen notwendig sind. Vielfach wurde hierbei auch auf die Unterstützung von Trägern der Jugendsozialarbeit zurückgegriffen. Dadurch haben sich drei strukturell unterschiedliche Formen zur Berufsorientierung in der Schule entwickelt:
- Schule führt die Berufsorientierung in eigener Trägerschaft durch;
- Schule und Träger der Jugendsozialarbeit führen gemeinsam in der Schule Angebote zur Berufsorientierung durch;
- Schule dient in unterschiedlichster Form als Zugang für Angebote der Berufsorientierung bei Trägern der Jugendsozialarbeit.

Bei Projekten, die in Eigenregie der Schulen bzw. in enger Kooperation mit einem Träger der Jugendsozialarbeit durchgeführt werden, liegt der entscheidende Unterschied darin, ob sie auf unterrichtlicher oder auf freiwilliger Basis durchgeführt werden. Bei den unterrichtlichen Formen hat es sich als problematisch erwiesen, dass hier die Freiwilligkeit entfällt und die Jugendlichen der Leistungsbeurteilung unterliegen. Vorteilhaft ist dagegen die Kontinuität, die die Schulstruktur gewährleisten kann. Als Veranstaltungsorte sollten solche Räume bevorzugt werden, die möglichst wenig an Schule erinnern. So kann z.B. mit der bewussten Wahl außerschulischer Räume versucht werden, die schultypischen Verhaltensweisen zurückzudrängen und eine vertrauensvolle Atmosphäre aufzubauen.

Angebote von Trägern der Jugendsozialarbeit

Träger der Jugendsozialarbeit bieten häufig im Rahmen ihrer Mädchenarbeit unterschiedliche Formen der Berufsorientierung mit lebensplanerischen Elementen an.[11] Die Alterspanne der Teilnehmerinnen liegt zwischen 10 und 20 Jahren. Die Zugänge zur Zielgruppe erfolgen zum Teil über die Schulen, über eigene Angebote (z. B. offene Treffs) sowie über eine breit angelegte Öffentlichkeitsarbeit. Ebenso entwickeln Träger der Jugendsozialarbeit gezielt Konzepte zur Berufsorientierung für Schulen oder andere Institutionen (siehe Projektbeschreibung „Parcours zur beruflichen Orientierung und Lebensplanung“, Osnabrück, in diesem Band). Die Lernorte können dabei sehr unterschiedlich sein (Schule, Jugendeinrichtung, Arbeitsverwaltung, Betriebe). Hierbei sind zu unterscheiden:

- offene niedrigschwellige Angeboten und
- längerfristige Projekte.

Offene niedrigschwellige Angebote, die mit dem Thema Berufsorientierung und Lebensplanung verknüpft werden, sind u. a.:

- Hausaufgabenhilfe
- Beratung zu allen Lebensfragen
- Kreatives Arbeiten mit unterschiedlichen Materialien
- Cafés
- Kurse
- Schul- und Projektarbeit
- Werkstattarbeit
- Ferien- und Freizeitangebote.

Längerfristige Angebote sind u. a.

- Berufsexkursionen
- Mentorinnen/Mentorenprojekte
- Expertinnen/Expertengespräche
- Bewerbungstraining
- Erzählcafé (siehe Projektbeschreibung „Erzählcafés zur Berufs- und Lebenswegeplanung“ in diesem Band)
- Probier- und Medienwerkstätten
- Zukunftswerkstatt
- Projekttage an Schulen.

---

[11] Das Heranführen an die für Mädchen und junge Frauen oft unbekannten Berufe, wie aus dem IT-Bereich oder technisch-handwerkliche Berufe, stellen hierbei die Schwerpunkte dar.

In der Wahl der Methoden beziehen sich lebensplanerische Angebote auf das Prinzip des ganzheitlichen Lernens. Damit sollen Gedanken, Gefühlen und dem Körper Ausdrucks- und Auseinandersetzungsmöglichkeiten gegeben werden, denn Jugendliche aus benachteiligten Lebenslagen benötigen Möglichkeiten, sich die Umwelt aktiv anzueignen und Möglichkeiten, für sich neue Handlungsräume zu entdecken. Vor diesem Hintergrund sollte der Schwerpunkt lebensplanerischer Arbeit für die Zielgruppe benachteiligter Jugendlicher auf praxis- und produktorientierten Projekten liegen, die an den Stärken der Jugendlichen ansetzen.

Notwendige Voraussetzungen und Arbeitsprinzipien für die Durchführung lebensplanerischer Angebote im Rahmen von Berufsorientierung

Die Jugendlichen müssen wahr- und ernst genommen werden

Lebensplanerische Angebote müssen vor allen Dingen darauf ausgerichtet sein, die Lebenswelt der jeweiligen Zielgruppe mit allen ihren Widersprüchlichkeiten und Verunsicherungen wahr- und ernst zu nehmen. Lebensplanerische Angebotsformen können daher zu Beginn immer auch nur die Themen beinhalten, die die Teilnehmer/innen selbst anbieten. Inhalte können nicht vorgegeben werden, sondern es gilt danach zu schauen, welche Bedürfnisse in der jeweiligen Gruppe vorliegen. Es gilt, den Jugendlichen einen sozialen Raum zur Verfügung zu stellen, wo sie erfahren, dass sie mit ihren Einstellungen, Verhaltensweisen und Wünschen akzeptiert werden. Nur in einer solchen Atmosphäre des Vertrauens können sie ein klares Bild ihrer Wünschen und Lebensvorstellungen entwickeln.

Vertrauensbasis/Prozessbegleitung

Die Erfahrungen zeigen, dass sich lebensplanerische Themen nur in Gruppen bearbeiten lassen, die bereits eine gute Vertrauensbasis zueinander haben. Dazu eignen sich am besten regelmäßige Angebotsstrukturen. Die Erfahrungen haben auch gezeigt, dass lebensplanerische Arbeit als ein Prozess verstanden werden muss, in dem die Jugendlichen idealtypisch vom Beginn der Pubertät bis zum Eintritt in die Ausbildung begleitet werden.

Curriculum aller Beteiligten

Der Prozess der Berufsorientierung mit integrierter Lebensplanung muss als Curriculum flexibel einsetzbarer und aus aufeinander aufbauenden Bausteinen konzipiert werden. Die regionalen Akteure des Übergangssystems (Schule, Jugendsozialarbeit, Arbeitsverwaltung, Ausbildungsbetriebe) müssen hier miteinander kooperieren.

Bezug zur Berufswelt

Lebensplanerische Angebote müssen immer die Berufswelt mit einbeziehen. Das heißt, die Inhalte sollten immer Bezug auf die Berufswelt nehmen bzw. ihren Zusammenhang mit dieser deutlich werden lassen. Zukunftsplanung umfasst beide Themen: Beruf und Familie.

Produktorientierung

Im Rahmen von lebensplanerischen Angeboten mit benachteiligten Jugendlichen hat sich der produktorientierte Ansatz besonders bewährt. Unter Einbeziehung unterschiedlicher Medien und Materialien entsteht ein Produkt, das zur inhaltlichen Auseinandersetzung mit dem jeweiligen lebensplanerischen Thema anregt (z.B. ein Körperbild, eine Fotoserie, ein Video etc.). Dieses Produkt kann dann von den Jugendlichen mit nach Hause genommen werden, wertet so ihr Selbstbewusstsein auf und bietet auch nach der Beendigung des Seminars Möglichkeiten der Auseinandersetzung mit der jeweiligen Thematik.

Wunsch- und Traumbilder

Wenn es um die Lebensplanung der Zielgruppe geht, sind die pädagogischen Fachkräfte ständig mit den Wunsch- und Traumbildern der Jugendlichen konfrontiert. In der heutigen Zeit werden junge Frauen und junge Männer in so starkem Maße mit vorgegebenen Bildern überflutet, dass es nur wenigen gelingt, ihre eigenen Bilder zu kreieren. Ein geeignetes Medium, diesen Prozess auf spielerische Weise anzuregen, ist die Traum- oder Phantasiereise.

Zuschnitt auf die jeweilige Zielgruppe

Die angebotenen Maßnahmen sollten trotz großer Überschneidungen der Zielgruppen und den Konzepten zur Berufsorientierung für benachteiligte Jugendliche spezifisch auf die jeweilige Gruppenzusammensetzung zugeschnitten werden. Sie müssen vor allen Dingen auf eine ganzheitliche und individuelle Förderung abzielen, die an den Kompetenzen der Person ansetzen.

Geschlechtsspezifische Lebenswelten

Eine der grundlegenden Zielsetzungen lebensplanerischer Angebote im Rahmen von Berufswahlorientierung ist die Aufarbeitung der geschlechtsspezifischen Erfahrungen, die junge Frauen und junge Männer in ihrer Lebenswelt machen und die sich berufsrelevant auswirken. Dabei sollen geschlechtsspezifische Problemlagen, subjektiv erlebte Alltagserfahrungen, die Erwartungen und Werte sowie die gesellschaftliche konstruierte Rollenverteilung transparent werden, um die eigene Lebensplanung bewusster gestalten zu können.

So sehen sich z. B. junge Frauen weiterhin vor die Entscheidung gestellt, ob sie dem Bereich „Familie" oder „Beruf" den Vorzug geben wollen. An sie werden vielfältige, widersprüchliche Rollenanforderungen gestellt. Weder werden ihnen die gesellschaftlichen Bedingungen geboten, Beruf und Familie zu vereinbaren, noch hat ein wirklicher Umdenkungsprozess in Bezug auf tradierte Rollenmuster stattgefunden. Aufgabe lebensplanerischer Angebote ist es an dieser Stelle, Mädchen und junge Frauen in geschlechtshomogenen Gruppen bei der Bearbeitung dieser Konflikte zu unterstützen.

Gender Mainstreaming

Die Methode der Lebensplanung ist aus der Mädchenarbeit heraus entstanden und muss unter dem Gender-Mainstreaming-Aspekt weiter entwickelt werden. Dabei ist darauf zu achten, dass

- die geschlechtsspezifischen Lebenswelten von Mädchen und Jungen reflektiert werden,
- sich männliche Dominanzen und weibliche Marginalisierungen nicht verfestigen,
- neue biografische Optionen für beide Geschlechter reflektiert werden und sowohl Mädchen als auch Jungen von den bestehenden Normalitätszwängen entlastet werden (insbesondere in Bezug

auf den Aspekt der Vereinbarung von Berufs- und Familienleben und das Verhältnis der Geschlechter zueinander).

Literatur

Attia, Iman u. a. (2000): Auf Ausbildungsplatzsuche. In: Attia, Iman/Marburger, Helga (Hrsg.): Alltag und Lebenswelten von Migrantenjugendliche. Frankfurt/Main, S. 71–100

Bold, Uli (2000): Jungen stärken. Zur Modernisierung der Lebensentwürfe von Jungen. Pädagogisches Landesinstitut Brandenburg (Hrsg.). Berlin

Bredemeier de Diego, Inge u. a. (1995): Berufsfindung und Lebenschancen der heutigen Mädchengeneration. Analysen zu einem Modellversuch. Reihe Forschung und Lernen, Bd. 4. Berlin

Fobe, Karin/Minx, Bärbel (1996): Berufswahlprozesse im persönlichen Lebenszusammenhang Jugendlicher in Ost und West an der Schwelle von der schulischen in die berufliche Ausbildung. Nürnberg

Geissler, Birgit (1998): Berufsverlauf und Lebensplanung junger Frauen. In: Arbeit und Betrieb, Nr. 20, S. 72–90

Granato, Mona (1998): In zwei Welten zuhause – Ausbildung und Beruf. Sprungbrett für die weitere Lebensplanung junger Menscher eingewanderter Herkunft. In: Jugend Beruf Gesellschaft, Jg. 49, Heft 3/4, S. 191–197

Groth, Regina (2000): Mädchen gestalten ihren Weg in die Zukunft: mädchengerechte Berufsorientierung. Eine Handreichung für Pädagoginnen und Pädagogen aus Schule und Sozialarbeit. Pfullingen

Hildebrandt, Regine/Winkler, Ruth (1994): Die Hälfte der Zukunft. Lebenswelten junger Frauen. Köln

Hoose, Daniela/Vorholt, Dagmar (1996): Sicher sind wir wichtig – irgendwie!? Der Einfluss der Eltern auf das Berufswahlverhalten von Mädchen. Eine Untersuchung im Auftrag des Senatsamtes für die Gleichstellung, Freie und Hansestadt Hamburg

Keddi, Barbara/Pfeil, Patricia/Strehmel, Petra u. a. (1999): Lebensthemen junger Frauen. Die andere Vielfalt weiblicher Lebensentwürfe. Opladen

Landschaftsverband Westfalen-Lippe (Hrsg.) (1998): Methoden aus der Jungenarbeit. Münster

Lemmermöhle, Doris/Nägele, Babara (1999): Lebensplanung unter Vorbehalt. Jungen und Mädchen in Brandenburg zwischen Bildungs- und Beschäftigungssystem. Mössingen-Talheim

Meier, Uta (1994): Frauenfreundlich und gerecht? Geschlechtsspezifische Übergänge in den Beruf und ihre Folgen für weibliche Lebensläufe. In: Hildebrandt, Regine/Winkler, Ruth: Die Hälfte der Zukunft. Lebenswelten junger Frauen. Köln, S. 69–90

Niedersächsische Landeszentrale für politische Bildung (Hrsg.) (1997): Berufswahl ist mehr. Lebensplanung gehört dazu! Eine Handreichung zur Auseinandersetzung mit Geschlechtsrollen für Schule (Sekundarbereich I) und Jugendarbeit. Hannover

Schober, Karen/Gaworek, Maria (Hrsg.) (1995): Berufswahl: Sozialisations- und Selektionsprozesse an der ersten Schwelle: Dokumentation eines Workshops des Instituts für Arbeitsmarkt- und Berufsforschung der Bundesanstalt für Arbeit in Zusammenarbeit mit dem Deutschen Jugendinstitut und dem Bundesinstitut für Berufsbildung, 13.-14. Juli 1995 in Nürnberg. Nürnberg

Timmermann, Evelyn (1998): Das eigene Leben leben. Autobiographische Handlungskompetenz und Geschlecht. Opladen

Vogelsang, Waldemar/Eisenbürger, Iris/Haubrichs, Alexander/Schorch, Marén (2001): Meine Zukunft bin ich! Alltag und Lebensplanung Jugendlicher. Frankfurt/New York

Ulrike Richter

ZiB – Zukunft im Blick

Ausgangsproblematik

„Zukunft im Blick" (ZiB) ist ein gemeinsames Projekt der Stiftung Siverdes und der Regionalstelle „Frauen und Beruf" Münster. Die Stiftung Siverdes ist eine der größten Sozialstiftungen in Münster, die im Jahr 1768 gegründet wurde. Die Bewirtschaftung der Stiftung und die Förderungen im Sinne des Stiftungszwecks werden von der Stiftungsverwaltung der Stadt Münster wahrgenommen. Die Förderleistungen der Stiftung haben sich von traditionellen Aufgaben der Armenfürsorge zu zukunftsweisenden Förderaktivitäten für benachteiligte Personengruppen entwickelt.

Die Regionalstellen „Frau und Beruf" wurden im Land Nordrhein-Westfalen mit dem Ziel gegründet, die Beschäftigungschancen von Frauen zu sichern bzw. zu stärken und neue berufliche Möglichkeiten zu erschließen. Sie arbeiten in den Schwerpunkten Berufswahlorientierung, beruflicher Wiedereinstieg, betriebliche Frauenförderung, neue Technologien und Beratung existenzgründungswilliger Frauen. Sie verstehen sich als Verknüpfungsstelle zwischen der regionalisierten Strukturpolitik und der kommunalen Gleichstellungspolitik. Die Regionalstellen sind dem Ministerium für Gesundheit, Soziales, Frauen und Familie des Landes Nordrhein-Westfalen zugeordnet.

In Münster wurden im Jahr 1998 die Aufgaben der Regionalstelle „Frauen und Beruf" zum Thema „Erweiterung des Berufswahlspektrums für Mädchen" auf die Frage „Welche Chancen sollen Jungen erhalten?" ausgedehnt. Weiterhin wurde erkannt, dass die alleinige Förderung der Mädchen Chancengleichheit zwischen den Geschlechtern nicht herstellen kann und dass insbesondere im Sinne der Mädchen auch mit den Jungen gearbeitet werden muss. Hinzu kommt, dass nicht erst im letzten Jahr vor Schulabschluss das Thema Berufsorientierung bearbeitet werden sollte, sondern früher damit begonnen werden muss. Daraufhin entstand ein neues Projekt mit geschlechtsdifferenzierendem Ansatz zur Lebensplanung und Berufswahlorientierung unter der Leitung von zwei Pädagoginnen und mit der finanziellen Förderung der Stiftung Siverdes. Geplant war die paritätische Besetzung der zwei Leitungsstellen mit einer

Frau und einem Mann. Leider gab es zum Zeitpunkt der Stellenbesetzung keinen qualifizierten Bewerber für diese Position.

Anliegen der Projektleiterinnen ist es, Einfluss auf die Entwicklung der Jungenarbeit zu nehmen und diese qualitätssichernd zu beobachten und zu steuern.

Der Lernort Schule wurde bewusst gewählt, um den Großteil der Schüler/innen zu erreichen. Das Thema „Lebensplanung" soll kein additiver, freiwillig zu behandelnder Auftrag, sondern integraler Bestandteil von Unterricht sein. Im Rahmen von Beratungsangeboten gibt es Kontakte zu Pädagoginnen/Pädagogen von Freizeiteinrichtungen sowie Jugendzentren, die die Projektidee auch in die außerschulische Jugendarbeit transportieren.

Konzeption

Das Projekt baut auf drei verschiedenen Säulen auf und ist entsprechend auf drei Zielgruppen ausgerichtet: Schülerinnen und Schüler, inner- und außerschulisch wirkende Pädagogen und Pädagoginnen, Eltern. Die Projektdurchführung erfolgt gemeinsam mit Lehrerinnen und Lehrern an ausgewählten Schulen.

Der Handlungsansatz von „Zukunft im Blick" basiert darauf, die vielfältigen Aktivitäten zur Lebensplanung und Berufswahlorientierung von Mädchen und Jungen frühzeitig um die Reflexionen der Geschlechterrollen zu ergänzen und zu erweitern. Mädchen und Jungen werden ermutigt und unterstützt, sich auf ihren Berufswegen nicht durch Rollenklischees festlegen zu lassen, sondern partnerschaftliche Arbeitsteilung und Verantwortung bei Erwerbsarbeit und Familie in ihre Lebens- und Berufsplanung einzubeziehen.

Zielgruppe Schülerinnen und Schüler

Schüler/innen an weiterführenden Schulen (Haupt-, Real-, Gesamt-, Sonderschule, Gymnasium) in Münster erhalten durch ZiB Unterstützung bei ihrer Lebensplanung und Berufswahl. Die Projektdurchführung erfolgt ab der siebten Klasse. Das Projekt ist in den Unterricht integriert. Dies ist erforderlich, da Lebensplanung und Berufwahlorientierung heute keine beliebigen, sondern unumgängliche Themen sind und deshalb integraler Bestandteil von schulischer Bildung für alle Schüler/innen sein müssen. Innerhalb eines Schulhalbjahres findet an ausgewählten Schulen einmal wöchentlich der Projektunterricht mit einer Doppelstunde statt. Dieser Zeitraum hat sich sowohl in der Arbeit mit den Mädchen und Jungen als auch in der Zusammenarbeit mit den Lehrkräften bewährt, um eine prozesshafte Entwicklung zu gewährleisten.

Um Mädchen und Jungen einen Raum zu bieten, in dem sie sich offen und ohne Bewertung durch das jeweils andere Geschlecht frei äußern können, erfolgt die Projektdurchführung in geschlechtergetrennten Gruppen unter jeweils geschlechtsidentischer Leitung. Vorbilder sichtbar machen, sich hinterfragen lassen – das sind Aufgaben, der sich Pädagogen/Pädagoginnen und Lehrer/innen stellen müssen. Der Projektunterricht wird nicht benotet. Hierdurch ist es möglich, ein Arbeitsklima zu schaffen, in dem sich alle Beteiligten offen und ohne Angst vor Bewertung äußern können.

Folgende Ziele werden verfolgt:

- Mädchen und Jungen lernen ihre Stärken und Fähigkeiten kennen; sie lernen diese real einzuschätzen und bewerten dies positiv.
- Mädchen bewerten ihre sozialen Fähigkeiten als wichtig und schätzenswert.
- Jungen erproben und reflektieren sozial kommunikative Verhaltensweisen.
- Mädchen und Jungen setzen sich frühzeitig mit Lebensentwürfen und beruflichen Möglichkeiten jenseits traditioneller Rollenvorstellungen auseinander.
- Mädchen und Jungen lernen geschlechtsuntypische Berufe kennen.
- Mädchen und Jungen lernen unterschiedliche Lebensentwürfe kennen und tauschen sich untereinander aus.

Zielgruppe Lehrerinnen und Lehrer

Lehrer/innen werden durch die gemeinsame Projektdurchführung für die veränderten Anforderungen an den berufswahlorientierenden Unterricht unter dem Aspekt der Geschlechtergerechtigkeit sensibilisiert. Sie erfahren Unterstützung, eigenständig geschlechterdifferenzierten Projektunterricht an ihrer Schule zu planen und durchzuführen. Interessierte Lehrer/innen erhalten durch gezielte Fortbildungen, Beratungen sowie in dem Arbeitskreis Lebensplanung die Möglichkeit, an den Erfahrungen zu partizipieren und ein höchstmögliches Maß an Vernetzung und Wissenstransfer zu erreichen.

Ziele bei Lehrerinnen und Lehrern sind:

- Lehrer/innen berücksichtigen die differenzierten Lebenslagen und Lebensplanungen von Mädchen und Jungen.
- Lehrer/innen beachten die veränderten Anforderungen und Bedingungen für die Berufswahlorientierung und Lebensplanung junger Menschen.
- Lehrer/innen gestalten eigenständig den geschlechterdifferenzierten Unterricht zur Lebensplanung und Berufswahlorientierung.
- Lehrer/innen reflektieren ihre eigene Geschlechterrolle und Vorbildfunktion.
- Lehrer/innen vernetzen und unterstützen sich gegenseitig und wirken multiplikatorisch.

Schulen sind aktive Partner in der Zusammenarbeit. Damit sichergestellt ist, dass sie die Projektarbeit inhaltlich und programmatisch mittragen und unterstützten, erfolgt die Auswahl der Schulen durch ein Ausschreibungs- und Bewerbungsverfahren. Berücksichtigt werden Schulen, die bereits über Erfahrungen mit der Durchführung von Projekten zur Lebensplanung verfügen und die zusichern können, dass das Projekt nach der halbjährlichen Unterstützung durch eigene Leiterinnen fortgesetzt werden kann. Die Schulen müssen zusagen, dass die erforderlichen Unterrichtsstunden für das Projekt zur Verfügung stehen und dass eine Lehrerin und ein Lehrer für die Durchführung freigestellt werden. Aufgrund des Lehrermangels erweist es sich als schwierig, Lehrer/innen für erweiterte Aufgaben in dieser Zeit vom Unterricht zu entbinden. Aufgrund des geringen Interesses männlicher Lehrkräfte ist es ebenso schwierig, ausreichend Lehrer für die Jungenarbeit zu gewinnen. Daraus resultiert das Problem, dass das Programm für Jungen nicht abgesichert werden kann – und dass somit die Voraussetzungen für die Teilnahme der Schule am Projekt nicht erfüllt werden können.

Zielgruppe Eltern

Eltern stellen als wichtige Unterstützer ihrer Töchter und Söhne eine eigene Zielgruppe in der Arbeit von „Zukunft im Blick“ dar. Ihre Einbeziehung beinhaltet, sie über die Bedeutung einer frühzeitigen Biografieplanung und -gestaltung sowie über die veränderten Anforderungen des Arbeitsmarktes zu informieren.

Zur fachlichen Begleitung und zur Evaluation wurde ein Projektbeirat gegründet, bestehend aus Vertreter/innen des Frauenbüros, der Bildungsberatung der Stadt Münster, der Pädagogischen Arbeitsstelle des Schulamtes und des Arbeitsamtes. Im Rahmen der Jugendhilfeplanung sind die Projektleiterinnen von „Zukunft im Blick" in den Arbeitsgemeinschaften „Mädchen" und „Jugendsozialarbeit" vertreten. Darüber hinaus sind sie in ihrer Funktion als Sprecherin der jeweiligen Arbeitsgemeinschaft im Ausschuss für Kinder, Jugendliche und Familien präsent. Kooperationen bestehen zur Landesarbeitsgemeinschaft Mädchenarbeit in Nordrhein-Westfalen und zur Arbeitsgemeinschaft Mädchen und neue Medien. Außerdem arbeitet „Zukunft im Blick" in zeitlich befristeten Zusammenhängen mit anderen Institutionen zusammen (z. B. Aktionsbündnis „Girls' Day", Koordinierungsgruppe für Werkstattgespräche Schule und Jugendhilfe). Zuverlässige Kooperationsbeziehungen existieren zu den Schulen der Stadt Münster und zur Bezirksregierung.

Die Öffentlichkeitsarbeit stellt einen weiteren bedeutenden Arbeitsbereich innerhalb des Projekts dar. Die regelmäßig erscheinenden Artikel in der regionalen Presse sowie Beiträge in Fachzeitschriften und Zeitungen sind wiederkehrend Auslöser für Anfragen an das Projekt. Ein Flyer und zwei ausführliche Dokumentationen zum Projekt wurden bisher veröffentlicht. ZiB ist außerdem auf Messen und Informationstagen zu den Themen „Berufsorientierung" und „geschlechtsspezifische Jugendarbeit" vertreten.

Umsetzung

ZiB versteht sich als Vertragspartner der Schulen. Für das Gelingen des Projekts zeichnen beide Partner verantwortlich. Infolgedessen werden Schulen nach zuvor festgelegten Kriterien ausgewählt. Zunächst werden weiterführende Schulen angeschrieben, über das Projekt informiert und zu einer Informationsveranstaltung eingeladen. In der Informationsveranstaltung werden das Projekt, das Auswahlverfahren und Möglichkeiten der Beteiligung vorgestellt sowie eine Diskussion über geschlechtsspezifische Lebensplanung und Berufswahlorientierung angeregt. Im Anschluss an die Informationsveranstaltung erhalten interessierte Schulen einen Bewerbungsbogen, der u. a. folgende Fragen enthält: In welche Fächer soll das Projekt integriert werden? Wie gewährleistet die Schule die Projektbegleitung durch eine Lehrerin und einen Lehrer? Welche Ideen gibt es, die im Projekt gesammelten Erfahrungen anderen Schulen zur Verfügung zu stellen? Die Beantwortung dieser Fragen ist Grundlage für die Auswahl der Schulen. Eine Projektvorstellung auf einer Lehrerkonferenz durch die Projektleiterinnen „Zukunft im Blick" findet bedeutend mehr Aufmerksamkeit für das Projektanliegen und für die verantwortliche Lehrkraft als eine extern durchgeführte Veranstaltung. Umso mehr fühlen sich auch weitere Lehrer/innen angesprochen, dieses Vorhaben zu unterstützen oder aktiv mitzuarbeiten.

In den drei Phasen des Projekts:
1. Phase April 1998 bis August 1999,
2. Phase September 1999 bis August 2001,
3. Phase September 2001 bis August 2003
wurden neue Schulen bei gleich bleibendem Auswahlverfahren für die Laufzeit eines halben Jahres ausgewählt.

Zielgruppe Schülerinnen und Schüler

Seit 1998 führten die zwei Projektleiterinnen selbst, in enger Zusammenarbeit mit 33 Lehrerinnen und Lehrern, ZiB an bisher sieben weiterführenden Schulen der Stadt Münster durch. Es handelt sich um folgende Schulformen: Haupt-, Förder-, Gesamt-, Realschule und Gymnasium. Dabei wurden bis zum Ende des Jahres 2002 95 Mädchen und 104 Jungen ab Klasse 7 erreicht. Besonderen Wert legen die Leiterinnen auf die eigene Praxis in mindestens einer Schule pro Halbjahr, um persönliche Annahmen und die konzeptionelle Arbeit kontinuierlich überprüfen zu können.

Unerlässlich für die berufliche Entscheidungsfindung ist die frühzeitige Heranführung der Mädchen und Jungen an die Thematik der Lebensplanung und Berufswahlorientierung. Deshalb werden die Projekte in der 7. und 8. Klasse durchgeführt. Im Grunde könnte das Thema Lebensplanung schon in den Schulunterricht der Grundschule bzw. der 5. Klasse aufgenommen werden. Dabei geht es weniger darum, Berufsentscheidungen frühzeitig herauszubilden, sondern sich mit den eigenen Fähigkeiten und Stärken, die auch außerhalb der Schule eine Rolle spielen, auseinander zu setzen.

In der Umsetzung werden Unterschiede zwischen den Schülerinnen und Schülern verschiedener Schulformen sichtbar: Hauptschüler/innen nehmen ihre Stärken kaum wahr, dagegen sehen Gymnasiastinnen und Gymnasiasten ausschließlich ihre fachlichen Kenntnisse. Die Bereiche der eigenen Stärken und Fähigkeiten sowie der Präsentation nach außen nehmen bei der Arbeit mit Mädchen einen großen Stellenwert ein. Dagegen werden Jungen angehalten, ihre oftmals überschätzten Fähigkeiten realistisch zu bewerten. Die Themen „Teamarbeit“ und „Kommunikation“ nehmen bei der Arbeit mit Jungen mehr Raum ein als bei den Mädchen. Entscheidendes Element der Arbeit mit den Mädchen und Jungen ist die Erweiterung der Möglichkeiten in den Lebensverläufen. Mädchen stehen dem Bereich Lebensplanung offener als Jungen gegenüber. Demzufolge sollte dem Thema bei der Vermittlung in Jungengruppen mehr Geduld und Nachdruck verliehen werden. Mädchen wie Jungen sind überwiegend traditionellen Lebensführungsmodellen verhaftet. Die meisten Mädchen stellen sich ihr Leben als Drei-Phasen-Modell vor: Ausbildung, anschließend Familie und Kindererziehung, danach Rückkehr in den Beruf oder Aushilfsarbeiten. Die Jungen äußern ähnlich stereotype Vorstellungen: Gründung einer Familie, die Frau kümmert sich um das Kind, während er kontinuierlich arbeitet und im Haushalt mithilft.

Die Betriebserkundung in Form einer Tagesexkursion gehört zum Pflichtprogramm des Projekts. Mädchen und Jungen werden bewusst mit einer geschlechtsuntypischen Berufsbranche konfrontiert. Eine besondere Bedeutung kommt dem Erproben handwerklicher – und damit für viele Mädchen auch untypischer – Tätigkeiten zu. Außerdem finden die Gesichtspunkte Betriebsklima, Präsens von Frauen etc. Beachtung. Auch wenn der spielerische Umgang in der eigenen Gruppe die ersten Hemmschwellen senkt: Die Exkursionen in einen Betrieb wie den städtischen Lehrbauhof oder die Werkstätten der Handwerkskammer sind für die Mädchen zunächst erzwungen. Dabei sollen die Mädchen nicht ausdrücklich für technische oder handwerkliche Berufe geworben werden, sondern sie sollen sich bewusst aufgrund von Wissen und Erfahrungen für oder gegen bestimmte Berufe entscheiden können. Die Berufserkundung für Jungen in einem für sie häufig ungewöhnlichen, also sozialen Bereich, ist aufgrund organisatorischer Schwierigkeiten oft nur begrenzt möglich. Einen guten und von den Jungen sehr begrüßten Kompromiss stellt in dieser Situation die Möglichkeit zum Schnupperpraktikum im städtischen Zoo dar – geht es doch auch hier um Pflegen, Versorgen, Teamarbeit und viel Geduld. Die überaus große Zustimmung erfolgt erst in der Rückschau. Hier gilt es, konsequent mit der primären Unfreiwilligkeit umzugehen, und nachher ausreichend Raum zu lassen, das Erlebte zu reflektieren. Folgende Themen werden in der Mädchenarbeit bearbeitet: Zukunftsvisionen, Kosten und Geld, Stärken und Fähigkeiten, Berufsbilder, Körpersprache, Arbeitsteilung, Erwerbs- und Familienarbeit. Dabei werden kreative Methoden einsichtsvoll eingesetzt (z.B. Interview mit weiblichen Vorbildern, Videoarbeit, Exkursionen). Die Themen für die Jungenarbeit umfassen: Zukunftsvisionen, Lebenshaltungskosten, Erwerbs- und Familienarbeit, Fähigkeiten und Stärken, Rituale, Selbst- und Fremdeinschätzung, Exkursion, Bewerbungstraining. Mädchen- und Jungengruppe gestalten eine gemeinsame Veranstaltung, in der es um den Austausch von Erwartungen geht. Diese gemeinsame Sitzung wird von beiden Gruppen getrennt vor- und nachbereitet. Die Praxis der konsequenten Nicht-Bewertung wird dahingehend überprüft, ob am Schuljahresende eine Einschätzung der sozialen Kompetenzen erfolgen sollte.

Zielgruppe Lehrerinnen und Lehrer

Mit der Einbindung von Lehrkräften wird das Ziel verfolgt, möglichst viele Lehrerinnen und Lehrer zur selbstständigen Durchführung der Projekte zu qualifizieren und eine kontinuierliche Fortführung des Projekts zu gewährleisten. Diese Ziele werden mit zwei Strategien umgesetzt: der gemeinsamen Projektdurchführung mit Lehrerinnen und Lehrern an ausgewählten Schulen sowie der Vernetzungs- und Fortbildungsarbeit.

Die Projektdurchführung über jeweils ein Schulhalbjahr erfolgt in enger und regelmäßiger Zusammenarbeit mit einer Lehrerin und einem Lehrer der beteiligten Schule. Sie beinhaltet die gemeinsame Vorbereitung, Durchführung und Reflexion des Projektunterrichts. Sie bietet den Lehrkräften ein Lernfeld, in dem sie sich prozesshaft mit eigenen Rollenbildern, Werten und Normen auseinander setzen und dadurch dauerhaft Haltungen und Einstellungen überprüfen und verändern können. So dienen die gemeinsamen Teamsitzungen neben der Unterrichtsvorbereitung auch der eigenen Reflexion. Eine wiederkehrende Frage in der Diskussion ist, wie sich die Erfahrungen nach Beendigung der Projektdurchführung dauerhaft in den schulischen Alltag integrieren lassen.

Lehrer/innen aller weiterführenden Schulen erhalten auf Wunsch auch unabhängig von der gemeinsamen Projektdurchführung Unterstützung. Diese kann die Beratung zu konzeptionellen Fragen oder Hilfe bei der Antragstellung für Initiativprogramme ebenso beinhalten wie methodische Vorschläge zur Gestaltung einzelner Unterrichtsstunden.

Fortbildungen werden für alle Lehrkräfte und an weiterführenden Schulen tätige Sozialpädagoginnen/Sozialpädagogen angeboten und durchgeführt. Diese beinhalten sowohl pädagogische Grundlagen geschlechterdifferenzierten Arbeitens als auch Workshops zum Ausprobieren von Methoden. Entsprechend dem Konzept erfolgt die Durchführung eines Teils der Veranstaltungen in getrennten Frauen- und Männergruppen. Alle angebotenen Fortbildungen haben mit guter Resonanz stattgefunden.

Der Arbeitskreis für Lebensplanung (AKL) wurde im April 2000 gegründet, um ein Forum des Erfahrungsaustauschs und der gegenseitigen Vernetzung für Lehrkräfte zu schaffen. Im Arbeitskreis kann jede interessierte Lehrerin/jeder interessierte Lehrer mitarbeiten. Im AKL werden Qualitätsstandards für einen geschlechtergerechten, berufswahlorientierenden Unterricht diskutiert. Während der Konzipierungsphase gab es Befürchtungen, ob der AKL unter den gesetzten Bedingungen angenommen bzw. ob er überhaupt auf Interesse stoßen wird. Es wird eine regelmäßige Teilnahme gefordert. Darüber hinaus war es bisher unüblich, Lehrer/innen aus unterschiedlichen Schulformen zusammenzubringen. Nach anfänglichen Schwierigkeiten, die sich aus einer scheinbaren Konkurrenzsituation begründeten, hat sich der Arbeitskreis zu einem Gremium der Information und des fachlichen Austauschs entwickelt, in dem sich kontinuierlich Lehrer/innen aller Schulformen vier- bis fünfmal im Jahr treffen. Die Anzahl der Teilnehmerinnen und Teilnehmern ist ausgewogen, was ein außerordentliches Interesse beweist. Mittlerweile ist die Größe des AKL stark gewachsen, sodass weitere Lehrkräfte nur unter Einschränkung der Arbeitsfähigkeit aufgenommen werden können. Des Weiteren ist die Fortführung des AKL ungewiss, da die Laufzeit des Projekts im August 2003 endet.

Im AKL und in den Fortbildungen wird auf die Rahmenbedingungen besonderer Wert gelegt, um eine klare Struktur und eine offene, vertrauensvolle Arbeitsatmosphäre zu schaffen. Geachtet wird auf einen freundlichen Seminarraum, die Versorgung mit Getränken. Zeitungsartikel, Literatur und Medien zum aktuellen Thema werden angeboten. Bei der Wahl von Methoden werden kreative (Fantasiereisen, bildhaftes Gestalten, Rollenspiele etc.) bevorzugt, die erlebnis- und prozessorientiertes Arbeiten zulassen. Diese Bemühungen bringen die wertschätzende Haltung gegenüber allen Beteiligten aus Jugendhilfe und Schule zum Ausdruck, damit alle ihr Wissen und ihre Erfahrungen im Sinne einer gelungenen Kooperation einbringen können. Die Projektleiterinnen stimmen die Lehrkräfte auf ein anderes Arbeiten durch das Ausprobieren ungewohnter Arbeitsweisen ein, um sie in die Lage ihrer Schülerinnen und Schüler bei der Durchführung des Projekts zu versetzen. Die unmittelbare Begleitung der Lehrer/innen ermöglicht den Projektleiterinnen, sich selbst und ihre Arbeit zu reflektieren, Ziele zu überarbeiten und Erfolge zu beobachten.

Allen interessierten Lehrkräften stellt ZiB ein Materialarchiv zum Ausleihen zur Verfügung. Dazu wurde alles verfügbare Material gesammelt und systematisiert. Mit der Ausleihe ist erfahrungsgemäß eine Beratung zum Einsatz des Materials verbunden. Die Verleihmöglichkeit wird zunehmend in Anspruch genommen.

Zielgruppe Eltern

Der zentrale Ort, mit Eltern ins Gespräch zur beruflichen Orientierung ihrer Kinder zu kommen, ist die Schule. Aus diesem Grund hat ZiB den Austausch mit Müttern und Vätern auf den Elternabenden vor und nach der Durchführung des Projekts gesucht. Vor Beginn wurde das Projekt in Inhalt und Struktur vorgestellt und am Ende über die gewonnenen Erfahrungen reflektiert und diskutiert. Zusätzliche Veranstaltungen (z. B. zu neuen Ausbildungsberufen im Medienbereich oder den Veränderungen auf dem Arbeitsmarkt) wurden für die Eltern angeboten. Die Resonanz war positiv.

Im Zusammenhang mit der Zielentwicklung wurden Kriterien aufgestellt, die eine Überprüfung der anvisierten Ziele für die jeweilige Zielgruppe im Sinne einer Selbstevaluation ermöglichen. Eine Projektleiterin besuchte dazu Fortbildungsveranstaltungen zur Qualitätsentwicklung nach EFQM (European Foundation of Quality Management). EFQM ist ein Qualitätsmodell mit Blick auf die Bewertung von Prozessen. Anhand von Rahmenzielen wurden überprüfbare Teilziele nach dem SMART-Prinzip formuliert. Demzufolge sollen Ziele speziell (S), messbar (M), abgestimmt (A), realisierbar (R) und terminierbar (T) sein. Anhand der Frage: „Was sind Kriterien dafür, ob ein Projekt, z. B. in der Mädchengruppe, erfolgreich für die Mädchen ist?“ wurden die Kriterien verfasst. Für die Zielgruppe der Lehrer/innen und für die Kooperationen wurden ebenso überprüfbare Teilziele und Kriterien aufgestellt.

Die Leiterinnen entwickelten einen Fragebogen für die Evaluation der Projektdurchführung bei den Schülerinnen und Schülern. Der Fragebogen enthält geschlossene und offene Fragen, die von allen Jugendlichen nach jedem Projektdurchlauf beantwortet werden. Als Effekt des Projekts meldete z. B. ein Lehrer einer Gesamtschule an die Projektleiterinnen zurück, dass er bei den Schülerinnen/Schülern, die an ZiB teilnahmen, eine weitaus größere Motivation und Zielgerichtetheit bezüglich ihrer weiteren schulischen und beruflichen Entwicklung feststellen kann. Außerdem haben die Jugendlichen mehr Lust, sich zum Thema auch mit ihren Eltern weiter auseinander zu setzen, da sie durch das Projekt darauf vorbereitet wurden und Vorstellungen entwickeln konnten.

Erfahrungen

Das Projekt „Zukunft im Blick“ versteht sich nicht als Dienstleister für Schulen, sondern die Schulen sind gefordert, im Sinne einer gelungenen Kooperation ihren Teil beizutragen. Die Kooperation mit den Schulen basiert auf Bedingungen, die von den Schulen erfüllt werden müssen, damit sie am Projekt beteiligt werden: Nur unter bestimmten Voraussetzungen kann die hohe Qualität des Projekts garantiert werden. Die Schulen müssen sicherstellen, dass die Einbindung des Projekts in den Unterricht über ein halbes Jahr ermöglicht wird, die beteiligten Lehrerinnen und Lehrer für den Zeitrahmen des Projekts von anderen Aufgaben freigestellt werden, eine Doppelbesetzung für zwei Gruppen (Mädchen- und Jungengruppe) sichergestellt ist. Die klare Formulierung der Erwartungen und Bedingungen für eine gelingende Kooperation bildet die Grundlage für das Erfolg versprechende Arbeiten. Das kann unter Umständen auch dazu führen, dass bei Nichteinhaltung der Bedingungen die Kooperation beendet und das Projekt an einer Schule abgebrochen wird.

An einer Schule ist es gelungen, Strukturveränderungen einzuleiten und die strukturelle Absicherung der eigenständigen Weiterführung zu sichern. Aufgrundlage des ZiB-Konzepts wurde eine Rahmenkonzeption für den berufswahlorientierenden Unterricht der achten Klassen erstellt. Für die Vorbereitung und Durchführung ist den beteiligten Lehrerinnen/Lehrern eine Unterrichtsfreistellung von acht Wochenstunden durch den Regierungspräsidenten gewährt worden. Zur Verstetigung des Projekts sind die Schulen aufgefordert, nach Lösungen zu suchen, um personelle Ressourcen für die parallele Arbeit in den Mädchen- und Jungengruppen abzusichern, ohne ehrenamtliche Arbeit zu leisten. An drei weiteren Schulen wurde ZiB in den Unterricht eingebunden.

Die Arbeitsweise des Projekts „Zukunft im Blick“ ist zwischen Schule und Jungendhilfe angesiedelt. Eine klare Zuordnung im Zuge einer angedachten Verstetigung und Anbindung an einen bestimmten Bereich ist unter den gegenwärtigen Strukturen unausführbar. Insbesondere die Finanzierung pendelt – infolge einer ungeklärten Aufgabenzuordnung – zwischen den Bereichen Schule und Jugendhilfe.

Ebenso wie Schule und Jugendhilfe miteinander kooperieren müssen, sollten Schule und Wirtschaft zusammenarbeiten, um in einen direkten Austausch von Bedingungen und Anforderungen zu treten. Mit dem Erwerb von originärem Wissen voneinander und übereinander wird es möglich, Lebenslagen von Mädchen und Jungen zu verstehen und die Situation von Lehrerinnen und Lehrern einzuschätzen. Ebenso wie Lehrkräfte von einem Praktikum im Betrieb profitieren, können auch Ausbilder/innen von Erfahrungen profitieren, die sie in einem Praktikum an Schulen sammeln. Die Erfahrung zeigt die Notwendigkeit, dass eine Verpflichtung zur Weiterbildung für Lehrer/innen in ihrer unterrichtsfreien Zeit festgeschrieben sein muss, damit sie den Anforderungen einer lebensweltorientierten Schulbildung gerecht werden können. Diese Systemfrage sollte unabhängig von engagierten Lehrkräften gelöst werden.

Dem Projekt ZiB wird viel Anerkennung auch von Seiten der Behörden entgegengebracht, indem ihm bescheinigt wird, ein innovatives, qualitativ hochwertiges und einzigartiges Profil in der Stadt entwickelt und umgesetzt zu haben.

Mit dem Projekt ZiB wurde erreicht, Mädchen und Jungen zu motivieren, sich eigenverantwortlich mit ihren Perspektiven und Lebensentwürfen auseinander zu setzen. Es ist gelungen, den geschlechtsspezifischen Ansatz im Projektunterricht zum Qualitätsstandard zu entwickeln. Infolge der angelegten Kooperation mit Schulen hat sich gezeigt, dass Lehrer/innen bereit sind, ihre Arbeit zu reflektieren und nach geschlechtsspezifischen Kriterien auszurichten. Sie nehmen mit großer Nachfrage und Engagement am Arbeitskreis teil. Die Projektidee und deren Umsetzung stoßen auch an anderen Schulen auf reges Interesse. Herauszuheben sind Fortbildungen zum Thema Jungenarbeit für Lehrer der Stadt Münster, die im Vergleich zu landesweiten Angeboten der Jungenarbeit hervorragend besucht wurden.

Dennoch ist es schwierig, externe Experten der Jungenarbeit kontinuierlich an das Projekt zu binden sowie weitere qualifizierte Männer zu gewinnen. Das erklärt sich zum Teil daraus, dass sich die Jungenarbeit als eigener Arbeitsansatz erst in Reaktion auf die Mädchenarbeit entwickelt hat. Vorbehalte bestehen darin, sich als Mann auf diese Arbeitsinhalte („Mädchenthemen") mit Jungen einzulassen und sich den Störungen der Jungen als dem „schwierigen" Geschlecht auszusetzen.

Festzustellen ist, dass der Gesamtprozess (von der ersten Konzeptentwicklung, der Überprüfung eines den Mädchen und Jungen gerecht werdenden Unterrichts, über die Motivierung und Vernetzung von Lehrerinnen und Lehrern, bis hin zur dauerhaften Einbindung in die spezifischen Schulkonzepte) Zeit braucht. Die ersten Ergebnisse lagen nach 1,5 Jahren analog der ersten Projektphase vor.

Die Elternarbeit hat sich im Projektverlauf verändert und stellt mittlerweile keinen eigenständigen Bereich dar, da die Eltern primär über die Schulen erreicht werden sollten. Einer Differenzierung bedarf es dort, wo Eltern aus verschiedenen Kulturen und Nationen zusammenkommen. Mit Blick auf ihre bisherige unterschiedliche gesellschaftliche Integration, ihre Kenntnisse über die Strukturen des hiesigen Schulwesens und Arbeitsmarktes, aber auch ihre Sprachkenntnisse und ihren Aufenthaltsstatus, kann nicht erwartet werden, dass die Schule für sie ein Ort der Information und des Austausches im erforderlichen Ausmaß ist. Eine schriftliche Ansprache zum Thema erfordert zumindest die Übersetzung in Sprachen wie Türkisch, Russisch und Polnisch. Darüber hinaus erscheint vor allem die Kooperation mit denjenigen Fachleuten und Institutionen als sinnvoll und notwendig, die bereits in der Schule Beratungsgespräche führen und den familiären Kontakt durch aufsuchende Arbeit herstellen. Die Notwendigkeit, Elternarbeit besonders in der Situation von Migrantinnen und Migranten sowie Hauptschülerinnen und Hauptschülern zu intensivieren, wird weiterhin in Zusammenarbeit von Schulen verfolgt.

Die Erfahrung von ZiB, vor allem in Klassen mit einem hohen Anteil unterschiedlicher nationaler Herkunft, zeigt, dass unter Beachtung differenzierter Lebenslagen von Mädchen und Jungen interkulturelle Aspekte einer weitergehenden Berücksichtigung im berufswahlorientierenden Unterricht bedürfen. Vorstellbar wäre ein erstes Angebot für Grundschülerinnen und Grundschüler zum Thema Lebensorientierung mit geschlechtsspezifischem und interkulturellem Ansatz. Ebenso findet die Zielgruppe der Gymnasiastinnen und Gymnasiasten bislang in ihrer Berufswahl- und Lebensorientierung kaum schulische Unterstützung. Orientierungskurse während der Ferien für Oberstufenschüler/innen der Gymnasien sind angedacht. In einer Weiterentwicklung des Projekts sollte das Konzept um den interkulturellen Aspekt und die Zielgruppen um jüngere und ältere Schüler/innen erweitert werden.

Die Projektleiterinnen verfügen über langjährige und vielfältige Erfahrungen in der Mädchenarbeit sowie in der Leitung und Steuerung von Projekten. Sie sind als Expertinnen im Bereich der geschlechterdifferenzierenden Lebensplanung und Berufswahlorientierung anerkannt und treten als Referentinnen/Moderatorinnen bei Workshops und Tagungen auf. Sie erhalten Anfragen zur fachlichen Mitarbeit in anderen Projekten, auch aus dem administrativen Bereich (z.B. Erstellung von Leitlinien zur mädchengerechte Jugendhilfeplanung).

Fazit

Die hohe Qualität des Projekts ZiB zeichnet sich durch die stabile und gleichberechtigte Kooperation mit den Schulen der Stadt Münster und die gelungene Motivierung und Vernetzung der Lehrerinnen aus. Die Projektziele konnten durch die langfristige Einbindung des Themas in den Unterricht sowie durch die kontinuierliche Evaluation des Projekts erreicht werden. Die Projektleiterinnen sind erfahrene Pädagoginnen, die mit Konsequenz, Fachlichkeit und Verhandlungsgeschick das Projekt zum Erfolg führen. Nicht zuletzt ergab die konstante Finanzierung über fünf Jahre die zeitlichen und finanziellen Rahmenbedingungen für die gelungene Umsetzung.

Kontakt:
Regionalstelle Frauen & Beruf Münster
Frau Gerlinde Amsbeck, Frau Christiane Wortberg
Warendorfer Str. 3
48145 Münster

Ulrike Richter

Parcours „Berufliche Orientierung und Lebensplanung"

Ausgangsproblematik

Die Stadt Osnabrück als kommunaler Kinder- und Jugendhilfeträger initiierte das Projekt „Parcours zur beruflichen Orientierung und Lebensplanung". Der Parcours wurde von zwei Mitarbeiterinnen des Fachbereichs für Kinder, Jugendliche und Familien der Stadt Osnabrück zur eigenen Projektdurchführung und zum Verleih an Schulen entwickelt und ist in eine Reihe von geschlechtsspezifischen Projekten einzuordnen, die vom Fachdienst Jugendarbeit/Jugendsozialarbeit der Stadt organisiert und angeboten werden.

Die Stationen bestehen aus rollbaren Magnettafeln und dazu gehörigen Arbeitsutensilien, die in zwei Materialcontainern untergebracht sind. Die Tafeln sind themengemäß gestaltet und dienen als Präsentationsfläche für die Mädchen und Jungen. Der Parcours wird gegen eine Gebühr von 1,60 EUR pro Teilnehmer/in verliehen. Diese Gebühr deckt ausschließlich die Materialkosten, die während des Projekts anfallen. Dagegen können Reparaturkosten nicht durch die Ausleihgebühren beglichen werden. Der Preis wird ausdrücklich niedrig gehalten, damit zu hohe Gebühren nicht zum Ausschlusskriterium werden. Aufgrund der Größe des Parcours sind einige Rahmenbedingungen zu beachten: Für den Transport muss ein Fahrzeug gemietet werden, der Seminarraum sollte ausreichend groß sein, und nur jeweils eine Gruppe kann die Stationen des Parcours durchlaufen.

Ein dreitägiges Projekt zur beruflichen Orientierung und Lebensplanung an Schulen war Vorläufer des Parcours, das von den beiden gegenwärtigen Mitarbeiterinnen durchgeführt wurde. In geschlechtergetrennten Gruppen und in Zusammenarbeit mit männlichen Kollegen, wurde ein umfangreiches Programm für Schulklassen angeboten. Das Projekt konnte aufgrund des hohen zeitlichen und personellen Aufwandes in dieser Form nicht fortgeführt werden. Daraufhin wurde überlegt, wie ein Projekt mit gleichem Inhalt aussehen sollte, das von den Schulen und Jugendgruppen selbst durchgeführt und entliehen werden könnte.

Das Projekt versteht sich als ein Baustein von umfangreichen Aktivitäten, die von den Schulen zu beruflicher Orientierung und

Lebensplanung in den 8. Jahrgangsklassen angeboten und organisiert werden (Unterrichtsfach Arbeit-Wirtschaft-Technik, Besuch im BIZ, der Berufsberatung). Insbesondere stellt der Schwerpunkt „Lebensplanung" eine erweiterte Herangehensweise dar, die die Persönlichkeit in den Prozess der beruflichen Orientierung einschließt sowie sachbezogen zu Berufsbildern informiert.

Ein Kostenzuschuss zur Erstellung des Parcours, der auf der Mädchenmesse in Hannover im Jahr 2000 erstmalig präsentiert wurde, erfolgte durch das Land mit Mitteln des Niedersächsischen Modellprojektes „Mädchen in der Jugendarbeit".

Konzeption

Das Projekt richtet sich an Schülerinnen und Schüler aller Schulformen der Stadt Osnabrück. Darüber hinaus steht der Parcours auch weiteren Jugendgruppen (Jugendberufshilfe, Mädchenzentrum, freie Jugendgruppen) zum Ausleihen zur Verfügung. In diesem Projekt werden Berufsorientierung und Lebensplanung mit dem Ziel zusammengeführt, Jugendliche für die Vereinbarkeit dieser beiden Themen zu sensibilisieren, Mädchen und Jungen zum Nachdenken über ihre Zukunft anzuregen und Diskussionen anzustoßen. Für die Durchführung werden außerschulische Räume bevorzugt. Der Parcours vermittelt einen Einstieg in die Thematik und sollte in Kleingruppen (bis max. 15 Personen) geschlechtergetrennt durchlaufen werden.

Aufgrund der Erfahrungen, dass bei der Erörterung persönlichkeitsbezogener Themen mit Abwertungen von Personen der anderen Geschlechtergruppe gerechnet werden muss, wird in diesem Projekt auf eine konsequente Geschlechtertrennung geachtet. Die erforderliche Ehrlichkeit ist in geschlechterheterogenen Gruppen nicht gegeben, wenn Mädchen und Jungen sich konfrontativ mit dem anderen Geschlecht auseinander setzen. Für eine Geschlechtertrennung spricht weiterhin, dass die gesamte Energie und Aufmerksamkeit für die inhaltliche Arbeit genutzt werden kann, die sonst zur Inszenierung der Persönlichkeit bzw. Positionierung innerhalb der Gruppen von Mädchen und Jungen aufgewendet wird. Das Aufbrechen von geschlechtstypischem Rollenverhalten wird in geschlechtshomogenen Gruppen möglich. Dabei wird die Arbeit bedürfnisorientierter, ehrlicher und wesentlich intensiver.

Besonders bei dem Thema der Familien- und Lebensplanung unterscheiden sich die Erwartungen von Mädchen und Jungen wesentlich bzw. ähneln sich die Lebensentwürfe innerhalb der Gruppe der Mädchen und Jungen.

Der Parcours umfasst sechs Stationen zu folgenden Themenschwerpunkten:

1. Traumberuf
2. Partnerschaft und Beruf
3. Lebenshaltungskosten
4. Berufe von A bis Z
5. Fähigkeiten und Stärken
6. Hürdenlauf zum Erfolg

Vielfältige Methoden stehen zum Bearbeiten zur Verfügung und bieten über den zeitlichen Rahmen des Parcours hinaus die Gelegenheit, sich in weiteren Gruppen- und Unterrichtsstunden intensiv mit dem Prozess der Berufswahl und Lebensplanung zu befassen.

Umsetzung

Ursprünglich richtete sich das Projekt vorrangig an Hauptschülerinnen und -schüler der 8. Klassen, da ihre Chancen auf dem Arbeitsmarkt stark eingeschränkt sind und sie der besonderen Unterstützung bedürfen. Die Zielgruppe wurde auf Schülerinnen und Schüler anderer Schulformen (Realschule, Gymnasium, Berufsschule) erweitert, da die Erfahrungen zeigten, dass mit wenigen Modifizierungen der Themenschwerpunkte und Fragestellungen auch diese Schüler/innen erreicht werden können. Der Parcours wird vorwiegend außerhalb der Schulräume durchgeführt, um den Mädchen und Jungen einen lockeren Umgang in einer anderen Atmosphäre zu ermöglichen. Zum Zeitpunkt des Interviews hatten ca. 700 Schülerinnen und Schüler am Projekt Parcours teilgenommen.

In Kleingruppen von 10 bis 15 Mädchen oder Jungen wird der Parcours geschlechtergetrennt durchlaufen. Empfohlen wird die Durchführung an zwei Vormittagen. Während der Durchführung achten die Moderatorinnen darauf, dass sich tatsächlich jedes Mädchen und jeder Junge an jeder Station beteiligen kann und ein individueller Verarbeitungsprozess ausgelöst wird. Es hat niemand die Chance, sich hinter der Gruppe zu verstecken. Mit dieser Methode ist die Umsetzung des Ziels, Mädchen und Jungen zum Nachdenken über ihre Zukunft anzuregen und sich darüber auszutauschen, garantiert. Alle sechs Stationen sind vorerst verdeckt und nur die aktuelle Tafel ist sichtbar.

1. Station: Traumberuf

- Herausarbeiten von Ansprüchen an Erwerbsarbeit
- Dokumentation von Motivation, Fähigkeiten und Fertigkeiten
- Zuordnung einzelner Qualifikationen zu bestimmten Berufsfeldern
- Erweiterung des Berufswahlspektrums
- Stärkung des Selbstbewusstseins

Die Mädchen oder Jungen werden aufgefordert, zwei Traumberufe zu notieren. Diese werden bestimmten Sparten (künstlerisch, kaufmännisch, gewerblich, sozial, technisch etc.) zugeordnet. Dabei sind die Hintergründe für die jeweilige Berufswahl bedeutend und fließen in die Diskussion ein. An dieser Station wird deutlich, dass Mädchen vor allem Berufe im sozialen oder gesundheitlichen Bereich und Jungen im handwerklich-technischen Bereich bevorzugen. Im nächsten Schritt nennen und vermerken die Mädchen oder Jungen Eigenschaften und Fähigkeiten, die für ihren Traumberuf erforderlich sind. Diese Eigenschaften werden wiederum den Sparten zugeordnet. Es wird ersichtlich, dass einerseits viele Fähigkeiten nötig, diese andererseits auch für mehrere Berufsfelder wichtig sind. Als Fortführung dieser Station kooperiert der Träger mit dem Arbeitsamt bzw. mit der Beratungsstelle zur beruflichen Orientierung junger Erwachsener (Fachdienst Jugendarbeit/Jugendsozialarbeit). Für jeden genannten Beruf wird ein Materialpaket zusammengestellt. In der Fortführung können die Mädchen und Jungen einer eingeladenen Fachkraft Fragen zu ihren Traumberufen stellen.

2. Station: Partnerschaft und Beruf

- Entwicklung und Diskussion eigener Lebenspläne
- Diskussion der Vereinbarkeit von Beruf/Partnerschaft/Kindererziehung
- Thematisieren von Geschlechtsrollenzuschreibungen
- Herausstellen von Wünschen und Forderungen an zukünftige Partnerschaften
- Ermöglichung einer Auseinandersetzung zwischen den Geschlechtern
- Förderung von Selbstvertrauen und Eigeninitiative

Die Mädchen und Jungen werden aufgefordert, über ihr Leben in 15 Jahren nachzudenken. Auf einer Acrylscheibe in Herzform soll jede/

jeder diese Situation beschreiben und die andere/den anderen vorstellen. Die meisten wünschen sich eine Partnerin/einen Partner, Kinder, Geld und möchten einen Beruf ausüben. Mädchen und Jungen äußern an dieser Stelle ähnliche Vorstellungen. Dagegen sind Unterschiede in der folgenden Diskussion zur Verwirklichung der Lebensvorstellungen erkennbar. Danach schließt sich die Frage nach den Erwartungen an die Partnerin/den Partner an. Diese Erwartungen sind geprägt durch männliche und weibliche Rollenzuschreibungen. Die Mädchen und Jungen schreiben ihre Wünsche und Forderungen auf Luftballons, die zu einem „Blumenstrauß" gebunden am Ende des Parcourslaufes der anderen Gruppe überreicht wird, um einen späteren Austausch zu ermöglichen und die Vorstellungen des jeweils anderen Geschlechts kennen zu lernen. Dabei sind heftige Diskussionen zwischen den Jungen und Mädchen v. a. zum Thema der Kindererziehung/-betreuung zu erwarten.

3. Station: Lebenshaltungskosten

- Erarbeitung und Einschätzung realer Lebenshaltungskosten
- Auseinandersetzung mit eigenen Berufsvorstellungen hinsichtlich der Erwartungshaltung an die zukünftige Lebensgestaltung
- Diskussion gesellschaftlicher Zusammenhänge

Das durchschnittliche Einstiegsgehalt nach erfolgreicher Ausbildung ist die Grundlage dieser monatlichen Kostenplanung. Dabei wird die Kalkulation für bestimmte Posten in der Gruppe diskutiert: Miete, Essen, Kleidung, Kosmetik, Fahrtkosten, Geschenke, Versicherungen, Hobby etc. Mädchen und Jungen lernen, Prioritäten zu setzen und Kompromisse zu schließen. Diese Station hinterlässt bei den Mädchen und Jungen einen bleibenden Eindruck, da sie kaum wissen, wofür in der eigenen Familie Geld ausgegeben wird und was das Leben kostet. Die wenigsten Mädchen und Jungen erhalten ein geregeltes Taschengeld, sondern bekommen dann Geld, wenn sie es brauchen bzw. wenn gerade Geld da ist. Bei den Posten Fahrtkosten (Auto), Hobbys und Geschenken treten Unterschiede zwischen Mädchen und Jungen auf. Dagegen sind beide im Bereich der Versicherungen äußerst ahnungslos.

4. Station: Berufe von A bis Z

- Präsentation vor der Gruppe
- Entdecken eigener gestalterischer Möglichkeiten
- experimentelles Handeln in Verbindung mit Kreativität und Phantasie
- spaßbetonte Auseinandersetzung mit dem Thema

An dieser Station werden die Mädchen und Jungen aufgefordert, vorgegebene Berufe pantomimisch darzustellen. Die Gruppe errät den Beruf und erhält einen Buchstaben, der zum Finden des Lösungssatzes beiträgt. Am Ende wird der Spruch „Deine Zukunft liegt nicht in den Sternen, sondern fest in deiner Hand" entschlüsselt.

5. Station: Fähigkeiten und Stärken

- Demonstration eigener Fähigkeiten und Stärken
- Wertschätzung individuellen Verhaltens durch Selbst- und Fremdeinschätzung
- Abbau von Vorurteilen und Förderung von Akzeptanz
- Diskussion so genannter „typisch" weiblicher/männlicher Eigenschaften
- bewusste Wahrnehmung verschiedener Sichtweisen

Die Mädchen und Jungen wählen zwei Ansichten aus einer großen Anzahl von Postkarten aus, in denen sie sich und ihre Stärken, Fähigkeiten, Interessen vergleichbar dargestellt finden. Nachdem die Teilnehmer/innen Blankokarten, mit ihrem Namen versehen, an die Stellwand geheftet haben, werden die ausgewählten Postkarten hinter ihrem Namen platziert. Im folgenden Schritt wird der Selbsteinschätzung die Wahrnehmung der anderen hinzugefügt. Durch Zulosung wird nun für eine andere Person eine Karte mit der Abbildung eines Tieres ausgewählt, dessen positive Eigenschaften der betreffenden Person entsprechen. Die ausgewählte Karte wird dann hinter die entsprechende Namenskarte geheftet. Die so entstandene Zuordnung positiver Eigenschaften jeder Person wird nun von der Person selbst und der fremdeinschätzenden Person vorgestellt. Dazu können sich bei Nichtübereinstimmung zwischen der einzuschätzenden Person und der Gruppe heftige Diskussionen entwickeln. In den meisten Fällen wurde beobachtet, dass die wenigsten Mädchen und Jungen zu ihren Stärken stehen können. An dieser Station erleben Mädchen und Jungen den motivierenden Austausch von positiven Rückmeldungen, von Anerkennung und Wertschätzung im Gegensatz zur täglichen Erfahrung, in der kaum gelobt – dafür aber das Negative kritisiert wird. Weiterhin gibt diese Station Anlass zur Diskussion des Themas Kommunikation: Wie gehe ich mit Menschen um, wie möchte ich es haben und was sind Hindernisse? Diese Station ist eine der Lieblingsstationen der Mädchen, weil dort eine Auseinandersetzung in Identitätsfragen ermöglicht wird.

6. Station: Hürdenlauf zum Erfolg

- Erarbeitung unterschiedlicher Umgangsformen mit Hindernissen in der Berufs- und Lebensplanung sowie Überprüfung auf deren Tauglichkeit
- Unterstützung in der Entwicklung eigener Handlungskompetenzen
- Förderung von Eigenverantwortlichkeit
- Entwicklung persönlicher Zukunftsperspektiven
- Initiierung von Denkprozessen bei unterschiedlichen Problemstellungen

Anhand von vorgegebenen schwierigen Situationen (Ausbildungsabbruch, Elternschaft, kein Schulabschluss etc.) entwickeln die Mädchen und Jungen in Kleingruppen für eine selbst ausgedachte fiktive Person (Name, Alter, soziales Umfeld) Lösungsmöglichkeiten. Dabei erhalten sie von der Moderatorin Unterstützung, indem diese die Gruppe über tatsächliche Anlaufstellen, Hilfsangebote, Ansprechpartner/innen informiert.

Zum Abschluss des Parcours werden die Mädchen und Jungen in einer Auswertungsrunde zu den Projekttagen befragt. Dabei finden unterschiedliche Methoden (z.B. Fragebogen, Punktbewertung, Gruppengespräch) Anwendung. Im Austausch mit der Lehrerschaft und über die Kontakte mit den Schulen erhalten die Organisatorinnen Rückmeldungen zu den durchgeführten Projekttagen, die mit den Parcours-Materialien gestaltet wurden. Eine systematische Auswertung mit einer bestimmten Methode erfolgt nicht.

Das Projekt wird auf verschiedenen Messen (Mädchenmesse, Frauenmesse) und Arbeitskreisen vorgestellt, darüber hinaus auf Veranstaltungen, die zu den Themen Berufsorientierung, Mädchen, Lebensplanung stattfinden (z.B. Girls' Day). Über den Schulverteiler werden die Schulen der Stadt Osnabrück zum Projekt informiert. Über die Grenzen der Stadt hinaus wird das Projekt nicht beworben, da keine Ausleihe der Materialien außerhalb des Stadtgebietes möglich ist.

Erfahrungen

Der Parcours wird von den Mädchen und Jungen sowie von Pädagoginnen und Pädagogen im schulischen und außerschulischen Kontext sehr gut angenommen, sodass er kontinuierlich genutzt wird.

Mit der Methode „interaktiver Parcours“ ist eine empathische, wertschätzende Haltung mit den inhaltlichen Bereichen Berufsorientierung und Lebensplanung erfolgreich verbunden, sodass ein Nachdenken über individuelle Zukunftsvorstellungen möglich wird. Über die systematische Verbreitung des Projekts an Osnabrücker Schulen sowie durch die kreative jugendgerechte Gestaltung und Umsetzung wird eine große Anzahl von Schülerinnen und Schülern erreicht. Die Erfahrungen belegen, dass die bearbeiteten Themen Jugendliche auch über die Dauer der Projekttage hinaus weiter beschäftigen und Anlass für Diskussionen liefern. Die intensive, persönlichkeitsorientierte Arbeit in der Gruppe über zwei Tage hat anregende Auswirkungen auf die Gruppendynamik der Klasse.

Für eine aussichtsreiche Durchführung benötigen Lehrer/innen Information und Anleitung, da die Materialien sich nicht selbst erklären. Zur Rolle als Lehrer/in äußern sie positive Erfahrungen: Sie können sich während des Parcours von dieser Rolle lösen und sich als Person präsentieren. Jedoch ist die erfolgreiche Durchführung abhängig von der Persönlichkeit der Lehrkraft und deren wertschätzender Haltung gegenüber den Schülerinnen und Schülern. Eine geschlechterdifferenzierte Erarbeitung des Themas wird nahe gelegt. Diese Arbeitsweise kann nicht eingefordert oder in jedem Fall eingelöst werden, da sie davon abhängt, wie engagiert und sensibilisiert die lehrende Person bezogen auf gleichstellungspolitische Themen auftritt. Um die Diskussionspotenziale des Parcours intensiv zu nutzen, bedarf es einer offenen Atmosphäre, eines vertrauensvollen und anerkennenden Umgangs zwischen Lehrkraft und Schülerinnen und Schülern. Die Initiatorinnen des Projektes führen viermal jährlich auch als externe Moderatorinnen das Projekt in Schulklassen durch. Sie sind frei von Schulzwängen und können sich unbefangener auf die Mädchen und Jungen einlassen.

Die Rahmenbedingungen des Projektes erfordern einigen Organisationsaufwand. Der Parcours ist lediglich in einer Ausführung vorhanden. Ein paralleles Arbeiten in Mädchen- und Jungengruppen ist dadurch nicht möglich. In den meisten Schulen werden die Jungen weiter unterrichtet, während die Mädchen in Projekttagen am Parcours teilnehmen und umgekehrt. Außerdem bestanden mehrfach Schwierigkeiten, ausreichend qualifizierte Männer als Moderatoren für die Gruppen der Jungen zu finden.

Aufgrund der Erfahrungen und Anfragen über das Osnabrücker Stadtgebiet hinaus arbeiten die Initiatorinnen an einer zusätzlichen tragbaren Version des Parcours, die seit dem Ende des Jahres 2002 als Prototyp entwickelt wurde.

Der Parcours wird aufgrund der hohen Auslastung nur an Schulen des Stadtgebietes Osnabrück verliehen, trotz vieler Anfragen aus den Nachbargemeinden und dem Landkreis Osnabrück.

Es gibt reichlich Nachahmer, die diese Idee des Parcours bereits aufgreifen und nachbauen möchten. Die Methode des Parcours begeistert vermehrt Fachkolleginnen und Fachkollegen, die großes Interesse zeigen. Aufgrund vielfachen Interesses erwarten die Organisatorinnen einen gesteigerten Bedarf an Fortbildungen zu Methoden und Möglichkeiten des Parcours.

Im Sinne einer systematischen Anwendung wäre es wünschenswert, die Beschäftigung mit dem Thema „Berufsorientierung und Lebensplanung“ fest in den Schulunterricht zu verankern. In diesem Zusammenhang wären ebenso Veränderungen im Lehramtsstudium notwendig, um zukünftige Lehrer/innen auch für das Aufgabengebiet der Vorbereitung von Schülerinnen und Schülern auf einen gelungenen Übergang von der Schule in den Beruf zu befähigen. Desgleichen sollten die Vermittlung innovativer Lehrmethoden und geschlechtsspezifischer Kompetenzen als Studieninhalte verankert werden.

Kontakt:
Stadt Osnabrück
Frau Annette Brauckhoff, Frau Ute Tromp
Krahnstraße 49
49074 Osnabrück

Barbara Bertram

Erzählcafés zur Berufs- und Lebenswegeplanung

Ausgangsproblematik

Vor dem Gesetz stehen den Mädchen heute bei der Berufswahl fast alle Berufe offen. Sie haben die gleiche Rechte wie Jungen, einen Beruf zu erlernen oder auszuüben. In der Praxis bestehen dabei allerdings viele Einschränkungen und Probleme:

- Das Berufsspektrum ist einerseits insgesamt sehr umfangreich und schwer zu durchschauen (insbesondere betrifft das neu geordnete oder neue Berufe wie im IT-Bereich), andererseits ist das Angebot regional oft sehr schmal und Mädchen wählen aus einer sehr engen, traditionell geschlechtstypischen Berufspalette aus.
- Die beruflichen Informationen zum Zeitpunkt der Entscheidung sind bei vielen Jugendlichen zu gering, die bestehenden Informationsmöglichkeiten werden ungenügend genutzt, der Ernst der Lage wird unterschätzt.
- Den Mädchen stehen größere Arbeitsplatzprobleme in traditionellen „Männer-" bzw. modernen IT-Berufen bevor als den Jungen (hier ausgebildet oder angestellt zu werden, an verantwortungsvolle Arbeitsplätze zu gelangen, als erwerbstätige Mütter mobil und flexibel zu sein, Karriere zu machen usw.).
- Frauen haben mehr Probleme als Männer, die Vereinbarkeit von Beruf und Familie zu lösen – worüber Mädchen bereits bei der Berufswahl reflektieren, Jungen allgemein nicht.
- Viele Jugendliche, insbesondere Mädchen, sehen sich bei ihrer Berufswahl vor einem undurchdringlichen Dschungel von Fragen und Problemen, verlieren die Lernmotivation oder treffen schlecht überlegte Entscheidungen. Eltern, häufig die ersten Ansprechpartner bei der Berufswahl, sind als Berater überfordert, zumal Massenarbeitslosigkeit und gravierende Strukturveränderungen Aussagen zu beruflichen Perspektiven erschweren. Berufsberater oder Lehrer/innen können detaillierte Beratungen nur im begrenzten Umfang leisten.

Das berufsorientierende „Erzählcafé" schließt diese spezielle Lücke. Es trägt den unterschiedlichen Ausgangs- und Rahmenbedingungen der Geschlechtergruppen Rechnung und will insbesondere Mädchen anregen, über ihren Berufs- und Lebensweg nachzudenken, um sich für Berufe zu öffnen, die sie bisher wenig beachteten. Die Idee stammt aus dem „Göttinger Zeitzeugenprojekt“, das den kritischen Dialog zwischen den Generationen fördert, um über Erfahrungsaustausch mehr gegenseitiges Verständnis zu erreichen. Die Projektgruppe Berufsorientierung in Südniedersachsen hat diese Methode speziell auf Berufsbiografien und die Zielgruppe Jugendliche bezogen.

Träger des Berufe-Erzählcafés ist die Projektgruppe Berufsorientierung in Südniedersachsen, die sich aus kommunalen Frauenbeauftragten, Fachkräften der Jugendarbeit sowie – punktuell – der Berufsberatung des Arbeitsamtes Göttingen zusammensetzt. Nachdem Vorversuche (1999 bis 2000) einen großen Zuspruch erhielten, erfolgte von 2001 bis 2003 über die Förderung des Landes Niedersachsen eine inhaltliche Konzentration auf den derzeit besonders relevanten Schwerpunkt Frauen und moderne IT-Berufe. Der Träger arbeitet seit etwa 15 Jahren auf dem Gebiet der geschlechterbewussten Berufsorientierung. Er bietet zusätzliche Hilfen an, da die speziellen Probleme der Mädchen bei der Berufswahl einerseits seit langem existieren, es andererseits auf Amtswegen aber kaum geschlechterdifferenzierende Analysen oder Aktionen gibt, um der Problematik längerfristig zu begegnen. Gender Mainstreaming spielt dabei weniger als Begriff, sondern mehr als inhaltliche Orientierung eine Rolle.

Konzeption

Das moderierte „Erzählcafé“ ist eine etwa zweistündige Veranstaltung, die mit der Vorstellung verschiedener Berufs- und Lebenswege von Frauen beginnt (1. Phase) und über Diskussionen in Interessengruppen (2. Phase) zur Beratung über weitere Wege der individuellen Berufsfindung (Informationen, Schnuppertage, Praktika usw.) führt.

Ziele des „Erzählcafés“: Durch die Darstellung persönlicher berufsbiografischer Erfahrungen von Fachkräften sollen die Mädchen angeregt werden, über ihre berufliche Zukunft, die Lebensplanung und ihre Rolle als Frau intensiver nachzudenken. Dabei sollen sie einschränkende geschlechtstypische Rahmenbedingungen ihrer Berufswahl oder späteren Erwerbstätigkeit erkennen, sich über die gängigen frauentypischen Berufsfelder hinaus orientieren und Geschlechterbewusstsein entwickeln. Die Mädchen sollen lernen, mit den Widersprüchen des Ausbildungs- und Arbeitsmarktes umzugehen und dabei das Fehlen fester Strukturen und vorgeschriebener

„Normalbiografien“ als Chance zu begreifen. Sie sollen ermutigt werden, ihren individuellen Weg selbst zu gestalten – auch außerhalb vorgegebener Muster. Die Anregungen dazu sollen sie von Referentinnen mit verschiedenartigen Qualifikationen, Lebensformen, sozialen Schichten oder kulturellen Hintergründen erhalten, darunter Vertreterinnen von „Randgruppen“ (z.B. Behinderte). Dabei soll deutlich werden, wie diese ihr Leben von unterschiedlichen Standorten aus in den Griff bekamen. Je nach konkreter Zielstellung stehen unterschiedliche Berufe im Mittelpunkt. Dabei ist vordergründiges Ziel weder die umfassende Berufsinformation (Verweis auf Berufsberatung, Medien und Praktika, Verteilung von Schriftmaterial), noch das Überreden zu einem technischen bzw. IT-Beruf, sondern eine Erweiterung des Betrachtungsradius. Damit zielt das Projekt auf berufliche, Gender- und sozialpsychologische Aspekte (Selbstwertgefühl usw.) sowie die allgemeine Lebensplanung.

Zielgruppe sind Schülerinnen der allgemein bildenden Schulen, d.h. Mädchen und junge Frauen von 13 bis 19 Jahren. Auftraggeber der Veranstaltung „Erzählcafé“ sind diese Schulen (Gesamt- und Realschulen, Gymnasium).

Das „Erzählcafé“ beruht auf verschiedenen methodischen Prinzipien:

- biografisches Prinzip
- geschlechterbewusstes Prinzip
- interkulturelles Prinzip
- dialogisches Prinzip
- handlungsorientierendes Prinzip

Besonderheiten des „Erzählcafés“ sind: Authentizität der Darstellungen, Realität, Persönlichkeitsnähe, Verbindung von rationaler Information und Emotionalität, rollenkritische und zugleich ganzheitliche Sicht auf Beruf und Leben.

Hervorzuheben ist die Orientierung auf geschlechtergetrennte Veranstaltungen. Diese ist nicht immer durchsetzbar (je nach Wunsch der auftraggebenden Schule), aber sie wird aufgrund der Erfahrungen in der Pilotphase bevorzugt.

Vorrangig sind folgende Lernorte bzw. Veranstaltungen involviert: die beauftragenden Schulen, Betriebe, Bildungsinstanzen (innerhalb von Berufsvorbereitungskursen, Messen verschiedener Art, Seminar-, Weiterbildungsveranstaltungen etc.). Wenn möglich sollen Schul- und Unterrichtsnähe vermieden werden.

Das „Erzählcafé“ wird durch die Zusammenarbeit verschiedener Institutionen/Personen initiiert: Frauenbeauftragte aller einbezogenen Regionen der Projektgruppe Berufsorientierung, Freie Altenarbeit Göttingen e.V. (Zeitzeugenprojekt), Frauenprojekte, die im Bereich Berufsorientierung tätig sind, freie und öffentliche Träger der Jugendberufshilfe in Stadt und Landkreis, Arbeitsamt/Berufsberatung Göttingen, Kammern (im Zusammenhang mit IT-Berufen: IHK und HWK), LOVE-IT-Stelle der IHK Göttingen, weitere LOVE-IT-Stellen im Land (Lernortverbünde für IT- und Medienberufe), Schulleitungen und zuständige Fachlehrer/innen, Firmen und Behörden (vor allem zur Freistellung der Erzählerinnen), die erzählenden Frauen selbst. Je nach Auftraggeber und konkretem Inhalt des „Erzählcafés" wechselt ein Teil der Kooperationspartner, ein Teil soll stabil bleiben. Kammern sind notwendigerweise immer beteiligt, weil sie wesentliche Hinweise zu geeigneten Berufen/Arbeitsplätzen geben. In der Pilotphase wurde mit weiteren Partnern gearbeitet: Universitäten, beruflichen Bildungseinrichtungen, verschiedenen Verbänden und Vereinen anderer Regionen.

Umsetzung

Ein „Erzählcafé" wird immer dann organisiert, wenn ein Auftraggeber (Schule) Interesse signalisiert (unter der Voraussetzung von Fördermitteln). Die Finanzierung der Jahre 2001/2002 kam vom Land Niedersachsen aus dem Fonds Frauen und IT-Berufe. Dementsprechend steht diese Thematik von 2001 bis 2003 im Zentrum und zielt auf gravierende Lücken in der realen Gleichstellung. Die Schulen werden angesprochen und zur Projektvorstellung mit Informationsmaterial durch Land, Stadt und Träger versorgt. Vorgesehen sind Einzelveranstaltungen an den Schulen oder Aufnahme in Veranstaltungsreihen (z.B. Berufsvorbereitungswoche, Frauen-Berufsmesse).

Es werden Schülerinnen ab der 7./8. Klasse angesprochen. Die Schülerinnen sollten eine gewisse Reife bzw. Aufgeschlossenheit mitbringen, um sich auf Fragen ihres Berufs- und Lebensweges ernsthaft einzulassen. Da das Erzählcafé eine mögliche Form der Praktikumsvorbereitung darstellt, sollte es zeitlich vor den Praktika liegen. Es erfasst die Teilnehmerinnen über mehrere Klassen oder jahrgangsweise. Die Teilnahme ist freiwillig, aber bei guter Vorbereitung schließt sich kaum jemand aus. Motive zur Teilnahme sind die erwünschten Informationen bzw. Orientierungen für Berufswahl und Lebensweg.

Die Organisation liegt in den Händen des Trägers in Kooperation mit dem Verein Freie Altenarbeit Göttingen e.V. (halbe Personalstelle, Büro). Günstig war die zeitgleiche Anstellung der Koordinatorin beim Frauenbüro der Stadt (andere halbe Stelle). Zusätzliche finanzielle Mittel werden für Öffentlichkeitsarbeit, technisch-organisatorische Leistungen, Honorare der professionellen Moderation und Aufwandsentschädigung der Erzählerinnen benötigt. Erstrebenswert wäre eine stärkere Einbeziehung von Jungen in gesonderten Gruppen, um Geschlechterrollenveränderungen von beiden Seiten anzugehen. Die bisherigen Mittel für das „Erzählcafé" kamen jedoch ausschließlich aus Fonds zur Frauenförderung, auch wenn Jungen in geringem Maße einbezogen waren.

Das „Erzählcafé" läuft entweder in geschlossener oder in öffentlicher Form ab, wobei sich öffentliche Großveranstaltungen (über 100 Schülerinnen) weniger bewährten als kleinere, übersichtlichere Gruppen im geschlossenen Rahmen mit schulferner Atmosphäre (bezogen auf Raum, Sitzordnung, Getränkeangebot, Störfreiheit usw.). Die Runden sollten geschlechtshomogen zusammengestellt sein.

Sowohl an die Moderation als auch an die Erzählerinnen sind bestimmte Anforderungen zu stellen: Die Moderatorin muss in der Lage sein, sich auf die verschiedenen Ausgangslagen der Schülerinnen flexibel einzustellen (z. B. Alter, Schultyp, bisherige Berufswahlvorbereitung, vorhandene Berufswünsche). Sie muss die Jugendlichen zur Mitarbeit motivieren und die Position vertreten, dass Geschlechterrollen bezogen auf die Gleichberechtigung von Frauen und Männern verändert werden müssen. Für größere Veranstaltungen bieten sich zwei Moderatorinnen an. Optimal sind (sozial-)pädagogisch ausgebildete Moderatorinnen mit Verständnis und zugleich Rollendistanz zur teilnehmenden Schulklasse. Aus Kostengründen sowie auch fachlich sind Lehrer/innen oder Schulsozialpädagoginnen geeignet. Dazu wurde vom Träger eine Broschüre mit konkreten Anleitungsschritten und Erfahrungsberichten entwickelt.

Anforderungen an die Erzählerinnen sind u. a. fachliche Kompetenz und die Bereitschaft, nicht nur Positives aus dem eigenen Leben preiszugeben, sondern auch selbst verschuldete Probleme auf dem Berufsweg. Die Erzählerinnen müssen dicht an die Belange der Teilnehmerinnen herankommen und schließlich eine gewisse Identifikation der Schülerinnen erreichen, um im anschließenden Kleingruppengespräch eine intensive Kommunikation zu entfachen. Erfolgreiche Erzählerinnen werden wiederholt eingesetzt. Es bewähren sich gemischte Erzählerinnengruppen: nach Alter, Qualifikation, Lebens- und Berufserfahrungen, biografischen Verläufen.

Der inhaltliche Ablauf des „Erzählcafés" erfolgt in verschiedenen Phasen, deren Vorbereitung für den Erfolg ausschlaggebend ist.

Vorbereitung:

Die Berufswunschanalyse bei den Schülerinnen ist eine Grundlage. Die Auswahl der Erzählerinnen erfolgt danach und mit Blick auf IT-Berufe. Die Protokolle solcher Vorgespräche sind Grundlage des Ablaufplans und weiterer Inputs (Medieneinsatz, Präsentation von Arbeitsprodukten, Informationen vom Arbeitsamt, Beteiligung von Ausbilderinnen).

1. Phase der Veranstaltung:

Im Plenum erfolgen die Vorstellung der einzelnen Berufs- und Lebenswege sowie erste Fragen und Diskussionen dazu (Herkunft der Erzählerin, soziales Umfeld, Bildungsweg, Interessen, Berufsalltag, Rahmenbedingungen wie Bezahlung, Zukunfts- und Aufstiegschancen, Vereinbarkeit von Familie und Beruf, Frauen- und Männerbilder).

2. Phase:

Weitere Diskussionen und Erzählungen erfolgen in Kleingruppen, deren Zugehörigkeit von den Mädchen frei gewählt wird. Schülerinnen sollen möglichst auch über sich selbst sprechen. Im Gespräch werden Vorschläge und Festlegungen zum weiteren Verlauf der Berufswahl erarbeitet.

3. Phase:

Die Schülerinnen und Erzählerinnen versammeln sich erneut im Plenum zu Auswertung und endgültigen Festlegungen, Kritiken usw. Diese Phase findet – abhängig von der Anzahl der Teilnehmerinnen und vom Veranstaltungsverlauf – nicht immer statt.

Nachbereitung:

Sie erfolgt mittels Fragebogen für Schülerinnen und beteiligte Lehrer/innen: Wie kam die Veranstaltung an, wie wirkten die Erzählerinnen, was fragten die Teilnehmerinnen, wie hoch war ihre Aktivität, welche Schlussfolgerungen zogen die Teilnehmerinnen selbst, gab die Veranstaltung Denkanstöße in der angezielten Richtung, mit wem sprachen die Schülerinnen danach über das „Erzählcafé", welches Informationsmaterial wird angefordert, was könnten weitere Berufswahlaktivitäten bei den Teilnehmerinnen sein, wer kann dabei helfen?

Öffentlichkeitsarbeit (Einladung der örtlichen Presse, eigene Presseartikel, Broschüren, Internetpräsenz usw.) ist eine wichtige Voraussetzung für „Erzählcafés", um Jugendliche zu interessieren, Erzählerinnen zu gewinnen und Eltern-Unterstützung zu erhalten. Dazu werden vom Träger, dem Verein Freie Altenarbeit e.V., dem Frauenbüro sowie der Gleichstellungsstelle Informationsmaterialien herausgegeben. Positive wie negative Erfahrungen werden hier weitervermittelt. Vorbereitungsprotokolle, Fragebögen sowie reflektierende Diskussionen mit Akteuren und Teilnehmerinnen dienen der Qualitätssicherung.

Erfahrungen

Das „Erzählcafé" ist eine Veranstaltungsform, deren Idee aus der emanzipatorischen Altenarbeit der 1990er-Jahre hervorging. Die Orientierung an den Biografien erwies sich für den Bereich Berufsorientierung von Schülerinnen und Schülern als produktiv. Wiederholt wurden von den Teilnehmenden Ausdehnung und Regelmäßigkeit der Veranstaltung empfohlen.

Die Schilderungen der im Beruf stehenden Erzählerinnen wirken sich anregend und orientierend auf die Gedanken und Fragen zum Berufsverlauf aus. Die Jugendlichen erfahren, dass es keinen idealtypischen Weg in den Beruf gibt und dass auch Brüche, Versäumnisse usw. über Umwege noch zu Ausbildung bzw. Arbeit führen können. Das „Erzählcafé" fördert das Bewusstsein der Mädchen über das soziale Geschlecht, das Verständnis bzw. Nachdenken über die eigene moderne Geschlechterrolle. Gesellschaftliche Benachteiligungsstrukturen verschiedenster Art werden sichtbar oder mitunter erstmalig erkannt. Gelingt es, die Neugier auf moderne Rollenbilder zu wecken, entstehen viele Fragen zu deren Realisierung – auch bei Jungen. Die Erfahrungen zeigen, dass geschlechtergetrennte Veranstaltungen intensiver und ergebnisreicher verlaufen als gemischte und, dass es notwendig wäre, mehr „Erzählcafés" für Jungen zu veranstalten (finanzielle Frage).

Die Kooperation zwischen Träger und Schulen verstärkte sich. Nicht selten entwickelten sich weitere Kontakte zwischen Erzählerinnen und Schülerinnen in Fragen der Berufswahl. Von den Herkunftsfirmen der Erzählerinnen wurden mitunter Schnupperbesuche, Praktikumsplätze oder sogar Ausbildung für die Schüler/innen in Aussicht gestellt. Die Veranstaltungsinhalte wurden im Allgemeinen noch weiter diskutiert, Hefte zur Berufsorientierung wurden häufiger bestellt, vereinzelt wechselten die Mädchen den Berufswunsch in

Richtung moderner IT-Berufe. Die Methode des „Erzählcafés" ist flexibel und in vielen Lernsituationen einsetzbar. Sie ist geeignet, ein neuer Baustein im Berufsfindungsprozess zu werden.

Bei allen Stärken kann das „Erzählcafé" aber auch zu einigen Problemen führen, wenn vorliegende Erfahrungen, Anleitungen oder Hinweise zu wenig beachtet werden:

- Der Zeitumfang ist begrenzt. Ihn auszudehnen würde die Konzentration der Schüler/innen schmälern oder sie mit der Fülle von Informationen erdrücken, die sie später noch weiterverarbeiten sollen. Somit ist hohes Moderations- und Redegeschick gefragt, um die Berichte zeitgerecht auf den Punkt zu bringen.
- Eine intensive Vorbereitung ist entscheidend für das Gelingen der Veranstaltung. Sie betrifft die Moderatorinnen, Lehrer/innen der beteiligten Klassen, Schüler/innen und Erzählerinnen. Das beansprucht die Organisation sehr stark. Hier Zeit zu sparen, wäre jedoch falsch.
- Moderierende Lehrer/innen geraten mitunter in Rollenkonflikte. Um das zu reduzieren, müssen geeignete Personen ausgewählt werden.
- Die Erzählerinnen sollen wahrheitsgemäß berichten, auch über Probleme im Beruf. Die Erwähnung von Schattenseiten wirkt nur dann nicht negativ auf die Schülerinnen, wenn das Berufsfeld in der Gesamtdarstellung ausbalanciert ist und die Erzählerin ein grundsätzlich positives Verhältnis zum Beruf hat. Darauf gilt es bereits bei der Vorbereitung zu achten.
- Einerseits soll das „Erzählcafé" möglichst viele Schüler/innen erreichen, andererseits sind zu große Gruppen (über 100 Schüler/innen) wenig erfolgreich. Optimal für die Gesamtgruppe im Plenum sind bis etwa 50 Personen. Eine frontale Sitzordnung bewährte sich speziell in der Kleingruppenarbeit nicht.
- Häufig wird die Veranstaltung in den letzten Unterrichtsstunden durchgeführt, weil die Teilnahme freiwillig sein soll. Diese Platzierung führt oft zur Unkonzentriertheit.
- Das Erzählcafé trägt dazu bei, dass sich Mädchen intensiver auf ihre Berufsentscheidung vorbereiten. Da es aber keinen Ausbildungs- oder Arbeitsplatz schafft, muss der gesellschaftliche Kontext erwähnt und eine Botschaft vermittelt werden, wie dieser Situation begegnet werden kann. Verschärfend wirkt, dass eine Orientierung der Mädchen auf technische und „Männer"-Berufe durchaus ambivalent ist, denn viele Arbeitgeber stellen keine Mädchen ein bzw. entlassen im Bedarfsfall zuerst Frauen. Erst wenn mehr Arbeitgeber zum Umdenken gebracht werden, entsteht auf diesen Berufsgebieten wirklich mehr Chancengleichheit. Es ist

nicht das Ziel des Erzählcafés, strukturelle gesellschaftliche Widersprüche auf individueller Ebene zu lösen, sondern diese sichtbar zu machen und den vorhandenen individuellen Handlungsspielraum aufzuzeigen – aber auch die Grenzen.

Fazit

Das „Erzählcafé“ sollte fest in die Berufsvorbereitung eingebaut werden. Dabei sollte beachtet werden, dass altersmäßig nicht zu früh (persönliche Reife), aber auch nicht zu spät (erstarrte Berufswünsche) begonnen wird. Wenn es Bestandteil einer Reihe anderer berufsvorbereitender Aktivitäten sein kann (z. B. vor dem Praktikum, während berufsbildender Veranstaltungswochen usw.), sind die Erfolgsaussichten des Erzählcafés größer. Es könnte Bestandteil eines geschlechterbewussten Berufswahltrainings werden, das aufzubauen dringend erforderlich wäre. Jungen sollten – über eigenständige Veranstaltungen – für die „Erzählcafés“ gewonnen werden. Vorgeschlagen wird auch eine intensivere Elternarbeit bei der Berufswahl. Beispielsweise sind Veranstaltungen mit Eltern zur Unterstützung der Berufswahl ihrer Kinder denkbar.

Kontakt:
Freie Altenarbeit Göttingen e.V.
Frau Regina Meyer
Am Goldgraben 14
37073 Göttingen

5 Gender und Migration

Leonie Herwartz-Emden, Corinna Steber

Migration, Ethnizität und Geschlecht

Betrachtet man den aktuellen Stand bundesdeutscher wissenschaftlicher Untersuchungen, stellt man fest, dass die Kategorie Geschlecht im Migrationskontext nur ansatzweise erforscht ist. Noch lückenhafter wird die Lage, wenn man sich im Besonderen für jugendliche Migrantinnen interessiert. Nicht selten werden auch in aktuellen Untersuchungen nur männliche Migranten untersucht – sie stehen sozusagen für beide Geschlechter. Konzepte der pädagogischen Praxis stützten sich in der Vergangenheit auf unreflektierte Differenzannahmen, in denen Migrantinnen vorwiegend als Opfer betrachtet wurden, als abhängige Ehefrauen und Mütter (Westphal 1996) oder als Töchter ohne Autonomierechte. Frauen und Mädchen leiden, so die Annahme, unter der patriarchalen Struktur des Herkunftskontextes, erscheinen zudem fast nie als eigenständige Migrantinnen bzw. Pionierinnen, die einen eigenen zielstrebigen Plan verfolgen (Riegel 2003).

Im Folgenden wird die Frage der Geschlechtersozialisation im Jugendalter in Bezug auf kulturelle Differenz thematisiert. Es geht darum, den Blick zu weiten, um den Problemen bezüglich der Integration von jugendlichen Einwanderern in die bundesdeutsche Gesellschaft differenzierter begegnen zu können.[12] Zunächst wird ein kleiner Einblick in die theoretische Diskussion um Ethnizität und Geschlecht gegeben, der in die grundsätzliche Problematik einführen und Verständnis für die Prozesse der gesellschaftlichen Ein- und Ausgrenzung ermöglichen soll. Im anschließenden Teil wird der Fokus auf die Lebensphase Adoleszenz, die Lebenslage jugendlicher Migrantinnen und Migranten und ihre spezifische Konzeptionalisierung von Geschlecht gerichtet. Abschließend folgt eine Auseinandersetzung mit den in der Integrationsarbeit vorherrschenden Bildern von Migrantinnen.

---

[12] Ausführlich zur Lage von Einwandererkindern im Bildungssystem siehe Herwartz-Emden 2003a.

Ethnizität und Geschlecht als strukturgestaltende Kategorien sozialer Wirklichkeit – ein theoretischer Blick

Die Kategorie Geschlecht dient in Kulturen als duales Ordnungsprinzip, das eine ganze Reihe weiterer analoger Verknüpfungen mit anderen Dualismen zulässt. So entspricht männlich/weiblich dann auch weiß/schwarz, oben/unten, außen/innen, Kultur/Natur u. Ä. Bemerkenswert ist, dass sich in den westlichen Gesellschaften ein besonders starres Analogieschema herausgebildet hat (Lenz 1993, 1996). In nicht-westlichen und so genannten vormodernen Gesellschaften sind die analogen Zuschreibungen zum Geschlecht oft weniger starr, vielmehr verspielter, das heißt, sie vermischen und ergänzen sich in ihrer Symbolik. Die analoge Aufteilung entlang des geschlechtlichen Merkmals „männlich-weiblich" als lineares Muster kategorisiert die Welt mit allen Gegebenheiten in ein binäres System. Anders verhält sich hingegen die ethnische Grenzziehung. Diese versucht, einen „homogenen Binnenraum" zu schaffen (Lenz 1993), der Gemeinsamkeit betont und mit dieser sozialen Schließung Ressourcen mobilisiert.

Mithilfe derartiger sozialer Konstruktionen wird Wirklichkeit strukturiert und nach Unterschieden geordnet (ebd.). In erster Linie dienen solche Prozesse der Absicherung von Macht. Ausgehend von einem Normalitätsbegriff, werden Zugehörigkeiten konstruiert, die Menschen einer Gesellschaft in das „Innen" oder „Außen" dieser Konstruktion aufnehmen und damit Zugänge zu gesellschaftlich relevanten Positionen – Ressourcen (Einkommen, Bildung, Qualifikation), Macht (Grad der eigenen Autonomie und Beherrschung anderer Personen) und immaterielle Belohnungen (Anerkennung und Prestige) – legitimieren oder nicht (Lenz 1996). Ilse Lenz (1993, 1996) spricht davon, dass die handelnden Subjekte ihre Handlungsstrategien selbst konfigurieren und sich die ethnischen und geschlechtlichen Elemente je nach Bedarf zu Nutze machen.

Machtstrukturen und Formen der Machtsicherung sind nicht nur auf der Seite der Mehrheitsgesellschaft zu finden, sondern auch Minoritäten bedienen sich effektiver Strategien, um ihre Interessen durchzusetzen. Entlang der Kategorien Geschlecht, Klasse und Ethnizität etabliert sich soziale Ungleichheit (siehe Becker-Schmidt/Knapp 1995, Lenz 1995). In der neueren sozialwissenschaftlichen Forschung wird von dem Prinzip des einfachen Addierens von Ungleichheitsfaktoren Abstand genommen. Das Interesse richtet sich eher darauf, wie Ausgrenzungsprozesse über die genannten Kategorien und ein entsprechendes Bewertungssystem konstruiert werden bzw. wie sich ein Zusammenspiel mehrerer Kategorien (Gutiérrez-

Rodríguez 1999, Lenz 1995, Gümen 1998) gestaltet. Für Jugendliche gibt es zu dieser Thematik bisher nur wenig empirische Ergebnisse.[13]

Jugendliche und kulturelle Differenz – die Besonderheit der Lebenslage von Migrantenjugendlichen

Jugendliche befinden sich noch in der Entwicklung und haben spezifische Entwicklungsaufgaben zu bewältigen. Sind jüngere Kinder noch sehr an die Kernbeziehungen in der Familie gebunden, so ist dies schon für Schulkinder anders, für Jugendliche steht in diesen Beziehungen ein wesentlicher „Umbau" an. Normativer Zielpunkt der Adoleszenz ist die Ausbildung von Ich-Identität oder Ich-Autonomie. Ich-Identität entfaltet sich in Auseinandersetzung mit inneren Dispositionen, dem kulturellen Wertsystem und den äußeren Bedingungen. Bisher ungefragt übernommene Werte und Normen, aber auch Beziehungen, wie die zu den Eltern, werden nun grundsätzlich in Frage gestellt und gleichsam rekonstruiert. Die Weltkonstruktion des Jugendlichen steht mit der Adoleszenz vor der größten Herausforderung. Bedürfnisse und Verhaltensweisen erscheinen zunehmend widersprüchlich, Autonomiebestrebungen und zugleich Nähebedürfnisse sind alltäglich beobachtbar. Für Jugendliche, die weder Brüche in ihren Biografien noch Veränderungen in ihrem sozialen und emotionalen Bezugrahmen zu verzeichnen haben, wie sie die Migration mit sich bringen, ist diese Altersphase schwierig genug und stellt, über den gesamten Lebenslauf gesehen, eine der Lebensphasen dar, in denen der Mensch am meisten gefährdet ist. Was bedeutet dieses Alter nun für ein Individuum, das kulturelle Differenz zu verarbeiten hat? Was bedeutet es geschlechtsspezifisch – worin bestehen die Unterschiede für Mädchen und Jungen?

Ein wesentlicher Aspekt der Ich-Identität, die sich im Verlauf der Adoleszenz auf einem neuen Niveau entfaltet, ist die Geschlechtsidentität, die wiederum in Zusammenhang steht mit den strukturellen und symbolischen Vorgaben des kulturellen und gesellschaftlichen Kontextes, in dem ein Individuum aufwächst. Die in dieser Lebensphase zu bewältigenden Aufgaben und Herausforderungen stellen sich für Jungen und Mädchen unterschiedlich dar, es ergeben sich grundsätzlich verschiedene Entwicklungsaufgaben. Der Weg durch

[13] Neben Forschungen von Leonie Herwartz-Emden und Helma Lutz, die sich seit längerem mit diesem Thema auseinander setzen, gibt es zwei aktuelle Forschungsarbeiten zu diesem Thema: Riegel 2003 und Dannenbeck 2002.

die Adoleszenz ist geschlechtsspezifisch variiert und kulturspezifisch geprägt.

Die von der Entwicklungspsychologie definierten so genannten „Entwicklungsaufgaben“ erscheinen zunächst geschlechtsneutral, sind es aber nicht. Havighurst (1953) formulierte acht Entwicklungsaufgaben, die er als aktiv zu lösende Lernaufgaben, als Bindeglieder im Spannungsverhältnis zwischen individuellen Bedürfnissen und gesellschaftlichen Anforderungen verstand. Die Aufgaben wie Vorbereitung auf Beruf, Karriere und Familie, Integration in die Gruppe der Gleichaltrigen, Ablösung vom Elternhaus, Entwicklung eines neuen Verhältnisses zum eigenen Körper oder allgemein, Entwicklung einer Geschlechtsidentität auf einer neuen Stufe – um die wichtigsten zu nennen – sind für ein neutrales Individuum gedacht, stellen sich aber jeweils vor dem Hintergrund spezifischer Bedingungen, je nachdem, ob das heranwachsende Individuum männlich oder weiblich ist. Eine geschlechtsspezifische Perspektive auf Entwicklungsaufgaben ist relativ neu und wird von verschiedenen Wissenschaftsgebieten aus verfolgt.[14]

„Typische“ Unterschiede zwischen Männern und Frauen lassen sich bereits im Jugendalter auffinden: Jungen und Mädchen stehen verschiedene Kompetenzen und Ressourcen zur Verfügung (Helfferich 2001, S. 335). Mädchen verfügen auf der einen Seite in stärkerem Maße als Jungen über kommunikative Fähigkeiten, Jungen über mehr Strategien der Raumaneignung und territorialen Kontrolle. Mädchen sind auf der anderen Seite durch einen Mangel an Selbstbewusstsein und eine Neigung, die eigenen Bedürfnisse zurückstellen, beeinträchtigt. Eine besondere Asymmetrie liegt darin, dass Mädchen untereinander und für Jungen Ansprechpartner bei Problemen sind, Jungen umgekehrt aber selten zur stützenden Vertrauensperson für Mädchen werden – leider auch nicht für Jungen.

Diese bekannten und eher sehr allgemein gehaltenen Geschlechterdifferenzen müssen in Bezug auf die beiden Geschlechtergruppen und ihre interne Heterogenität differenziert werden; solche Typisierungen verweisen allerdings auf verschiedene Bedingungen und Ausgangspunkte für männliche bzw. weibliche Jugendliche. Neuere Forschungen bieten Ergebnisse, die weit tief greifender männliche und weibliche Entwicklungswege zu verstehen helfen: Männer und Frauen agieren unter grundsätzlich verschiedenen Bedingungen in ihrem Leben, die Gestaltung ihrer Biografie findet an verschiedenen „kul-

[14] Herausragend hier für die weibliche Adoleszenz: Hagemann-White 1996, 1997; Franzkowiak/Helfferich 2000; Helfferich 2001.

turellen“ Orten statt. Für eine der Entwicklungsaufgaben, die Entwicklung einer Berufsorientierung, lässt sich nachweisen, dass – einheimische – Mädchen in Bezug auf die Entwicklung einer Berufsorientierung mit gänzlich anderen Herausforderungen konfrontiert sind als Jungen. Mädchen erkennen in diesem Lebensalter den grundsätzlichen Widerspruch in ihrer Biografie, nämlich einerseits auf einen Beruf bzw. eine Ausbildung, andererseits auf ein Leben mit Kindern und Familie ausgerichtet zu sein. Diese so genannte Vereinbarkeitsfrage dominiert die Gespräche von Mädchengruppen spätestens ab dem Alter von zwölf Jahren.[15] Frauen wollen heutzutage weder auf Berufstätigkeit noch auf Familie verzichten, und Mädchen müssen bereits sehr früh ein Konzept für die Bewältigung dieser Lebenslage vorsehen. Von der Gesellschaft wird ihnen für diese Frage keine ideale Lösung präsentiert – in Deutschland ist die Frage der Kinderbetreuung in den Privatbereich abgedrängt und stellt keine öffentliche Aufgabe dar, wie es z.B. in Frankreich oder in anderen europäischen Ländern der Fall ist. Insofern bieten die Erfahrungen der eigenen Mütter und die Lösungsmodelle der Herkunftsfamilie, auch die Orientierungen und Verhaltensmodelle der Väter, für die Entwicklung eines eigenen Modells die zentrale Vorlage.

Es lässt sich weiterhin nachweisen, dass in Äquivalenz dazu beim – einheimischen – Jungen die Familienorientierung oder ein Konzept von Väterlichkeit und damit die Idee, eines Tages selbst Kinder in die Welt zu setzen und Familie zu haben, regelrecht aus der männlichen Sozialisation ausgelagert und in einen Gegensatz zur Herausbildung von Männlichkeit gedrängt wird (Böhnisch/Winter 1993). Fürsorgliche und pflegerische Aufgaben gelten im Katalog der gängigen Geschlechterstereotype als nicht männlich. Jungen oder junge Männer mit einem Baby im Kinderwagen oder auf dem Arm sind als Bild in den Vorstellungen von einheimischen männlichen Jugendlichen kaum vorhanden. Das „wahre“ Mannsein verlangt Coolness, Unabhängigkeit, Härte – keineswegs die Äußerung von Emotionen oder die Entwicklung von Fürsorglichkeit. Vaterschaft ist kein Bestandteil des Konzeptes „Männlichkeit“ – eine Konstruktion, die sich in anderen kulturellen Kontexten anders darstellt.[16] Einem aus der Türkei stammenden Kind wurden z.B. gänzlich andere – und weniger polarisierte – Geschlechtstypisierungen vermittelt als einem in Deutsch-

---

[15] Siehe zur Vereinbarkeitsfrage im interkulturellen Vergleich: Gümen/Herwartz-Emden/Westphal 1994.

[16] Siehe die Untersuchung zu Konzepten von Vaterschaft im interkulturellen Vergleich: Westphal: Vaterschaft und Erziehung. In: Herwartz-Emden 2003b.

land aufgewachsenen. Männlichkeit und Weiblichkeit werden nicht im gleichen Sinne mit Instrumentalität und Expressivität abgebildet, sondern es finden sich ausgeprägte Anteile von Androgynität bei beiden Geschlechtern und eine höhere Expressivität des Mannes sowie wünschenswerte Instrumentalitätsmerkmale für die Frau (Herwartz-Emden/Westphal 1999). Fürsorgliche Qualitäten des Mannes erscheinen weniger abgewertet, Väter beteiligen sich vergleichsweise mehr an der Betreuung ihrer Kinder, auch an der Pflege kleiner Kinder (Herwartz-Emden 1995, Neumann 1998).

Männlichkeit, Weiblichkeit und kulturelle Differenz

In einem doppelten Sinne müssen sich Jugendliche aus anderen kulturellen Kontexten ihrer adoleszenten Aufgabe stellen: In aufwändigen Lernprozessen erarbeiten sie nicht nur eigene, ihrem Alter angemessene Handlungspraktiken und Orientierungen, sie müssen sich zugleich mit der dominanten Gesellschaftsordnung, ihren kulturellen Vorgaben und Konzepten, wie sie z. B. die „Vereinbarkeitsfrage" darstellt, auseinander setzen.[17] Sie müssen sich – mit möglicherweise unbekannten oder wenig vertrauten – jugendkulturellen Orientierungen bekannt machen, diese interpretieren, sich diese aneignen und für sich individuell oder kollektiv in einen handlungsleitenden Bezugsrahmen bringen. In diesem Prozess spielt die Eigentätigkeit oder Aktivität des Subjektes eine große Rolle. Herausragend wird zudem das Gruppenleben von Jugendlichen, die Beziehungen zu Gleichaltrigen – hier werden Praktiken und Orientierungen gemeinsam diskutiert, ausprobiert und verhandelt. In der Gruppe gibt es die Möglichkeit der ethnischen Separierung. Eigenständige Interaktionsmuster werden entwickelt, aber zugleich findet hier eine Anpassung an in Deutschland vorgefundene Lebensstile und Werte statt. In ihrer Clique entwickeln die Jugendlichen – meist in bewusster Abgrenzung und Entgegensetzung zu einheimischen Jugendlichen – einen neuen, jugendkulturellen Lebensstil. Mit diesem treten sie in Konkurrenz zu anderen, vornehmlich zu den einheimischen Jugendlichen, ihren Jugendkulturen und Stilen. Diese Praxis ist ein Beispiel für die hohen Akkulturationsleistungen, die im Zusammenhang mit kultureller Differenzerfahrung gefordert sind, aber auch ein Beispiel für die

[17] Dazu gehört neben der „Vereinbarkeitsfrage" auch das Konzept von Mutterschaft bzw. dessen Stellenwert in der weiblichen Biografie (siehe die kulturvergleichenden Untersuchungen zu diesem Konzept von Herwartz-Emden 1995, 2003b).

interkulturelle Kompetenz der Jugendlichen und für ihre Fähigkeit, ihre sprachliche und soziale Diversität produktiv in eigene Konzepte umzusetzen (Herwartz-Emden/Westphal 2000, 2002).

Fast keine Forschung findet sich zu der Frage, wie Adoleszenz und die Erfahrung kultureller Differenz zusammenspielen.[18] Es kann aber davon ausgegangen werden, dass sich die Erfahrungen, die durch kulturelle Differenz bedingt sind, an die genannten geschlechtsspezifischen Entwicklungsaufgaben anlagern oder diese überlagern: Diskriminierungen wegen Andersartigkeit, fremdartigem Aussehen, Hautfarbe, Kleidung, Körperausdruck oder Sprachgebrauch gehören zum Alltagserleben. Männliche und weibliche Jugendliche müssen sie in Zusammenhang mit der beschriebenen, geschlechtsspezifisch geforderten Ausrichtung ihrer Entwicklungsaufgaben verarbeiten. Mädchen reagieren auf Diskriminierungserfahrungen häufig mit einem Verlust an Selbstwertgefühl, Jungen suchen nach Reaktionsweisen, die mehr auf der Ebene von nach außen gerichteten Aktivitäten, auch Aggressionen und gewaltförmigen Verhaltensweisen, liegen.

Zunächst ist festzuhalten, dass Mädchen und Jungen mit dem in der umgebenden Gesellschaft dominanten Bild von Männlichkeit und Weiblichkeit konfrontiert sind. Dieses Bild wird ihnen alltäglich als überlegenes Geschlechterbild, als leitende Norm präsentiert. Die Jugendlichen selbst sind teilweise oder seit ihrer Geburt hier aufgewachsen, aber ihre emotionale Verankerung kann sich in einer gänzlich anderen Vorstellungswelt befinden; einer Welt, die von anderen Bildern und Strukturen geprägt ist. Eine der wesentlichen Strukturen, die das Geschlechterverhältnis prägen, ist das Verhältnis von Männern und Frauen in öffentlicher und privater Sphäre und die damit einhergehende Form der Arbeitsteilung. Damit ist der Hintergrund für Aushandlungen zu u. a. folgenden Fragen gegeben: Wer übernimmt welche Aufgaben? Wer tut was? Wer benimmt sich wie? Welche Regeln gibt es für welche Begegnungen? In der Türkei, einer der Herkunftsgesellschaften von vielen Jugendlichen mit Migrationshintergrund, dominiert die Trennung der Geschlechter, die „Segregation", das Verhältnis von Frauen und Männern zueinander. Soziale Kompetenz sowie allgemein die Fähigkeit, Situationen einzuschätzen, sich adäquat zu verhalten, Beziehungen aufzunehmen und zu gestalten, sind Fähigkeiten, die auf diesem Hintergrund im Sozialisationsprozess erworben werden. Geschlechtsbezogene Orientierungen, Geschlechterrollen sowie Sexualität sind zentrale Themen in der

---

[18] Bis auf wenige Ausnahmen, vgl. z. B. für Aussiedler/innen: Herwartz-Emden/Westphal 2000.

Auseinandersetzung um kulturelle Differenz und kulturelle Identität. Auf der Ebene der Geschlechterbilder ergeben sich scharfe Konfrontationen, hier werden hohe Akkulturationsleistungen seitens der Jugendlichen erforderlich.

Im umgebenden deutschen Kontext sehen sich die männlichen Jugendlichen einem Bild überlegener Männlichkeit gegenüber, das nicht nur Frauen ausschließt, sondern auch die Mehrheit von Männern, und dabei insbesondere Männer in Minderheitenpositionen. Im Gegensatz zur überlegenen, „hegemonialen Männlichkeit", die mit der Sphäre öffentlicher Macht und Machtverwendung assoziiert ist, steht hierbei eine „marginalisierte Männlichkeit", eine untergeordnete, die von Macht und Status ausgeschlossen ist.[19] Angehörige von Minderheiten in Gesellschaften erreichen zum größten Teil nicht den gesellschaftlichen Status, der sie mit den Insignien „hegemonialer Männlichkeit" versehen würde. Gerade in unteren sozialen Schichten stellt Gewalt oder ganz allgemein Devianz eine Möglichkeit dar, öffentlich überlegene Männlichkeit zu demonstrieren. Die Entwicklung dieser Verhaltensweisen bei Jungen und Männern mit „marginalisierter Männlichkeit" kann damit erklärt werden, dass ganz allgemein im Hinblick auf die Ich-Entwicklung bei Jungen andere Strategien funktional sind: Erfahrungen von Ich- und Körpergrenzen werden durch Abhärtung, Schmerzen, Extremerfahrungen und gewaltförmige Berührungen gemacht, während Mädchen dialogische und kommunikative Strategien entwickeln (Helfferich 2001, S. 342). Inwieweit solche Strategien kulturabhängig sind bzw. je nach kulturellem Kontext variiert werden, bleibt zu untersuchen.

Ein negativer Begleitaspekt der aufgezeigten Tendenzen ist sicherlich darin zu sehen, dass die von außen erlebten Stigmatisierungen im Zusammenspiel mit dem Empfinden, geringe Spielräume zu haben, eine Außenseitermentalität befördern können. Diese Haltung, die gegenwärtige und zukünftige Lebensperspektive aus einer Außenseitersicht zu sehen, ist vorwiegend bei männlichen Jugendlichen aufzufinden. Sie haben durch ihre Situation, möglicherweise als Zuwanderer in Deutschland, die Schwierigkeit, mit den Strukturen der so genannten „hegemonialen Männlichkeit" sehr scharf konfrontiert zu sein, sie werden marginalisiert und abgewertet und es gibt für sie nur sehr eingeschränkte Möglichkeiten, sich als überlegen, stark und männlich zu präsentieren. Versuche, ihre marginalisierte Position situativ zu verlassen, sind sportliche Aktivitäten wie Fußball. Hier

---

[19] „Hegemoniale Männlichkeit" entstammt der Begriffsbildung im Zusammenhang mit dem theoretischen Hintergrund, wie ihn Robert W. Connell 1999 aufzeigt.

kann Männlichkeit dargestellt und inszeniert sowie tendenziell Gleichwertigkeit gegenüber Einheimischen erreicht werden. Ein weiteres Feld zur Darstellung und Inszenierung von Männlichkeit, die aber völlig anders ausgerichtet ist, bilden beispielsweise die bei Migrantenjugendlichen anzutreffenden, am Familienvater und -ernährer orientierten Zukunftsvorstellungen, die sich von den bei deutschen Jugendlichen anzutreffenden Vorstellungen der Gestaltung einer männlichen Biografie abheben.[20]

Auch überlegene Weiblichkeit kann sich öffentlich demonstrieren, sich der Körperinszenierung bzw. des Körperausdrucks bedienen. Ebenfalls in Bezug auf Frauen gibt es eine Form, sowohl auf der körperlichen Ebene als auch auf der Symbolebene, Macht und Kontrolle zu demonstrieren. Das heißt, Mädchen sind nicht selten mit Situationen konfrontiert, in denen sie mit den adäquaten Bildern überlegener Weiblichkeit konfrontiert sind, mit der emanzipierten, auch sexuell emanzipierten, selbstständigen mitteleuropäisch-westlichen Frau. Sie werden – alleine aufgrund ihres Aussehens, ihres körperlichen Ausdruckes, auch ihrer Kleidung – als traditionelle Frauen, zurückgebliebene Kopftuchträgerinnen, als insgesamt wenig emanzipiert bezeichnet und entsprechend ausgegrenzt (Gümen/Herwartz-Emden 1996; Gümen 2003).

Mädchen mit Migrationshintergrund müssen sich in Deutschland den für den hiesigen Kontext „typisch weiblichen“ biografischen Anforderungen stellen. Sie müssen sich mit allen weiteren Vorgaben an Weiblichkeit wie z.B. den rein körperbezogenen Idealen zu Schönheit und Mode, zu Schlankheit und Gesundheit, zu Mutterschaft etc. auseinander setzen. In der Abwertung der Option der Mutterschaft für die weibliche Biografie kommt[21] das Geschlechterverhältnis des bundesdeutschen Kontextes zum Tragen. Dies stellt eine Abwertung dar, die für viele Mädchen aus einem anderen kulturellen Kontext unverständlich ist. Grundsätzlich anders gelagert ist für viele dieser Mädchen auch das Konzept der Vereinbarkeit von Familie und Beruf, das, wie schon erwähnt, bereits ein Thema der Adoleszenz ist. Es ist in Deutschland an die private Lösung durch die Frau gebunden und mit „typisch weiblichen“ Berufswünschen verknüpft – beides Dimensionen, die einem Mädchen aus einer Zuwanderergruppe, wie zum Beispiel der Gruppe der Aussiedler, unvertraut sind. Sie lernen von den einheimischen Mädchen die hiesigen

---

[20] Herwartz-Emden/Westphal 2000, Akkulturationsstrategien im Generationen und Geschlechtervergleich.

[21] Hierzu Herwartz-Emden 1995, Mutterschaft und weibliches Selbstkonzept.

biografischen Entwürfe des Jugendalters kennen, die mit dem Konzept der Vereinbarkeit von Beruf und Familie – und seinen Widersprüchen – assoziiert sind.

Die Adoleszenz des Mädchens lässt sich als Einübung in die Spielräume und Zumutungen von Weiblichkeit interpretieren.[22] Aufnahme und Gestaltung der Beziehung zum anderen Geschlecht verlaufen in den Grenzen, die das „Frausein" in Deutschland erlaubt. Andere Mädchen werden wichtig, die Mädchengruppe ist als Peergroup ein zentraler Ort der jugendlichen sozialen Entwicklung und sozialen Praxis. Mit dem für Mädchen spezifischen Entwicklungsverlauf, gedoppelt durch die Erfahrung kultureller Differenz, ist offensichtlich eine hohe Gefahr des Selbstverlustes verbunden. Mädchen aus der erwähnten Aussiedlergruppe werden z.B. häufig als angepasst und unauffällig beschrieben, als sehr stark unter Diskriminierungen leidend. Mädchen reagieren mit Rückzug, passen sich an, verleugnen ihre Herkunft, schämen sich für ihre Sprache, es mangelt ihnen an Selbstwertgefühl.[23]

Das Konzept von Entwicklungsaufgaben enthält ein „Gleichheitspostulat", nämlich die Annahme, Entwicklungsaufgaben seien für alle gleich gestellt und nur die Chancen erfolgreicher Lösung seien verschieden (Hagemann-White 1997, S. 70). Wie die obigen Ausführungen deutlich machen, ist dies nicht der Fall, denn Entwicklungsaufgaben variieren geschlechtsspezifisch. Sie sind davon abhängig, in welcher gesellschaftlichen Position sich das jugendliche Individuum befindet: Die Verhältnisse von Dominanz und Herrschaft sind für das Heranwachsen ein zentrales Moment, ihre Bedeutung muss weiter erforscht werden. Es gibt Gruppen, und dies wurde offensichtlich, die nicht allein geringere Ressourcen zur Lösung der allgemein gültigen Aufgaben haben, benachteiligt sind, sondern ihnen sind wahrlich „Zusatzaufgaben" gestellt, die sie alleine aufgrund äußerer Merkmale zu lösen haben (ebd.). Ein für die deutsche Forschung anregungsreicher Ansatz liegt in der US-amerikanischen Literatur zu der Frage der so genannten „Differenzerfahrungen" vor. Diese werden von Suárez-Orozco (2000) mit der Begrifflichkeit des „Social Mirroring" umschrieben. Die Hauptfrage ist dabei, wie das Selbstwertgefühl von Kindern aus Minoritätengruppen durch rassistische Ausgrenzungen, Vorurteile und andere Feindlichkeiten beeinflusst

---

22 So auch Breitenbach 2000.

23 Jacobi 1989 über jugendliche russlanddeutsche Aussiedlerinnen – eine Untersuchung über die Situation dieser Mädchen und ihrer Bewältigung der Aussiedlung fehlt bis heute.

wird – werden diese internalisiert, geleugnet, abgelehnt? Auch wenn beispielsweise Eltern alle Anstrengungen unternehmen, um dem Kind ein positives „Mirroring“ entgegenzubringen, reicht das nicht aus, um die Auswirkungen des Zerrspiegels zu kompensieren, der ihm täglich entgegengehalten wird – so die These (Suárez-Orozco 2000, S. 214). Mit dem alltäglichen Rassismus ebenso alltäglich und undramatisch umzugehen, Demütigung, Verachtung und Bedrohung als normal zu antizipieren, ohne das eigene Selbstkonzept davon tief prägen oder deformieren zu lassen, ist die herausragende Aufgabe für viele Jugendliche.

Des Weiteren verbirgt sich hinter der Idee der Entwicklungsaufgaben eine „Entsprechungsannahme“ (Hagemann-White 1997), die unterstellt, dass die Aufgaben wirklich lösbar sind bzw. dass die Lösung den Weg zu einem gesunden Selbst weist. Für viele Jugendliche sind jedoch nicht alle Aufgaben lösbar, und dies gilt nicht nur für Jugendliche nicht privilegierter Gruppen, sondern auch für privilegierte, der Mehrheit angehörige Jugendliche. Hier sei nur darauf hingewiesen, dass nicht alle Jugendlichen in ihrer sexuellen Orientierung auf heterosexuelle Bindungen ausgerichtet sind, sondern homosexuelle Identitäten entwickeln. Allein dies ist im Rahmen des traditionellen Entwicklungsaufgabenkonzeptes eine Ausrichtung, die nur schwer einer gelungenen Lösung zuführbar ist. Umgekehrt stellt sich die Frage, was es für eine psychosexuelle Entwicklung bedeutet, beispielsweise als weißer, männlicher Jugendlicher homophobische, ausgrenzende und rassistische Abwehrhaltungen zu entwickeln – eine Tendenz, die beim Hineinwachsen in die dominante Gesellschaft und Kultur auf vielerlei Art belohnt wird. „Ein Bild der psychosexuellen Entwicklung, das diese Prozesse ausblendet, ist unvollständig“ (a.a.O., S. 71).

Es bleibt die Frage, wie in Deutschland lebende Jugendliche mit Migrationshintergrund den hiesigen Geschlechterkonstruktionen begegnen und welches Potenzial sich aus der Herkunftsressource Geschlecht unter der Bedingung Migration entwickelt. Dabei ist der Rahmen, den die Aufnahmegesellschaft stellt, von entscheidender Bedeutung. Wichtig wäre es, die historischen und funktionalen Bedingungen von Geschlecht in der Herkunftsgesellschaft eingehender in hiesige Untersuchungen einzubeziehen, um sie im Gegenüber mit eben diesen Bedingungen der bundesdeutschen Gesellschaft zu analysieren und für den Prozess der Migration beobachtbar zu machen. Hierzu fehlt es allerdings bislang an systematischen Untersuchungen.

Geschlechts- und ethnischbezogene Stereotype in der Integrationsarbeit

Das Geschlechterverhältnis in Gesellschaften steht im Zusammenhang mit dem symbolischen System. In Bezug auf die Kategorie „Geschlecht" bedeutet dies, dass Geschlechterbilder die kulturellen Produktionen bzw. alle Arten von Vorstellungen zu dem, was Männlichkeit oder Weiblichkeit bedeutet, dominieren.

In der sozialpädagogischen Praxis, deren Klientel Migranten und Migrantinnen sind, fehlt es nicht selten an systematischem Wissen, insbesondere über Einwanderinnen und über Aussiedlerinnen (Strahler 2003). Diese Lücke wird nicht selten mit Mythen und Halbwissen über die entsprechende Herkunftskultur gefüllt. Türkische Mädchen dienen als Beispiele der „typischen Ausländerinnen". Ihre Problematiken werden vor allem auf der Basis von Differenzerfahrungen der deutschen/türkischen Kultur konstruiert, wobei sich die türkische Kultur als „negativer" Gegenhorizont zur bundesdeutschen Gesellschaft etabliert hat. Annahmen über die Herkunftskulturen der Aussiedler/innen lauten ähnlich, auch sie gelten als traditionell, familienorientiert, insgesamt wenig emanzipiert. Solche Vereinseitigungen negieren die realen Ausgangsbedingungen im Herkunftskontext und belasten als Stereotype den Integrationsprozess.

Die Familienbezogenheit und das praktizierte geschlechtsrollenorientierte Erziehungsverhalten stellen den Reflexionsrahmen für verschiedenste Ereignisse und sämtliche Komplikationen im Leben der Migrantinnen dar. Oftmals werden auch Einzelfälle verallgemeinert und als typische Migrationsprobleme geschildert (Strahler 2003). Nicht zuletzt begründet sich der Ansatz der pädagogischen Arbeit mit Migrantenjugendlichen darin, dass die Kluft zwischen den Kulturen ohne Hilfe nicht überwunden werden kann.

Sandra Strahler (2003) analysiert die Bilder über Migrantinnen in der Literatur zur Sozialarbeit sehr eindrucksvoll und differenziert. Im Blick auf Eigenschaften, Interessen und Familienstrukturen arbeitet sie die durchgängige Sicht der Andersartigkeit heraus – die unvereinbar mit der Aufnahmegesellschaft erscheint und vor allem den jugendlichen Einwanderern eine Entscheidung abverlangt. Dabei ist die implizite Besserbewertung der deutschen kulturellen Rahmenbedingungen auffällig. Richtet sich der Blick der Analyse auf das Geschlechterverhältnis, dann fällt dabei vor allem Folgendes auf: Die Vorstellungen über das Geschlechterverhältnis der Herkunftskulturen ist letztlich ebenso diffus und unreflektiert wie das Wissen über das Geschlechterverhältnis der eigenen Gesellschaft (Strahler 2003).

Wie bereits oben angedeutet gilt der Gegenhorizont der anderen Kultur als Projektionsfläche für überkommene Gesellschaftszustände, die aus der Sicht des modernen und liberalen Status quo der bundesdeutschen Gesellschaft extrem traditionalistisch und geschlechterdiskriminierend wirken. Es wird nicht nach Vermutungen gesucht, die dieses Unverhältnis auflösen könnten. Dabei wird von einigen Autorinnen (Herwartz-Emden 1995; Lenz 1993, 1996) nachgewiesen, dass den Geschlechterverhältnissen in den aus mitteleuropäischer Sicht als traditionell eingestuften Gesellschaften oftmals mehr Modernität, sprich Freiraum für die Geschlechter, zugrunde liegt, als weithin öffentlich diskutiert wird. Es wird auch nicht kritisch in Erwägung gezogen, dass das Geschlechterverhältnis der Aufnahmegesellschaft bei deren Mitgliedern aus reinem Selbstzweck idealisiert sein könnte.

Die Notwendigkeit von Sozialarbeit bzw. Integrationsarbeit oder spezifischer Mädchenarbeit ist nicht in Frage zu stellen, aber es wäre wünschenswert, die Ansätze der Arbeit zu überprüfen. Im Hinblick auf die anfangs erwähnten Machterhaltungsstrategien der Aufnahmegesellschaft ist diesem Aspekt besondere Aufmerksamkeit zu widmen, wenn Integrationsarbeit sinnvoll und erfolgreich durchgeführt werden soll.

Literatur

Becker-Schmidt, Regina/Knapp, Gudrun-Axeli (1995): Das Geschlechterverhältnis als Gegenstand der Sozialwissenschaften. Frankfurt/Main

Böhnisch, Lothar/Winter, Reinhard (1993): Männliche Sozialisation. Bewältigungsprobleme männlicher Geschlechtsidentität im Lebenslauf. Weinheim

Breitenbach, Eva (2000): Mädchenfreundschaften in der Adoleszenz. Eine fallrekonstruktive Untersuchung von Gleichaltrigengruppen. Opladen

Connell, Robert (1999): Der gemachte Mann. Konstruktion und Krise von Männlichkeiten. Opladen

Dannenbeck, Clemens (2002): Selbst- und Fremdzuschreibungen als Aspekte kultureller Identitätsarbeit. Ein Beitrag zur Dekonstruktion kultureller Identität. Opladen

Franzkowiak, Peter/Helfferich, Cornelia/Weise, Eva (2000): Geschlechtsbezogene Suchtprävention: Praxisansätze, Theorieentwicklung, Definition. Köln

Gümen, Sedef (2003): Wechselseitige Stereotypen von Frauen. In: Leonie Herwartz-Emden (Hrsg.): Einwandererfamilien: Geschlechterverhältnisse, Erziehung und Akkulturation. Osnabrück, S. 395–371

Gümen, Sedef (1998): Das soziale Geschlecht. Frauenforschung und die Kategorie „Ethnizität“. In: Das Argument. Zeitschrift für Philosophie und Sozialwissenschaften, 224, S. 187–202

Gümen, Sedef/Herwartz-Emden, Leonie (1996): Ethnische Stereotypen, Fremdheit und Abgrenzung. In: Frieden und Wissenschaft. Osnabrücker Jahrbuch 3/1996 für Frieden und Wissenschaft. Osnabrück, S. 181–197

Gümen, Sedef/Herwartz-Emden, Leonie/Westphal, Manuela (1994): Die Vereinbarkeit von Beruf und Familie als weibliches Lebenskonzept: Eingewanderte und deutsche Frauen im Vergleich. In: Zeitschrift für Pädagogik, Themenheft zu Fragen der Migration und Remigration, 40. Jg., Heft 1, S. 63–80

Gutiérrez-Rodríguez, Encarnación (1999): Intellektuelle Migrantinnen – Subjektivitäten im Zeitalter von Globalisierung. Eine postkoloniale dekonstruktive Analyse von Biografien im Spannungsverhältnis von Ethnisierung und Vergeschlechtlichung. Opladen

Hagemann-White, Carol (1997): Adoleszenz und Identitätszwang in der weiblichen und männlichen Sozialisation. In: Krebs, Heinz u. a. (Hrsg.): Lebensphase Adoleszenz. Junge Frauen und Männer verstehen. Mainz/Opladen, S. 67–77

Hagemann-White, Carol (1996): Stimme und Schweigen. Spaltungen und Scheinheiligkeit in der westlichen Adoleszenz. In: Clausen, Lars (Hrsg.): Gesellschaften im Umbruch. Frankfurt/Main, S. 837–846

Havighurst, Robert J. (1953): Developmental Tasks and Education. New York

Helfferich, Cornelia (2001): Jugendliches Risikoverhalten aus geschlechtsspezifischer Sicht. In: Raithel, Jürgen (Hrsg.): Risikoverhaltensweisen Jugendlicher. Formen, Erklärungen und Prävention. Opladen

Herwartz-Emden, Leonie (2003a): Einwandererkinder im deutschen Bildungswesen. In: Cortina, Kai S. u. a. (Hrsg.): Das Bildungswesen in der Bundesrepublik Deutschland. Ein Projekt des Max-Planck-Institutes für Bildungsforschung. Reinbek, S. 661–709

Herwartz-Emden, Leonie (2003b): Konzepte von Mutterschaft und Weiblichkeit. In: Herwartz-Emden, Leonie (Hrsg.): Einwandererfamilien: Geschlechterverhältnisse, Erziehung und Akkulturation. Osnabrück, S. 85–98

Herwartz-Emden, Leonie (1995): Mutterschaft und weibliches Selbstkonzept. Eine interkulturell-vergleichende Untersuchung. Weinheim/München

Herwartz-Emden, Leonie/Westphal, Manuela (2002): Integration junger Aussiedler. Entwicklungsbedingungen und Akkulturationsprozesse. In: Oltmer, Jochen (Hrsg.): Migrationsforschung und interkulturelle Studien. IMIS-Schriften Band 11., Osnabrück, S. 229–259

Herwartz-Emden, Leonie/Westphal, Manuela (2000): Akkulturationsstrategien im Generationen- und Geschlechtervergleich bei eingewanderten Familien. In: Sachverständigenkommission 6. Familienbericht (Hrsg.): Materialien zum 6. Familienbericht. Familien ausländischer Herkunft in Deutschland. Empirische Beiträge zur Familienentwicklung und Akkulturation. Materialien zum 6. Familienbericht, Band I. Opladen, S. 229–271

Herwartz-Emden, Leonie/Westphal, Manuela (1999): Frauen und Männer, Mütter und Väter: Empirische Ergebnisse zu Veränderungen der Geschlechterverhältnisse in Einwandererfamilien. In: Zeitschrift für Pädagogik, 45. Jahrgang, Heft 6, S. 885–902

Jacobi, Theresa (1989): Jugendliche rußlanddeutsche Aussiedlerinnen am Beispiel des Landkreises Marburg-Biedenkopf (Hessen). In: Retterath, Hans-Werner (Hrsg.): Wanderer und Wanderinnen zwischen zwei Welten? Zur kulturellen Integration rußlanddeutscher Aussiedlerinnen und Aussiedler in der Bundesrepublik Deutschland. Schriftenreihe des Johannes-Künzig-Instituts, Bd. 2. Freiburg im Breisgau, S. 127–141

Lenz, Ilse (1996): Grenzziehungen und Öffnungen: Zum Verhältnis von Geschlecht und Ethnizität zu Zeiten der Globalisierung. In: Lenz, Ilse u.a. (Hrsg.): Wechselnde Blicke. Frauenforschung in internationaler Perspektive. Opladen, S. 200–228

Lenz, Ilse (1995): Geschlecht, Herrschaft und internationale Ungleichheit. In: Becker-Schmidt, Regina/Knapp, Gudrun-Axeli: Das Geschlechterverhältnis als Gegenstand der Sozialwissenschaften. Frankfurt/Main

Lenz, Ilse (1993): Wie hängen Geschlecht und Ethnizität zusammen? In: Schäfers/Bernhard (Hrsg.): Lebensverhältnisse und soziale Konflikte im neuen Europa. Tagungsbd. 1, 26. Deutscher Soziologentag 1992. Frankfurt/Main, S. 337–345

Neumann, Ursula (1998): Aufwachsen in kultureller Vielfalt. In: Horstkemper, Marianne/Zimmermann, Peter (Hrsg.): Zwischen Dramatisierung und Individualisierung. Geschlechtstypische Sozialisation im Kindesalter. Opladen, S. 233–253

Riegel, Christine (2003): Im Kampf um Zugehörigkeit und Anerkennung. Orientierungen und Handlungsformen von jungen Migrantinnen. Dissertation: Tübingen

Strahler, Sandra (2003): Dissertation (in Arbeit), Kapitel 2, Universität Osnabrück

Suárez-Orozco, Carola (2000): Identities under siege: immigration stress and social mirroring among the children of immigrants. In: Robben, Antonius C./Suárez-Orozco, Marcelo M. (eds.): Cultures under siege. Collective Violence and Trauma. Cambrige/MA, pp. 194–226

Westphal, Manuela (2003): Vaterschaft und Erziehung. In: Herwartz-Emden, Leonie (Hrsg.): Einwandererfamilien: Geschlechterverhältnisse, Erziehung und Akkulturation. IMIS-Schriften Band 9. Osnabrück, S.121–204

Westphal, Manuela (1996): Arbeitsmigrantinnen im Spiegel westdeutscher Frauenbilder. In: Beiträge zur feministischen Theorie und Praxis, 19. Jg., Heft 42, S. 17–28

Barbara Bertram

Ausbildung und Integration für Migranten (AIM)

Ausgangsproblematik

Das Projekt „AIM“ in Lübeck richtet sich an junge Migranten und Migrantinnen türkischer Herkunft, mit dem Schwerpunkt Mädchen und Frauen. Jugendliche Migrantinnen und Migranten haben nicht die gleichen Chancen wie deutsche Jugendliche bei der Integration in Beruf und Gesellschaft, weibliche noch weniger als männliche. Die Ursachen dafür sind vielfältig. Es sind vor allem:

- Sprachprobleme, auch noch in der zweiten und dritten Zuwanderergeneration, besonders im schriftlichen Bereich, auch beherrschen viele ihre Muttersprache nur mangelhaft;
- schlechtere Schulabschlüsse in deutschen Schulen als Jugendliche deutscher Herkunft: erhöhte Anzahl ohne Abschlüsse, Sonder- und Hauptschulabschlüsse, weniger Realschulabschlüsse, weniger Fachhochschulreife und Abitur, türkische Mädchen erlangen oft nicht die ihren Kompetenzen entsprechende schulische oder berufliche Qualifikation;
- zu geringe Kenntnisse über das deutsche Schul- und Ausbildungssystem einschließlich deren Voraussetzungen, über die Strukturen von Ämtern und Behörden, über Betriebe, Berufe und Bewerbungsverfahren, über Zusammenhänge zwischen Qualifikation und Markt etc. (das betrifft auch die Eltern);
- hohe Arbeitslosigkeit unter den Migrantenfamilien, dadurch soziale Probleme, Desinteresse und Demotivation, oft verstärkt durch ungünstige Einflüsse von Freunden und Bekannten; daneben eine hohe Belastung in solchen Familien, die Arbeit haben, weil sie nur über wenig Zeit für ihre Kinder verfügen.

Über den üblichen Berufsfindungsweg und die entsprechenden Instanzen (Arbeitsamt, Berufsberatung, BIZ usw.) sind solche Probleme bei den meisten Betroffenen nicht aufzufangen, zumal dem auch Sprachbarrieren und mangelndes Vertrauen entgegenstehen. Die Hilfsangebote der Arbeitsämter und anderer Beratungsstellen werden zu selten angenommen. Es bedarf einer intensiveren, häufig zeitaufwändigen individuellen Berufsvorbereitung, die auch Eltern und familiäre Hintergründe einbezieht. Dabei ist davon auszugehen, dass

Eltern und Verwandte bei der Lebenswegplanung der türkischen und anderer Migrantenjugendlichen eine bedeutende Rolle spielen. Der Erwartungshorizont der Familien schränkt häufig die Perspektiven der Jugendlichen ein. Eltern behalten sich oft die Entscheidungsrechte über die Zukunft ihrer Kinder vor, vor allem bei Mädchen, die nur eine Übergangsbeschäftigung bis zur Ehe aufnehmen sollen. Der Mangel an Ausbildungsplätzen in der Region Lübeck sowie der Verdrängungswettbewerb durch leistungsstärkere Schulabgänger fördern diese Haltungen. Aber in den letzten Jahren wurde deutlich, dass Mädchen türkischer Herkunft immer mehr danach streben, Beruf und Familie in Einklang zu bringen. Das ruft Konfliktlagen hervor, bei denen sie Unterstützung von außen brauchen.

Im April 1998 startete die 1995 gegründete Türkische Gemeinde in Schleswig-Holstein e.V. (tgs-h) das Projekt „Migranten schaffen zusätzliche Lehrstellen". Bis zum Oktober 2002 wurden dadurch 177 neue Ausbildungsplätze in 118 türkischen Unternehmen gewonnen. Es zeigte sich aber, dass junge Migranten und Migrantinnen aufgrund der o. g. Probleme meist nicht in diese oder andere Lehrstellen gelangen. Migrantenmädchen, die ihre kulturellen Traditionen auch nach außen hin pflegen (z.B. durch Kopftuchtragen usw.), aber Gleichberechtigung im Beruf beanspruchen, haben es besonders schwer. Daher wurde im September 2001 das bestehende Projekt um das Beratungsangebot „Ausbildung und Integration für Migranten" (AIM) erweitert. Es soll die Jugendlichen wie auch ihre Familien auf einen Einstieg in die Ausbildung vorbereiten und sie beim Übergang unterstützen. Der Träger initiierte in der Stadt Kiel (seinem eigenen Standort) ein ähnliches Projekt unter dem Namen „Initiative zur Berufs- und Beschäftigungsmotivation" (IBB) mit gleichen Zielen und Arbeitsweisen.

Die tgs-h ist eine Interessengemeinschaft der in Schleswig-Holstein lebenden Menschen türkischer Herkunft und deren Nachkommen, die eine Brücke zwischen den Kulturen bauen will. In ihren Leitzielen ist u.a. verankert, gegenüber allen Bevölkerungsteilen des Landes gleichberechtigt zu sein, nach dem Grundsatz der Gleichberechtigung und Gleichstellung zur Verwirklichung der Rechte von kulturellen Minderheiten beizutragen, ohne Diskriminierung zu leben. Hier ordnet sich die Geschlechtergruppenproblematik ein. Der Ansatz, auf die Problemlagen der Mädchen und jungen Frauen den Schwerpunkt von AIM zu legen, entwickelte sich aus den Projekterfahrungen.

Konzeption

Ziel von AIM ist, Jugendliche mit türkischer Herkunft zu höheren schulischen Qualifikationen zu motivieren und zu begleiten sowie beiden Geschlechtergruppen bei der vorberuflichen Orientierung zu helfen, die Ausbildung oder Berufstätigkeit zu erreichen, die ihren Kompetenzen entspricht. Im Einzelnen hat sich das Projekt zur Aufgabe gestellt:

- die Schul- und Berufsausbildung jugendlicher Migrantinnen/Migranten deutlich verbessern zu helfen, durch Motivierung, direkte Nachhilfe oder deren Vermittlung (Senkung der Quoten von Migrantenjugendlichen in Lübeck und Umgebung bei fehlendem Schulabschluss, Förder- sowie Hauptschulabschluss im Interesse höherer Abschlüsse),
- türkische Mädchen besonders zu fördern und dabei eine stetige Erhöhung der Teilnehmerinnenquote bei AIM zu erreichen,
- jugendliche Migrantinnen/Migranten über Berufe, Ausbildungswege, -anforderungen und Bewerbungsverfahren zu informieren, ihnen bei Bewerbung und Ausbildungseinstieg behilflich zu sein,
- ihnen einen besseren Zugang zum Arbeitsmarkt zu schaffen – von der Entwicklung ihrer Medienkompetenz bis hin zur Praktikums- und Lehrstellenakquise sowie Begleitung in die Ausbildung.

Zielgruppe sind Jugendliche/junge Erwachsene, zwischen 15 und 25 Jahren, aus Lübeck und Umgebung, vorwiegend mit türkischer Herkunft. Insbesondere gehören zur Zielgruppe junge Menschen

- ohne Hauptschulabschluss,
- ohne einen Platz in einer Ausbildung oder berufsvorbereitenden Maßnahme nach Verlassen der allgemein bildenden Schule (auch Realschule oder Gymnasium),
- weiblichen Geschlechts.

Das Projekt richtet sich auch an junge türkische Frauen, die bereits Mütter sind, ihre schulische/berufliche Ausbildung irgendwann abbrachen, nun aber aus der Hausfrauenrolle heraustreten wollen und dazu Orientierung suchen. Zur Durchsetzung der Ziele werden teils gleiche Geschlechterstrategien verfolgt – im Sinne von Koedukation und Unterstützung der Gleichstellung. Teils werden unterschiedliche Strategien angewandt – besonders in der Arbeit mit den Eltern, basierend auf deren unterschiedlicher Erziehung für Töchter oder Söhne. Insofern ist die Arbeit mit den Eltern inhärenter Bestand der Projektziele und sind Eltern auch in bestimmtem Umfang Zielgruppe.

Methoden der Arbeit sind Einzel- und Gruppeninformation sowie Beratung mit pädagogischem Ansatz, Begleitung, ganzheitlicher Ansatz. Beim Herausarbeiten von Bildungs- und Berufswegen wird nicht nur der familiäre Hintergrund einbezogen, sondern im Interesse der Gesamtpersönlichkeit auch in andere Beratungs-/Unterstützungsinstanzen vermittelt. Gleichberechtigung und Gleichstellung, der türkischen mit den deutschen Jugendlichen sowie der Geschlechtergruppen, sind Leitprinzipien der Projektarbeit.

Folgende Besonderheiten zeichnen das Projekt aus:

- Schwerpunkt auf die Zielgruppe Mädchen und junge Frauen
- intensive und differenzierte Elternarbeit
- aufsuchende Arbeit (Jungen vor allem in Jugendfreizeiteinrichtungen, Mädchen zu Hause)
- bikultureller Hintergrund der Mitarbeiterinnen (eine Türkin und eine Deutsche) und Zweisprachigkeit in der Projektarbeit
- Kombination zwischen Freiwilligkeit der Teilnahme und Verbindlichkeit durch kontinuierliche Kontrolle

AIM kooperiert mit dem Arbeitsamt, mit Sozialberatungsstellen/Multiplikatoren, Jugendeinrichtungen, Schulen, Berufsschulen, Kammern, Betrieben sowie mit türkischen Vereinen und Moscheen. Eine besonders enge Zusammenarbeit besteht mit vielen Eltern/Verwandten, die teils über die Schulen erreicht (Elternabende), teils zu Hause aufgesucht werden. Das funktioniert gut, wenn Eltern ihren eigenen Informations- und Beratungsbedarf erkennen und offen für Integration sind. Es funktioniert schlechter, wenn sie sich in konservativen Haltungen gegen die Ausbildung und Berufsarbeit ihrer Kinder, vor allem Töchter, sperren. Solche Probleme gehen die Projektmitarbeiterinnen über wiederholtes Ansprechen langfristig an. Schwierig gestaltete sich anfangs auch die Zusammenarbeit mit anderen türkischen Vereinen und Moscheen, weil Konkurrenzen befürchtet wurden. Aber der Unterstützungsbedarf ist groß und braucht vielfältige Instanzen. Insofern konnte sich das AIM-Projekt inzwischen auch gut in das soziale Netzwerk der Stadt Lübeck integrieren und Achtung und Anerkennung erarbeiten.

Arbeitsort ist einerseits das in der Lübecker Altstadt zentral gelegene Büro von AIM – zu Info-Recherchen, Beratungen, schulischen Nachhilfen, Computerarbeiten etc. Andererseits fallen sehr viele Außendienste an: in Schulen, Betrieben, Jugendzentren, Familien, bei anderen Kooperationspartnern.

Umsetzung

Nach Fertigstellung ihres Lübecker Büros sandten die Mitarbeiterinnen von AIM Info-Material an alle Schulen der Stadt und Umgebung mit Bitte um Rückmeldung – die von etwa drei Viertel der Angeschriebenen erfolgte. An zehn Schulen mit einem besonders hohen Anteil von Schülerinnen/Schülern mit Migrationshintergrund wurden Informationsveranstaltungen mit den Jugendlichen und Lehrkräften sowie Elternabende vereinbart. Die Zahl der Jugendlichen, die sich bei AIM anmeldeten, stieg rasch an (von September 2001 bis Oktober 2002, 132 Personen). Gleichzeitig nahmen die Projektmitarbeiterinnen Kontakte zu notwendigen Kooperationspartnern auf und leisten bis heute eine umfangreiche Öffentlichkeitsarbeit, um das Projekt bekannt zu machen, aber auch um Konkurrenzdenken auszuschließen. Mundpropaganda sowie Empfehlungen durch Arbeitsamt oder Schulen spielen eine große Rolle beim Zugang. Auch Eltern kommen bereits aufgeschlossener als anfangs zu den Veranstaltungen. Die Motivation liegt in der Erkenntnis, hier Integrationshilfe zu erhalten. Ein wesentlicher Aspekt der Gewinnung von Jugendlichen ist jedoch nach wie vor die aufsuchende Arbeit an Schulen und in Freizeiteinrichtungen (vor allem bei Jungen) sowie in den Familien (bei Mädchen). Unverzichtbar hilfreich ist die türkische Herkunft einer Projektmitarbeiterin. Mit dem gleichen kulturellen Hintergrund, eigenen Integrationserfahrungen, einem sensiblen Sprachverständnis hat sie eine Vorbildwirkung in der Rolle als berufstätige Frau.

Dennoch ist die Überzeugungsarbeit bei Eltern und Verwandten von Mädchen ungleich schwerer als bei Jungen. Stärker vom Elternhaus abhängig, suchte bisher nur ein Drittel weibliche Jugendliche/junge Erwachsene das Projekt auf. Der inhaltliche Schwerpunkt Frauenarbeit gilt daher auch quantitativ: Gewinnung von mehr Teilnehmerinnen, mindestens 50 %. Wichtig ist jedoch, dass bereits viele türkische Mädchen/junge Frauen verschiedener Altersgruppen (einschließlich junger Mütter) bei AIM Unterstützung suchten. Der Arbeitsansatz im Projekt ist daher bei Teilnehmerinnen breiter als bei Teilnehmern, weil es auch um veränderte Lebenshaltungen, Rollen in den Familien geht. Seit Bekantwerden von AIM fühlen sich mehr türkische Mädchen/Frauen motiviert, sich nicht nur in die Familie zurückzuziehen, sondern mehr aus ihrem Leben zu machen; zugleich fühlen sie sich mit diesem Wunsch nicht mehr allein gelassen. Die Verständigung in der eigenen Sprache nimmt Minderwertigkeitsgefühle, gibt Sicherheit und Orientierung. Viele Teilnehmerinnen denken bereits weiter: Sie wollen sich selbst besser in die deutsche Gesellschaft integrieren, Schulabschlüsse nachholen, eine berufliche Ausbildung abschließen und erwerbstätig sein, um ihren (künftigen) Kindern das Leben hier zu erleichtern. Die Mitarbeiterinnen stellen das Nachahmenswerte an solchen türkischen Frauen heraus.

AIM versucht nicht, die jungen Mädchen/Frauen aus ihrem kulturellen Hintergrund zu lösen, sondern ihnen den bikulturellen Einstieg zu erleichtern. Sie werden bei Berufsorientierung und Stellenfindung besonders unterstützt, indem die Mitarbeiterinnen sehr viel Aufklärungsarbeit in Unternehmen leisten sowie über telefonische oder persönliche Gespräche versuchen, konkrete Bewerbungen einzuleiten. Ziel ist, bei Mädchen Mut und Selbstvertrauen zu entwickeln, um sich den Anforderungen an Ausbildung und Beruf zu stellen. Zugleich sollen Eltern zum Nachdenken über eine gleichberechtigte Erziehung der Geschlechter angeregt werden. Bezüglich der Berufswahl werden Mädchen wie Jungen angehalten, sich über die Stadtgrenze hinaus zu informieren und breite Berufsfelder einzubeziehen. Ansatzpunkte sind persönliche Interessen und sonstige Voraussetzungen. Wenn möglich werden Mädchen auch auf Berufe im technisch-handwerklichen Bereich orientiert, aber nicht vordergründig.

Für den Erfolg des AIM-Konzepts ist die Zusammenarbeit mit den Eltern der Teilnehmer/innen unerlässlich. Der Kontakt erfolgt mit Einverständnis der Jugendlichen. Er ist Ansatzpunkt zur Beseitigung von Defiziten und Widersprüchen, deren Ursachen in der Erziehung und Lebenswegorientierung durch das Elternhaus liegen. Inzwischen werden Aufklärungsarbeit und Hilfsangebote von den meisten Familien positiv aufgenommen. Der Aufbau einer Vertrauensbasis ist am besten über Elternabende an Schulen zu erreichen. Solche Aufklärungs- und Überzeugungstätigkeiten erfordern einen hohen Zeitaufwand. Für die Zukunft wird eine konzeptionelle Ausdehnung in dieser Richtung durch eine frühzeitigere Zusammenarbeit mit den Eltern erwogen. Das heißt, die Arbeit eines solchen Projekts kann rasche Teilerfolge erzielen und kann mit den Jahren eine immer größere Wirksamkeit erreichen. Hier spielen langsam wachsendes Vertrauen, Überzeugungsbildung und Aufgeschlossenheit für Umdenken eine entscheidende Rolle, denn es geht darum, verfestigte Denkweisen aufzubrechen und sehr verschiedenartige Kulturen miteinander zu verbinden. Es macht daher keinen Sinn, die Förderung nach einem zweijährigen Bestehen wieder abzubrechen.

Um die richtigen Informations- und Beratungsansätze zu finden, mussten die beiden Lübecker AIM-Mitarbeiterinnen sowohl türkische als auch deutsche Kultur- und Bildungsbedingungen genau kennen. Das war nur zum Teil durch ihre Herkunft (Türkei und

Deutschland) gegeben. Es erforderte auch eine intensive individuelle Weiterbildung sowie den Aufbau fester Kooperationsbeziehungen. An Schulungen zu geschlechtsspezifischen Ansätzen nahmen die Mitarbeiterinnen bisher nicht teil. Dennoch konnten Unterstützungsbedarfe durch Beratungen beim Träger und mit anderen Partnern gedeckt werden. Die Personalkosten werden derzeit noch über Strukturanpassungsmaßnahmen gedeckt, wobei der notwendige Umfang der Arbeit die bezahlten Stunden überragt. Da der Verwaltungsaufwand ehrenamtlich durch den Trägerverein geleistet wird, ist volle Konzentration der Mitarbeiterinnen auf die Projektarbeit möglich.

Die Angebote von AIM beziehen sich auf offene Informationsveranstaltungen (vorwiegend in Schulen und Freizeiteinrichtungen, Projekttage an Schulen, Auskünfte, Einzelberatungen), Telefon-, Gruppenberatungen, Lernhilfe (von Studenten, die sich hier ein geringes Entgelt verdienen), ferner Beratungen in den Familien, Vermittlung von Sprachkursen und Praktika. Im Zentrum stehen die gemeinsame Suche nach vorhandenen Berufsneigungen, individuellen Voraussetzungen und geeigneten Ausbildungsstellen, die Kontaktvermittlung und Begleitung zu Ämtern, Betrieben oder externen Beratungsinstanzen, ferner Bewerbungshilfe, Begleitung beim Einstieg in die Ausbildung. Eine besondere Rolle spielten die Unterstützung bei der Kinderbetreuung und Diskussionen zur Emanzipation der jungen Frauen, zu Elternverhalten, Gleichstellungsdefiziten und Möglichkeiten der Aktivierung.

Viele Veranstaltungen werden gemeinsam mit Lehrkräften und der Berufsberatung durchgeführt. Insbesondere konnten Eltern durch einen Vergleich des türkischen und des deutschen Bildungssystems von einer Ausbildung ihrer Kinder überzeugt werden. Diese Informationsveranstaltung wurde zweisprachig durchgeführt. Jedoch bestehen auf Seiten der Eltern große Widerstände zur Berufstätigkeit der Töchter. Hier wirkt häufig einzig deren Entschlossenheit, einen eigenen Berufsweg zu realisieren. Ziel ist daher, die Eltern individuell zu überzeugen und bei der Lösung ihrer eigenen Probleme zu unterstützen (z. B. Antragstellung bei Ämtern).

Im Angebot sind zwei Projekttage an den Schulen, die nach festem Konzept verlaufen:

- gegenseitiges Kennenlernen (einschließlich Interviews der Nachbarn, Festhalten von Berufswünschen u. Ä.),
- Diskussionsrunden zu den Fragekomplexen: Schule (Wie gefällt dir die deutsche Schule? Wie sind die Lehrer? Wie ist die türkische Schule? usw.), Gefühle als Migrantin,/Migrant Verhältnis zu den Eltern,

- Erkundung von Berufsfeldern, schulischen Weiterbildungsmöglichkeiten und Wissenswertem zu Praktika,
- Selbst- und Fremdeinschätzungen anhand eines Fragebogens zu beruflichen Vorstellungen und persönlichen Voraussetzungen,
- Besuch des Berufsinformationszentrums (BIZ).

Der Einstieg der Jugendlichen ins Projekt beginnt mit einer Erstberatung. Der Einstieg wie auch der Ausstieg werden mit An- bzw. Abmeldeformular festgehalten und die Entwicklungsverläufe dokumentiert. Auf Wunsch wird gemeinsam ein Förderplan erarbeitet. Prinzip ist eine kontinuierliche strenge Kontrolle aller Festlegungen (hat der/die Teilnehmer/in die Absprache realisiert, nimmt er/sie das Praktikum regelmäßig wahr? usw.). Dauer und Häufigkeit der Teilnahme an Angeboten, wie auch deren Auswahl sind sehr unterschiedlich, je nach Problemlage. Fast alle Teilnehmer/innen kommen mehrfach wieder, nachdem sie sich anmeldeten, die meisten kontinuierlich über einen längeren Zeitraum. Nur bei wenigen ist das Problem mit einer einmaligen Beratung ausgeräumt. Viele kommen auch außerhalb von Bestellzeiten vorbei, einen Tee zu trinken und über Persönliches zu reden. Die Atmosphäre im Büro wird familiär gehalten, was die Teilnehmer/innen schätzen.

Erfahrungen

Das Projekt AIM hat sich im Verlaufe seines eineinhalbjährigen Bestehens (Oktober 2002) in der Stadt Lübeck und Umgebung sehr gut etabliert. Es wurde zur festen Anlaufstelle für viele Jugendliche/junge Erwachsene mit türkischer Herkunft (132 angemeldete Teilnehmer/innen mit wiederholten Terminen von September 2001 bis Oktober 2002). Auch strenggläubige junge Türkinnen kommen zum Projekt, um Unterstützung bei ihrer beruflichen Integration zu finden. Auch manche Eltern suchen bereits im Projekt Rat (meist sehr spät, wenn Söhne straffällig wurden oder Töchter aus dem konservativen Milieu fortliefen). Der spezielle Bedarf ist nach wie vor hoch.

Es wurden bisher 15 Jugendliche in Ausbildung und 25 in Sprachkurse, schulische Weiterbildung oder berufsvorbereitende Maßnahmen des Arbeitsamtes vermittelt. Weitere Vermittlungen sind in Arbeit. 13 Jugendliche konnten durch die Beratungen nicht zur Aufnahme einer Ausbildung motiviert werden, weil sie rasch Geld verdienen wollten, die Eltern dagegen waren etc. Viele Teilnehmer/innen stehen inzwischen durch die Hilfe des Projekts auf eigenen Füßen, besonders Frauen, die ihre Ungleichstellung erkennen und verändern möchten. Hilfe wird auf allen erforderlichen Gebieten gegeben, teils in Verbindung mit festen Kooperationspartnern oder anderen Instanzen. Junge Mütter, die ihre Kinder nicht von der Elternfamilie erziehen lassen wollen, erhalten Unterstützung zur Kinderbetreuung bzw. Vereinbarkeit von Familie und Beruf. Sie finden bei AIM eine Anlaufstelle, die sie gern aufsuchen, der sie vertrauen, auch bedingt durch die Zweisprachigkeit, den türkischen und deutschen Hintergrund der Mitarbeiterinnen sowie die anregende familiäre Atmosphäre. Hierin liegen unverzichtbare Stärken des Projekts. Die Vertrauensatmosphäre erweist sich als besonders wichtig, wenn es Probleme gibt.

Probleme bei der Projektarbeit sind vielfältig:

- Nicht selten stellen sich Eltern, Partner oder Ehemänner gegen die Projekteinflüsse; die Mädchen/jungen Frauen entwickeln Ängste und geraten unter einen Entscheidungsdruck. Prinzipiell wird die Vereinbarung von zwei Kulturen angestrebt.
- Es ist von vornherein schwer, streng konservativ denkende Mädchen/junge Frauen bzw. deren Eltern zur Kontaktaufnahme zu gewinnen.
- Aus religiösen Gründen und aus Konkurrenzdenken heraus gab es anfangs Probleme mit anderen türkischen Vereinen oder Moscheen. Diese lösen sich allmählich, weil AIM durch seine Leistungen überzeugt und die Arbeit abgegrenzt werden konnte.
- Es bleibt bislang schwierig, mehr junge Frauen als junge Männer zu gewinnen, was zum Nahziel des Projekts gehört.
- Auch junge Männer sperren sich teilweise gegen Weiter- und Ausbildung oder gegen Sprachkurse, die sie selbst finanzieren müssen.

Inzwischen gelang es dem Projekt, sein Angebot bekannt zu machen, was den Besucherzulauf erhöhte. Ein zunehmender Teil der Eltern ist erfreut über die positiven Einflüsse auf ihre Kinder.

Im August 2002 wurde das Projekt AIM vom Bundespräsidenten Johannes Rau persönlich im Schloss Bellevue Berlin für seine erfolgreiche Arbeit ausgezeichnet (Live-Übertragung durch den Fernsehsender Phönix). Das geschah im Rahmen eines Wettbewerbs zur Integration von Zuwanderern, der von der Bertelsmann-Stiftung und der Bundesregierung ausgerufen wurde. AIM erhielt die Auszeichnung als eines der zehn besten von über 1300 teilnehmenden Projekten zur Migrationsarbeit der Bundesrepublik Deutschland. Die zehn Ausgezeichneten wurden jeweils in einem Kurzfilm vorgestellt.

Fazit

Jugendliche und junge Erwachsene mit türkischer Herkunft benötigen dringend zusätzliche Beratung und Unterstützung beim Übergang in den Beruf bzw. bei der Integration in die deutsche Gesellschaft, auch wenn sie bereits in der zweiten oder dritten Generation hier leben. Information und Beratung brauchen auch die Eltern, deren konservative Haltung Ursache für viele Widersprüche und Defizite bei den Kindern ist, besonders bei Töchtern. Grundsatz ist Gleichberechtigung der Geschlechter sowie Gleichberechtigung von türkischen und deutschen jungen Menschen. Projekte wie AIM sind dafür hervorragend geeignet, funktionieren aber nur über zweisprachige und bikulturelle Hintergründe. Es braucht einen langen Atem, um bei Migrantinnen und Migranten mit starken kulturellen Unterschieden Vertrauen aufbauen und Veränderungen in Denk- und Verhaltensweisen herbeiführen zu können. Eine nur zweijährige Projektförderung kann dem nur punktuell gerecht werden. Die Übernahme der Konzeption an anderer Stelle ist unter den Aspekten einer langfristigen Förderung und der Einstellung von Mitarbeiterinnen und Mitarbeitern mit bikulturellem Hintergrund zu befürworten.

Kontakt:
Türkische Gemeinde in Schleswig-Holstein e.V.
Frau Hülya Keskin / Frau Desiree Wetzel
Holstenstr. 17
23552 Lübeck

Barbara Bertram

Berufswahl als Chance – junge türkische Mädchen und Frauen qualifizieren sich

Ausgangsproblematik

Die Probleme beratungssuchender türkischer Frauen können wie folgt zusammengefasst werden:

- Es treten typische Schwierigkeiten auf, denen Ausländer/innen im Verlauf ihrer Integration ausgesetzt sind (finanzielle Schwierigkeiten, beengte Wohnverhältnisse, Schwierigkeiten bezüglich Schule und Beruf, rechtliche Unsicherheiten, Zukunftsungewissheit, anhaltende Diskriminierung etc.).
- Es entstehen Benachteiligungen durch Widersprüche des Lebens in den beiden sehr unterschiedlichen Kulturen.
- Frauen haben häufig mehr Widerstände bei der beruflichen Integration als Männer zu überwinden.

Viele türkische Mädchen und Frauen sind allein nicht in der Lage, die zahlreichen Barrieren auf dem Weg in eine berufliche Integration zu überwinden und finden in ihren Familien nicht ausreichend Unterstützung. Zudem ist es ohne besondere Hilfe auch für gut ausgebildete Türkinnen, die sich durch Kopftuchtragen öffentlich zu ihrem Glauben bekennen, oft aussichtslos, einen Arbeitsplatz zu bekommen.

Vor allem in Regionen mit hohem Arbeitsplatzmangel werden Türkinnen gegenüber deutschen Bewerberinnen und Männern zurückgesetzt. Das führt nicht selten zu individuellen Versagensängsten, Resignation, Rückzug in die Familie sowie Verzicht auf Ausbildung oder Erwerbsarbeit, oft auch zu Depressionen und Krankheiten. Ein besonderes Problem ist, dass dies größere Zahlen betrifft: In Deutschland leben gegenwärtig etwa 553.000 türkische Frauen über 18 Jahre. In Hessen und im Raum Kassel ist ihr Anteil vergleichsweise groß. Im Januar 2001 betrug die Arbeitslosenquote in Nordhessen 11 %, jedoch steigt die Quote unter ausländischen Personen auf 28 %. Türkische Frauen im Arbeitsamtsbezirk Kassel sind zu 86 % ohne Ausbildung (deutsche zu 37 %), was ihre Arbeitsplatzchancen stark einschränkt.

Von Benachteiligungen betroffen sind drei Gruppen von Türkinnen:

1. Die Frauen der ersten Einwanderergeneration leben weitgehend in Isolation. Diese soziale Ausgrenzung ist durch Sozialisationsbrüche infolge der Migrationssituation, traditionelle Normen und Rollenvorschriften sowie häufig fehlende Schulbildung und mangelhafte Deutschkenntnisse verursacht.
2. Die Frauen der zweiten Gruppe sind hier aufgewachsen, besitzen Schulbildung und (mehr oder weniger gute) Deutschkenntnisse, sind jedoch durch ihre traditionsbedingte Familienbezogenheit oft von ihrem deutschen Umfeld isoliert. Ihre Ausbildungs- und vor allem Arbeitsplatzchancen sind geringer als bei deutschen Jugendlichen, ihre Familien erkennen die Notwendigkeit einer Berufsausbildung für Frauen oft nicht an. Sie erleben die starken Widersprüche zwischen den beiden Kulturen im Familien-, Schul-/Berufs- und Freizeitbereich.
3. Die dritte Gruppe betroffener türkischer Frauen kam nach der Änderung der Ausländergesetzgebung seit 1991 als „nachgezogene Ehegattinnen" nach Deutschland. Kennzeichnend sind vor allem deren starkes Abhängigkeitsverhältnis vom Ehemann (besonders in den ersten zwei Jahren ohne eigene Aufenthaltserlaubnis), mangelnde Deutschkenntnisse und fehlende Erfahrung im deutschen Kulturkreis, zugleich Verlust der gewohnten Beziehungen.

Diesen vielfältigen Integrationsproblemen nimmt sich seit 1986 das Beratungszentrum für türkische Mädchen, Frauen und Familien in Kassel an, das eine Brücke zwischen den Zugewanderten und ihrer Umgebungsgesellschaft bauen will und zahlreichen Zuspruch findet. Da sich aber der Übergang von Schule in den Beruf schon sehr bald als ein umfassendes, eigenständiges Problemfeld erwies, konnte im Januar 1991 ein spezielles Projekt zur Motivationsbildung und Unterstützung türkischer Mädchen im Umfeld der Berufsbildung ins Leben gerufen werden. Es war Vorläufer des aktuellen Projekts und verhalf Mädchen und Frauen zu Ausbildung und Erwerbsarbeit. Das Projekt musste jedoch im Dezember 1992 mangels Finanzierung wieder eingestellt werden. Da der Bedarf aber groß blieb und durch die Beratungsstelle nicht abgedeckt werden kann, gelang – trotz jahrelanger Bemühungen erst im März 1999 – eine Neufinanzierung für die Fortsetzung dieses Projekts mit drei Personalstellen. Von 1997 bis Projektbeginn 1999 wurde bereits innerhalb des Beratungszentrums eine Sozialarbeiterin zur speziellen Unterstützung junger Türkinnen beim Übergang in den Beruf eingestellt, die gleichzeitig dem Vorbereiten des gegenwärtigen Projekts diente.

Anliegen des 1999 gegründeten Projekts „Berufswahl als Chance – junge türkische Mädchen und Frauen qualifizieren sich“ ist es, jungen Türkinnen beim Übergang von Schule in den Beruf zu unterstützen. Das Projekt ist dem 1986 gegründeten Beratungszentrum des Vereins Türk Kadinlar Birligi e.V. angegliedert.

Konzeption

Die Ziele des Projekts reichen von der Hilfe bei der Berufsentscheidung, der Überzeugungsarbeit zur Notwendigkeit einer beruflichen Bildung als wesentliche Erwerbsvoraussetzung über Ausbildungsplatzsuche für Schülerinnen bis zur Jobsuche für bereits ausgebildete junge Frauen. Zielgruppe des Kasseler Projekts sind türkische Mädchen und junge Frauen bis unter 25 Jahre, die aufgrund schulischer und persönlicher Probleme keinen Ausbildungs- oder Arbeitsplatz finden haben bzw. vorhandene Angebote zur beruflichen Eingliederung nicht in Anspruch nehmen.

Mit diesem Projekt erhalten junge Türkinnen eine persönliche soziale Betreuung auf dem Weg zu Ausbildung und Beschäftigung. Nach Vorgesprächen zu schulischen und persönlichen Voraussetzungen erfolgen Einzel- und Gruppenberatungen, eine individuelle Berufswegplanung, Bewerbungstraining sowie eine intensive Betreuung bei der Ausbildungs- und Arbeitsplatzsuche. Streng religiöse junge Kopftuchträgerinnen werden ebenso beraten und betreut (Stabilisierung von Selbstbewusstsein und Durchsetzungsvermögen, Aufbau von Kontakten zu Unternehmen etc.). Das Projekt ergänzt mit seinen Angeboten die Möglichkeiten der Ämter (Arbeits-, Jugend-, Sozialamt) und anderer Beratungsstellen sowie des trägereigenen Beratungszentrums. Durch die enge inhaltliche und räumliche Verbindung mit dem Beratungszentrum für türkische Mädchen, Frauen und Familien ergeben sich beidseitige Wirkungsmöglichkeiten. Besucherinnen des Beratungszentrums mit beruflichen Problemen werden zur Intensivbetreuung ins Projekt verwiesen. Umgekehrt werden bei persönlichen und familiären Problemen die Teilnehmerinnen vom Projekt zu entsprechenden Beratungen vermittelt. Sie können damit ein sehr umfassendes Angebot nutzen, das ein einzelnes Projekt nicht bieten kann. Zwischen beiden Instanzen erfolgt ein direkter personenbezogener Austausch, sodass sich Erkenntnisse und Erfahrungen der Mitarbeiterinnen wie auch der Teilnehmerinnen potenzieren. Die Besonderheit des Projekts liegt in seinen starken Synergieeffekten.

Das Projekt wird durch die Arbeitsverwaltung im Rahmen des Sofortprogramms der Bundesregierung zum Abbau der Jugendarbeitslosigkeit gefördert. Neben dem Beratungszentrum bestehen sehr enge Kontakte zum Arbeitsamt der Stadt Kassel, ferner Kooperationsbeziehungen zum Jugend- und Sozialamt, zur Ausländerbehörde sowie zu Schulen, Jugendhäusern, überbetrieblichen Ausbildungsträgern, großen Firmen (VW, Mercedes, Kaufhäuser) und dem Verein für Sozialpolitik.

Umsetzung

Der Zugang der Teilnehmerinnen erfolgt über verschiedene Wege:

- Arbeitsamt: Informationsveranstaltungen, auf denen sich das Projekt vorstellt; Vergabe von Flyern an türkische Mädchen und junge Frauen, die vom Arbeitsamt dazu eingeladen werden;
- Schulen: Besuche der Projektmitarbeiterinnen an Schulen, Jugendhäusern usw., wo sich türkische junge Frauen aufhalten;
- Beratungszentrum und Mundpropaganda;
- Medien: türkischer Rundfunk (Özgür Radio), Hinweise in regionalen deutschen und türkischen Zeitungen, auf Plakaten, Handzetteln u. a.

Die Teilnehmerinnen erwarten vom Projekt Unterstützung beim Übergang von der Schule in die Ausbildung sowie bei der beruflichen Integration. Dazu gehören u. a. Berufsinformationen und Bewerbungshilfen. Dabei ist der positive Trend zu verzeichnen, dass in den letzten Jahren bei türkischen Mädchen der Wunsch nach einer abgeschlossenen Schul- und Berufsausbildung anstieg. Stimulierend wirken oft auch die Angebote des Beratungszentrums: Deutsch-Sprachkurse, allgemeine Unterstützung bei familiären Konflikten bzw. erlebten Widersprüchen zwischen beiden Kulturkreisen, Krisenintervention, Informationen zum Umgang mit Ämtern und Behörden, Vermittlung in andere Beratungsstellen (Familie, Sucht, Schulden etc.). Dabei hilft auch, dass im Beratungszentrum ausschließlich Türkinnen arbeiten und somit eine Vertrauensbasis leichter auf- und Berührungsängste abgebaut werden können, was dem Berufswahlprojekt (mit zwei deutschen Mitarbeiterinnen) ebenso dient. Nicht zuletzt gehen Vorbildwirkungen von den im Beratungszentrum arbeitenden Türkinnen aus, die selbst den Weg in den Beruf erfolgreich beschritten haben.

Jährlich nehmen die Angebote des Berufswahlprojekts etwa 100 junge Türkinnen wahr, damit ist die gegenwärtige Kapazität ausgelastet. Zugänge sind ständig möglich. Die Betreuung dauert generell bis zur Erreichung des gesteckten Zieles und ist daher unterschiedlich lang, bei ein bis zwei Terminen pro Woche, und kann bis zu einige Monate beanspruchen. Die Teilnahme beruht auf Freiwilligkeit. Der Standort von Projekt und Beratungszentrum – im Stadtzentrum von Kassel, in der Nähe des Arbeitsamtes, mit guter Verkehrsanbindung – erweist sich als sehr günstig.

Eine erfolgreiche Bewerbung verlangt von den Projektmitarbeiterinnen vor allem einen hohen persönlichen Einsatz, beginnend mit der Recherche nach Betrieben und Ausbildungs- und Arbeitsplätzen in Telefonbuch, Zeitungen oder Internet. Insbesondere die persönliche Vorsprache ist oft wirkungsvoller als die telefonische Akquise. Die Arbeitsstellenakquise für junge Kopftuchträgerinnen (etwa 10 % der Projektteilnehmerinnen) ist besonders langwierig und nur mit Überzeugungsarbeit bei mehrfach persönlichen Kontakten zwischen Projektmitarbeiterinnen und potenziellen Arbeitgebern erfolgreich. Hier wirkt die Zweisprachigkeit der jungen Frauen oft begünstigend sowie die erhoffte Vorbildwirkung auf andere Betriebe. Für junge Kopftuchträgerinnen sind die Trainingsangebote besonders intensiv, da sie die Betriebe schon bei den ersten Kontakten „aufschließen" und neugierig machen müssen. Sie werden falls nötig zu den Unternehmen durch die Mitarbeiterinnen begleitet. Neben guten Zeugnissen ist die aktive Ansprache durch die Mädchen selbst für die Einladung zum Vorstellungsgespräch ausschlaggebend.

Das inhaltliche Angebot im Projekt umfasst Potenzialanalysen zu den persönlichen Kompetenzen, Analyse von Wünschen, Erwartungen, Reflexion der Selbst- und Fremdwahrnehmung, Informationen zu Berufen sowie die Dokumentation einer Berufswegeplanung. Darüber hinaus bietet das Projekt PC-, Internet- und Bewerbungstraining an. Die Bewerbungshilfen sind auf die Bedürfnisse individuell abgestimmt und reichen von Hilfen zur Erstellung von Bewerbungsunterlagen am PC, die Vorbereitung auf Telefonate, Vorstellungsgespräche und Auswahlverfahren über die gemeinsame Suche von Praktikums-, Ausbildungs- oder Beschäftigungsstellen bis zur Betreuung während des Praktikums.

Wesentliche Punkte der Projektarbeit sind auch arbeitsrechtliche Fragen sowie Verhaltensregeln im Alltag (Verhalten gegenüber Vorgesetzten und Mitarbeitern, Teamfähigkeit, Zuverlässigkeit, Pünktlichkeit usw.) oder die Entwicklung von Konfliktfähigkeit. Hinzu kommt die Elternarbeit zu den Themen Notwendigkeit einer beruflichen Bildung für Mädchen und Unterstützung durch die Eltern. Dazu werden die Eltern in das Projekt eingeladen oder zu Hause besucht. Die Gesprächskreise, Selbsthilfegruppen, Erziehungskurse,

Aufenthalts- oder Freizeitangebote im Beratungszentrum unterstützen und ergänzen diese Kontakte.

Erfahrungen

Das in der gegenwärtigen Form seit März 1999 existierende Projekt hat viele positive Ergebnisse vorzuweisen und konnte dabei sowohl auf einschlägige Vorarbeiten seit 1997 als auch auf die intensiven Kontakte zum Beratungszentrum für türkische Mädchen, Frauen und Familien zurückgreifen.

- Allein im Jahr 2000 wurden von 93 Teilnehmerinnen 67 erfolgreich in Ausbildung oder in Arbeit vermittelt. Von diesen 93 Teilnehmerinnen haben 58 % Hauptschul-, 27 % Realschul- und 15 % keinen Schulabschluss; 20 % hatten eine Ausbildung abgeschlossen, 12 % abgebrochen und 68 % waren ohne Ausbildung. Von den im Projekt betreuten Kopftuchträgerinnen konnte ca. ein Drittel vermittelt werden. Damit wurden für annähernd zwei Drittel aller Teilnehmerinnen die Hauptziele erreicht. Die meisten wären ohne das Projekt heute (noch) arbeitslos.
- Von März 1999 bis November 2002 hatte das Projekt ca. 300 Teilnehmerinnen, im Jahresdurchschnitt etwa 100, die wiederholt an der Projektarbeit teilnahmen (einmalige Besucherinnen nicht gerechnet). Im Zeitraum November 2001 bis November 2002 wurden von 103 Teilnehmerinnen 54 erfolgreich vermittelt. Von diesen 103 Teilnehmerinnen haben 45 % Realschul-, 38 % Hauptschul- und 6 % keinen Schulabschluss. Knapp zwei Drittel der Frauen suchen eine Arbeit, sind aber ohne berufliche Ausbildung.
- Zugleich bestehen weitere Ergebnisse in der Stabilisierung von Persönlichkeitsentwicklung sowie Integrationsfähigkeit in Beruf und Gesellschaft. Dies gilt u. a. bezüglich Berufskenntnis, Recherchestrategien, personaler Kompetenzen, Fähigkeiten am PC sowie zum Umgang mit Ämtern und Arbeitgebern und zum Auftreten bei Bewerbungen.
- Viele junge Türkinnen wurden durch die Projektarbeit angeregt, auch andere Schulungen (z. B. in Deutsch), Beratungen oder Kontakte im Beratungszentrum wahrzunehmen und so ihre Integrationsvoraussetzungen weiter zu stärken.
- Eltern werden bei Interesse über Gesprächsangebote in die Projektarbeit einbezogen. Der Elternbezug hilft, interkulturell widersprüchliche Auffassungen zur Rolle der Frau in Familie und Beruf abzubauen. Das Projekt übernimmt die eigentliche Aufgabe der

Eltern, ihre Kinder bei der Berufswahl zu unterstützen, da diese dabei überfordert sind.

- Ämter, Arbeitgeber und andere Instanzen, auch Schulen mit einem hohen Anteil türkischer Schülerinnen, sind bezüglich der Berufswahl bzw. Bewerbung dieser Zielgruppe oft überfordert. Hier schließt das Projekt eine Lücke in der Beratung und Betreuung, was zugleich den Effekt zeigte, dass sich mehr Erkenntnisse und positive Überzeugungen zum Umgang mit jungen Türkinnen (mit und ohne Kopftuch) entwickelten. Unternehmen, die türkische Frauen beschäftigten, profitierten von deren Zweisprachigkeit und konnten dadurch ihren Kundenkreis erweitern.

Als Problem für eine Fortsetzung der Arbeit erweist sich die unklare Finanzierungssituation. Die seit 1991 jährlich erneute Beantragung der finanziellen Mittel stellt die Kontinuität des Projekts stets in Frage und bindet die personellen Ressourcen. Eine Verstetigung und auch Nachnutzung dieser Projektkonzeption wäre empfehlenswert.

Kontakt:
Türk Kadinlar Birligi e.V.
Frau Sonja Bingold-Hundertmark
Grüner Weg 19
34117 Kassel

Ulrike Richter

MiA – Mädchenarbeit in der AWO

Ausgangsproblematik

Nürnberg ist wegen der hier angesiedelten Durchgangsstelle und den bereits bestehenden Familienbindungen bevorzugter Wohnort von Aussiedlerinnen und Aussiedlern. Außerdem befinden sich in Nürnberg das Bundesamt für die Anerkennung ausländischer Flüchtlinge sowie mehrere Wohnheime für Asylbewerber/innen, die häufig nach der Anerkennung in Nürnberg ihren Wohnsitz nehmen. Der Ballungsraum Nürnberg mit seinem traditionell hohen Anteil an verarbeitendem Gewerbe hat zudem auffallend viele Arbeitsimmigrantinnen und -immigranten.

Das AWO-Grundsatzprogramm von 1987 sieht zwar „die Gleichstellungspolitik der Geschlechter auch als grundlegend für die Fachpolitik und die soziale Arbeit" der Arbeiterwohlfahrt an. Jedoch wird trotz dieser Selbstverpflichtung – ebenso wie durch die Verpflichtung durch das Kinder- und Jugendhilfegesetz (KJHG) – die Situation bezüglich der gleichberechtigten Teilhabe von Mädchen und jungen Frauen, speziell von jungen Migrantinnen, in der eigenen Jugendarbeit als nicht befriedigend angesehen. Die Angebote der Jugendarbeit sprechen offenbar bevorzugt Jungen an, d.h. sie entsprechen nicht den Bedürfnissen und Interessen von Mädchen. Nach Ansicht von Expertinnen und Experten bewege sich Mädchenarbeit auch heute noch vorrangig im Bereich der Freizeit- und Bildungsarbeit. Es fehle aber in der Mädchenarbeit die klare Thematisierung von Beruf und Erwerbstätigkeit. Das MiA-Projekt (Mädchenarbeit in der Arbeiterwohlfahrt) will diesen Defiziten entgegenwirken.

MiA entstand als Modellprojekt im Rahmen des Modellprogramms „Mädchen in der Jugendhilfe" (1998 bis 2000), gefördert durch das Bundesministerium für Familie, Senioren, Frauen und Jugend. Als Modellprojekt kooperierte MiA mit zwei Schulen mit überdurchschnittlich hohem Anteil an Kindern und Jugendlichen mit Migrationshintergrund. Das Modellprojekt erprobte über drei Jahre Angebote für Mädchen ab der 7. bis 9. Klasse aus je drei Klassen zweier Hauptschulen, um Vergleiche und Schlüsse ziehen zu können. Nach Ablauf der Förderphase als Modellprojekt gelang im Jahr 2001 die Fortführung als Regelangebot an einer Schule. So wurde die Zielgruppe der Mädchen auf alle Klassen (5. bis 9. Klasse) erweitert.

Die Situation der Zielgruppe der Mädchen an Hauptschulen ist heterogen und weist unterschiedliche Problemlagen auf. Es gibt kaum Bedarfstrennlinien zwischen Mädchen deutscher Herkunft und ausländischen Mädchen. Die Bedarfe sind immer individuell und weniger durch die nationale Herkunft bedingt.

Mädchen erfüllen umfangreiche familiäre Verpflichtungen (Haushalt, Geschwisterbetreuung). Die Erfüllung dieser Aufgaben hat Vorrang vor allen Freizeitaktivitäten. Sie erfahren kaum Unterstützung durch die Eltern, da diese abwesend sind oder aufgrund von Berufstätigkeit keine Zeit haben. Sie sind vorrangig auf sich selbst gestellt. Die soziokulturellen und finanziellen Ressourcen der Familien sind eher gering einzuschätzen. Mädchen und Eltern mit Migrationshintergrund sowie auch deutsche Familien benötigen vor allem für sie verständliche Informationen über die Themen Ausbildung und Erwerbstätigkeit und grundlegende Informationen über das deutsche Schul- und Ausbildungssystem.

Konzeption

Träger des MiA-Projekts ist der AWO-Kreisverband Nürnberg. Im Rahmen der schulbezogenen Jugendhilfe werden alle Schülerinnen einer Hauptschule ab der 5. Klasse kontinuierlich betreut (16 Klassen mit insgesamt 180 Mädchen im Schuljahr 2002/2003). Der Anteil der Migrantinnen/Migranten liegt an dieser Schule bei 60 %.

Ziele:

- Förderung und Motivation zur Teilnahme
- Aufbau von tragfähigen Beziehungen
- Aufbau von Selbstwertgefühl
- Förderung der Solidarität
- Förderung des Verständnisses für andere Kulturen
- Förderung von Lebensplanungskompetenzen
- Verbesserung von Zugangschancen auf dem Ausbildungsmarkt
- Kooperation und Vernetzung mit der Schule und den Lehrkräften
- Sensibilisierung der Lehrkräfte
- Netzwerk- und Gremienarbeit

Im Rahmen der Schulzeit werden unterrichtsergänzende Veranstaltungen zur beruflichen Orientierung und Lebensplanung sowie Begleitung zu Klassenfahrten angeboten. Die Mitarbeiterinnen stehen täglich in einem eigens dafür eingerichteten MiA-Point (Bürocontainer auf dem Hof) während der Pausen für die Mädchen zur Verfügung.

Außerhalb des Unterrichts werden Seminare und Einzelbegleitungen zu Berufsorientierung, Bewerbungen und Lebensplanung, Schülerzeitungsredaktion sowie Mädchennachmittage in einem AWO-Jugendtreff und verschiedene Workshops angeboten. Diese Veranstaltungen werden auch häufig in Kooperation mit den Lehrkräften durchgeführt und finden nachmittags oder am Wochenende statt.

Die pädagogische Konzeption des Projekts basiert inhaltlich auf einem interkulturellen Ansatz. Kulturelle Unterschiede zwischen den ethnischen Gruppen werden respektiert, und gleichzeitig wird die Integration der jungen Migrantinnen gefördert. Dem Konzept liegt ein kreativ-spielerischer Arbeitsansatz zugrunde. Dieser Ansatz soll eine Alternative zur reinen Wissens- oder Informationsvermittlung der Schule sein. Wichtig ist die langfristige Begleitung der Mädchen, um in einer schwierigen Lebensphase (Migration, Pubertät, Berufsfindung) eine Vertrauensbasis herzustellen.

Das MiA-Team besteht aus zwei Sozialpädagoginnen mit einer Wochenarbeitszeit von 30 bzw. 35 Stunden. Beide Mitarbeiterinnen sind seit dem Beginn im Jahr 1998 im Projekt. Darüber hinaus werden Honorarkräfte in die Arbeit mit einbezogen.

Umsetzung

Mädchen werden am besten über den Zugangsweg Schule erreicht, da sie einen großen Teil ihrer Zeit in der Schule verbringen und erheblich weniger als Jungen in Angeboten der Jugendhilfe anzutreffen sind. Zunächst baut MiA Kontakte zu den Mädchen auf, erkundet Interessen und Bedürfnisse und plant gemeinsam mit den Lehrkräften Projekttage und Veranstaltungen. Die zentrale Anlauf- und Kontaktstelle für Mädchen der Schule ist der o. g. MiA-Point. Dieser Container ist von den Mädchen selbst gestaltet und bemalt worden. Die Eröffnung fand im Mai 2003 statt. Die zwei Mitarbeiterinnen stellen sich den neuen Klassen persönlich vor. Die Werbung erfolgt über persönliche Ansprache, Vorstellung der Angebote während des Unterrichts, über die Lehrkräfte sowie über Flyer und Plakate. Ein Veranstaltungsplan für den Monat hängt im MiA-Point aus. Die Ferien nutzen die Mitarbeiterinnen vorwiegend für die konzeptionelle Arbeit.

Für aufwändigere Angebote wird ein Teilnahmebeitrag erhoben. Der Beitrag soll so gering wie möglich sein, um die Teilnahme auch Mädchen aus ärmeren Familien zu ermöglichen. Andererseits wird ein Mindestbeitrag erhoben, um die Wertigkeit des Angebots sichtbar zu machen. Die Teilnahmezahl ist abhängig von der Art des Angebots. So nehmen bei unterrichtsintegrierten Projekten alle Mädchen teil, bei Freizeitangeboten variiert die Teilnahmezahl: 12 bei Kursen, ab 40 Mädchen bei offenen Veranstaltungen. Mit der Auslastung sind die Mitarbeiterinnen zufrieden. Durch die langfristige Arbeit werden auch zurückhaltendere Mädchen erreicht. Die Angebote sind vielseitig, dadurch fühlen sich unterschiedliche Interessengruppen angesprochen. Die Mädchengruppen setzen sich zur Hälfte mit Mädchen mit Migrationshintergrund und zur Hälfte mit Herkunftsland Deutschland zusammen. Wichtig ist auch eine kontinuierliche Elternarbeit, um Misstrauen und Vorbehalte gegenüber der Mädchenarbeit abzubauen. Dennoch gestaltet sich der Zugang zu den Eltern oft schwierig, da z. T. sprachliche Barrieren bestehen sowie Zeit und Interesse fehlen. MiA-Mitarbeiterinnen informieren bei Elternabenden über Angebote und stehen auch den Eltern als Ansprechpartnerinnen zur Verfügung.

Die Veranstaltungen finden in den Schulräumen, im MiA-Point, in den Mädchenarbeitsräumen, im Jugendtreff sowie in der Jugendwerkstatt der AWO statt. Alle außerschulischen Orte befinden sich im Stadtteil und sind den Mädchen bekannt. Sie sind zu Fuß oder mit öffentlichen Verkehrsmitteln gut zu erreichen.

Die Arbeit mit den Mädchen setzt frühzeitig an. Die erste Kontaktaufnahme erfolgt bereits in den 5. Klassen, um einen stabilen Beziehungsaufbau langfristig zu ermöglichen. Niedrigschwellige Angebote (Schönheits- und Entspannungstage) dienen dazu, sich kennen zu lernen. Die Mitarbeiterinnen begleiten die Klassen auf Schulausflügen (Schullandheim). Für den Bereich berufliche Orientierung und Lebensplanung wurde ein Bausteinkonzept für die Mädchen der 7. bis 9. Klassen entwickelt. In den 7. und 8. Klassen stehen Angebotsreihen zur Berufsfindung (u.a. Bewerbungstraining, Workshop „Mädchen planen ihre Zukunft“, Vorbereitung auf Betriebspraktika, Werkstatttage) im Vordergrund. Mit den Mädchen der 9. Klassen wird dann konkret an der Ausbildungsplatzsuche und an Bewerbungen gearbeitet.

Vorbereitung und Auswertung des Betriebspraktikums (8. Klasse)

Im 8. Schuljahr ist das Betriebspraktikum Bestandteil des Lehrplans. Dieses Praktikum stellt den ersten Kontakt zwischen den Schülerinnen mit der Arbeitswelt dar. Der Baustein der Vor- und Nachbereitung sowie die Begleitung des Betriebspraktikums sollen die Schülerinnen auf die neue Situation im Betrieb einstellen (Abbau von Ängsten, Aufzeigen von Chancen usw.). Der Workshop wurde mit den Mädchen in den Räumen der AWO durchgeführt. Parallel dazu arbeiteten die Klassenlehrer/innen mit den Jungen in der Schule nach dem MiA-Konzept.

Gemeinsame Inhalte:

- Austausch über den Stand der Praktikumsstellensuche
- Praktikumsbetriebe und Berufsbezeichnung des Ausbildungsberufes
- Verhaltensregeln und Erwartungen an Praktikantinnen
- Erproben und Reflexion von Verhalten in ungewohnten Situationen in Rollenspielen
- eigene Erwartungen und Ängste
- Hilfestellung bei der Suche nach Praktikumsstellen

Durch den Workshop wurden die Mädchen vorher auf die selbstständige Stellensuche und das Praktikum gut vorbereitet. Während des Betriebspraktikums wurden die Mädchen besucht. Dort wurden Gespräche mit den Praktikantinnen und den zuständigen Mitarbeiterinnen/Mitarbeitern geführt und Positives sowie Probleme der Mädchen besprochen. Im Anschluss an das Betriebspraktikum fand eine Auswertung über positive und negative Seiten des Praktikums sowie der möglichen Ausbildungsberufe mit den Mädchen statt.

Transfer eigener Praktikumserfahrungen an jüngere Schülerinnen (8. Klasse an 7. Klasse)

Ältere Mädchen berichteten jüngeren von ihren Erfahrungen im Praktikum. Eine MiA-Mitarbeiterin spielte die Reporterin und interviewte die älteren Mädchen. Daran schloss sich eine Fragerunde an. Die beteiligten Klassen waren mit viel Interesse und Ernsthaftigkeit bei den Präsentationen dabei.

Betriebserkundung in einem Elektromarkt (8. Klasse)

Die Klasse wurde in zwei Gruppen geteilt, eine MiA-Mitarbeiterin begleitete die Mädchen. Anschließend an die Führung konnten den

Mitarbeiterinnen/Mitarbeitern Fragen gestellt werden. Hier nahmen die Mädchen sehr interessiert und aktiv teil.

Werkstatttage für Schülerinnen und Schüler in der AWO-Jugendwerkstatt (8. Klasse)

An diesem Angebot nahmen alle 8. Klassen teil. Es fand im Rahmen des Fachs Arbeitslehre statt und wurde von den MiA-Mitarbeiterinnen und einem Kollegen aus der Jugendwerkstatt durchgeführt. Jungen und Mädchen wurden getrennt, um den Mädchen einen konkurrenzfreien Raum zu bieten. Innerhalb von sechs Stunden wurde ein Werkstück (CD-Ständer aus Holz oder Uhr aus Metall) zum Mitnehmen angefertigt. Hier wurden verschiedene handwerkliche Arbeiten durchgeführt. Besonders wichtig erscheint dabei, dass eine Kollegin als kompetenter Ansprechpartner und Rollenvorbild in der Werkstatt zu Verfügung stand (und nicht typischerweise ein Mann).

Einzelbegleitung bei Bewerbungen und Vorstellungsgesprächen (9. Klasse)

Das Angebot wurde während einer Schulstunde vorgestellt. Dazu wurde in das Thema Ausbildungsplatz und Bewerbungen eingeführt, indem die Mädchen mithilfe von Kärtchen nach den für sie wichtigen Themen befragt wurden. Das Thema Ausbildungsplatzsuche stand dabei im Mittelpunkt. Einige Mädchen wünschten sich Unterstützung und vereinbarten Termine zur Einzelbegleitung. In den Terminen ging es hauptsächlich darum, Möglichkeiten (hinsichtlich Ausbildungsplatz) unter Einbeziehung der persönlichen Eignung (Fähigkeiten, Schulnoten, Interessen) und der Erfahrungen aus dem Betriebspraktikum abzuklären. Anschließend wurden mithilfe von Internet, Tagespresse und Ausbildungsberatung des Arbeitsamtes Adressen gesammelt und Bewerbungen und Lebensläufe verfasst und verschickt.

Verzögert wurden die Bewerbungen häufig dadurch, dass Mädchen ihre Unterlagen nicht rechtzeitig und vollständig zusammenstellten (Warten auf das bessere Zwischenzeugnis, Bewerbungsfotos nur gemeinsam mit der Freundin, Vergessen etc.).

Wochenendseminar „Mädchen planen ihre Zukunft" (8. Klasse)

Ein weiterer Baustein ist das bei den Mädchen sehr beliebte Wochenendseminar „Mädchen planen ihre Zukunft". Inzwischen wissen die jüngeren Mädchen bereits durch die höheren Jahrgangsstufen von dem Angebot und warten schon gespannt auf den Termin. Das Wochenende findet außerhalb von Nürnberg, in der Jugendbildungsstätte Burg Hoheneck statt. In diesem Seminar sollen die Mädchen mit einem kreativ-spielerischen Ansatz (Malen, Pantomime, Rollenspiele) angeregt werden, über ihre Zukunft sowie über ihr Berufswahlverhalten nachzudenken.

Als Fazit des Seminars kann gelten, dass die Mädchen aus einer Vielzahl von Berufen wählen können. Es wurde bei einigen Teilnehmerinnen auch deutlich, dass die Durchsetzung eines „ungewöhnlichen" Berufswunsches problematisch eingeschätzt wird. Neben den Inhalten, ist es für die Mädchen immer eine neue Erfahrung, ein Wochenende ohne Eltern in neuer Umgebung zu verbringen.

Besuche im BIZ des Arbeitsamts (8. Klasse)

Diese erfolgen gemeinsam mit der Klassenlehrerin und einer MiA-Mitarbeiterin und weisen die Schülerinnen auf die Informationsmöglichkeiten des Berufsinformationszentrums des Arbeitsamtes hin.

Bewerbungsworkshop (8. Klasse)

Der zweitägige Workshop findet Freitagnachmittag und am Samstag ganztägig statt.

Inhalte sind:

- Klärung der eigenen Ziele
- „So komme ich an Ausbildungsstellen!"
- Motivation zur Eigeninitiative
- Wie sieht eine gute Bewerbungsmappe aus?
- Strukturierung und Organisation des Bewerbungsprozesses
- Rollenspiele zu Vorstellungsgesprächen

Auswertung und Perspektiven

Die Auswertung der Veranstaltungen erfolgt gemeinsam mit den Mädchen. Die Teilnehmerinnen geben – meist anonym – ihre positive wie negative Rückmeldung. Im Anschluss an die Veranstaltungen reflektieren die Mitarbeiterinnen über das Angebot. Daraus resultieren meist Veränderungen des Konzepts. Am Ende eines Jahres wird ein Jahresbericht erstellt, in dem alle Veranstaltungen mit Zielen und Inhalten beschrieben und die Teilnahmezahlen angegeben sind. Im MiA-Point gibt es einen „Meckerzettelkasten", in den Wünsche und positive wie negative Rückmeldungen per Zettel eingeworfen werden können. Besonders wichtig ist es, alle Bemerkungen der Mädchen ernst zu nehmen und mit in die Arbeit einfließen zu lassen.

Die Arbeit erfordert eine stetige Überarbeitung der Angebote und die fortlaufende Entwicklung der Konzeption. Dabei hat sich ergeben, dass die Durchführung der Hausaufgabenhilfe und Deutschförderung aufgrund des großen Bedarfs nicht mehr von MiA selbst zu leisten ist. Deshalb vermittelt MiA Mädchen in Angebote anderer Einrichtungen weiter.

Die Mitarbeiterinnen nehmen regelmäßig am Mädchenarbeitskreis der Stadt Nürnberg, am Stadtteilarbeitskreis sowie am Arbeitskreis Allgemeiner Sozialdienst der Stadt Nürnberg ASD und Schule teil. Sie kooperieren mit den Lehrkräften der Schule und der für die Schule zuständigen Berufsberatung des Arbeitsamtes. Die MiA-Mitarbeiterinnen sind durch die Einbindung in den Sachbereich Migration – Jugend & Familie des AWO-Kreisverbandes mit anderen zugehörigen Einrichtungen der Jugendberufshilfe vernetzt. Dort nehmen sie federführend am Arbeitskreis Mädchen- und Jungenarbeit im Sachbereich Migration – Jugend & Familie teil. Der Arbeitskreis zielt darauf, das Thema „Gender als Querschnittsaufgabe" und geschlechtsspezifische Angebote im Sachbereich zu verankern. Dazu organisierten die MiA-Mitarbeiterinnen im Juni 2002 den internen Fachtag „Geschlechtsspezifische Arbeit".

MiA wurde bis Dezember 2000 vom Bundesministerium für Familie, Senioren, Frauen und Jugend (BMFSFJ) im Rahmen der 2. Programmphase des Bundesmodellprogramms „Mädchen in der Jugendhilfe" gefördert. Ab 2001 wird das Projekt mit einer Mischfinanzierung aus Mitteln des Europäischen Sozialfonds, Bundes- sowie Eigenmitteln der AWO fortgeführt.

Erfahrungen

Die Stärke von MiA ist die funktionierende Zusammenarbeit der Jugendhilfe mit den Schulen und den Lehrkräften. Im Falle von MiA arbeiten seit sechs Jahren Lehrkräfte und Projektmitarbeiterinnen gut zusammen. MiA ist eine beständige Größe im Schulalltag, dies zeigt sich u.a. durch den MiA-Point als feste Anlaufstelle auf dem Schulgelände. MiA wird von den Lehrkräften geschätzt und als Bereicherung angesehen. Die Mädchen kennen die Mitarbeiterinnen und Angebote. MiA setzt auf frühzeitige Angebote, die Mädchen langfristig über fünf Jahre begleiten. Die Mitarbeiterinnen können auf eine kontinuierliche Zusammenarbeit seit Beginn des Projekts im Jahr 1998 zurückblicken. Beiden Mitarbeiterinnen gemeinsam ist die übereinstimmende Herangehensweise an die Mädchenarbeit und die kritische Reflexion ihrer Tätigkeit.

Die Mädchen identifizieren sich mit den MiA-Angeboten und verteidigen „ihr" Projekt. Sie lehnen Jungen nicht ab; das MiA-Projekt bietet ihnen aber einen geschützten Rahmen, in dem sich die Mädchen ausprobieren können. Mit der Auseinandersetzung zum Thema „Lebensplanung" werden vor allem Mädchen der 8. und 9. Klassen auf das Problem der gesellschaftlichen Benachteiligung von Frauen aufmerksam. Die Reaktionen sind heterogen und reichen von Negation, Empfindung von Ungerechtigkeit bis zu Forderung nach detailliertem Hintergrundwissen.

Das Projekt wirkt sich auf das Zusammensein von Mädchen und Jungen positiv aus und hat maßgeblich die Verbesserung des Schulklimas bewirkt. Als Beitrag des Projekts ist anzusehen, dass Jungen ihren Mitschülerinnen durch die Mädchenförderung mehr Respekt und Anerkennung entgegenbringen. Ein adäquates Angebot fordern auch die Jungen für sich.

MiA ist das einzige Projekt dieser Konstellation der Kooperation von Jugendhilfe und Schule in der Region Nürnberg. Schulsozialarbeit ist nicht flächendeckend an Nürnberger Schulen eingeführt. Wünschenswert ist, dass es das MiA-Projekt an mehreren Schulen gibt. Dazu gibt es Überlegungen, Schulsozialarbeit mit dem Schwerpunkt Jungenarbeit einzuführen bzw. ein zu MiA adäquates Angebot für Jungen zu entwickeln.

MiA hatte vor allem zu Beginn Hemmnisse zu überwinden. Die Lehrerschaft stand, aufgrund befürchteter Mehrarbeit und Überlastung, dem Projekt vorerst skeptisch gegenüber. Schule und Jugendhilfe weisen unterschiedliche Arbeitsstrukturen auf (Lehrkräfte sind eher Einzelkämpfer, Jugendarbeit sucht Teamstrukturen und Vernetzung), die erschwerend die Kooperationsbeziehungen beeinflussen.

MiA ist ein Projekt, welches zusätzlich zur Schulstruktur hinzutritt und nicht aus ihr heraus entwickelt wurde. Diese Herkunft von außen und unterschiedliche Trägerschaften wirken gerade beim Projektaufbau nachteilig. Die Mitarbeiterinnen waren ständig präsent, zeigten Durchhaltevermögen und Hartnäckigkeit und wussten zu überzeugen. MiA hatte als Modellprojekt knapp drei Jahre Ressourcen, Kooperationen aufzubauen und Erfahrungen zu sammeln, um ein solides Konzept zu entwickeln. Generell ist anzumerken, dass bei Kooperationen von Jugendhilfe und Schule die Seite der Sozialarbeit mehr Aufwand als die Schule leisten muss, bevor sie anerkannt wird.

Kontakt:
AWO-Kreisverband Nürnberg e.V.
SB Migration – Jugend & Familie
Projekt „MiA"
Frau Silke Tauschek-Hertzberg, Frau Gudrun Engelmann
Orffstr. 21
90439 Nürnberg

6 Feststellung und Entwicklung von Kompetenzen

Ulrike Richter

Gendersensible Kompetenzfeststellung

Problemaufriss

Berufswahlentscheidungen von Jugendlichen sollten auf der Basis der Verfügbarkeit von Wissen und der Ausprägung personaler Kompetenzen erfolgen. Kompetenzen von Mädchen und Jungen sind aber nicht von der gesellschaftlichen Wirklichkeit der Ungleichbehandlung von Geschlechtern zu trennen.

Es kann davon ausgegangen werden, dass Mädchen und Jungen grundsätzlich über die gleichen Möglichkeiten zur Entwicklung von Kompetenzen verfügen. In der Kompetenzfeststellung zeigen sich jedoch geschlechterbezogene Unterschiede. Diese sind auf die verschiedenen Geschlechtsrollenerwartungen zurückzuführen, die auf die Ausprägung und Entwicklung von Kompetenzen wirken: Bei Mädchen und Jungen werden tendenziell nur die Kompetenzen in ihrer Entwicklung verstärkt, die den jeweiligen Geschlechtsrollenstereotypen entsprechen (Mädchen = sozial, Jungen = technisch).

Um das Berufswahlspektrum von Jungen und Mädchen zu erweitern, sind entsprechend drei Dinge notwendig:

- Feststellung der Kompetenzen,
- Entwicklung von Kompetenzen,
- Erweiterung der Geschlechtsrollenerwartungen.

Definition Kompetenz

Es gibt keine allgemein anerkannte Definition des Begriffs Kompetenz. Aufgrund des mehrfachen Bedeutungswandels in den vergangenen Jahrzehnten wird der Begriff Kompetenz heute in unterschiedlichen Zusammenhängen verwendet (Entscheidungs-, Lebens-, Schlüsselkompetenz u. a.).

Die Arbeitsgemeinschaft Betriebliche Weiterbildungsforschung untersucht seit den 1990er-Jahren den Kompetenzbegriff innerhalb des Projekts Qualifikations-Entwicklungs-Management (QUEM).

Dabei ist festzustellen, dass der Nützlichkeitsbezug (Utilitarismus) von Kompetenzen stark betont wird. „Bildung und Qualifikation werden nun aus der Perspektive der Verwertbarkeit erworbener Kenntnisse, Fertigkeiten und Fähigkeiten für eine zufrieden stellende Berufs- und Lebensbewältigung beurteilt" (Becker/Rother 1998, S. 10f.).

Allgemein lässt sich sagen, dass Kompetenzen Fähigkeiten und Fertigkeiten zu selbst organisiertem und kreativem Handeln beschreiben. Diese allgemeine Handlungskompetenz verhält sich damit komplementär zum fachspezifischen Wissen. Kompetenzen umfassen verschiedene Bereiche, und können hinsichtlich dieser Bereiche wie folgt systematisiert werden:

- *Fachkompetenz:* Fähigkeit, Wissen sinnorientiert einzuordnen und zu bewerten und verfügbares Wissen zur Problemlösung zu nutzen
- *Methodenkompetenz:* Fähigkeit, Tätigkeiten, Aufgaben und Lösungen methodisch kreativ zu gestalten und auf diese Weise auch das geistige Vorgehen zu strukturieren
- *Sozialkompetenz:* Fähigkeit, sich mit anderen kreativ auseinander und zusammenzusetzen, sich gruppen- und beziehungsorientiert zu verhalten, um neue Pläne und Ziele zu entwickeln
- *Personale Kompetenz:* Fähigkeit zur Selbstreflexion, um produktive Einstellungen, Werthaltungen, Motive und Selbstbilder zu entwickeln, eigene Begabungen, Motivationen, Lernfähigkeit zu entfalten
- *Handlungskompetenz:* integriert alle Komponenten und ermöglicht ein gesamtheitlich selbstorganisiertes Handeln (vgl. Erpendbeck 1998, S. 19).

Kompetenzen sind das Ergebnis eines sozial situierten Aneignungsprozesses. Jedes Individuum besitzt ein bestimmtes Potenzial, Kompetenzen zu entwickeln. Dieses Potenzial ist individuell verschieden, nicht jedoch verschieden hinsichtlich der Geschlechter. Der Geschlechterunterschied entsteht erst durch die Geschlechtsrollenerwartungen und die damit verbundenen selektiven Ausprägungen und Entwicklungen von Kompetenzen. Die Art der Kompetenzausprägung ist somit an den Sozialisierungsprozess gebunden.

Stereotype Geschlechterrollen und Berufswahl

Geschlechtsstereotypes Rollenverhalten und -erwartungen werden durch Vorbilder vermittelt. Damit ist eine geschlechtsspezifische Kompetenzzuschreibung verbunden. Während der Sozialisation werden Kompetenzen gelernt, denen bestimmte Rollenerwartungen entsprechen, sodass sich infolge von Erziehung und Internalisierung von Rollen tatsächlich Kompetenzunterschiede zwischen Mädchen und Jungen entwickeln.

Die Berufswahlentscheidungen werden überwiegend auf der Basis von Geschlechtsrollenzuschreibungen und nicht auf der Basis potenzieller oder vorhandener Kompetenzen getroffen. Wenn Mädchen in ihrer Geschlechterrolle als sozial kompetenter und als technisch inkompetenter als Jungen aufgefasst werden, so erfolgt die Berufswahl für Mädchen auch in Richtung soziale Berufe – unabhängig von den individuellen Kompetenzen und Potenzialen der einzelnen Mädchen.

Demnach ist es wichtig, die Berufswahlentscheidung an die Kompetenzen zu koppeln und nicht an die Geschlechtsrollen.

Jeder Beruf erfordert ein spezifisches Kompetenzprofil. Je nach individueller Ausstattung der Kompetenzen und der Neigung ergeben sich passendere Berufsfelder oder weniger geeignete. Ziel dabei ist es, die größtmögliche Passgenauigkeit zwischen den Kompetenzprofilen der Persönlichkeit und des Berufes herzustellen.

Ein gravierendes Problem liegt darin, dass bestimmte Kompetenzen außerhalb der eigenen Geschlechtsrollendefinition liegen und damit bestimmte Berufe in die Berufswahlentscheidung nicht einfließen. Ziel von pädagogischen Prozessen ist es, die individuelle Geschlechtsrollendefinition so zu erweitern, dass Kompetenzen, die eher jeweils dem anderen Geschlecht zugeschrieben werden, für sich akzeptiert und integriert werden. Mit dieser Herangehensweise würden Grenzen geöffnet, die bipolare Einteilung in zwei Geschlechter aufgelöst und Zuschreibungen von Rollen zu Kompetenzen vermieden.

Eingeschränktes Berufsspektrum beider Geschlechter

Beide Geschlechter – junge Frauen ebenso wie junge Männer – wählen nach wie vor Ausbildungsberufe aus einem geschlechtspezifisch eingeschränkten Berufswahlspektrum. Hierdurch werden für beide Geschlechter berufliche Chancen beschnitten. So ist z.B. der Anteil an Mädchen und jungen Frauen in handwerklichen und technischen Berufen sehr gering. Dasselbe gilt für Jungen und junge

Männer im sozialen Bereich. Obgleich junge Frauen aus ca. 400 Ausbildungsberufen wählen können, beschränkt sich mehr als die Hälfte auf nur zehn vor allem traditionelle Frauenberufe (u. a. Frisörin, Arzthelferin, Bürokauffrau, Einzelhandelskauffrau, Krankenschwester, Erzieherin). Insbesondere sind die Verdienst- und Aufstiegsmöglichkeiten in den traditionellen Frauenberufen beschränkt. Trotz dieser Einschränkungen wählen Mädchen überwiegend diese Berufe, und zwar aufgrund der Geschlechtsrollenerwartung (Vorbilder in ihrem Umfeld, Ratschläge von Eltern und Bekannten, scheinbar bessere Eignung des Berufs für Frauen). Die Tätigkeiten in diesen Berufen sind mit frauentypischen Attributen besetzt, wie z. B. Fürsorge, Helfen, Schönheit und Kommunikation. Die Berufe erscheinen weniger körperlich anstrengend. Die Mädchen erhoffen sich mit der Aussicht auf die Möglichkeit der Teilzeitarbeit Erwerbs- und Familienarbeit vereinbaren zu können. Hinzu kommen die langlebigen Vorurteile gegenüber Frauen in Männer dominierten Arbeitsbereichen („Frauen sind für Technik unbegabt"), die den Einstieg in ungewöhnliche Berufszweige erschweren. Trotz besserer Schulabschlüsse und nachweislich umsichtigerer Arbeitsweise bleiben interessierten Mädchen Ausbildungsplätze im technischen Bereich überwiegend verwehrt (vgl. Nissen/Keddi/Pfeil 2003, S. 46ff.).

Es gilt, mit gendersensiblen Verfahren der Kompetenzfeststellung eine Geschlechtsrollenerweiterung und damit auch eine Erweiterung des Berufswahlspektrums zu initiieren. Hier müssen Verfahren der Kompetenzfeststellung in der Jugendsozialarbeit unter dem Genderaspekt konzeptionell neu überarbeitet werden.

Fachkräftemangel und Ansprachekonzept

Die Organisationen des Handwerks und der Industrie prognostizieren in naher Zukunft einen steigenden Fachkräftebedarf. Der Fachkräftemangel in einigen Branchen stellt auch unter den Bedingungen von Massenarbeitslosigkeit bereits heute in einigen – vor allem in west- und süddeutschen – Bundesländern ein gravierendes Problem dar. Der Bedarf an weiblichen Auszubildenden im handwerklich-technischen Bereich wird künftig weiter steigen. Die Werbestrategien von Firmen sprechen jedoch junge Frauen kaum an. Hier besteht ein Unterstützungsbedarf der Unternehmen, mit praxisorientierten Methoden Auszubildende zu werben.

Lösungsstrategien

Um das aktive Berufswahlspektrum zu öffnen, müssen die individuellen Kompetenzen erfasst und entwickelt sowie die internalisierten Geschlechtsrollenerwartungen erweitert werden.

Kompetenzfeststellung/Potenzialanalyse

Zuerst müssen individuelle Kompetenzen, die bereits bei den Jugendlichen vorhanden sind, ermittelt werden. Die Kompetenzen von Mädchen und Jungen sind überprägt durch Geschlechterrollen. Deshalb ist weiterhin zu prüfen, welche Potenziale zur Kompetenzerweiterung darüber hinaus individuell vorhanden sind.

Viele Berufe mit ihren Tätigkeiten und Anforderungen sind den Jugendlichen noch nicht ausreichend bekannt. So gibt es in vielen Ausbildungsgängen eine große Zahl von Abbrüchen, die auf mangelhaftes Wissen über berufliche Anforderungen und ungenaue Selbsteinschätzung der eigenen Kompetenzen zurückzuführen sind. Die Anforderungen von Berufsfeldern (Handwerk, Technik, Dienstleistung u.a.) werden im Schulunterricht nicht vermittelt. Für die Berufsorientierung geben die formalen Bildungsabschlüsse oft nur einen ungenügenden Anhaltspunkt für die Kompetenzfeststellung.

Der stetige Wandel der Arbeitswelt verändert Berufe sowie berufsbezogene Tätigkeiten. Eine Ausbildung sollte Jugendliche vor diesem Hintergrund nicht nur auf einen Monoberuf vorbereiten, sondern neben berufsspezifischen auch branchenübergreifende Kompetenzen fördern. Neben fachspezifischen Fertigkeiten gewinnen Methoden- und Sozialkompetenzen an Bedeutung.

Berufsneigung und Berufseignung sind unabdingbare Komponenten für eine erfolgreiche Ausbildung. Im Sinne des Ausbildungserfolges sind vor Beginn von Berufsbildungsprojekten Berufseignung und -neigung der Jugendlichen zu überprüfen. Berufseignung heißt, den Anforderungen des Berufs gerecht zu werden. Unter Berufsneigung werden individuelle Motivationen und Ziele für bestimmte Berufe verstanden. Feststellung der Eignung und Neigung bedeutet zu analysieren, inwieweit Potenziale vorhanden sind und ob eine stetige Entwicklung möglich scheint (vgl. Zastrozny 2002, S. 19ff.). Die Feststellung soll durch handlungsorientiertes Kennenlernen mehrerer berufstypischer Tätigkeiten unterstützt werden. Dadurch sollen Jugendliche ihre beruflichen Ziele präziser benennen und konstruktiver verfolgen können.

In der Jugendsozialarbeit ist der Kompetenzansatz ein grundlegendes Prinzip der Arbeit mit Jugendlichen. Der Kompetenzansatz steht für die Orientierung an den Stärken und Ressourcen der Jugendlichen im Gegensatz zur Ausrichtung an Defiziten. Dabei scheint es besonders wichtig, dass Kompetenzen nicht statisch sind, sondern dass sie erlernt und weiterentwickelt werden können (vgl. Würfel 2001, S. 33ff.).

Kompetenzentwicklung

Auf die Kompetenzfeststellung muss eine geeignete Kompetenzentwicklung (Potenziale, Chancen, Risiken, Defizite) folgen.

Im Sinne der Chancengleichheit und sozialen Gerechtigkeit muss Mädchen und jungen Frauen ebenso wie Jungen und jungen Männern die Chance ermöglicht werden, ihre Kompetenzen zu entwickeln. Nach Gender-Mainstreaming-Kriterien ist zu belegen, welchen Beitrag das Vorhaben zur Chancengerechtigkeit der Geschlechter leistet. Es muss vermieden werden, dass beide Geschlechter sich aus Unkenntnis für einen vermeintlich vertrauteren – da geschlechtstypischen – aber für die individuelle Person weniger passenden Beruf entscheiden.

Kompetenzentwicklung geht davon aus, dass Personen über Potenziale verfügen, deren Entfaltung ihnen bisher verwehrt war und die unter den sozialbiografischen Umständen nicht ausgebildet werden konnten. An die Kompetenzfeststellung sollte die Erweiterung der Kompetenzen gekoppelt sein. Dazu ist es notwendig, Mädchen und Jungen mit neuen ungewohnten Situationen und Aufgaben zu konfrontieren. Mit diesem Vorgehen wird erwartet, dass die Jugendlichen auf die neue Situation mit einem veränderten Verhalten reagieren. Dieses veränderte Verhalten wird reflektiert und damit verstärkt. Das Verhalten – so nimmt man an – ist aufgrund der neuen Situation weniger geschlechtsstereotyp, da sich die Jugendlichen eher an der Aufgabenstellung oder Situation orientieren (Ehrgeiz, die Aufgabe zu lösen) als an vorgelebten Rollen. Hieran ist das Ziel geknüpft, über die Kenntnis der eigenen Fähigkeiten, die über die geschlechtsrollentypischen hinausgehen, eigene Geschlechtsrollendefinitionen zu erweitern bzw. aufzulösen. Gerade bei geschlechtsuntypischen Zusammenhängen ist darauf zu achten, dass eine Situation geschaffen wird, die es Mädchen und Jungen ermöglicht, sich von vermeintlichen Vorbildern zu lösen.

„In der Öffentlichkeit werden immer wieder die fehlende Technikkompetenz und das geringe Technikinteresse von Mädchen und jungen Frauen herausgestellt und als Hauptursache dafür gesehen, dass sie die ‚guten' Chancen in technischen Berufen nicht ergreifen" (Nissen/Keddi/Pfeil 2003, S. 73). Als Ursachen dieser Technikdistanz werden u.a. fehlende weibliche Vorbilder in technischen Berufen, seltenere Techniknutzung durch Mädchen, ein erschwerter Zugang zu Technik sowie Unterschätzung der eigenen Fähigkeiten genannt. Um Mädchen für handwerklich-technische Berufe zu gewinnen, reicht es daher nicht aus, Broschüren zu verteilen oder Kampagnen zu starten. Vielmehr geht es darum, reale Erfahrungen mit berufstypischen Tätigkeiten zu ermöglichen, und so die Bereitschaft und das Interesse der Mädchen zu wecken.

Kompetenzentwicklung heißt für beide Geschlechter, berufsbezogene Anforderungen und interessante Berufe kennen zu lernen. So sollen Mädchen/junge Frauen insbesondere an die Berufsfelder in Handwerk, Technik und IT herangeführt werden, während Jungen/jungen Männern insbesondere die Berufsfelder im sozialen Bereich nahe zu bringen sind.

Aktivierung bezüglich der Berufswahlentscheidung

Kompetenzen und Berufswahlentscheidungen müssen in engeren Zusammenhang gebracht werden. Deshalb ist es wichtig, dass sich Mädchen und Jungen in simulierten Praxissituationen/berufsbezogenen Tätigkeiten handlungsorientiert ausprobieren können. Entscheidend ist die anschließende Reflexion des Kompetenzprofils hinsichtlich der Berufswahlentscheidung und möglicher Einschränkungen durch beeinflussende Rollenklischees. Aus Kompetenzfeststellung und -entwicklung können sich neue Handlungsspielräume bezüglich der Berufswahlentscheidung eröffnen. Zusammen mit der Kenntnis der eigenen Kompetenzen, dem Berufsprofil und unterstützenden Angeboten der Jugendsozialarbeit können für Mädchen und Jungen passgenaue Berufe sowie Förderangebote gefunden werden. Wichtig erscheint hier, Anforderungen und Tätigkeitsprofile von Berufen zu definieren. Nach dem Abgleich vorhandener mit gesuchten Kompetenzen ist es möglich, Qualifizierungswege aufzuzeigen (vgl. De Boer/Wagner 2002, S. 973).

Die Einbettung der Kompetenzfeststellung als diagnostisches Instrument in die Maßnahmen der Jugendberufshilfe/Jugendsozialarbeit, z.B. Case-Management, ermöglicht eine optimale Begleitung und Weitervermittlung der Jugendlichen. So richten sich Angebote zur Berufsorientierung nicht nur an die Jugendlichen selbst, sondern auch an alle beteiligten Akteure (Kammern, Ausbildungsbetriebe).

Zu den Aktionen zählen die Akquise von Ausbildungsplätzen, das Herstellen von Kontakten zwischen potenziellen Auszubildenden und Betrieben, die Sensibilisierung der Betriebe und die Unterstützung der Betriebe mithilfe erfolgreicher Methoden zur Werbung insbesondere von Mädchen. Dieses beidseitige Agieren ermöglicht die erfolgreiche Vermittlung von geeigneten Jugendlichen in passgenaue Berufe und Betriebe (siehe Projektbeschreibung „Miss Technik“).

Gendersensible Gestaltung der Lernumgebung

Die Mädchen und Jungen sind auch hinsichtlich ihrer Lernstile von Geschlechtsrollenerwartungen geprägt, sodass sie verschiedene Zugangswege zu Wissen entwickelt haben (Fach- und Methodenkompetenz).

Der Lernstil von Mädchen und jungen Frauen unterscheidet sich zum Teil von dem der Jungen und jungen Männern. Während Jungen eine größere Bereitschaft zum abstrakten Denken mitbringen und auch bereit sind, Modelle zunächst hinzunehmen und anzuwenden, fragen Mädchen mehr nach Zusammenhängen und Hintergründen (vgl. Kollatz 2001, S. 18). Ihre Vorgehensweise zeichnet sich durch Sorgfalt und Präzision aus, ist zugleich eher vorsichtig, zurückhaltend und mit vielen Nachfragen verbunden. Auf diese geschlechtsspezifischen Unterschiede muss in den Projekten konzeptionell eingegangen werden.

Um Mädchen erfolgreiche Zugänge in z. B. handwerklich-technischen Berufsfeldern zu ermöglichen, hat es sich bewährt, diese Angebote monoedukativ durchzuführen. Dabei wird ausgeschlossen, dass eine mögliche Konkurrenzsituation zwischen Mädchen und Jungen von den Inhalten ablenkt sowie die Aufgaben von Jungen übernommen werden, da sie dafür geeigneter erscheinen, oder dass Mädchen aufgrund von Dominanzverhalten der Jungen eingeschränkt werden. Erfolgreiche Projekte setzen qualifizierte Mitarbeiter/innen mit Genderkompetenz voraus, die die geschlechtsspezifisch unterschiedlichen Lernstile berücksichtigen.

Umsetzung/methodische Bausteine

Fachkräfte der Jugendberufshilfe/Jugendsozialarbeit benötigen aussagefähige Kompetenzprofile zur Förderung Jugendlicher. Die Ermittlung von potenziellen Eignungen für einen bestimmten Beruf kennt hierbei drei unterschiedliche Ansätze (vgl. Heidelberger Institut Beruf und Arbeit hiba GmbH 2003, S. 5–6):

- *Gesprächsorientierte Verfahren:* Um Kenntnisse über die Jugendlichen zu erlangen, werden gesprächs- oder biografieorientierte Verfahren eingesetzt. Über Sozialanamnesen und Aufnahmegespräche wird von der Vergangenheit auf zukünftiges Verhalten geschlossen. Diese Verfahren erheben nicht nur Fakten, sondern dienen der Selbstexploration der Jugendlichen. Sie bringen profunde Ergebnisse in Bezug auf die Ressourcen.
- *Standardisierte Testverfahren:* dienen z. B. zur Erhebung von Persönlichkeitsmerkmalen (Potenzialanalyse) oder dazu, vorhandenes Wissen im Rahmen von Leistungstests (Deutsch, Mathematik) abzufragen. Diese Messverfahren sind ausschließlich von entsprechend qualifiziertem Personal einzusetzen und auszuwerten (psychologische Tests ausschließlich von Psychologen).
- *Handlungsorientierte Verfahren:* Arbeitsproben, Rollenspiele, Assessment Center (AC) provozieren aktuelles Verhalten als Prädiktor zukünftigen Verhaltens. Diese Verfahren diagnostizieren nicht nur ein Ergebnis, sondern einen Prozess. Sie bieten die Möglichkeit zu selbstorganisiertem Handeln und stützen damit die Motivation der Teilnehmer/innen. Offene sowie vorstrukturierte Verfahren bieten vielfältige Einsatzmöglichkeiten in verschiedenen Situationen (Problem-, Entscheidungs-, fachlichen beruflichen Situationen).

Als Querschnittsaufgabe müssen diese Verfahren unter Genderaspekten konzeptionell neu überarbeitet werden.

In der Jugendsozialarbeit werden als diagnostisches Verfahren in den letzten Jahren zunehmend mehr Assessment Center präferiert. Sie dienen während der Berufsorientierung und Berufsvorbereitung von Mädchen sowie Jungen nicht allein der Diagnose von Kompetenzen, sondern auch als Mittel der Aktivierung. Dergleichen gilt auch für berufsbezogene Tests (siehe Projektbeschreibung „Miss Technik“). Eingesetzt werden diese Verfahren innerhalb von Werkstattprojekten, berufsorientierenden Praktika und Kursen, sowie als Einzelveranstaltungen. Praktika und berufsbezogene Kurse beinhalten ebenfalls Aspekte zur Feststellung von Kompetenzen, die wiederum weniger systematisch betrieben werden und eher dem Ansatz eines gesprächsorientierten Verfahrens entsprechen. Alle Verfahren erfordern geschultes Personal: Psychologische Tests dürfen laut Standards der Berufsverbände nur von Psychologen durchgeführt werden. Fachkräfte müssen in der systematischen Beobachtung bei Simulationsverfahren trainiert werden.

Fortentwickelt werden Verfahren der Kompetenzfeststellung und Berufswegeplanung im Modellprogramm Kompetenzagenturen des BMFSFJ im Zeitraum von 2003 bis 2005. Die Kompetenzagenturen haben die Aufgabe, benachteiligte Jugendliche, die bisher nicht erreicht wurden, sozial und beruflich zu integrieren; Kompetenzagenturen fungieren dabei auch als Mittler zwischen Jugendlichen mit ungünstigen Startchancen und Jugendhilfeträgern (www.kompetenzagenturen.de).

Im Folgenden soll das Assessment Center näher vorgestellt werden, dessen Stärke darin besteht, neben der eigentlichen Kompetenzfeststellung noch zwei weitere Ziele zu verfolgen: die Entwicklung von Kompetenzen durch das AC und die Veränderung der Selbsteinschätzung im Sinne einer Revision des eigenen Geschlechtsrollenbildes.

Assessment Center (AC)

In den Niederlanden wurden in den 1990er-Jahren Potenzial-AC für alle Schulabgänger/innen als Grundlage der beruflichen Orientierung eingeführt. Aufgrund des hohen Erfolgs beim Rückgang der Ausbildungsabbrüche wurde ab 1996 über die Gemeinschaftsinitiative „Youthstart" der Ansatz in weitere europäische Länder verbreitet und in Deutschland insbesondere von Bildungsträgern in der Benachteiligtenförderung eingesetzt.

Herkömmliche Diagnostikverfahren in der Benachteiligtenförderung klassifizieren traditionellerweise die Adressaten ihrer Arbeit insbesondere im Hinblick auf ihre Schwächen und Defizite (Lernbehinderte, Leistungsschwache, Bildungs-/Sozialbenachteiligte). In Abgrenzung dazu haben eine Reihe von Trägern damit begonnen, das in der Privatwirtschaft entwickelte Verfahren Assessment Center so zu adaptieren, dass die Leistungspotenziale der Jugendlichen mit ungünstigen Voraussetzungen und Benachteiligungen identifiziert werden können, um diese mit passenden Angeboten zu verknüpfen.

Assessment ist ein englischer Begriff, hergeleitet von „to assess": einschätzen, bewerten – somit „Einschätzung/Bewertung". Definiert wird ein AC als Gruppenprüfverfahren, in denen mehrere Personen (meist 8–12), von mehreren geschulten Beobachterinnen und Beobachtern in einer Vielzahl von Beurteilungssituationen (Kommunikations-, Kreativ-, Konstruktions-, Logikübungen, Selbstpräsentation, Interviews, Rollenspielen) über einen längeren Zeitraum (meist 2–5 Tage) im Hinblick auf wichtige Kriterien und nach festen Regeln beurteilt werden (vgl. Sarges 1996).

Assessment Center in der Jugendsozialarbeit sollen

- Jugendlichen ein realistisches Bild von beruflichen Anforderungen und Tätigkeiten geben,
- Jugendliche unterstützen, ihre persönlichen Neigungen, Fähigkeiten und Fertigkeiten sowie ihren Leistungsstand kennen und einschätzen zu lernen,
- Jugendlichen ermöglichen, ihre Persönlichkeit und den Berufswunsch in Übereinstimmung zu bringen,
- Hinweise für einen gegebenenfalls notwendigen Förderbedarf geben und die Grundlage für die Entwicklung individueller Förderpläne und Zielvereinbarungen bilden,
- Jugendliche aktivieren, die Verantwortung für die eigene Bildungs- und Ausbildungsbiografie sowie für ihre Persönlichkeitsentwicklung zu übernehmen.

Bei der Potenzialermittlung geht es auch darum, „Basisdaten für die Beurteilung oder Vorhersage menschlichen Verhaltens (zu) liefern, von dem angenommen wird, dass es für die berufliche Entwicklung des Einzelnen wichtig ist“ (Domsch/Jochum 1989, S. 2). In einem Potenzial-Assessment sollen keine Vorerfahrungen und Vorkenntnisse beobachtet werden, sondern es soll anhand der Schlüsselqualifikationen, die sichtbar werden, auf die künftigen Entwicklungsmöglichkeiten geschlossen werden.

AC enthalten Übungen, die verschiedene Arbeitstätigkeiten eines Berufsfeldes möglichst realistisch abbilden. So können in einem Verkaufsrollenspiel neben der Dienstleistungsorientierung und Kommunikationsfähigkeit auch motivationale Aspekte, Konfliktfähigkeit, Zielorientierung und Belastbarkeit beobachtet, beurteilt und gleichzeitig trainiert werden. Bei der geschlechtersensiblen Gestaltung ist darauf zu achten, dass aus jeweils geschlechtsuntypischen Berufsfeldern Arbeitstätigkeiten in die Übungen übertragen werden. Einerseits sollen Mädchen und Jungen in diesen Übungen Inhalte und Arbeitsvorgänge der jeweils „untypischen“ Berufe kennen lernen (Geschlechtsrolle) und andererseits Vorurteile hinsichtlich ihrer Selbstwahrnehmung der eigenen Kompetenzen (Selbstbild) überdenken.

Grundlage eines jeden Assessment Center ist eine systematisierte und standardisierte Verhaltensbeobachtung. Dieses System bietet für alle Teilnehmer/innen vergleichbare Bedingungen. Je überlegter die Beobachtungsmerkmale in Bezug auf Kompetenzen sind, desto aussagekräftiger wird das Verfahren. Daneben erfordern die Qualitätsstandards qualifiziertes Personal, das in der Mikrobeobachtung und in der Kontrolle seiner Subjektivität trainiert worden ist. Jedes AC sollte die Qualitätsstandards zur Entwicklung, Durchführung und Einbettung von AC berücksichtigen (vgl. Arbeitskreis Assessment Center 1996).

Die Auswertungsgespräche mit den Teilnehmerinnen und Teilnehmern nehmen einen bedeutenden Anteil des Verfahrens ein. Individuelle Beratungsgespräche münden in konkrete Schritte zur Berufswegplanung und in weiterführende Praktika. Ein Potenzial-AC muss in Hinblick auf nachhaltigere Wirkungen weitere Förder-/Unterstützungsangebote für die Jugendlichen beinhalten. Diese Methode ist besonders für Jugendliche interessant, weil Ausprobieren und persönliche Beratung miteinander kombiniert werden. Die Akzeptanz ist insbesondere deshalb auch bei Mädchen hoch, weil Bedarfe nach Hilfestellungen zur Selbsteinschätzung und zur allgemeinen Berufsorientierung aufgegriffen werden (siehe Projektbeschreibung „Taste For Girls“).

Insbesondere junge Teilnehmer/innen an Assessment-Verfahren berichten von einem sehr hohen persönlichen Lerneffekt in der Eigenwahrnehmung. Aufgrund des hohen Beobachterschlüssels sind AC sehr kostenintensive diagnostische Verfahren. Jedoch rechtfertigt das in kurzer Zeit erreichte Ergebnis den Aufwand.

Literatur

Arbeitskreis Assessment Center (Hrsg.) (1996): Assessment Center als Instrument der Personalentwicklung: Schlüsselkompetenzen, Qualitätsstandards, Prozessoptimierung. Hamburg

Becker, Manfred/Rother, Gabriele (1998): Pendelschlag von der Qualifikation zur Kompetenz. In: QUEM-Bulletin 2/3 1998. Berlin, S. 10f.

De Boer, Bernd/Wagner, Klaus (2002): Assessment: ein Konzept aus der Wirtschaft für die Jugendsozialarbeit. In: Fülbier, Paul/Münchmeier, Richard (Hrsg.): Handbuch Jugendsozialarbeit. Münster, S. 970–976

Domsch, Michel/Jochum, Irmgard (1989): Zur Geschichte des Assessment Centers. Ursprünge und Werdegänge. In: Lattmann, Charles (Hrsg.): Das Assessment-Center-Verfahren der Eignungsbeurteilung. Sein Aufbau, seine Anwendung und sein Aussagegehalt. Heidelberg, S. 1–18

Erpendbeck, John (1998): Kompetenzentwicklung als Forschungsfrage, In: QUEM-Bulletin 2/3 1998. Berlin, S. 19

Heidelberger Institut Beruf und Arbeit (hiba GmbH) (2003): Kompetenzfeststellung in der beruflichen Integrationsförderung. Empfehlung des Fachbeirates Benachteiligtenförderung der Bundesanstalt für Arbeit vom 10.10.2003. Darmstadt, S. 5–6

Kollatz, Heidemarie (2001): Förderung von benachteiligten Mädchen und Frauen durch Berufsausbildung in innovativen Berufsfeldern. Expertise. Bonn

Nissen, Ursula/Keddi, Barbara/Pfeil, Patricia (2003): Berufsfindungsprozesse von Mädchen und jungen Frauen. Erklärungsansätze und empirische Befunde. Opladen, S. 46ff.

Sarges, Werner (Hrsg.) (1996): Weiterentwicklungen der Assessment-Center-Methode. Göttingen

Würfel, Gisela (2001): Kompetenzorientierung in der Benachteiligtenförderung – Handlungsgrundlage bei der Bewältigung aktueller Herausforderungen. In: Jugend Beruf Gesellschaft. 52. Jg., Heft 1, S. 33–38

Zastrozny, Wolfgang (2002): Übergänge in das Berufsleben aktiver und kreativer gestalten. In: Berufsbildung. Zeitschrift für Praxis und Theorie in Betrieb und Schule. 56. Jg., Heft 73, S. 19–23

Ulrike Richter

Taste for girls – Technik ausprobieren, Stärken entdecken

Ausgangsproblematik

Der Verein Life e.V. ist ein Frauenbildungsträger und organisiert seit 1988 Angebote zur beruflichen Aus- und Weiterbildung für Mädchen und Frauen in Handwerk, Technik und neuen Umweltberufen sowie Netzwerke zur Förderung von Chancengleichheit.

Der Anteil von Mädchen und jungen Frauen in handwerklichen oder technischen Berufen stagniert trotz Modellprojekten und Kampagnen auf niedrigem Niveau. Auch in den neuen Zukunftsberufen im IT- und Medienbereich drohen die Mädchen zu verlieren. Dabei zeigen Umfragen mit Betrieben, die Mädchen in Handwerk und Technik ausbilden, dass Mädchen im Vergleich mit Jungen bessere Abschlusszeugnisse haben, zuverlässiger, weniger krank, umsichtiger mit Werkzeugen sind, weniger Arbeitsunfälle verursachen und sauberer arbeiten. Trotz dieser Vorteile haben Mädchen oft noch Schwierigkeiten, Ausbildungsplätze im technischen, handwerklichen und IT-Bereich zu erhalten. Life e.V. schätzt aus langjährigen Erfahrungen in diesem Feld ein, dass Betriebe, die einmal gute Erfahrungen mit Frauen sammeln konnten, zukünftig wieder Mädchen und junge Frauen ausbilden bzw. einstellen werden.

Der Bedarf an weiblichen Auszubildenden im handwerklich-technischen Bereich wird künftig weiter steigen. In Süddeutschland besteht bereits ein hoher Bedarf an Auszubildenden, da die Zahl der Jugendlichen sinkt. Alle Zukunftsprognosen gehen davon aus, dass es bereits ab 2005/2006 an Fachkräften in Handwerksbetrieben und in der Industrie mangeln wird.

Die Anforderungen eines handwerklichen, technischen oder IT-Berufes werden nicht in Unterrichtsfächern greifbar. Durch Schulzensuren erhalten weder Mädchen noch Jungen eine Rückmeldung über ihre (Nicht-)Eignung für einen handwerklich-technischen Beruf. Um Mädchen in der Phase der Berufsorientierung für diese Berufe zu gewinnen, reicht es nicht aus, Broschüren zu verteilen oder Kampagnen zu starten. Vielmehr geht es darum, reale Erfahrungen mit berufstypischen Tätigkeiten zu ermöglichen. Nur die wenigsten Mädchen haben konkrete Vorstellungen über ihren zukünftigen Beruf. In vielen Ausbildungsgängen gibt es eine große Zahl von Ausbildungsabbrüchen, die auf mangelhaft ausgebildeten Vorstellungen zu beruflichen Anforderungen und dem eigenen Berufspotenzial zurückzuführen sind.

Den Anstoß zum Projekt „taste for girls“ gab ein Artikel in der Fachliteratur zur Konzeption und Durchführung von Assessment Centern (AC). Darin wurde deutlich, wie Jugendliche durch dieses Verfahren ihre Selbsteinschätzung positiv änderten. Die Methode AC stellt einen wirksamen Ansatz dar, Mädchen für handwerklich-technische Berufe zu interessieren und eine genaue Vorhersage des beruflichen Entwicklungspotenzials zu ermöglichen. Mit dem vorgestellten Projekt setzt der Träger erstmals die Methode AC ein.

Konzeption

„Taste for girls“ ist ein Assessment-Verfahren für Mädchen und junge Frauen zur Potenzialermittlung und zur beruflichen Orientierung am Ende der Schulzeit. Die Entwicklung des Verfahrens wurde vom Bundesministerium für Bildung und Forschung gefördert und soll bundesweit von Bildungsträgern, u.a. der Jugendsozialarbeit/Jugendberufshilfe eingesetzt werden.

Viele Mädchen haben bis zum Ende der Schulzeit keinen oder kaum Kontakt zu Berufen in Handwerk, Technik und den neuen Informationstechnologien (IT). Um die richtige Berufswahl treffen zu können, entwickelte Life e.V. „taste for girls“, um erstmalig in Deutschland Mädchen einen anderen Weg in ungewohntes Terrain anzubieten. Mädchen und junge Frauen sollen die Berufsfelder Handwerk, Technik und IT praktisch kennen lernen und ihre Fähigkeiten darin testen. Sie sollen motiviert werden, auch handwerklich-technische Berufe in ihre Berufswahl mit einzubeziehen.

Eine Woche lang können Mädchen in simulierten Praxissituationen ausprobieren, welche Anforderungen den Berufsalltag von IT-Berufen, Handwerk und Technik prägen; sie arbeiten in ungewohnten Umgebungen, mit ungewohnten Materialien und Werkzeugen. Dabei schauen ihnen trainierte Beobachterinnen und Beobachter zu und versuchen herauszufinden, ob die Mädchen mit den Situationen gut zurechtkommen und ob solche Berufe für sie geeignet sind. Ihre Beobachtungen werten sie gemeinsam mit den Mädchen aus (Selbst- und Fremdeinschätzung). Individuelle Beratungsgespräche führen weiter in konkrete Schritte zur Berufswegplanung und eventuell in weiterführende Praktika.

Innerhalb der vier Module Informationstechnologie, Handwerk, Technik und Umgang mit Minderheitensituation sind Praxisaufgaben zu absolvieren. Diese Aufgaben sind in drei Schwierigkeitsgraden vorhanden. Das Modul „Umgang mit der eigenen Minderheiten- bzw. Fremdheitssituation“ wurde ausdrücklich mit aufgenommen, da bei einer Entscheidung für einen männerdominierten Beruf sich Mädchen mit der Minderheitssituation vorab auseinander setzen sollten.

Am Ende des Assessment-Verfahrens erhält jede Teilnehmerin ein ausführliches Zertifikat, das sie für weitere Bewerbungen und die Berufsberatung nutzen kann.

In einem Potenzial-Assessment können und sollen keine Vorerfahrungen und Vorkenntnisse der Mädchen beobachtet werden, sondern es soll anhand der Schlüsselqualifikationen, die sichtbar werden, auf die künftigen Entwicklungsmöglichkeiten geschlossen werden. „Taste for girls“ ist wie alle Potenzial-Assessments ein Kompetenzansatz: Es geht darum, die Stärken herauszufinden. Bei dem bei „taste for girls“ eingesetzten Verfahren zur Auswertung der Beobachtungen werden von mindestens zwei Beobachterinnen alle beobachteten Handlungen und Aussagen der Mädchen notiert und in der Auswertung wiederum verdichtet.

Die Qualitätsstandards für AC erfordern u.a. qualifiziertes Personal, das in der Mikrobeobachtung und in der Kontrolle seiner Subjektivität trainiert worden ist. Folglich wird das AC nur dann abgegeben, wenn ein Training der Beobachter/innen durch Life e.V. absolviert wurde.

Umsetzung

Das AC dauert fünf Tage. An vier Tagen wird je ein Berufsfeld in einer Gruppe von acht bis zehn Teilnehmerinnen ausprobiert. Dabei werden die Teilnehmerinnen von fünf bis sieben Assessorinnen/Assessoren beobachtet. Der fünfte Tag dient den Abschlussgesprächen und der Vorbereitung des detaillierten Zertifikats.

In Berlin tritt Life e.V. selbst als Anbieter für das AC-Verfahren auf und führt es in den eigenen Werkstätten durch. Über Werbung an Schulen werden Mädchen der 9. Klassen erreicht. Kooperationen bestehen mit zwei Berliner Schulen (Zehlendorf, Prenzlauer Berg). Weiterhin nehmen Mädchen und junge Frauen, die ein berufsvorbereitendes Jahr bei Life e.V. absolvieren, zu Beginn des Jahres am Assessment teil. Die Teilnahme hat positive Wirkungen auf die Klarheit bei der beruflichen Orientierung sowie auf die Gruppendynamik gezeigt.

Zu Beginn werden die Teilnehmerinnen mit Informationen und Übungen auf den Berufsbereich des Tages eingestimmt. Die Beobachtungskriterien und Praxisaufgaben werden vorgestellt. Somit ist allen bekannt, nach welchen Kriterien sie beobachtet werden, und worauf es bei der Lösung der Aufgaben ankommt. Alle Teilnehmerinnen stufen sich selbst vor jedem Praxisauftrag anhand von Testangeboten auf eines von drei Kenntnisniveaus ein. Entsprechend wird für sie der Auftrag formuliert. Die Mädchen erledigen dann einen ca. einstündigen Auftrag aus einem der vier Module.

Die Arbeitsaufträge wurden bewusst nach genderspezifischen Gesichtspunkten gestaltet. Im Modul „Technik" wurde bewusst das Fahrrad als ein Gegenstand gewählt, den die Mädchen kennen. Das Fahrrad wird nicht in erster Linie als technisches Gerät, im Gegensatz z.B. zur Dampfmaschine, assoziiert. Gleichwohl besteht das Fahrrad aus verschiedenen Schraubverbindungen, mechanischen Elementen, Zahnradübertragung und elektrischen Bauteilen, anhand derer technisches Verständnis entwickelt und präsentiert werden kann.

Aufgabenbeispiele aus den Modulen:

Modul „Informationstechnologie": „Im Team schnell im Internet Informationen suchen und verarbeiten ... es gibt ein paar kleine technische Störungen ... und die anstrengende Kundin, die nicht genau weiß, was sie will, wartet schon ..."

Bei diesem Auftrag ist u.a. ein hohes Maß an Problemlösungskompetenz gefordert hinsichtlich der Fähigkeit, systematisch Fehlerquellen auszuschließen. Hinzu kommt eine ausgeprägte Kommunikationskompetenz, um z.B. Kundenanforderungen zu analysieren und zu präzisieren. Ebenfalls wird darauf geachtet, wie die Aufgabe in einem Dreier-/Viererteam aufgeteilt bzw. organisiert ist und wie mit technischen Störungen umgegangen wird.

Modul „Handwerk": „In einer Designerwerkstatt ein kleines Möbelstück bauen ... den Bauplan verstehen ... Werkzeug benutzen ..."

Diese Aufgabe erfolgt in Einzelarbeit, bei der planvolles Arbeiten, logisch-räumliches Vorstellungsvermögen, Genauigkeit im Umgang mit Materialien und Werkzeugen wichtig sind.

Modul „Technik": „Für eine Sportlerin ein technisches Gerät zusammenbauen ... es herrscht ziemliche Zeitnot ... und nicht alles funktioniert ..."

Die Mädchen arbeiten zu zweit an einem Fahrrad. Es werden Bauteile montiert, Fehler gesucht und anhand einer Zeichnung Änderungen erkannt und umgesetzt.

In der abschließenden Bewertung spielt das Kenntnisniveau keine Rolle: Wichtig sind die Aspekte des Verhaltens, die zur Ausgestaltung und zum Gelingen des Auftrags beitragen.

Das Feedback an die Teilnehmerinnen basiert auf
- Selbsteinschätzung
- Auswertung der Beobachtungsnotizen der einzelnen Beobachter/innen
- Auswertung der Beobachtungsnotizen in einer Beobachtungskonferenz.

Das Feedback-Gespräch von ca. 30 Minuten findet am nächsten Morgen statt. Eine Beobachterin/ein Beobachter bespricht im Einzelgespräch mit dem Mädchen, was beobachtet wurde und auf welche Kompetenzen daraus geschlossen werden kann.

Modul „Minderheits- und Fremdheitssituation“: Am vierten Tag, wenn die Beobachter/innen die Mädchen besser kennen, werden in einem Rollenspiel zwei Situationen nachgestellt. Die Teilnehmerinnen können in diesem Modul Strategien entwickeln, die erfolgreich sind und zu ihrer Persönlichkeit passen. Für das Rollenspiel wurden arbeitslose Schauspieler engagiert. Das Setting wird auf die Persönlichkeit des Mädchens angepasst. Die Beobachter/innen schätzen das Schwierigkeitsniveau vorher ein und stimmen sich mit den Rollenspielern ab.

1. Sequenz: Das Mädchen steht einem fremden Arbeitsteam gegenüber, das sich ignorant zu ihr als Anfängerin verhält. Sie hat die Aufgabe, sich mit ihren Ideen in das Team einzubringen. Die Gruppe steht unter Zeitdruck, sie benutzt Begriffe, Orte und Namen, die der Teilnehmerin unbekannt sind. Diese Situation wird von Frauen und Männern gespielt.

2. Sequenz: Das Mädchen muss als neue Mitarbeiterin einen Kundenauftrag übernehmen, der in einem „männlich“ besetzten Bereich stattfindet (in diesem Fall die Gestaltung eines Fests für einen Fußballverein). Sie erlebt, wie es sich „anfühlt“, als Frau allein in der Minderheit unter Männern zu sein und kompetent die eigene Arbeit zu vertreten, wenn man ihr zunächst herablassend oder zweifelnd

begegnet. In dieser Situation wird ihr Gegenüber von Männern gespielt.

Dieses Modul wurde zuvor auf freiwilliger Basis durchgeführt. Das führte zu dem Ergebnis, dass ausschließlich die wortgewandteren, selbstbewussteren Mädchen sich dieser Aufgabe stellten. In der Überarbeitung des AC wurde das Modul zum festen Bestandteil. Die Fremdheitssituation ist von allen Berufsanfängerinnen zu bewältigen. Die Minderheitensituation gehört in der Realität zu den technisch-handwerklichen Berufen meist dazu. Demzufolge sollte diese Testsituation nach Möglichkeit auch von allen Teilnehmerinnen absolviert werden.

Der fünfte Tag beinhaltet die Gesamtauswertung der Woche in der ganzen Gruppe, wo Resümee gezogen, Kritik geäußert und der persönliche Nutzen reflektiert wird.

Jedes Mädchen erhält nach ca. zwei Wochen ein umfassendes Zertifikat über das abgelegte AC. Darin sind die absolvierten Module, die Kenntnisniveaus, eine Erläuterung des Verfahrens und Empfehlungen für weitere Schritte zur Berufsorientierung enthalten. Den umfangreichsten Teil nimmt die individuelle Einschätzung ein. Alle Unterlagen (Beobachtungsprotokolle, Netzdiagramme) werden zur Zertifikatserstellung hinzugezogen. Nach einer vorgegebenen Struktur wird das vier bis fünf DIN-A4-Seiten umfassende Zertifikat formuliert. In einem Treffen mit den Teilnehmerinnen werden die Inhalte des Zertifikates einvernehmlich mit dem Mädchen abgeglichen.

Während der Durchführung des AC beobachten zwei unabhängige, trainierte Beobachter/innen – so genannte Assessorinnen/Assessoren – jeweils ein Mädchen bei der Ausführung eines Auftrags. Sie werden gelenkt von Beobachtungsdimensionen, die aus den beruflichen Anforderungen abgeleitet wurden. Beobachtet werden sichtbare Handlungen und mündliche Aussagen, die wiederum uneingeschränkt protokolliert werden. Nach der Übung wertet jede Beobachterin/jeder Beobachter für sich aus, an welchen Stellen die beobachteten Mädchen Handlungen gezeigt haben, die bestimmten Schlüsselkompetenzen (Arbeitssystematik, Teamfähigkeit, Problemlösungskompetenz, Kommunikation mit Kunden, emotionale Belastbarkeit) zugeordnet werden können. Im Anschluss werden die Ergebnisse mit der zweiten Beobachterin abgeglichen.

Ein Beispiel: Als Problemlösungskompetenz und Kreativität würde eingestuft, wenn die Teilnehmerin bei Problemen ihre Arbeit unterbricht, sich orientiert, ihr Vorgehen korrigiert und alternative

Vorgehensweisen und Strategien findet. Die Beobachter/innen wechseln pro Aufgabe, sodass ein Mädchen im Laufe der Woche von mehreren Personen eine Rückmeldung erhält und so ihr Selbstbild differenzieren kann. Darüber hinaus können mit diesem Wechsel subjektive Wahrnehmungen und Vorurteile der Beobachter/innen relativiert werden.

Die Durchführung von „taste for girls" ist an die Einhaltung von Qualitätsstandards für AC gebunden, die sich an den fachlich zum Maßstab gewordenen Standards des Arbeitskreises Assessment Center e.V. orientieren. Die Übernahme des Verfahrens ist an Träger gebunden, bei denen Werkstätten, ausreichende Arbeitsräume, Computer, Werkzeuge etc. vorhanden sind. Ebenso werden die erfolgreiche Steuerung durch das Verfahren sowie die Einbettung in Vor- und Nachbereitungssysteme von Schulen, Berufsberatung und Betrieben vorausgesetzt. Zentrales Kriterium ist die umfassende Schulung der Assessorinnen. Das AC-Konzept wird kostenlos abgegeben. Kostenpflichtig dagegen ist das Training der Beobachter/innen (3.300 EUR pro Training für fünf Tage). Wenn der Anbieter nicht selbst über eine ausreichende Anzahl von Assessorinnen verfügt, ist der Einsatz von ausgebildeten Honorarkräften (bisher gezahlter Satz: 140 EUR pro Person und Tag) durch den Anbieter möglich.

Training der Assessorinnen/Assessoren: Die Beobachter/innen sollten über Grundkenntnisse aus dem Bereichen Handwerk und Technik sowie über pädagogische und psychologische Kenntnisse verfügen. Falls der Träger beabsichtigt, das AC mehrfach in der eigenen Region anzubieten, lohnt sich finanziell eher ein Training der eigenen Mitarbeiter/innen als der Einsatz von externen Honorarkräften. Life e.V. bietet Trainings vor Ort an, wenn eine Ausbildungsgruppe von 12 bis 15 Teilnehmenden (z.B. auch durch den Zusammenschluss mehrerer Träger) zustande kommt. Frauen wie Männer können am Training teilnehmen. Die Öffnung für Männer erweist sich als positiv für die Rückmeldung an die Mädchen. Beim Training geht es darum, eine möglichst objektive Beobachtungsweise (Mikrobeobachtung unter „kontrollierter Subjektivität"), Auswertung, Feedback und Zertifizierung zu üben. Das Training dauerte ursprünglich sechs Tage, wurde in der Überarbeitung auf fünf Tage gekürzt, da es für die Träger so praktikabler und kostengünstiger ist.

Life e.V. arbeitet an einer bundesweiten Verbreitung von „taste for girls". Die wichtigsten Multiplikatoren sind die Arbeitsämter, Schulverwaltungen und bundesweit oder regional agierende Träger der Berufsorientierung und der Jugendberufshilfe. Gesucht werden

Strukturen, die eine Einbindung des AC in bestehende Projekte der Jugendsozialarbeit ermöglichen. So beabsichtigt die Arbeiterwohlfahrt, das AC bundesweit an ihren Standorten einzusetzen. Weiterhin liegen Anfragen aus Baden-Württemberg und Nordrhein-Westfalen vor. Interessierte Träger können sich direkt an Life e.V. wenden. Eine Webseite www.taste-for-girls.de informiert über Ansprechpartner, Ziele, Umsetzung und Verlauf des Projekts.

Erfahrungen

Für Mädchen ist das AC eine attraktive Methode, Fähigkeiten sichtbar zu machen und zu entwickeln. Das Ziel, Mädchen mit technischen, handwerklichen Berufen in Kontakt zu bringen, eine Auseinandersetzung anzuregen und Entscheidungshilfen zu geben, wurde erreicht. Das AC ist für Mädchen interessant, da es eine Mischung aus Ausprobieren und persönlicher Beratung ermöglicht. Die Resonanz bei den Mädchen ist hoch, wobei die Motivation zur Teilnahme weniger auf die Bereiche Technik, Handwerk, IT gerichtet ist, sondern vielmehr auf Hilfestellungen zur Selbsteinschätzung und zur allgemeinen Berufsorientierung. Bisherige Erfahrungen zeigen, dass am Ende des AC ca. ein Drittel der Teilnehmerinnen sich in ihrem bisherigen Berufwunsch bestätigt sieht, ein Drittel sich auf Grundlage der gewonnenen Erkenntnisse neu orientieren möchte und ein Drittel sich für einen handwerklichen, technischen oder IT-Beruf entscheidet.

Die deutlichsten Unterschiede in der Einschätzung eigener Kompetenzen vor und nach dem Assessment wurden für den Handwerks- und Technikbereich erfasst, während sich die Einschätzung der eigenen Kompetenz im IT-Bereich als konstant erwies. Als ein Erfolg des AC ist zu werten, dass die Teilnehmerinnen lernen, sich selbst besser einzuschätzen und ihre Fähigkeiten auch nach außen formulieren zu können und zu vertreten. Bereits im Verlauf des AC ist erkennbar, wie die Teilnehmerinnen ihre Verhaltensmuster schrittweise verändern.

Die ursprünglichen Funktionen des AC als Auswahlverfahren werden bei einem Potenzial-AC wie „taste for girls“ nicht angewandt. „Taste for girls“ ist ergebnisoffen und verfolgt nicht das Ziel, Frauen in „Männerberufe“ zu vermitteln. Es ist ein Angebot, in ungewohnte Berufsbereiche intensiv Einblick zu nehmen und für sich selbst zu klären, ob nicht ein Beruf in diesen Feldern in Frage kommt und interessant sein könnte.

Eine Untersuchung vom Institut für Bildung in der Informationsgesellschaft (ibi) an der TU Berlin, die im Rahmen von EQUAL Assessment-Verfahren von Berliner Trägern evaluierte, zeigte, dass am Modul Technik die stärksten positiven Veränderungen des Selbstkonzepts der Mädchen zu verzeichnen waren. Ebenfalls stimmten die Mädchen nach dem AC deutlich stärker als zuvor der Aussage zu, sich gerne mit technischen Tätigkeiten zu beschäftigen.

Für die Entwicklung des AC wurden Fachleute aus Wissenschaft und Praxis einbezogen. Die Bereitschaft zur Mitarbeit an der Modulentwicklung war unerwartet sehr hoch.

Durch den hohen Beobachterschlüssel wird das AC zu einem kostenintensiven Verfahren. Wenn jedoch weniger Beobachter/innen eingesetzt sind, werden die Qualität des Verfahrens und somit auch der Erfolg reduziert. Das Ergebnis rechtfertigt die hohen Kosten. Mittels einer zielgenauen Berufsorientierung kann die hohe Zahl an Ausbildungsabbrüchen (30 %) vermindert werden. Schulen sollten angesichts der hohen Kosten mit Bildungsträgern bzw. mit Trägern der Jugendsozialarbeit kooperieren, um die notwendigen Mittel akquirieren zu können.

Die Beobachter/innen konnten durch das Training ihre Erfahrungen erweitern. Während des Trainings wurden Frauen und Männer mit geschlechtsspezifischem Rollenverhalten konfrontiert und sind in der Lage, gendersensibel zu agieren. Hingewiesen wurde auf die Gefahr, „Vorschusslorbeeren" zu vergeben, wenn sich Mädchen im handwerklich-technischen Bereich ausprobieren.

Der Qualitätsstandard „fortlaufende Qualitätsüberprüfung" für AC erfordert eine ständige Überprüfung und Weiterentwicklung des AC-Verfahrens. Veränderungen erfuhren Module und Aufgaben, um weitere Kompetenzen der Mädchen sichtbar zu machen. Die Vorbereitung des AC, insbesondere der Materialien, ist zeit- und materialintensiv und musste vereinfacht werden. Unverändert blieb die Dauer einer Aufgabe, da auch weiterhin die Konzentrationsfähigkeit der Beobachter/innen ihre Grenze nach ca. einer Stunde erreicht.

Die Durchführung von „taste for girls" in Berlin findet gegenwärtig in den Werkstätten von Life e.V. statt. Aufgrund von anderen laufenden Projekten ist es schwierig, freie Räume für eine Woche zu organisieren.

Es bestehen Überlegungen, in Zusammenarbeit mit anderen Trägern, die über Erfahrungen in der Arbeit mit Jungen verfügen, ein AC ausschließlich für Jungen anzubieten, da Jungen ebenso wie Mädchen der Berufsorientierung bedürfen. Es gibt den Wunsch und die Idee, in Berlin Räume ausschließlich für die Durchführung von AC einzurichten. Vorstellbar wären offene Angebote, die auch von

Einzelpersonen wahrgenommen werden könnten sowie die Durchführung von AC von verschiedenen Trägern. In Zukunft sollen AC für bestimmte Zielgruppen und Bereiche spezifisch erarbeitet werden (z. B. IT für Migrantinnen).

Aufgrund des hohen Erfolgs beim Rückgang der Ausbildungsabbrüche wäre die Übernahme des niederländischen Modells für die Berufsorientierung in Deutschland erstrebenswert. Dieses Modell beinhaltet, dass alle Schulabgänger/innen am Ende der Schulzeit ein 14-tägiges Potenzial-AC als Grundlage der bevorstehenden Berufswahl absolvieren. Damit würden sich vielfach Maßnahmen zur Berufsvorbereitung erübrigen.

Kontakt:
Life e. V.
Frau Annemarie Cordes
Dircksenstraße 47
10178 Berlin

Ulrike Richter

Miss Technik

Ausgangsproblematik

Der Fachkräftemangel stellt auch unter den Bedingungen von Massenarbeitslosigkeit bereits heute in einigen – vor allem westdeutschen – Regionen ein gravierendes Problem dar. Seit immer weniger junge Männer sich für technische Berufe entscheiden, wird zunehmend die Hoffnung auch auf junge Frauen gerichtet. Durch verschiedene Angebote wird versucht, Mädchen und Frauen als spätere Fachkräfte zu werben. Aktionen, wie Betriebsbesuche „Erlebnis Maschinenbau" in Ostwestfalen-Lippe, der Girls' Day „Wir nehmen unsere Töchter mit zur Arbeit" oder der Wettbewerb „Miss Technik" sollen Mädchen und junge Frauen überzeugen. Viele Mädchen orientieren sich bei ihrer Berufswahl immer noch an den typisch weiblichen Berufen wie Arzthelferin, Frisörin oder Einzelhandelskauffrau. Damit sind sie in ihren späteren beruflichen Möglichkeiten stark eingeschränkt.

Die Werbestrategien von Firmen in technischen oder handwerklichen Bereichen sprechen Mädchen nicht an. Die Einstellungstests setzen Kenntnisse voraus, die weder von Mädchen noch von Jungen erfüllt werden. Die Bewerberinnen kennen die Berufsbilder nicht bzw. die Firmen entwickeln keine geeigneten Strategien, diese Berufe bekannt zu machen. Weiterhin wird den Frauen häufig unterstellt, dass sie nicht in technischen Berufen arbeiten können oder wollen. Würden Mädchen zielgerichteter angesprochen und informiert, intensiver unterstützt und motiviert, hätten sie technische Übungsmöglichkeiten und weibliche Vorbilder, könnte der Anteil von Frauen in technischen Berufen erhöht und das Fachkräfteproblem gelöst werden. Ebenso wichtig ist die Unterstützung und Beratung von Firmen, Schülerinnen und Schüler für technische Berufe mit praxisorientierten Methoden zu begeistern. Es besteht eine Diskrepanz zwischen – angeblich an Technik uninteressierten – Mädchen und Firmen, die ihre Ausbildungsberufe nicht „verkaufen" können.

Das Technikzentrum Lübbecke, Träger des Wettbewerbs „Miss Technik", wurde 1994 mit dem Ziel gegründet, Mädchen und Frauen in technischen Berufen aus- und weiterzubilden und damit ihre berufliche Situation zu verbessern. Dieses Ziel wurde in der Satzung des Trägers verankert. Von 1996 bis 2000 wurde ein Projekt zur Berufswahl von Mädchen in technischen Berufen innerhalb des Landesprogramms „Neue Berufsfelder für Mädchen in Technik und Handwerk“ entwickelt und erprobt. Ziel des Programms war es herauszufinden, welche Angebote von Mädchen und Frauen am besten angenommen werden. Die Ergebnisse mündeten in der „Amazonenprüfung“, die dem landesweiten Bedarf an mobilen Angeboten zur Berufsorientierung und Technik gerecht wurde. Die Amazonenprüfung ist der Vorläufer für den Wettbewerb „Miss Technik“. Um die Amazonenprüfung zu bestehen, können Mädchen einen Technikparcours von bis zu 40 Modulen durchlaufen. Analog zur Amazonenprüfung gibt es für die Jungen die „Ritterprüfung“ – ebenfalls bis zu 40 Module mit typischen „Mädcheninhalten“.

Ausgehend von dem Bedürfnis Jugendlicher nach Orientierung, Vergleich mit anderen sowie der Suche nach den eigenen Begabungen und Stärken wurde die Methode des Tests entwickelt. Dieser Test ist wissens-, praxis- und persönlichkeitsorientiert. Die Veranstalter sind der Ansicht, dass Mädchen, die technisch interessiert sind, nicht die erforderliche Unterstützung der Schulen, Arbeitsämter und Eltern erhalten und damit Einzelkämpferinnen sind. Diese Mädchen können unabhängig von ihrem Wohnort über das Internet am Wettbewerb „Miss Technik“ teilnehmen. Sie haben die Möglichkeit einer Betreuung durch das Technikzentrum Lübbecke.

Konzeption

Drei Zielgruppen sollen mit diesem landesweiten Projekt in Nordrhein-Westfalen erreicht werden:

- Mädchen und junge Frauen im Alter von 14 bis 25 Jahren
- Multiplikatorinnen
- Ausbildungsbetriebe

Die Konzeption des Projekts beinhaltet, die Anforderungen der Betriebe an zukünftige Auszubildende in technischen Berufen und die Fähigkeiten der Mädchen miteinander zu verbinden.

Folgende Ziele werden mit dem Wettbewerb verfolgt:

- Berufswahlorientierung der Mädchen durch Testen der eigenen Technikbegabung und praktische Erfahrungen
- Vermittlung von Kontakten zwischen Arbeitgebern und Mädchen
- Unterstützung der Betriebe mithilfe erfolgreicher Methoden zur Werbung von Mädchen für technische Berufe

Die Interessen der Mädchen im technischen Bereich sollen erhöht und Hemmungen abgebaut werden. Durch theoretische Fragen und praktische Übungen werden die Mädchen mit Eignungstests von Firmen vertraut gemacht. Dadurch können sie einen selbstbewussten Umgang mit der Technik demonstrieren. Auf diese Wiese entstehen Vorbilder für weitere Mädchen. Die Firmen werden auf dieses qualifizierte Nachwuchspotenzial aufmerksam gemacht.

Der Test „Miss Technik" erfolgt in drei Schritten. Beim Wissenstest sind 50 Fragen aus Einstellungstests zu beantworten. Nach Auswertung des Wissenstests erfolgt für die Besten ein Praxistest innerhalb der Region (Kreis, kreisfreie Stadt) in der Nähe des Wohnorts. Interessierte Firmen sind daran beteiligt. Zum Teamtest werden wieder die Besten des Praxistests eingeladen, um in einem Technikcamp verschiedenste Aufgaben gemeinsam mit beteiligten Firmen zu lösen.

Zur Verbreitung und Bekanntmachung des Wettbewerbs wurde ein flächendeckendes Netz von Kooperationspartnern aufgebaut. Dazu gehören 387 Gleichstellungsstellen in NRW, 47 Regionalstellen „Frau und Beruf", sämtliche Beauftragte für Chancengleichheit der Arbeitsämter in NRW, LAG Mädchenarbeit, Fachhochschulen in Dortmund und Minden, alle Schulen in NRW, Kompetenzzentrum „Frauen ans Netz", Ministerium für Arbeit und Soziales, Qualifikation und Technologie des Landes NRW, IHK und Handwerkskammern, Mitarbeiter/innen in anderen Projekten (Internetprojekte und Mädchentreffs in NRW), Gewerkschaften, Firmen der Region.

Umsetzung

Der Wettbewerb wurde bisher zweimal durchgeführt. Der erste Durchgang fand vom Januar bis Juli 2002 und der zweite von Juli 2002 bis März 2003 statt.

Mit beiden Durchgängen konnten bisher 20.000 Teilnehmerinnen über Berufsmessen, Jugendmesse YOU, Veranstaltungen des Arbeitsamtes, des Berufsinformationszentrums (BIZ) u. a. Gruppenveranstaltungen im Land Nordrhein-Westfalen erreicht werden. Ein Parcours mit verschiedenen praktischen Aufgaben aus Eignungstests wird durchlaufen und 20 Wissensfragen aus dem Test „Miss Technik" sollen gelöst werden. Der Fragebogen wird ausgewertet und die Mädchen erhalten ihr Punktergebnis. Aus 50 Modulen wird der Zielgruppe entsprechend (je nach Schulform, Alter, Gruppengröße) eine Auswahl für die Berufsmesse getroffen. Auf der Berufsmesse YOU 2002 wurden 2.500 Jugendliche in vier Tagen erreicht. Im Gegensatz zu anderen Messeständen werden keine Werbeartikel oder Geschenke verteilt. Wer mehr als 14 Punkte erreicht, wird zur Teilnahme am Wettbewerb „Miss Technik“ aufgefordert. Der Fragebogen für den Wissenstest ist im Internet unter www.miss-technik.de abrufbar oder wird als Ausdruck verteilt. Als Anreiz zur Teilnahme können die Mädchen Laptops, Mobiltelefone oder die Teilnahmeberechtigung am Abenteuercamp gewinnen. Den Besten wird der Titel „Miss Technik“ verliehen. Die Fragen können online oder auf dem Ausdruck des Fragebogens beantwortet werden. Um einen Anreiz zu schaffen, wurde die elektronische Beantwortung mit Zusatzpunkten honoriert. Der Wissenstest beinhaltet 50 Fragen zu den Themen Technik, Berufe, Landespolitik, Mathematik, Bewerbung und IT. Für die Nutzung des Internets wurde sich bewusst entschieden, um vom Wohnort unabhängig eine große Anzahl von Mädchen im Flächenstaat NRW zu erreichen.

Für die Teilnahme am Wettbewerb wird eine Teilnahmegebühr von fünf Euro erhoben. Eine Voruntersuchung hatte ergeben, dass die Mädchen eine Teilnahmegebühr bis maximal zehn Euro aufbringen würden. Die Gebühr dient einerseits zur Erwirtschaftung des Eigenanteils an der Finanzierung, andererseits soll dadurch die Wertigkeit des Tests bekräftigt werden („Was nichts kostet, ist nichts wert“). Gleichzeitig zeigt das Mädchen, dass es in der Lage ist, eine Geldüberweisung auszuführen. Mit der Überweisung ist darüber hinaus der Nachweis über eine real existierende Person erbracht und Mehrfachteilnahmen können eingeschränkt werden.

Auf der Webseite wurden bisher 5.000 Zugriffe auf den Fragebogen registriert, davon füllten 500 Mädchen den Test aus. Die Teilnahmegebühr von fünf Euro wurde von 375 Teilnehmerinnen bezahlt, und diese haben am Wettbewerb teilgenommen. Entsprechend wurden 375 Mädchen zum Praxistest eingeladen. Davon nahmen schließlich 15 am Abenteuercamp teil. Diese 15 Mädchen kennen sich technisch gut aus, besitzen einen E-Mail-Account und ein Mobiltelefon. Beispielsweise beteiligte sich am Test ein Mädchen, welches zweimal bei „Jugend forscht“ teilgenommen hatte.

Zum Praxistest, der zweiten Stufe des Wettbewerbs, werden 10 bis 20 Mädchen einer Region (im Umkreis von 50 km) in das Rathaus, Jugendzentrum oder die Schule eingeladen. Die Organisation der Räume und die Öffentlichkeitsarbeit (Presse, Medien) für den Praxistest erfolgt durch die jeweilige Kontaktperson (Gleichstellungsstelle, Lehrerin, Arbeitsamt u. Ä.). Ausschlaggebend für die Wahl des Ortes oder Raumes sind Situation und Wohnort der Mädchen sowie die Verkehrsanbindung zum Testort. Der Test dauert drei Stunden und findet entweder an einem Vormittag – die Mädchen werden dann von der Schule freigestellt – oder einem Nachmittag statt. Er enthält

Aufgaben, die aus der Praxis entnommen sind und logisches Denken erfordern.

Der Praxistest umfasst folgende Stationen:

- Montage von Elektrokabeln
- Schraubeneindrehen auf Zeit (verschiedene Größen und Gewinde)
- Holz sägen (Kerzenhalter)
- Bleistift mit Messer anspitzen
- Draht biegen nach Vorgabe
- Spiegeltest
- Werkszeuge bestimmen
- Schrauben und Holzdübel sortieren
- Zahlen sortieren
- Kabel am Computer anschließen
- Schaltplan einer Klingel zeichnen
- Zündkerze kontrollieren

Die dritte Stufe des Wettbewerbs besteht aus einem Teamtest, der in einem Camp an einem Wochenende stattfindet. Die Besten des Praxistests werden dazu eingeladen. Für den ersten Durchgang wurden 30 Firmen gebeten, sich daran zu beteiligen. Die Resonanz war eher verhalten. Von zwei Firmen erhielt der Träger praktische Materialien und zwei Firmen waren direkt beteiligt. Für den zweiten Durchgang im Januar/Februar 2003 werden alle Firmen der Region äußerst massiv kontaktiert mit dem Ziel, dass allein die Firmen die Stationen des Praxistests gestalten und mehr Firmen in das Camp eingebunden werden. Erstmalig werden sich die Bundeswehr, das Technische Hilfswerk und die Feuerwehren an den Praxistests beteiligen. Die verstärkte Akquise und Beratung von Firmen resultiert aus der Einsicht, dass die Mädchen schon „fit“ sind, bei den Betrieben jedoch ein Nachholbedarf gesehen wird. In diesem Zusammenhang steht die Beantwortung der Frage, worin die Hemmnisse und Schwachstellen bestehen.

Folgende Maßnahmen wurden zur Erhöhung der Reichweite des Projekts ergriffen:

- *Ansprache von Lehrerinnen als Multiplikatorinnen:* Lehrerinnen werden über Berufsmessen und Mailaktionen an den Schulen erreicht. Für die systematische Akquise der Lehrerinnen in den Schulen wurde eine Honorarkraft beauftragt. Die Lehrerinnen erhalten Informationen zum Wettbewerb mit der Aufforderung, die Idee in die Klassen und an die Mädchen heranzutragen und diese zur Teilnahme zu motivieren. Der Fragebogen findet inzwischen eine enorme Verbreitung, sodass sich ab dem 7. Jahrgang alle Klassen einer Schule testen. Die Lehrkräfte erhalten die Ergebnisse und den Auftrag, die besten Mädchen zur Teilnahme am Wettbewerb zu ermutigen. Um Lehrerinnen zu motivieren und ihnen für ihre Bemühungen zu danken, wurde für besonders aktive, kreative und engagierte Lehrerinnen vom Technikzentrum Lübbecke der Zahnrad-Preis gestiftet. „Das goldene Zahnrad" wurde das erste Mal im Oktober 2002 verliehen.

- *Marketing und mediale Präsenz:* Es erfolgte eine massive Marketingkampagne: Alle 387 Gleichstellungsbeauftragen in Nordrhein-Westfalen, die Zentralstelle der Gleichstellungsstellen, alle 47 Regionalstellen „Frau und Beruf" wurden per E-Mail angeschrieben. Auf der Frauenmesse „Perspektiven für Frauen" (TOP) wurden ebenfalls alle Gleichstellungsstellen erneut informiert. Das Logo ist landesweit bekannt. Der Zahnradpreis ist ebenfalls ein Teil der Marketingkampagne. Über den Wettbewerb wurde in 30 Zeitschriften und Tageszeitungen fortlaufend berichtet. Die Webseite www.miss-technik.de wurde mit 60 Seiten verlinkt. Die Öffentlichkeitsarbeit für das Projekt arbeitet kontinuierlich mit den Medien zusammen. In der Presse werden Einladungen, Ankündigungen, Presseartikel zu Veranstaltungen des Projekts veröffentlicht, im Regionalfernsehen Beiträge und Interviews mit den Mitarbeiterinnen gesendet. Vom Projekt gibt es 2.000 Digitalfotos, die der Presse sofort zur Verfügung gestellt werden können.

An die hauptamtlichen Mitarbeiterinnen des Projekts werden sehr hohe Anforderungen gestellt. Dazu gehören Kenntnisse im frauenpolitischen, technischen, pädagogischen Bereich oder im Umgang mit dem PC, Erfahrungen im Marketing sowie flexible und mobile Einsetzbarkeit an den verschiedenen Veranstaltungsorten. Ein sofortiger Einstieg der Mitarbeiterinnen musste gewährleistet sein, da keine Einarbeitungs- oder Projektvorlaufzeit vorgesehen war. Dieser Einstieg war nicht unproblematisch, da zwei Mitarbeiterinnen den Anforderungen nicht genügten und ein Personalwechsel vollzogen werden musste. Eine Organisatorin ist Computerspezialistin und betreut die Webseite. Die zweite Kollegin organisiert die Durchführung der praktischen Tests einschließlich des Einsatzes von Honorarkräften. Für die Durchführung der Tests auf Messen und Veranstaltungen stehen den Veranstaltern 50 Honorarkräfte zur Verfügung. Die nebenamtlichen Mitarbeiterinnen werden in zweitägigen Seminaren und durch Hospitationen geschult, um das Thema Technik mädchengerechter zu vermitteln. Ebenfalls einbezogen werden Studentinnen des Studienganges Elektrotechnik/Maschinenbau an der FH Dortmund und FH Minden. Sie betreuen in einem angegliederten Projekt „Frauenprojektelabor“ Schülerinnen auf den Messen.

Die Auswertung des Wettbewerbs war integrierter Bestandteil des Projekts und Auflage des Ministeriums als Finanzier. Dabei wurden die Herkunft (Kreis, Ort) und das Alter der Mädchen erfasst. Die Adressen der Mädchen sollen an die Gleichstellungsbeauftragen und wenn möglich an die Kammern weitergegeben werden. Weiterhin wird der Verbleib der Mädchen nach dem Wettbewerb erfasst und eine Befragung der Mädchen nach möglichen Veränderungen durch ihre Teilnahme bei „Miss Technik“ durchgeführt. Zwei Monate nach dem ersten Durchgang wurden die Teilnehmerinnen angeschrieben, mit dem Ergebnis, dass die meisten Mädchen ein Praktikum im technischen Bereich absolvieren. Die Befragung zeigt, dass Mädchen es sich zutrauen, sich in ungewöhnlichen Bereichen zu erproben. Neben dem Selbstbewusstsein wurden ihre technischen Kenntnisse und Fähigkeiten gefördert und entwickelt, sodass die Teilnahme am Wettbewerb eine Qualifikation darstellt. Den Mitarbeiterinnen des Projekts ist es zu verdanken, dass Ausbildungsbetriebe diese Qualifikation anerkennen und Preisträgerinnen „Miss Technik“ bevorzugt einstellen.

Erfahrungen

Befragungen auf den Messen haben ergeben, dass 95 % der Mädchen das Internet nicht nutzen oder keinen Internetzugang besitzen. Diese Angaben konnten durch Erfahrungen anderer Fachfrauen bestätigt werden. In den meisten Haupt- und Gesamtschulen ist es den Schülerinnen nur gestattet, die von der Lehrerin/dem Lehrer genannte Seiten im Internet aufzusuchen. Ein freies Surfen im Internet ist während des Unterrichts nicht erlaubt. In der Freizeit ist die Nutzung des Internetzugangs der Schule für Mädchen schwierig, da dieser Bereich bereits durch die Jungen besetzt ist. Die meisten Mädchen besitzen keinen E-Mail-Account. Von den 120 Mädchen, die zum ersten Durchgang des Praxistests eingeladen wurden, verfügen lediglich 20 über eine E-Mail-Adresse. Den Träger überraschte die Einsicht, dass die tatsächliche Nutzung des Internets von Mädchen noch geringer ausfällt als in den zuvor eingeholten Angaben. Dennoch ist die Verbreitung des Wissenstests über das Internet empfehlenswert. Jedoch das Zusenden der Test-Auswertung per E-Mail hat sich nicht bewährt.

Im zweiten Durchgang des Wettbewerbs wurde der Fragebogen nicht nur im Internet bereitgestellt, sondern auch gedruckt (Auflage

10.000 Stück) an Schulklassen, an die 387 Gleichstellungsstellen, 47 Regionalstellen „Frau und Beruf“, 35 Arbeitsämter sowie andere Multiplikatorinnen in Nordrhein-Westfalen verteilt. Die höchste Erfolgsquote für die Werbung der Mädchen wurde mit dem Angebot niedrigschwelliger Testmöglichkeiten auf Berufsmessen und Jugendevents erreicht.

Der Wettbewerb richtet sich an diejenigen Mädchen, die bereits über technische Begabungen und Fähigkeiten verfügen. Das Ergebnis der Tests bestätigt ihnen ihre technische Kompetenz. Im Verlauf des Wettbewerbs können sich diese ausgesuchten Mädchen in Tests weiter ausprobieren. Dabei werden sie motiviert und gefördert. Die Veranstalter stellen sich die Aufgabe, diejenigen Mädchen durch den Test zu finden und zu befördern, die tatsächlich für technische Berufe geeignet sind. Für alle anderen ermöglicht der Wettbewerb, sich dem Thema „Technik“ zu nähern und eine bewusste Entscheidung gegebenenfalls auch gegen technische Berufe zu fällen.

Die Methode „Test“ in Verbindung mit praktischer Anwendung von Fähigkeiten wird von Mädchen wie von Jungen begeistert aufgenommen. Das zeigt die große Resonanz bei Messen und Jugendveranstaltungen. Allein mit dem Wort „Technik“ können Mädchen kaum geworben werden, da Technik bei Mädchen häufig negativ besetzt ist. Die Ehrung mit dem Titel „Miss Technik“ wird dagegen positiv aufgenommen. Die Ansprache der Mädchen in den erläuternden Texten im Internet sowie in den Fragebögen werden geschlechterbezogen und jugendgerecht gestaltet.

Die konsequente Marketing- und Werbestrategie bzw. die massive Akquise bei Firmen, Multiplikatorinnen und Mädchen sind neben den Inhalten des Wettbewerbs Garanten für dessen landesweite Verbreitung, Anerkennung und Erfolg. Über 1.200 Adressen umfasst der E-Mail-Verteiler des Technikzentrums Lübbecke. Bis zur landesweiten Bekanntmachung benötigten die Veranstalter ca. zwei Jahre. Durch die umfangreiche Ansprache von Firmen und Arbeitsämtern konnten vielfältige Informationen zum Thema Mädchen und Technik verbreitet werden. Firmen haben erkannt, dass sie ihre Werbestrategien für Auszubildende verändern müssen.

Der Träger erhält sehr viele Anfragen zum Projekt, auch aus anderen Regionen, z. B. aus Bremen, Bayern und den neuen Bundesländern. Es wurde ein bundesweites Netz aus Kontaktpersonen aufgebaut, an die sich die Fragenden regional wenden können. Das Technikzentrum berät persönlich, telefonisch oder per E-Mail Mädchen und Eltern – unabhängig von der Teilnahme am Wettbewerb – zu Fragen rund um Ausbildung im technischen Bereich. Besonders nachgefragt werden Bewerbungsstrategien für Mädchen um solche Ausbildungsplätze.

Die Chancen von Mädchen und Frauen für einen Ausbildungsplatz stehen nach diesem Test sehr gut, denn in nicht wenigen Firmen werden trotz aller Rezession dringend technisch versierte und engagierte Mitarbeiterinnen gesucht. Dass sich Mädchen für technische Berufe interessieren, steht außer Frage, wie auch die vielen Teilnehmerinnen bei „Miss Technik“ zeigen. Wenn die Mädchen dann durch den Wettbewerb gezeigt haben, was sie können, werden sie auch als Auszubildende von den Betrieben gern eingestellt. Die Auswertung der Tests mit Migrantinnen zeigen, dass sie in den Praxisaufgaben bedeutend bessere Ergebnisse zeigen als im Wissenstest. Es sollten mehr Projekte für Migrantinnen gefördert werden, die praktische Stärken fördern und auch über diesen Weg Defizite im Sprachbereich abbauen.

Das Projekt „Miss Technik“ läuft im Juli 2003 aus und wird in dieser Form nicht weiter gefördert. In einem neuen Projektantrag werden die Ergebnisse des Wettbewerbs aufgegriffen und auf den Genderansatz erweitert. Jungen und Mädchen sollen gleiche Chancen erhalten, sich zu testen. Die Verbreitung über das Internet wird aufgrund des großen Aufwandes nicht mehr verfolgt. Dagegen ist geplant, das Abenteuercamp auszuweiten, um Jugendliche direkt und praxisbezogen zu erreichen. Die Jugendlichen können sich in Wissens-, Praxis- und Teamtests erproben.

Für Lehrerinnen wird zukünftig ebenfalls ein Technikcamp angeboten. Dabei werden die Erfahrungen, die mit den Mädchen gesammelt wurden sowie die Erfahrungen aus den Schulungen mit den Multiplikatorinnen vereint.

Der Wettbewerb findet bereits bundesweit Anerkennung und Nachahmung. In Bremen wurde das Konzept aufgegriffen, indem ein Projekt mit dem Namen „Miss Technik Bremen“ startete. In Bayern veranstaltet das Bildungswerk der Bayrischen Wirtschaft Technikcamps für Mädchen: Eine Mädchengruppe verbringt fünf Tage in einem Betrieb (z.B. Siemens). Im Projekt „Fritzi“, Erfurt, werden in Zusammenarbeit mit dem Technikzentrum Lübbecke Schulungen für Multiplikatorinnen angeboten. Auch die positiven Erfahrungen in der Arbeit mit Studentinnen der Fachhochschulen sollen auf weitere Standorte übertragen werden.

Für die Wirtschaft ergeben sich aus diesem Projekt folgende Schlussfolgerungen: Die Werbung der potenziellen Auszubildenden muss verändert werden. Dabei ist zu beachten, dass eine jugendgerechte Ansprache verwendet wird und die Berufsbilder für die Jugendlichen praktisch und einfach erlebbar gestaltet bzw. vorgestellt werden.

Kontakt:
Technikzentrum Lübbecke e.V.
Frau Karin Ressel
Zum Brunnen 31
32479 Hille

7 Förderung sozialer Kompetenzen

Bärbel Geiß

Gendersensibles Training sozialer Kompetenzen
Überlegungen zur Verankerung der Kategorie Gender im Mainstream des Trainings sozialer Kompetenzen

Welches Problem soll gelöst werden? – Problemaufriss

Das Training sozialer Kompetenzen hat in den letzten Jahren einen immer größeren Stellenwert in der Jugendsozialarbeit eingenommen. Dies geschah vor dem Hintergrund, dass die Bedeutung überfachlicher Kompetenzen in der Berufsausbildung, aber auch generell für die Stabilisierung von Lebensläufen, einen immer wichtigeren Stellenwert im gesamtgesellschaftlichen Kontext erhielt, gerade auch in der Förderung benachteiligter Zielgruppen. Soziales Training wurde zunehmend zu einem eigenständigen Bestandteil des Förderprofils, das unter dem pädagogischen Leitprinzip „Fördern und Fordern" eingesetzt wird.

Zu den entwickelten Ansätzen zur Förderung sozialer Kompetenzen gehören u. a.
- Handlungs- und projektorientiertes Lernen,
- kreative und erlebnispädagogische Projekte
- sowie eine möglichst weitgehende Teilhabe von Auszubildenden an der Gestaltung ihres Ausbildungsalltags.

Das Training sozialer Kompetenz im engeren Sinne bezieht sich insbesondere darauf,
- die Stärken der Jugendlichen zu erkennen und an ihren Ressourcen anzusetzen,
- ihre Selbstständigkeit zu fördern,
- Situationen mit Ernstcharakter für sie zu realisieren und ihnen damit Erfahrungen von Einflussnahme zu ermöglichen
- sowie ihre kommunikativen Fähigkeiten auszubauen und Konfliktfähigkeit zu entwickeln.

Bereits 1990 bei der Novellierung des Kinder- und Jugendhilfegesetzes wurde in § 9 festgehalten, dass sich grundsätzlich die Erziehung auf die Gleichberechtigung von Mädchen und Jungen auszurichten hat. Damit wurde der normative Anspruch festgeschrieben, dass die Jugendhilfe die „unterschiedlichen Lebenslagen von Mädchen und Jungen zu berücksichtigen, Benachteiligungen abzubauen und die Gleichberechtigung von Mädchen und Jugend zu fördern" hat (§ 9 KJHG). Damit wurden bereits vor über zehn Jahren die in der Jugendhilfe Tätigen gesetzlich dazu verpflichtet, ihre Aufmerksamkeit auf die spezifischen Lebenslagen ihrer männlichen und weiblichen Klientel zu richten und ihre Angebote am Grundsatz der Gleichheit und der optimalen Förderung auszurichten. Bis heute wartet diese Norm aber in vielen – eigentlich den meisten – Bereichen der Jugendhilfe auf ihre praktische Umsetzung. Genau hierauf zielt die verbindliche Gleichstellungsforderung von Gender Mainstreaming ab und stellt insofern eine neue Chance für die Umsetzung des gesetzlich verankerten Gleichberechtigungsgrundsatzes in die Praxis der Jugendhilfe dar.

In der Vergangenheit wurden fast ausschließlich mädchenspezifische Angebote im Rahmen der feministischen Mädchenarbeit entwickelt. Diese machte die oft verdeckte Diskriminierung von Mädchen und jungen Frauen erstmals zum Thema und entwickelte Projektansätze, um dieser Situation entgegenzuwirken. In Reaktion hierauf wurden in den 1980er-Jahren auch Konzepte von Jungenarbeit erarbeitet. Dies geschah im Zusammenhang mit der Infragestellung der alltäglichen Dominanz von Männern in allen gesellschaftlichen Bereichen durch die Frauenbewegung. Unter anderem wurden im Rahmen des Aktionsprogramms der Bundesregierung gegen Aggression und Gewalt aber auch im weiteren Kontext der Jugendsozialarbeit jungenspezifische Ansätze entwickelt, die vor allem auf die soziale Integration gewaltbereiter männlicher Heranwachsender ausgerichtet waren. Hier wurden jungenspezifische Ansätze im Rahmen „Sozialer Gruppenarbeit" (KJHG § 29) konzipiert, um älteren Jungen bei der Überwindung von Entwicklungsschwierigkeiten zu helfen und sie durch soziales Lernen in der Gruppe zu fördern.

Diese Ansätze blieben jedoch marginal in der Jugendsozialarbeit. Emanzipatorische Jungenarbeit fristet nach wie vor ein Nischendasein. Es gilt, Konzepte für Jungen und junge Männer zu entwickeln, die eine Auseinandersetzung mit den Problemen ermöglichen, die auch Jungen mit ihrer vorbestimmten Männlichkeitsrolle haben. Hier stellt der Gender-Mainstreaming-Ansatz einen neuen Weg dar.

Bisher gehört es keineswegs zum Mainstream der Jugendhilfe, die eigene Praxis geschlechterbewusst zu reflektieren und zu gestalten.

Geschlechtsspezifische Angebote wurden in der Vergangenheit fast ausschließlich auf die Zielgruppe der Mädchen und jungen Frauen ausgerichtet. Damit wird der Anschein erweckt, als ob die Geschlechterproblematik in erster Linie Mädchen und Frauen betrifft. Die Fachdebatte darüber, was Jungenarbeit beinhalten soll und welche Qualitätsstandards zu fordern sind, ist noch jung und wenig entwickelt.

Derzeit werden geschlechtsspezifische Angebote für Mädchen bzw. Jungen zumeist auch nur in Sonderräumen und zeitlich begrenzt angeboten und haben nicht den Stellenwert einer Querschnittsaufgabe. Mädchenarbeit erreicht zudem nur einen kleinen Teil der Zielgruppe. Ähnliches gilt für die Jungen. Hinzu kommt, dass geschlechterbewusste Qualifizierungsangebote bei den Fachkräften bis heute auf Widerstände stoßen. Die bis heute nicht eingelöste Forderung der Mädchenarbeiterinnen nach so genannter kompensatorischer Jungenarbeit ist gegenwärtig u. a. immer noch nicht eingelöst, weil männliche Kollegen kaum bereit sind, diese Aufgabe zu übernehmen.

Die Berücksichtigung von Gender-Mainstreaming-Aspekten in den Konzepten zum Training von sozialen Kompetenzen ist noch im Anfangsstadium. Es existieren kaum ausdifferenzierte und erprobte Konzepte. So kann auch dieser Beitrag nur ein erster Versuch sein, ein gendersensibles Konzept zum Training sozialer Kompetenzen sowie die dazu notwendigen Rahmenbedingungen (Fortbildung der Fachkräfte, gendersensible Strukturverbesserungen in den beteiligten Institutionen/Organisationen) zu umreißen.

Unter dem Aspekt des Gender Mainstreaming wird das Kriterium Geschlecht zum zentralen Faktor des Trainings sozialer Kompetenzen. Mädchen und Jungen sollen gleichermaßen in ihren Potenzialen gefördert und Geschlechterdemokratie soll realisiert werden. Anders ausgedrückt müssen gendersensible Projektansätze zum Training sozialer Kompetenzen unter folgender Fragestellung entwickelt werden: Berücksichtigen sie die Interessen und Bedürfnisse von jungen Frauen und jungen Männern gleichermaßen, und welchen Nutzen bringen sie für das jeweilige Geschlecht?

Problemlösungsstrategien

Die Frage ist also: In welcher Weise kann die Kategorie Gender erfolgreich und gewinnbringend in den Mainstream von Konzepten der Jugendhilfe zum Training sozialer Kompetenzen eingebaut werden?

Gender als Qualitätsstandard für die Konzepte zum Training sozialer Kompetenzen erfordert zunächst einmal Informationen darüber, wie die sozialen Verhaltensweisen der Geschlechter aussehen und inwiefern sie zu ihrer Ungleichheit beitragen. Hier ist eine Systematisierung des verfügbaren Wissens zu dieser Fragestellung notwendig.

Informationen können in der entsprechenden wissenschaftlichen Literatur gefunden werden. Diese Literaturstudien allein reichen jedoch nicht aus, weil ihnen der Bezug zur Lebenswirklichkeit derjenigen Jugendlichen fehlt, mit denen die einzelne pädagogische Fachkraft vor Ort konkret zu tun hat. Aus den Ergebnissen quantitativer und qualitativer Jugendforschung kann nicht geradlinig abgleitet werden, welche konkreten Erfahrungen, Bedürfnisse, Interessen, Handlungsmuster etc. junge Frauen und junge Männer vor Ort haben. Sie können höchstens Wegweiser sein, die aber kritisch hinsichtlich ihrer Ausrichtung zu hinterfragen sind. So führt bei der Konzeptionierung neuer gendersensibler Ansätze zum Training sozialer Kompetenzen kein Weg daran vorbei, die konkreten Lebenswelten von Mädchen- und Jungenwelten zu erkunden, um ihnen gerecht zu werden.

Es stellt sich also die Frage: Auf welche Weise sind überhaupt angemessene Kenntnisse über subjektive Realitäten zu erschließen? Es erscheint offensichtlich, dass Wege zur Betroffenenpartizipation gefunden werden müssen, die es erlauben, Subjektives zum Ausdruck zu bringen. Zentral scheinen dabei methodische Instrumentarien zu sein, in denen junge Frauen und junge Männer sich selbst artikulieren können.

Darüber hinaus stellt auch das Empathievermögen der Fachkräfte mit ihrer Bereitschaft und Kompetenz, sich in die Welt der anderen vorbehaltlos hineinzubegeben, eine wichtige methodische Voraussetzung zu den subjektiven Lebenswelten der Klientel dar.

Geschlechterdifferenzen sind für die Konzeptionierung von Ansätzen zum Training sozialer Kompetenzen auf drei analytisch unterscheidbaren Ebenen bedeutsam:

1. als Unterschiede auf der Seite der Jugendlichen
2. als Unterschiede bei den pädagogischen Fachkräften sowie
3. in den Interaktionen zwischen den Mitarbeiterinnen/Mitarbeitern und den Jugendlichen

Methodische Aspekte der Konzeptionierung zum Training sozialer Kompetenzen

Konzepte für ein geschlechtersensibles Training sozialer Kompetenzen müssen als die Erweiterung biografischer Handlungsoptionen in der privaten und beruflichen Lebensplanung beider Geschlechter verstanden werden. Zentrale Zielsetzung von gendersensiblem sozialem Training ist die Auseinandersetzung mit der Vielfalt von Lebensformen und der Umgang mit Differenzen in einer pluralistischen Gesellschaft unter dem GM-Aspekt. Die Konzeption orientiert sich an geschlechtsbezogenen und interkulturellen Arbeitsansätzen.

Jungen und Mädchen werden ermutigt, ihre Meinung zu Fragen von Lebensentwürfen und Gleichberechtigung zu äußern, die Vorstellungen anderer kennen zu lernen und sich miteinander auszutauschen. Die Kategorie Geschlecht wird neben anderen berücksichtigt. Für die Jugendlichen ist es bedeutsam zu erfahren, dass auch verschiedene Meinungen nebeneinander existieren können, da sie selbst in den Kategorien „richtig“ oder „falsch“ verhaftet sind. Diese Überlegungen spielen für die Berufswahl eine ebenso wichtige Rolle wie für die privaten Lebensentwürfe.

Den Mädchen und Jungen sollen offene und individualisierte Entwicklungswege für ihre Berufsbildung und ihr Privatleben eröffnet werden. Voraussetzungen hierfür sind

- eine geschlechterreflexive Förderdiagnostik,
- ein geschlechterreflexiv arbeitendes Casemanagement sowie
- eine geschlechterreflexive individuelle Förderplanung.

Im Training sozialer Kompetenzen unter dem Gender-Mainstreaming-Aspekt sollte gleichermaßen an allen Kompetenzen angeknüpft werden. Das setzt voraus, dass sie förderdiagnostisch auch entsprechend erhoben werden (z.B. im Assessment-Center-Verfahren).

Die methodischen Überlegungen zu einem gendersensiblen Training sozialer Kompetenzen müssen auf Lebensweltorientierung und Empowerment basieren. Hier wird die Selbstverantwortung der Mädchen und jungen Frauen sowie der Jungen und jungen Männer betont. Die Lebensentwürfe beider Geschlechter sollten aufeinander bezogen thematisiert werden. Von Seiten der Pädagoginnen und Pädagogen ist normative Zurückhaltung gefordert.

Innerhalb der einzelnen Angebote von Konzepten zum Training sozialer Kompetenzen müssen die Zielerreichung sowie die dazu eingeschlagenen Wege in ihrer spezifischen Bedeutung für die Geschlechter reflektiert werden. Dabei ist immer auch zu prüfen, ob die Angebote die geschlechtsspezifischen Interessen der jungen Menschen berücksichtigen und die Jugendlichen dazu ermutigen, sich in für ihr Geschlecht untypischen Gebieten zu erproben.

Themenbereiche sind dabei u.a.

- die Reflexion der Alltagserfahrungen der Jugendlichen und ihrer gesellschaftlichen Zusammenhänge,
- die Anerkennung individueller, sozialer, geschlechtlicher und kultureller Differenzen (sich selbst und andere als Individuen mit unverwechselbaren und bedeutsamen sozialen, geschlechtlichen, kulturellen und biografischen Erfahrungen wahrzunehmen sowie zu akzeptieren),
- die Erprobung eines gleichberechtigten und wertschätzenden Umgangs miteinander,
- die Vielfalt von Lebensformen (wie Menschen ihr Leben gestalten, indem sie Berufstätigkeit, Arbeitslosigkeit, Hausarbeit, Freundschaften und Liebesbeziehungen, Elternschaft oder Kinderlosigkeit und andere Bezüge miteinander verbinden),
- die Werte (lernen, was Menschen in ihrem Leben wichtig ist und wie ähnlich oder unterschiedlich das sein kann).

Handlungsleitend für die Konzeptionierung eines gendersensiblen sozialen Trainings ist es einerseits zu prüfen, welche sozialen Kompetenzen bei Mädchen und Jungen bereits vorhanden sind, an die im Förderprozess gezielt angeknüpft werden kann (Ansatz an Fähigkeiten) und andererseits, welche Aspekte bei beiden Geschlechtern gefördert werden müssen, um mehr Geschlechterdemokratie zu erreichen. Hierbei ist entsprechend den vorliegenden Forschungsergebnissen von geschlechtsspezifischen Unterschieden in den Selbstkonzepten und daraus resultierend auch in den sozialen Kompetenzen der jungen Menschen auszugehen.

Folgende Hintergründe sind grundlegend für eine gendersensible Konzeptionierung von sozialem Training:

- *Parteilichkeit für Mädchen:* Mädchen und junge Frauen sind auch heute noch gesellschaftlich benachteiligt. Allerdings sind die gegenwärtigen Benachteiligungsstrukturen verdeckter als in der Vergangenheit. Dies birgt besondere Gefahren. Genderansätze müssen sich vor diesem Hintergrund den Mädchen und jungen Frauen nach wie vor parteilich zuwenden, um ihnen eine gleichberechtigte gesellschaftliche Teilhabe zu ermöglichen.
- *Bei den Stärken ansetzen:* Entgegen dem in der Vergangenheit dominierenden Problem- und Defizitansatz hat sich in der Mädchenarbeit in den letzten Jahren der Stärkeansatz durchgesetzt.

Sein Anliegen besteht darin, Mädchen und junge Frauen nicht mehr als defizitäre Wesen zu etikettieren, die etwas noch nicht haben, was Jungen schon haben, sondern vielmehr den Blick auf ihre Kompetenzen zu richten und hier in der Praxis der pädagogischen Arbeit anzusetzen. Vergleichbares gilt auch für die Arbeit mit Jungen. Auch hier will man die Jungen nicht als beschädigte Opfer/Täter hinstellen, sondern gezielt bei ihren Fähigkeiten ansetzen.

- *Geschlechtsrollenerweiterung:* Die Jugendlichen sollen ihre Lebenswelten als einen Raum der Möglichkeiten erleben, der zwar durch geschlechtsspezifische Rahmenbedingungen geprägt ist, in dem aber Handlungsalternativen entdeckt und erprobt werden können.
- *Geschlechtshomogene und koedukative Gruppenarbeit:* Geschlechtshomogene Gruppenarbeit (also die Trennung von Mädchen und Jungen) ist ein wesentlicher Bestandteil geschlechtsbezogener Pädagogik, da sie besondere Möglichkeiten für die Entwicklung von Jungen und Mädchen bietet. Sie kann auch in koedukative Rahmenbedingungen eingebunden werden. Die Erfahrungen zeigen, dass geschlechtergemischte Situationen sowohl für Mädchen als auch für Jungen die Normalitätszwänge erhöhen. Um sich von traditionellen Erwartungen frei machen zu können und eine kritische Distanz zum eigenen Geschlecht zu erlangen, sind demzufolge gleichgeschlechtliche Gruppen notwendig.
  Vielfach wird die durchgängige Trennung von Mädchen und Jungen heute aber verworfen und nur bei Bedarf eingesetzt. Hintergrund hierfür ist, dass geschlechterübergreifende Gemeinsamkeiten und Differenzen nur in gemischten Gruppen befriedigend erörtert werden können. Dazu gehören z.B. Fragestellungen wie: Welche Bedeutung hat Berufstätigkeit für Mädchen und Jungen? Welche Zukunftsideen haben Mädchen und Jungen? Wie stellen sich Mädchen und Jungen ein Leben mit Kindern vor?
- *Gleichgeschlechtlichkeit der Fachkräfte:* Eine effektive Mädchen- und Jungenarbeit kann nur auf der Basis der gleichen geschlechtlichen Betroffenheit funktionieren. Die spezifischen Konfliktlagen sind nur gleichgeschlechtlich kommunizierbar, und nur so können Identifikationsfiguren zur weiblichen und männlichen Lebensbewältigung entstehen.

Methodische Ansätze

Um sowohl kognitive als auch emotionale und sinnliche Aspekte des Lernens zu berücksichtigen, wird mit einer Vielfalt von Methoden gearbeitet, die man unter dem Oberbegriff „aktivierende Ansätze“ zusammenfassen kann. Hierzu gehören u. a. Brainstorming, Meinungsspektrum, Rollenspiel, Interaktionsspiel, Körperübungen, Soziometrie, Video.

Der Erfolg von sozialem Training bemisst sich nicht nur ausschließlich am Gelingen der Integration in Ausbildung oder Arbeit, sondern auch an der Frage, welchen Beitrag das Training zur Stabilisierung von Lebensläufen junger Menschen im Allgemeinen leisten kann.

Hier sind aktivierende pädagogische Ansätze gefragt, die insbesondere die folgenden methodischen Prinzipien beinhalten müssen

- die Stärken und Ressourcen der Jugendlichen erkennen und nutzen,
- Situationen mit Ernstcharakter herstellen,
- den Jugendlichen Erfahrungen von Selbstwirksamkeit ermöglichen.

Das gendersensible Training sozialer Kompetenzen im engeren Sinne sollte die folgenden Ziele verfolgen:

- Selbstständigkeit und Eigenverantwortung fördern,
- kommunikative Fähigkeiten ausbauen,
- Konfliktfähigkeit entwickeln,
- interkulturelles Lernen und Toleranzverhalten einüben,
- Gewaltverhalten reduzieren.

Soziales Training betrifft nicht nur den Umgang mit anderen Menschen, es betrifft auch den Umgang mit sich selbst. Eine entscheidende Schlüsselkategorie insbesondere für den beruflichen Erfolg ist hier der Bereich der Selbstständigkeit und damit vor allem auch die Bereitschaft und Fähigkeit, für sich selbst Verantwortung zu übernehmen. Hier kommen geschlechtsspezifisch unterschiedliche Selbstkonzepte zum Tragen, die im Training sozialer Kompetenzen berücksichtigt werden müssen.

Ein weiterer wichtiger Aspekt des Trainings sozialer Kompetenzen ist die Förderung von Kommunikationsfähigkeit. Hier sind wachsende Anforderungen insbesondere im Berufsleben zu beobachten, sei es im Arbeitsteam oder im Kundenkontakt etc. Entscheidend ist dabei die Sensibilisierung für verschiedene Ebenen der Kommunikation. Auch hier zeigen sich eindeutig geschlechtsspezifische Unterschiede, an denen es im sozialen Training anzusetzen gilt.

Zu den sozialen Kompetenzen gehört auch die Fähigkeit, mit Stress und Konflikten konstruktiv umgehen zu können, und dies sowohl in Konfliktsituationen mit sich selbst als auch in solchen mit der Umwelt. Hierzu gehört auch die heute auf dem Arbeitsmarkt stark geforderte grundsätzliche Bereitschaft und Fähigkeit, sich mit Menschen unterschiedlicher Herkunft und unterschiedlicher kultureller Prägungen verständigen zu können. Auch und gerade in Lern- und Ausbildungsgruppen sind oft Jugendliche unterschiedlicher Nationalitäten vereint, was nicht selten zu einer Vielzahl von Konflikten führt. Gerade der Umgang mit Konflikten ist vor dem Hintergrund geschlechtsspezifischer Sozialisation ein wichtiger Aspekt auf dem Weg zu mehr Geschlechterdemokratie im Berufsalltag und im Privatleben (Gewaltprävention/Selbstbehauptung). Die Zielsetzung muss hierbei sein, sowohl die bei Mädchen und Jungen geschlechtsspezifisch unterschiedlich geprägte Kommunikations- und Kooperationsbereitschaft als auch ihre Konfliktstrategien und Sozialkompetenzen zu fördern.

Aneignung von Genderkompetenz für die Fachkräfte

Auch wenn die Rollenbilder von Mann und Frau heute nicht mehr ganz so scharf polarisiert werden, so bleiben die geschlechtsspezifischen Lebenswelten doch – oft verdeckt – erhalten und sind insbesondere mit einer ungleichen Verteilung von Macht und Ressourcen gekoppelt. Genderkompetenz zu erwerben muss demnach für pädagogische Fachkräfte bedeuten, sich darüber klar zu werden, welche normativen Vorstellungen von Weiblichkeit und Männlichkeit in die eigene Arbeit einfließen. Eine solche selbstreflexive Auseinandersetzung ist unverzichtbar, damit nicht unkritisch Stereotype als Normen weitergegeben werden – auch wenn dies in bester emanzipatorischer Absicht geschieht. Es muss sich eine Offenheit für die Vielfalt subjektiver Lebensentwürfe bei den Fachkräften entwickeln, die gleichwohl unter der klaren Zielvoraussetzung stehen muss, hierarchische Ungleichheit abzubauen und die Gleichheit der Geschlechter zu fördern.

Gerade die Teamarbeit kann sich oftmals nur unter Zuhilfenahme einer geschlechtsspezifischen Analyse von bestimmten Konfliktlinien lösen, gegenseitiges Verständnis erhöhen und eine erfolgreichere Einflussnahme auf die Lebensplanung von Jugendlichen bewirken.

Für die konkrete Arbeit im Training sozialer Kompetenzen bedeutet dies, die eigenen pädagogischen Konzepte sowie die Organisation der eigenen Einrichtung unter die geschlechtsspezifische Lupe zu nehmen. Das hierzu notwendige Wissen, die notwendigen Fähigkeiten zur Analyse, zur Wahrnehmung und zur Verhaltensänderung im Alltag nennt man Genderkompetenz. Die Genderkompetenz stellt eine neue Form von Schlüsselqualifikation dar, wenn es um das Ziel geht, Geschlechterdemokratie näher zu kommen. Hieran muss sich eine zielgruppengerechte Methodik und Didaktik des Trainings sozialer Kompetenzen orientieren (geschlechtsspezifisch ausgerichtete Angebote).

Genderkompetenz beinhaltet

- eine geschlechterbezogene Perspektive im jeweiligen Handlungsfeld (hier Training sozialer Kompetenzen) einnehmen zu können,
- bestehende Strukturen und Machtverhältnisse in Bezug auf das sich hier abbildende Geschlechterverhältnis analysieren zu können,
- die eigene aktive und passive Beteiligung am bestehenden Geschlechterverhältnis erkennen und verstehen zu können,
- Geschlechterdemokratie für sich definieren zu können.
- Rahmenbedingungen im Alltag so gestalten zu können, dass mehr Geschlechtergerechtigkeit realisiert wird,
- Kriterien und Kontrollinstrumente zur Überprüfung der Zielerreichung entwickeln zu können.

Literatur

BAG JAW (Hrsg.) (1994): In Sachen: Mädchen. Didaktische Materialien für die Mädchenarbeit. Bonn

Bitzan, Maria (1996): Mädchen haben was zu sagen – Mädcheninteressen sichtbar machen. Zu Erhebungsformen und Beteiligung von Mädchen in Planungsprozessen. In: Niedersächsisches Modellprojekt „Mädchen in der Jugendarbeit" (Hrsg.): Die eigene Stimme wiedergewinnen – Mädchen und Identität. Hannover, S. 67–77

Böhnisch, Lothar/Winter, Reinhard (1993): Männliche Sozialisation. Bewältigungsprobleme männlicher Geschlechtsidentität im Lebenslauf. Weinheim/München

Bundesministerium für Familie, Senioren, Frauen und Jugend (Hrsg.) (1994): Neunter Jugendbericht. Bonn

Fleßner, Heike (2000): Frech, frei und fordernd, oder? Mädchenbilder von Pädagoginnen und ihre Bedeutung für die Mädchenarbeit. In: King, Vera/Müller, Burkhard K. (Hrsg.): Adoleszenz und pädagogische Praxis. Freiburg, S. 75–91

Frevert, Ute (1995): Mann und Weib, und Weib und Mann. München

Glücks, Elisabeth/Ottemeier-Glücks, Franz Gerd (Hrsg.) (1994): Geschlechtsbezogene Pädagogik. Ein Bildungskonzept zur Qualifizierung koedukativer Praxis durch parteiliche Mädchenarbeit und antisexistische Jungenarbeit. Münster

Kraheck, Nicole (1994): Leben zwischen zwei Kulturen. Zur Situation und Arbeit mit ausländischen Mädchen. In: Zentralstelle zur Förderung der Mädchenarbeit im Institut für Soziale Arbeit e.V. (Hrsg.): Betrifft Mädchen, Heft II-94

Krell, Gertraude/Mückenberger, Ulrich/Tondorf, Karin (2001): Gender Mainstreaming. Informationen und Impulse. Broschüre des Niedersächsischen Ministeriums für Frauen, Arbeit und Soziales. Hannover

Landschaftsverband Köln (Hrsg.) (1995): Förderplan für Mädchen und junge Frauen in der Jugendberufshilfe. Köln

Neubauer, Gunter/Winter, Reinhard (2001a): Jungen – Geschlecht – Identität. In: deutsche jugend, 49. Jg., Nr. 2, S. 71–75

Neubauer, Gunter/Winter, Reinhard (2001b): So geht Jungenarbeit. Geschlechtsbezogene Entwicklung von Jugendhilfe. SPI Berlin Mädchen in der Jugendhilfe. Berlin

Rose, Lotte (2000a): Die Geschlechterkategorie im Diskurs der Kinder- und Jugendhilfe. Kritische Überlegungen zu zentralen Argumentationsmustern. In: DISKURS 2/2000, München, S. 15–20

Rose, Lotte (2000b): Mädchen- und Jungenarbeit in der Risikogesellschaft. In: neue Praxis, 30. Jg., H. 2, S. 240–253

Schön, Elke (1999): „... da nehm' ich meine Rollschuh' und fahr hin...". Mädchen als Expertinnen ihrer sozialräumlichen Lebenswelt. Bielefeld

Sielert, Uwe (1989): Jungenarbeit. Praxishandbuch für Jugendarbeit, Teil 2. Weinheim/München

Stiegler, Barbara (2000): Wie Gender in den Mainstream kommt. Konzepte, Argumente und Praxisbeispiel zur EU-Strategie des Gender Mainstreamings. Friedrich Ebert Stiftung, Bonn

Winter, Reinhard/Willems, Horst (Hrsg.) (1992): Was fehlt sind Männer! Ansätze praktischer Jungen- und Männerarbeit. MännerMaterial Band 2. Schwäbisch Gmünd/Tübingen

Ulrike Richter

Kinder- und Jugendakademie BLIXX

Ausgangsproblematik

Das Projekt Kinder- und Jugendakademie BLIXX ist im Rahmen eines, von der Gleichstellungsbeauftragten des Landkreises Waren (Müritz) initiierten Arbeitskreises zusammen mit dem Christlichen Jugenddorfwerk (CJD) Waren entstanden. Umgesetzt werden soll die Idee, die Gleichstellungs- und Geschlechterthematik intensiver in die Jugendarbeit zu integrieren und diesbezüglich Bildungsangebote für Kinder und Jugendliche zu entwickeln.

Ermöglicht wurde BLIXX durch das Aktionsprogramm „Implementierung von Gender Mainstreaming" des Ministeriums für Arbeit, Bau und Landesentwicklung, welches innerhalb des Arbeitsmarkt- und Strukturentwicklungsprogramms (ASP) in Mecklenburg-Vorpommern durchgeführt wird. Die Umsetzung des Aktionsprogramms erfolgt in elf unterschiedlichen Projekten mit den Schwerpunkten Wirtschaft, Kommune, Bildung. Die Akademie BLIXX ist dem Bereich Bildung angeschlossen. Die Begleitung übernimmt die Beratungsgesellschaft GM-CONSULT-MV.

Der Geschlechteraspekt findet generell innerhalb der koedukativen Jugendarbeit kaum Beachtung. Alle Formen der Jugendarbeit bedürfen der Berücksichtigung der Kategorie Gender in Planung und Durchführung – einerseits, um den Bedürfnissen beider Geschlechter gleichermaßen gerecht zu werden (Chancengleichheit) und andererseits, um Persönlichkeitsentwicklungen über die Auseinandersetzung mit Geschlechtsrollenzuschreibungen anzuregen. Die oftmals genderbedingten Ursachen von Entwicklungsproblemen Jugendlicher werden häufig ignoriert. Die sich wandelnde Gesellschaft verlangt von den Jugendlichen Mut zu neuen Lebensstilen jenseits traditioneller Rollenzuschreibungen. Geschlechtsstereotype, meist unreflektierte Verhaltensmuster hindern junge Frauen und Männer in ihrer Persönlichkeits- und Kompetenzentwicklung.

Im ländlichen Raum ist ein ausgeprägtes traditionelles Rollenverständnis zu beobachten. Hinzu kommen Jugendprojekte, die geschlechtsblind arbeiten. Hinsichtlich der Qualität sozialpädagogischer Praxis stellt die Kategorie Geschlecht eine neue professionelle Herausforderung dar, um eine geschlechtergerechte Jugendarbeit zu ermöglichen. Hier besteht weit reichender Bildungs- und Aufklärungsbedarf.

Konzeption

Die Kinder- und Jugendakademie BLIXX ist ein im September 2002 vom CJD Waren (Müritz) gegründetes außerschulisches Bildungsprojekt für Kinder und Jugendliche der Region, das sich im Besonderen mit Gleichstellungspolitik und Gender Mainstreaming (GM) auseinander setzt. In diesem Modellversuch sollen Strategien erprobt werden, wie in der Bildungsarbeit Chancengerechtigkeit umgesetzt werden kann.

Die Angebote richten sich an Mädchen und Jungen im Alter von 10 bis 20 Jahren, an pädagogische Fachkräfte sowie an Eltern. Auf der Basis eines vielseitigen Bildungsangebotes werden diese Zielgruppen angeregt, sich mit Rollenzuschreibungen und Verhaltensmustern auseinander zu setzen. BLIXX versteht sich als eine Bildungseinrichtung, die ein Kursprogramm im Bereich der Medien-, Erlebnis-, Kunst-, Theaterpädagogik anbietet.

Ziele des Projekts sind

- Integration des Geschlechteraspekts in verschiedene Werkstätten: Kunst-, Medienwerkstatt, Werkstatt für Arbeit und Beruf, Umweltcamps,
- Organisation von Projekttagen an Schulen und Peer-, Leader-Ausbildungen zum Thema Gleichstellung und Genderbewusstsein,
- Weiterbildungen für Multiplikatorinnen/Multiplikatoren und Elterntrainings zum Thema Gleichstellung von Frauen/Mädchen und Männern/Jungen.

Mit dem Projekt soll eine nachhaltige Sensibilisierung in Bezug auf die Wahrnehmung der Geschlechterverhältnisse bei den Jugendlichen, Multiplikatorinnen/Multiplikatoren und Eltern sowie eine nachweisbare Erweiterung der Jugendarbeit um die Kategorie Geschlecht im Landkreis Waren (Müritz) erreicht werden. Unterschiedliche Interaktions- und Kommunikationsstile, oftmals unreflektiert den Geschlechtern zugeordnet, sollen von allen Beteiligten aufgearbeitet werden. Das Bildungsprogramm möchte anregen, neue Verhaltensweisen zu erlernen und Vorurteilen mit kritischem Blick zu begegnen.

Das Projekt BLIXX wird von einer weiblichen und einer männlichen pädagogischen Fachkraft geleitet. Sie sind beide für die Konzeption, Organisation sowie für die Begleitung der Veranstaltungen verantwortlich. Die Durchführung der Workshops erfolgt durch Honorarkräfte der Region. Anfallende Verwaltungsaufgaben werden vom Träger CJD Waren übernommen.

Die Förderung erfolgt durch das Landesprogramm „Implementierung von Gender Mainstreaming" in Verbindung mit dem Europäischen Sozialfonds und durch Projektförderung des Jugendamtes.

Kooperationen bestehen zu allen Schulen des Landkreises, zur Gleichstellungsbeauftragten des Kreises, zum Kreisjugendring, zum Jugendamt, zur Familienberatungsstelle des DRK, zum Frauenbildungsnetzwerk sowie zum Netzwerk aller durch das Aktionsprogramm geförderten Projekte. Im Aufbau befinden sich Kontakte zu weiteren Bildungsträgern des Landkreises.

Umsetzung

Im Februar 2003 startete BLIXX mit dem neu konzipierten Programm für das erste Halbjahr 2003.

Geleitet von dem Anspruch, die Ressourcen auf Mädchen sowie auf Jungen gleich zu verteilen, wird bei der Entwicklung des Angebots zuerst durchdacht, wer mit welchem Angebot erreicht werden soll: Sollen eher Mädchen oder Jungen beworben werden? Welche Themen sprechen eher Mädchen oder Jungen an? Wie können für Mädchen/Jungen ungewohnte Themen ansprechend inhaltlich konzipiert werden? Im nächsten Schritt wird überlegt, wie die Ansprache, Ausschreibung und Werbung für die Zielgruppe erfolgen soll. Bei der Programmentwicklung wurden vorerst die Bereiche Medien, Umwelt, Kunst, Arbeit und Beruf ausgewählt, weil sie einerseits für Kinder und Jugendliche interessant sind und andererseits besonders geeignet scheinen, das Querschnittsthema Gender methodisch aufzugreifen.

BLIXX stellt sein Bildungsprogramm direkt in Schulklassen und Jugendzentren vor. Dabei werden bewusst die Gruppen angesprochen, die voraussichtlich unterrepräsentiert sein werden, um Vorurteile bei den Jugendlichen abzubauen und sie für die Inhalte zu interessieren. Es wird versucht, Angebote, die eher weniger von Mädchen nachgefragt werden, so aufzubereiten, dass Mädchen dafür Interesse zeigen (z.B. Kunst aus Schrott). Ein Flyer wird in Jugendzentren, an den Schulen des Kreises, über die Schulsozialarbeiter verteilt. Die Werbung erfolgt über Pressemitteilungen und über das Regionalfernsehen.

Eine paritätische Teilnahme von Mädchen und Jungen wird angestrebt, ist jedoch nicht immer sinnvoll. Durchschnittlich nehmen sechs bis zwölf Jugendliche an einem Kurs teil. Mädchen interessieren sich mehr für die Angebote in den Bereichen Umwelt und Kunst, dagegen nehmen Jungen verstärkt an IT- und Internetkursen teil. Die Theaterworkshops werden von Mädchen und Jungen paritätisch angenommen.

Die Bildungsangebote sind mit ihrer inhaltlichen und methodischen Ausrichtung für bestimmte Altersgruppen (10 bis 13, 14 bis 16, 17 bis 20 Jahre und Mischformen) konzipiert. Bisher konnten vor allem ältere Jugendliche weniger erreicht werden. Durch eine verstärkte Öffentlichkeitsarbeit an Berufsschulen und Gymnasien soll diesem Problem begegnet werden. Die Angebote sind offen für alle Jugendliche, dennoch ergeben sich kaum Mischungen zwischen Schülerinnen/Schülern unterschiedlicher Schulformen. Überwiegend nehmen deutsche ortsansässige Jugendliche teil. Eine Ausnahme bildet das Tanztheaterprojekt; die Hälfte davon sind Jugendliche mit Migrationshintergrund (Vietnam und Spätaussiedler/innen aus Kasachstan), die über ein anderes Projekt des CJD Waren mit Spätaussiedlerinnen geworben wurden.

Die Werkstätten umfassen ca. 30 Stunden und finden am Wochenende, als Ferien-Wochenangebote oder kontinuierlich wöchentlich am Nachmittag statt. Auch werden Projekte und Workshops innerhalb sowie außerhalb des Unterrichts an den Schulen angeboten.

Medienwerkstätten

Videowerkstatt:

- Kennenlernen der Medientechnik (Video, Schnitt, Ton, Computertechnik, Software)
- Erlernen von Arbeitstechniken
- Interpretation von Medienmaterial
- Erarbeitung geschlechtsbezogener Hintergründe (Rollenklischees in Jugendserien)
- Erarbeitung einer Filmidee, Drehbuch, Umsetzung
- Nachbereitung des Films
- Präsentation und Rezension

Internetwerkstatt:

- Erstellen einer eigenen Webseite
- Interpretation von Medienmaterial
- Auseinandersetzung mit Rollenbildern im Internet
- Erlernen von HTML und Word
- Erwerb von grafischen Kenntnissen
- Erweiterung kommunikativer Fähigkeiten
- Stärkung der Technik- und Medienkompetenz
- Kleingruppenarbeit mit anschließender Präsentation

In den Computerkursen wird darauf Wert gelegt, dass Mädchen und Jungen an gleich ausgestatteten PCs arbeiten, dass die Unterstützung und Zuwendung gleichmäßig verteilt ist und auch auf die stilleren Teilnehmer/innen geachtet wird. Es werden Kurse in unterschiedlichen Kenntnisstufen angeboten, die z. T. auch geschlechtshomogen durchgeführt werden. Mädchen und Jungen werden im Fortgeschrittenenkurs wieder zusammengeführt. Die Computerkurse werden immer von einer Frau und einem Mann als Team geleitet. Dadurch werden ungewohnte Rollen vorgelebt, traditionell geprägte Rollen vertauscht und neue Möglichkeiten aufgezeigt.

Fotowerkstatt „Der andere Blick“:

- Erarbeiten einer eigenen Fotoserie
- Erlernen der Fototechniken
- Einüben von Kritikfähigkeit
- Stärkung des Selbstwertgefühls
- Sensibilisierung der Wahrnehmung diskriminierender Darstellungen von Weiblichkeit und Männlichkeit

Journalistikwerkstatt: Theoretische und praktische Einführung in das journalistische Arbeiten in Zusammenarbeit mit regional ansässigen Journalistinnen/Journalisten. Das Programm im Medienbereich startete mit einer Rundfunkwerkstatt. Unter Anleitung einer Redakteurin erstellten die Teilnehmer/innen eine eigene Sendung, die anschließend öffentlich gesendet wurde. Angestrebt wird eine feste Arbeitsgruppe, die eine eigene Genderzeitung für und von Mädchen und Jungen herausgibt. Den Jugendlichen macht es Spaß, sich mit dem Thema selbstständig auseinander zu setzen, z.B. eine Beschreibung des „Girls’ Day“ aus ihrer Sicht zu erstellen. Die Journalistikwerkstatt beinhaltet

- journalistisches Schreiben
- fotojournalistisches Arbeiten

- Layouterstellung
- Erweiterung der Kenntnisse mit PC-Programmen (Word, Publisher, Photoshop)
- Aufarbeitung geschlechtsbezogener Themen in Familie, Freundeskreis, Schule, Wohnort

Kunstwerkstätten

Theatercollage „Bühnen(T)räume" mit öffentlicher Aufführung:

- gemeinsame Erarbeitung eines Theaterstücks zu den Themen Geschlechterrollen, Geschlechterbeziehungen
- Herstellung von Kostümen und Requisiten
- Darstellung und Aufführung

Tanztheater:

- Erarbeitung eines Tanztheaterstücks zum Thema Geschlechterbeziehungen
- tänzerisches Auseinandersetzen mit Geschlechterrollen
- Kennen lernen neuer Bewegungsmöglichkeiten
- bewusste Körperwahrnehmung
- Einüben der Choreografie

Sambaworkshop:

- Körper- und Rhythmusgefühl entwickeln
- Perkussionsinstrumente kennen lernen
- Spieltechniken erlernen

Umweltwerkstätten

Sie umfassen Naturerkundungs- und Abenteuerseminare mit folgenden Inhalten:

- Wahrnehmungsübungen
- künstlerisches Arbeiten mit Naturmaterialien
- Exkursionen
- Selbstwahrnehmung, gruppendynamische Prozesse
- Durchführung von Befragungen, öffentlichkeitswirksame Präsentation
- Thema „Müll"

Werkstatt für Ausbildung und Beruf

Inhalte
- Familie und Beruf
- geschlechtsuntypische Berufswahl
- Machtverhältnisse am Arbeitsplatz
- Bewerbungstraining
- Genderkompetenzen
- Gesprächsführung

Methoden
- Filmdiskussion
- Rollenspiele
- PC-Schulung (Bewerbungstraining, Internetbewerbung)
- Exkursionen in Unternehmen
- Diskussionen mit Männern und Frauen in geschlechtsuntypischen Berufen

Innerhalb der Berufsorientierung, die vom CJD an allen Schulen des Landkreises in den 8./9. Klassen durchgeführt wird, übernimmt BLIXX den Teil zur geschlechtssensiblen Berufswahl und Lebensplanung mit den Themen Berufsvorstellungen, Partnerschaft und Familie, Aggression und Gewalt. Das Thema Lebensplanung war bisher nicht Inhalt der Berufsorientierung an Förderschulen. Die Genderthematik löst bei den Jugendlichen starke Diskussionen sowie zu Beginn auch Abwehrreaktionen aus. Es herrschen Vorurteile, die es lohnt zu reflektieren. Im Laufe der Veranstaltungen nehmen die Jugendlichen das Thema an, und die Sensibilität für Ungleichheiten wächst. Sie erkennen die Benachteiligung der Mädchen und z. T. auch der Jungen und ihnen wird bewusst, dass sie etwas dagegen tun müssen und können. Für die Bearbeitung des Themas „Berufswahl und Lebensplanung“ gibt es wenig Material, sodass dieses selbst entwickelt wurde.

Die o. g. Bildungsangebote werden ebenso als Projekttage an Schulen angeboten. Während die Projektangebote in der Schulzeit große Resonanz erfahren, werden die Werkstätten als Nachmittagsangebote (z.B. Fotowerkstatt) von den gleichen Mädchen und Jungen kaum nachgefragt. Grund dafür sind keine oder sehr ungünstige Busverbindungen im Landkreis, da die Schüler/innen bis zu 30 km von Waren entfernt wohnen. Da wir gezielt außerschulische Angebote offerieren, ist es für Jugendliche aus den umliegenden Dörfern problematisch, BLIXX zu erreichen. Um dieses Problem zu lösen, organisieren die Eltern Fahrgemeinschaften.

Die Kinder- und Jugendakademie ist zwar mit dem Bus zu erreichen, jedoch ist die Erreichbarkeit eingeschränkt, da BLIXX sich in einem Gewerbegebiet außerhalb des Zentrums befindet. Ursprünglich war der Träger im Zentrum von Waren angesiedelt. Das Haus hatte keine weiteren Kapazitäten für BLIXX, sodass geeignete Räume leider nur außerhalb gefunden werden konnten. BLIXX verfügt jetzt über helle Räumlichkeiten, einen zentralen Innenhof und mehrere kleinere Räume. Die Veranstaltungen finden in den Räumen von BLIXX und in den Werkstätten der Jugendberufshilfe des CJD sowie in Schulen des Landkreises statt, die Erlebnisseminare im Jugendwaldheim, einer Umweltbildungsstätte im Nationalpark Müritz.

BLIXX wird von einer Frau und einem Mann geleitet, womit eine Grundbedingung des Trägers erfüllt wurde. Für beide ist dieses Projekt ihr Berufseinstieg. Zum Zeitpunkt des Projektbeginns waren beide Hochschulabsolventen mit wenigen Praxiserfahrungen. Mittlerweile übernahm ein Diplomreligionspädagoge die Stelle der Projektleitung, der über mehrjährige Berufserfahrung insbesondere in der Jugendarbeit verfügt. Die Aufgaben der beiden Fachkräfte bestehen in der Konzeptionserstellung, Organisation der Veranstaltungen und in der Begleitung der Kurse. In den Bereichen Kunst, Medien und Umwelt werden Honorarkräfte als Kursleiter/innen (zehn pro Halbjahr) eingesetzt. Die Honorarkräfte werden auch danach ausgewählt, ob sie bereits über Erfahrungen in der geschlechtsspezifischen Arbeit verfügen. Jedoch sind nicht alle dafür sensibilisiert, sodass sie während der Vorbesprechung auf die Genderthematik vorbereitet werden.

Die Umsetzung der Konzeption erfordert eine genderreflektierende Haltung der Mitarbeiter/innen. Durch umfangreiche externe Weiterbildung, durch gegenseitigen Austausch, durch Studium der Fachliteratur sowie durch Reflexion der Erfahrungen und Zutrauen in diese neue Aufgabe gelingt es ihnen, die Genderthematik umzusetzen. Genderkompetenz spiegelt sich in der Fähigkeit der Fachkräfte zu Eigenreflexion und Sensibilität für die Bedürfnisse der Jugendlichen mit Blick auf die Genderthematik wider. Die Mitarbeiter/innen sehen besonders im Kennen lernen verschiedener Methoden der Jungen- und Mädchenarbeit ihren Qualifikationsbedarf, um diese in gemischten Gruppen einsetzen zu können. Ferner ist der aktuelle Stand der Veröffentlichungen zu GM weitestgehend theorieorientiert. Der GM-Prozess in der Jugendarbeit steht zwar nicht mehr am Anfang, es wird jedoch noch mehr Zeit benötigt, um weitere konkrete Ansätze zu entwickeln.

Die Öffentlichkeitsarbeit stellt einen weiteren Arbeitsbereich innerhalb des Projekts dar. Veranstaltungshinweise bzw. Berichte über erfolgreich abgeschlossene Kurse werden in der Regionalpresse veröffentlicht. Ein Flyer informiert über die Kursangebote eines Halbjahres. BLIXX stellt sein Bildungsprogramm auf öffentlichen Veranstaltungen, in Fachkreisen sowie in Schulen vor. Darüber hinaus präsentiert sich die Einrichtung mit einer Homepage im Internet.

Die Auswertung der Kurse erfolgt mittels Fragebögen. Die Vorstellungen der Teilnehmer/innen werden zu Beginn über einen Erwartungsbogen und der Stand am Ende über einen Erfolgsbogen abgefragt. In einer Kursbesprechung zusammen mit den Honorarkräften und dem Team werden Probleme und Verbesserungsvorschläge erörtert und in einem schriftlichen Protokoll festgehalten. BLIXX führt eine geschlechtergetrennte Teilnahmestatistik, woraus ersichtlich wird, welche Kurse von wem nachgefragt wurden. BLIXX ist in das Netzwerk der teilnehmenden Träger des Programms „Implementierung von Gender Mainstreaming" integriert. In diesem Rahmen finden zweimal jährlich Netzwerktreffen statt. Die Netzwerkarbeit wird durch die Beratergesellschaft GM-CONSULT-MV begleitet. Inhalte dieser Begleitung sind der Austausch über den Stand der Projekte untereinander, Verbesserungen, Problembesprechungen sowie Einzelberatungen zur Projekt- und Konzeptentwicklung. GM-CONSULT-MV versteht sich als Moderator der Prozesse innerhalb des Netzwerkes und als Berater zu dessen Außenwirkungen.

Erfahrungen

BLIXX startete im Februar 2003 mit dem ersten Kurs. Da das Projekt noch am Anfang steht, kann zum Erhebungszeitpunkt (April 2003) noch nicht über weiterreichende Erfahrungen berichtet werden. In dieser Anfangsphase bemüht sich BLIXX, seine Angebote zu veröffentlichen. Deshalb kann über die Teilnehmer/innen-Anzahl noch keine bewertende Aussage getroffen werden. Bisher wurden Bildungsangebote in den Bereichen Beruf und Arbeit, Medien, Umwelt und Kunst umgesetzt.

Zuvor wurde ein umfangreiches Gesamtkonzept entwickelt, das als Arbeitsgrundlage auch für zukünftige Erweiterungen genutzt werden soll. In weiteren Schritten wird dieses inhaltlich gefüllt. Vorerst richtet sich das Konzept an die Zielgruppe der Jugendlichen, um die daraus noch zu gewinnenden Erfahrungen in einem späteren Schritt an Multiplikatorinnen/Multiplikatoren weiterzugeben. Schulungen für diese (z.B. Weiterbildung des Kreisjugendrings mit Sozialarbeiterinnen/Sozialarbeitern der Jugendzentren) sind ab dem

2. Halbjahr 2003 geplant. Ebenso in Planung sind der Aufbau der Peer-Leader-Gruppe, der Ausbau des Bereiches Politik sowie Bildungsveranstaltungen für Eltern zur Reflexion des eigenen Rollenverständnisses. Angedacht ist ebenso der Ausbau der mobilen Arbeit. Da Jugendliche aus Malchow/Rübbelin in der Woche kaum erreicht werden können – die Einrichtung eines Fahrtdienstes ist nicht möglich –, werden zukünftig einzelne Angebote vor Ort stattfinden. Neben der Organisation des Bildungsprogramms ist die pädagogische Arbeit mit den Jugendlichen für die Mitarbeiter/innen besonders wichtig, um eine direkte Rückmeldung zu erhalten. Die geplanten Veranstaltungen mit Erwachsenen werden mit Spannung erwartet, da ein mehr persönlichkeitsreflektierendes Arbeiten möglich wird.

Generell gibt es Überlegungen, das Angebot in Waren weiter zu etablieren und regional zu erweitern. Zur Erwirtschaftung der Eigenmittel sowie Unabhängigkeit von der ESF-Förderung sollen neue Bereiche (z. B. Fachkräfteschulungen) aufgebaut werden.

Durch die Personalentscheidung, Hochschulabsolventinnen und -absolventen ohne Berufserfahrungen bzw. ohne Erfahrungen in der geschlechtsbezogenen Jugendarbeit einzusetzen, war eine längere Einarbeitungszeit absehbar. Einerseits bezog sich Einarbeitung auf die Thematik GM, den Netzwerkaufbau und die Verankerung in der Vereinsstruktur. Andererseits waren es gerade diese jungen „unverbrauchten" Kräfte, die Gender Mainstreaming nicht nur in BLIXX umsetzen, sondern auch im ganzen CJD Waren thematisieren. Selbstverständlich war dies nicht von heute auf morgen möglich, aber es zeigen sich mittlerweile deutliche Erfolge.

Aufgrund der hohen Motivation der Mitarbeiter/innen, der konsequent durchdachten Konzeption sowie der starken Unterstützung des Trägers, des Netzwerks und der Gleichstellungsbeauftragten des Kreises wurde begonnen, ein innovatives Bildungsprogramm für Kinder und Jugendliche zu entwickeln, welches das Thema Gender als Querschnittsaufgabe konsequent umsetzt. BLIXX entwickelt in einer Vorreiterrolle einen einzigartigen Bildungsansatz, dessen weitere Erfahrungen mit Spannung erwartet werden.

Kontakt:
CJD Waren (Müritz)
Herr Tibor Módos, Frau Jacqueline Garske
Heinrich-Scheven-Str. 10
17192 Waren (Müritz)

Irene Hofmann-Lun, Ulrike Richter

KidZ 3 – Kreativ in die Zukunft

Ausgangsproblematik

In Bremen gibt es seit etwa zehn Jahren den Bildungsgang Berufseingangsstufe/Berufsfachschule (B/BFS), der leistungsschwächere Sekundarstufe-I-Schüler/innen mit einem praxisnahen Unterricht zum Hauptschulabschluss führen will. Allerdings werden etwa 10 % eines Jahrgangs auch von dieser Form des stark praxisbezogenen Unterrichts nicht mehr erreicht. Für diesen „harten Kern" der Schulverweigerinnen und Schulverweigerer mussten neue Unterrichtsformen und -inhalte gesucht und entwickelt werden.

Die Gründe für Schulverweigerung sind vielfältig: Ausgrenzung aus der Schüler/innengemeinschaft, psychische und physische Gewalterfahrung, Zukunftsängste und Perspektivlosigkeit. Auch familiäre Gründe führen häufig zu einer Art „Selbstaufgabe" und dazu, dass Kinder bzw. Jugendliche den Schulbesuch dauerhaft verweigern. Mitte der 1990er-Jahre begann in Bremen eine Gruppe engagierter Lehrer/innen, eine dieser Zielgruppe entsprechende Unterrichtsform zu entwickeln. 1995 startete das Projekt „KidZ 1 – Kreativ in die Zukunft" speziell für Mädchen, das auch weiterhin besteht. Die Grundkonzeption wurde gemeinsam von Lehrerinnen der B/BFS und der Allgemeinen Berufsschule (ABS) erarbeitet. Die Jugendhilfe wurde in die Planung und Umsetzung mit einbezogen. Durch Anbindung an das Zentrum für Schule und Beruf (zsb) wurde eine kooperative, ressortübergreifende Projektentwicklung und -gestaltung organisiert. 1997 folgte KidZ 2, als erstes Jungenprojekt mit dem besonderen Standort auf einem ausgedienten Segelschulschiff. Nach zweieinhalb Jahren endete das Projekt, weil eine neue Nutzung für das Schiff vorgesehen war. Nach einer intensiven politischen Debatte über die Weiterführung des Projektes wurde dieses schließlich wieder – als KidZ 3 – neu ins Leben gerufen. So gibt es seit August 2000 ein neues Projekt KidZ 3 für schulverweigernde Jungen in Bremen, welches an die Konzeption und die Erfahrungen des Vorgängerprojekts anknüpft.

Konzeption

In Bremen sind alle Schüler/innen zu zwölf Jahren Schulbesuch verpflichtet. Jugendliche mit Lernschwierigkeiten werden nach zehn Jahren Schulbesuch an der verstärkt tätigkeitsorientierten Allgemeinen Berufsschule auf eine Ausbildung vorbereitet. KidZ 3 ist im Bereich Schule personell, inhaltlich und strukturell nach den Prinzipien des Bildungsganges Berufseingangsstufe/Berufsfachschule ausgerichtet und schulorganisatorisch an die Allgemeine Berufsschule angebunden. Die vom Amt für Soziale Dienste finanzierten Jugendhilfeanteile werden vom Zentrum für Schule und Beruf unter Trägerschaft des Deutschen Roten Kreuzes, Kreisverband Bremen e.V. realisiert. Alle Institutionen arbeiten bei der Planung, Koordinierung und Durchführung eng zusammen und tragen die gemeinsame Verantwortung für das Projekt.

KidZ 3 richtet sich an männliche Jugendliche im Einstiegsalter von 16 bis 17 Jahren, die seit längerem den Schulbesuch verweigern. Acht Plätze stehen zur Verfügung. Aufnahmevoraussetzung ist, dass die Schüler mindestens neun Schulbesuchsjahre vorweisen können. Die Schüler von KidZ 3 sind folglich in der Regel noch mindestens zwei Jahre schulpflichtig.

Die Mehrheit der Jungen hat aufgrund langer Fehlzeiten in der zurückliegenden Schullaufbahn größere Lücken im Schulwissen und kommt häufig aus schwierigen sozialen Verhältnissen. Die Jungen leben meist in Jugendwohngemeinschaften, in eigener Wohnung bei sozialpädagogischer Begleitung oder bei ihren allein erziehenden Müttern. Die Schüler haben einen hohen fachlichen und sozialen Förderbedarf. Oft ist voraussehbar, dass sie den Schulabschluss nicht innerhalb eines Jahres erwerben können. Im Vergleich mit Mädchen gleichen Alters sind diese Jungen weniger ernsthaft/vorausschauend. Sie haben einen ausgeprägten Bewegungsdrang, besitzen wenig Ausdauer. Ernsthaftigkeit und ein Verantwortungsbewusstein sind für das Alter zu schwach ausgeprägt/verinnerlicht. Die Jungen überschreiten häufig Grenzen und verstoßen gegen Regeln. Die Jungen des Projekts besitzen kein ausgeprägtes Männerbild. Sie empfinden sich umso männlicher, je unweiblicher ihr Verhalten ist. Insbesondere diskutieren und zeigen sie ungern Gefühle. Der überwiegende Teil der Jungen ist der Meinung, seine Probleme allein lösen zu können. Darum suchen sie selten aktiv nach Hilfestellungen. Ihre Konfliktlösungsstrategien sind festgefahren und sie können nicht auf Alternativen zurückgreifen oder diese entwickeln.

Im Projekt bietet ein multiprofessionelles Team (bestehend aus Tischlermeister, Sozialpädagoge und Lehrer) schulpflichtigen Jugendlichen die Chance auf psychosoziale Stabilisierung und vorberufliche Qualifizierung. Hinsichtlich der schulischen Weiterentwicklung ermöglicht das Projekt den Jungen, theoretische Defizite aufzuarbeiten. Darüber hinaus stellt das Erarbeiten von Lerninhalten und das Erleben von Lernfortschritten eine Chance dar, positive Lernerfahrungen zu sammeln. Die Möglichkeit den Hauptschulabschluss zu erwerben ist gegeben, jedoch seitens des Projektes nicht vorrangiges Ziel. Neben den Unterrichtsinhalten sollen die Schüler lernen, Verantwortung für ihr Leben zu übernehmen. Durch die Vermittlung in Praktika, begleitende Hilfen und Einzelförderung werden das Selbstwertgefühl und Selbstvertrauen der Teilnehmer gestärkt. Auf dem Weg zum Hauptschulabschluss bietet das Team Hilfestellung für die Bearbeitung unterschiedlichster Problemlagen. Im Rahmen des hohen Praxisanteils werden handwerkliche Grundfertigkeiten erlernt. Das Projekt möchte den Jungen vermitteln, dass lernen Spaß machen kann. Gemeinsam mit den Schülern werden individuelle Lernstrategien entwickelt und Arbeitstechniken verbessert. Die Angebote intensiver Betreuung und Förderung erfolgen auf der Basis von Vertrauen, Absprachen und Verbindlichkeit.

Theoretischer Unterricht, sozialpädagogische Förderung und Fachpraxis verbinden sich in diesem Projekt. Ein Praktikum ist einmal jährlich für drei Wochen vorgesehen. Hinzu kommen außerschulische Angebote mit sportlichen, kulturellen und kreativen Anteilen. Eingesetzt werden individuelle Förder- und Lernpläne sowie ein Dokumentationssystem zur Erfassung und Überprüfung der Unterrichtsinhalte und Lernziele.

Umsetzung

KidZ 3 nutzt gemeinsam mit dem Bund Deutscher Pfadfinder (BDP), der vorwiegend Freizeitprojekte am Nachmittag und Abend anbietet, ein Gebäude. Es wurde bewusst ein außerschulischer Standort gewählt. Zur Verfügung steht eine Tischlerwerkstatt, die nur mit wenigen Maschinen ausgestattet ist, da besonderer Wert auf Handarbeit gelegt wird. Der Unterrichtsraum und die PC-Werkstatt mit Internetzugang werden gemeinsam mit dem BDP genutzt.

Der Zugang der Teilnehmer zum Projekt erfolgt über die berufspädagogischen Berater/innen der Allgemeinen Berufsschule, über den Schulermittlungsdienst, die Jugendgerichts-, Bewährungshilfe, über das Amt für Soziale Dienste (AfSD) oder über Selbstmeldung. Die potenziellen Teilnehmer werden von den Projektmitarbeitern zu einem Eingangsgespräch eingeladen. In diesem ausführlichen Gespräch wird dem Schüler das Projekt vorgestellt und der Grad seiner Eigenmotivation festgestellt. Das Team bemüht sich um eine Einschätzung, ob der Bewerber gruppendynamisch und vom Leistungsstand ins Projekt passt. Es wird eine Probezeit von sechs Wochen vereinbart. Die Teilnahme am Projekt beruht auf dem Prinzip der Freiwilligkeit. Jedoch ist die Teilnahme in den meisten Fällen bedingt durch Auflagen, z.B. der Bewährungshilfe oder der Jugendwohngemeinschaft. Das bedeutet, dass der Jugendliche bei Ablehnung mit Konsequenzen rechnen muss. Motiviert sind die Jugendlichen eigens durch die Möglichkeit, den Hauptschulabschluss zu erwerben. Ein rapider Motivationsabfall ist mit Erfüllung der Schulpflicht und dem 18. Geburtstag zu beobachten, da Gleichaltrige die Schule nicht mehr besuchen. Mit der Schulpflichterfüllung erscheinen Jobs zum schnellen Gelderwerb und auch Sozialhilfe für die Jugendlichen attraktiver. Am Projekt nehmen wiederholt Jungen teil, die intellektuell fähig wären, die Realschule abzuschließen. Augrund von Verhaltensauffälligkeiten in der Schule wurden sie jedoch heruntergestuft und abgeschoben. Einen hohen Anteil nehmen leistungsschwache Schüler auch aus Sonderschulen des Einzugsgebietes Bremen ein.

In der Eingangsphase und der Probezeit erarbeitet KidZ 3 individuell mit jedem Schüler niedrigschwellig angelegte und kurzfristig erreichbare Lernziele. In den ersten zwei Wochen wird der Teilnehmer massiv beim Akzeptieren der neuen Tagesstruktur unterstützt. Herauszufinden sind, ob es aktuelle Notlagen und Probleme gibt, welche Vorlieben, Stärken, Schwächen der Teilnehmer hat und wie der schulische Leistungsstand ist. Dazu werden Hilfsangebote unterbreitet. Die Jugendlichen benötigen in der Regel zwei Wochen, um sich einzuleben. Ab der vierten Woche wird mit jedem Teilnehmer über realistisch erreichbare Ziele verhandelt. Das Erreichte wird in kurzen Zeitabständen mit ihm reflektiert, positiv verstärkt und es werden neue Ziele vereinbart. Nach sechs Wochen ist die Probezeit für beide Seiten beendet. Bei vielen Teilnehmern wird die Probezeit verlängert, um ihnen eine zweite Chance zu geben. Ab der siebenten Woche wird verstärkt auf die schrittweise Hinführung zu den Projektstandards Wert gelegt. Sind ab der zehnten Woche trotz „Nachverhandlungen“ und eingeräumter zweiter Chance keine Fortschritte erkennbar, wird geprüft, ob es passgenauere Hilfsangebote für den betreffenden Jugendlichen gibt.

Die Woche hat eine feste Struktur. Am Montag und Dienstag wird die Gruppe geteilt: vier Jugendliche sind im Schulunterricht und vier in der Tischlerwerkstatt. Mittwoch ist Projekttag mit sozialpädagogischem Schwerpunkt, der mit der gesamten Gruppe im Gruppenraum sowie in der Werkstatt oder außerhalb der Projekträume stattfindet. Donnerstag und Freitag sind reine Schultage. Der Anteil des Schulunterrichts ist größer als der Werkstattanteil. Die Projektarbeit beginnt 8 Uhr 30. Für einige Teilnehmer ist dieser Beginn sehr früh, weil sie z. T. einen weiten Weg zum Projekt haben. Ursprünglich war der Tagesbeginn mit einem gemeinsamen Frühstück geplant. Die Kopplung von Frühstück mit sozialpädagogischer Intervention und Tagesablaufbesprechung zum Projektbeginn hat sich jedoch nicht bewährt. Die Jungen nahmen das Frühstück als verbindlichen Teil des Projektunterrichtes z. T. nicht ernst genug und kamen häufig zu spät, außerdem verfügte kaum ein Teilnehmer über die Konzentrationsfähigkeit für den Rest des Projekttages. Der Ablauf wurde dahin gehend verändert, dass vor dem Frühstück eine eineinhalbstündige Unterrichtseinheit vorgeschaltet ist. Nach einer anschließenden Unterrichtseinheit von wiederum eineinhalb Stunden folgt eine Pause. Der Projekttag schließt mit einer weiteren einzelnen Stunde ab.

Der Ansatz, beim Frühstück Absprachen zu treffen, über das eigene Befinden zu reden und Probleme anzusprechen wird von den Jungen eher abgelehnt. Dagegen werden Anforderungen von außen, z.B. Vorladungen zu Gerichtsverhandlungen, Musterung zur Bundeswehr, Probleme mit Vermietern oder Auseinandersetzungen mit Dritten außerordentlich rege und sehr offen diskutiert. Um 13 Uhr 30 endet der Projekttag für die Jungen.

Zur Dokumentation der vereinbarten Schritte/Ziele wird das Förderplanverfahren eingesetzt. Mit jedem Schüler wird ein individueller Förderplan angelegt, der die fachlichen Kompetenzen in Unterricht und Werkstatt sowie die sozialen Kompetenzen erfasst. Zu den sozialen Kompetenzen gehören Zuverlässigkeit, Sorgfalt, Leistungs- und Lernbereitschaft, Selbstständigkeit, Kooperationsfähigkeit und soziales Verhalten. In regelmäßigen Abständen (monatlich) erfolgt eine Selbsteinschätzung durch die Jungen. Der Betreuer reflektiert und ergänzt diese mit seiner Bewertung in einem regelmäßig wiederkehrenden Gespräch. In den meisten Fällen stimmen Selbst- und Fremdeinschätzung überein. Als Vorhaben für die kommenden zwei Monate werden gemeinsam (meist zwei) Kriterien ausgewählt, auf die der Schüler besonders achten soll.

Jeder Teilnehmer soll jedes Jahr ein Praktikum von ca. drei Wochen absolvieren. Diese Vorgabe wird den individuellen Voraussetzungen angepasst. Die Suche nach dem Praktikumsplatz und die Bewerbung erfolgen durch die Jungen selbst. Falls ein Teilnehmer kein Interesse hat, nicht fähig ist oder die Lernförderung zur Erreichung des Schulabschlusses im Vordergrund steht, wird er nicht dazu gezwungen. Die Mitarbeiter von KidZ 3 bemühen sich um eine Kontaktaufnahme zu den Eltern/Erziehungsberechtigten. Sie bieten an, regelmäßig Rückmeldungen zum Entwicklungsstand zu geben oder Fehlzeiten mit den Erziehungsberechtigten zu beraten. Die Zusammenarbeit gestaltet sich sehr unterschiedlich und reicht von Desinteresse bis zu regelmäßigem Kontakt.

Das Team besteht aus einem Tischlermeister (halbe Stelle), einem Lehrer (volle Stelle) und einem Sozialpädagogen (volle Stelle). Der Tischlermeister verfügt über Erfahrungen als Ausbilder für schwierige Jugendliche bei verschiedenen Bildungsträgern. Er vermittelt eine kleine Auswahl von Arbeitstechniken und achtet auf fachgerechte Ausführung. Seine hohe Frustrationstoleranz ist gekoppelt mit pädagogischem Wissen und Können. Der Lehrer hat Erfahrungen mit der Klientel, da er zuvor im Bereich B/BFS tätig war. Von besonderer Bedeutung ist seine Fähigkeit, differenziert zu unterrichten, da mit der Projektmethode gearbeitet wird und sehr unterschiedliche Bildungsniveaus bei den Schülern vorhanden sind. Vermisst wird eine erweiterte sonderpädagogische Qualifikation des Lehrers. Hilfreich ist, dass ein institutionalisierter fachlicher Austausch mit anderen Lehrerinnen/Lehrern der B/BFS besteht. Der Sozialpädagoge ist für die Sozialarbeit mit den Jungen, für die Dokumentation und Auswertung gegenüber dem AfSD sowie für die Öffentlichkeitsarbeit zuständig. Er verfügt über Erfahrungen in der außerschulischen Jugendbildungsarbeit, insbesondere zum geschlechtsspezifischen Ansatz der Jungenarbeit. Zu den Aufgaben gehört weiterhin die Durchführung des PC-Unterrichts. In Abstimmung mit dem Lehrer werden Unterrichtsthemen auch im PC-Unterricht fortgeführt. Der Sozialpädagoge ist bei der Werkstattarbeit anwesend und achtet besonders auf Konflikte sowie auf das Arbeits- und Sozialverhalten der Jungen. Ebenso ist der Tischlermeister nach Möglichkeit bei sozialpädagogischen Gruppenaktivitäten dabei.

Aufgrund unterschiedlicher Arbeitszeitregelungen unterrichtet der Lehrer 21 Stunden in Vollzeit. Die restliche Zeit ist seine Vorbereitungszeit. Deshalb ist er in Werkstatt und sozialpädagogischen Einheiten nicht dabei.

Einmal pro Woche findet eine Teamsitzung von eineinhalb Stunden statt, die leider nicht zur Vorbereitung des Projektunterrichts ausreicht. Supervision wird zur Zeit einmal monatlich durchgeführt. Die Mitarbeiter haben die Möglichkeit, bundesweit oder international an Tagungen zum Thema Schulverweigerung teilzunehmen und nutzen diese in unterschiedlichem Maße. Weiterhin arbeiten sie im Arbeitskreis „Schulverweigerung in Bremen“ mit, der sich aus Vertretern von Projekten des Bereichs Schulverweigerung und Behördenvertreterinnen/Behördenvertretern zusammensetzt. Die Mitarbeiter von KidZ 3 arbeiten eng mit den Einrichtungen der Jugendhilfe, der sozialen Dienste, der Jugendgerichtshilfe, mit Institutionen der Aus- und Weiterbildung sowie Drogenberatungsstellen zusammen.

Erfahrungen

Bei den Jungen kann innerhalb kürzerer Zeit ein Bildungszugewinn im weiteren Sinne in den Bereichen Handwerk und Schule beobachtet werden. Besonders stark ist ihre Entwicklung im Bereich der Persönlichkeit, insbesondere bei den sozialen Fähigkeiten, zu bewerten: gestärktes Selbstbewusstsein, sicheres Körpergefühl, sich entwickelndes Gerechtigkeitsempfinden, realistischere Selbsteinschätzung und Einschätzung von (Fehl-)Verhalten, Akzeptanz eigener Defizite und Annahme von Hilfestellungen. Die Jungen sind interessiert an männlichen Vorbildern. Die Jugendlichen sind jedoch nur mühsam für das Thema Geschlechterrollen zu sensibilisieren. Weniger Schwierigkeiten haben die Jungen bei den Tätigkeiten Kochen, Selbstversorgen, Körperpflege.

Die Jungen fordern eine klare Struktur im Projektablauf, die sich stark am Schultag und -unterricht orientiert.

Das Projekt hat sich mit den massiven Drogenproblemen der Jungen (harte und weiche Drogen) auseinander zu setzen. Über einen langen Zeitraum wurden auch Substituierte betreut. Das Problem wird von den Jugendlichen erkannt, und ein bewussterer Umgang mit weichen Drogen (Cannabis) konnte erreicht werden.

Diejenigen Jungen, die über einen längeren Zeitraum am KidZ 3 teilnahmen, halten auch heute noch den Kontakt zu den Projektmitarbeitern. Jugendliche, die von KidZ 3 in andere Maßnahmen vermittelt wurden, haben z. T. dort ihren Schulabschluss nachgeholt, was ohne die Vorbereitung durch KidZ 3 unmöglich gewesen wäre.

Im ersten Jahrgang von KidZ 3 kam es aufgrund eines zu hohen Einstiegalters (16 bis 17 Jahre) zu Abbrüchen. Teilnehmer brechen ab, wenn sie eine Entwöhnungsbehandlung beginnen, in den Strafvollzug gehen oder wenn für die Jungen abzusehen ist, dass sie ihre Ziele, z.B. den Schulabschluss, nicht erreichen werden.

Wenn die Entwicklung stagniert, keine Motivation mehr vorhanden ist und eine intensivierte Betreuung bzw. besondere Hilfsangebote nicht wirken, wird geprüft, ob es passendere Hilfsangebote für den Teilnehmer gibt. Bisher wurden sehr lange Verweildauern von bis zu zweieinhalb Jahren erreicht. Intern wird von einer Verbleibzeit im Projekt von zwei Jahren ausgegangen, da in den wenigsten Fällen der Hauptschulabschluss innerhalb eines Jahres erreicht werden kann. Bisherige Erfahrungen zeigen, dass das Projekt bei ca. einem Drittel der Jungen keine Einstellungsveränderungen bewirkte, bei einem Drittel sich nachhaltige Veränderungen zeigen und sich bei einem Drittel Kompetenzgewinne feststellen lassen, die nicht ausreichend gefestigt sind, um auch für die Zukunft mit ausreichender Sicherheit eine positive Weiterentwicklung prognostizieren zu können.

Eine gute Zusammenarbeit (enger Kontakt, Absprachen über den Entwicklungsstand) besteht mit den Jugendwohngruppen. Der Eintritt ins Projekt mit 16 Jahren wird als sehr spät eingeschätzt, da das Verhalten der Jungen bereits sehr verfestigt ist. Ein früherer Eintritt mit 14/15 Jahren wäre eine günstigere Ausgangsposition für die Arbeit mit Schulverweigerern. Im Rahmen dieser Konzeption ist eine Veränderung jedoch nicht möglich.

Für das Team belastend wirken sich unterschiedliche Arbeitgeber mit ungleichen Anwesenheitszeiten, Bezahlung und Urlaubstagen aus. Der Lehrer ist über die Schulbehörde angestellt. Der Sozialarbeiter wird aus mehreren kleineren Töpfen bezahlt und unterliegt damit unterschiedlicher Rechenschaftspflicht. Die langen Ferienzeiten unterbrechen immer wieder die kontinuierliche Arbeit. Der längste zusammenhängende Zeitraum beträgt elf Wochen. In den Ferien sind die Jugendlichen ohne Betreuung, sodass Rückschläge vorprogrammiert sind. Für das Gelingen des Projekts wären weniger Ferien/längere zusammenhängende Arbeitszeiträume bei gleich vielen Ferientagen vorteilhafter.

KidZ 3 sieht sich mit verschiedenen Erfolgserwartungen der Auftraggeber konfrontiert. Einerseits sollen sich die Jugendlichen während der Projektzeit Interessensgebiete und Perspektiven erschließen Andererseits orientiert sich Schule an erreichten Abschlüssen. Dadurch existiert die Unsicherheit, wie mit Abbrecherkandidaten umzugehen ist. Alle Jugendlichen sollen bei Abbruch oder im Anschluss an das Projekt in eine Anschlussmaßnahme (Berufsförderungsprojekte, Nachholen von Schulabschlüssen) vermittelt oder zumindest zum Arbeits-/Sozialamt begleitet werden. Ob die Vermittlung als Erfolg gewertet werden kann, ist für das Team angesichts fehlender Standards nicht einzuschätzen.

Kontakt:
KidZ 3 – Kreativ in die Zukunft 3
Herr Stefan Brückner
Am Hulsberg 136
28205 Bremen

Barbara Bertram

Starke Mädchen – Starke Jungen – Gemeinsam stark!

Ausgangsproblematik

Um Jugendliche besser auf neue Geschlechterrollen vorzubereiten, entstand das Projekt der Erziehung zur Gleichberechtigung der Geschlechter. Das in Kooperation von Jugendhilfe und Schule entstandene Projekt geht auf Traditionen und Erfahrungen beim Träger sowie in der Gemeinde Groß-Gerau zurück.

Heutige Schüler/innen von 13/14 Jahren sehen sich aufgebrochenen traditionellen Geschlechterrollen gegenüber, deren Widersprüchlichkeit zur Realität sie in Familie, Schule oder Arbeitswelt beobachten können, mit denen umzugehen sie aber noch nicht gelernt haben. Erstmals in der westdeutschen Gesellschaft wächst eine Frauengeneration heran, die vollen Anspruch auf eine fundierte berufliche Ausbildung und Erwerbsarbeit erhebt (in Ostdeutschland bereits die dritte Generation), für deren Durchsetzung sie aber oft noch nicht die nötigen Bedingungen vorfindet.

Die verbreitete Meinung bei Mädchen an der ausgewählten Schule und im Umfeld besteht darin, zwar einen Beruf zu erlernen und ausüben zu wollen, aber die hauptsächliche Berufung des Mädchens/der Frau in der Familie zu sehen. Die verbreitete Meinungen der Jungen besteht entsprechend darin, dass Frauen einen Beruf erlernen und ausüben sollten, um Geld zu verdienen, aber dass ihre Hauptberufung in der Familie liegt. Bei vielen Mädchen und Jungen ist die Möglichkeit der Selbstverwirklichung im Beruf zurückgestellt.

Bezüglich der konkreten Berufsorientierung auf Frauen- und Männerberufe, des späteren Berufs- und Lebensweges sowie der Vereinbarkeit mit einer gewünschten Familie entstehen viele Fragen und Unsicherheiten. Diese werden verstärkt durch zunehmende Arbeitslosigkeit in Deutschland, fehlende betriebliche Ausbildungsplätze in vielen Regionen (im Raum Groß-Gerau mit relativ viel Industrie derzeit noch nicht erheblich) und die traditionelle Zuordnung von Frauen zum Haushalt.

Neben verbreiteten Unsicherheiten bezüglich der Gleichberechtigung bestehen bei einem Teil der Mädchen und Jungen aber auch überhöhte Vorstellungen von einer bereits realisierten Gleichstellung, weil diese Altersgruppen in der Realität mit blockierenden

Erfahrungen kaum konfrontiert wurden. Es ist daher notwendig, junge Menschen auf den Umgang mit geschlechtsspezifischen Hürden beim Übergang in Beruf und Arbeit vorzubereiten.

Besonders schwierig erscheinen solche Fragen in der Zeit der Pubertät (die zugleich Zeit der beginnenden Berufsorientierung sein soll), wo sich Mädchen eher zurückhaltender und gehemmter, Jungen dagegen aggressiver verhalten. Mädchen sehen sich in der Pubertät mit dem neuen unbewältigten Rollenanspruch und dem Streben nach männlichen Rollenbildern und Selbstbehauptung konfrontiert. Andererseits fehlen den Mädchen aber Informationen über Rollenbilder und genügendes Selbstbewusstsein.

Auch Jungen haben in dieser Zeit Schwierigkeiten mit den überhöhten traditionellen Rollenanforderungen an Männer. Aus dieser Situation heraus fällt es ihnen schwer, sich mit Rollenstereotypen des anderen Geschlechts auseinander zu setzen. Mädchen und Jungen mit Migrationshintergrund (in der am Projekt beteiligten Schule fast die Hälfte) stoßen dabei häufig auf zusätzliche kulturelle Probleme.

Eine Folge der Vielzahl von solchen und anderen Fragen bzw. ungelösten Problemen sind Frust, Streitigkeiten und Aggressivitäten innerhalb der Schulklassen zwischen oder innerhalb der Geschlechtergruppen. Zugleich kann Mädchenerziehung zur Gleichberechtigung nur fruchten und letztlich in der Lebensrealität greifen, wenn auch Jungen in diesen Prozess einbezogen werden. Neue Rollenbilder für Frauen sind nur unter Einbeziehung der Männer, d. h. der Veränderung von deren traditionellen Denk- und Verhaltensweisen durchsetzbar. Davon geht das Projekt aus.

Das Jugendbildungswerk Kreis Groß-Gerau ist Träger des Projekts „Starke Mädchen – Starke Jungen – Gemeinsam stark!“ (kurz: „Starke-Projekt“). Das Jugendbildungswerk stellt sich generell zur Aufgabe, Jugendlichen Chancen zur Emanzipation zu bieten und ihnen damit die Aneignung von Kenntnissen und Fähigkeiten für Arbeitswelt, Freizeit und gesellschaftliche Tätigkeiten zu ermöglichen. Vorrangige Ziele sind, die gesellschaftlichen Benachteiligungen abzubauen und die Partizipation und Gleichberechtigung von Mädchen/jungen Frauen sowie Jungen/jungen Männern zu fördern. Schon seit Jahren gibt es hier Traditionen in der geschlechterbewussten Arbeit (z.B. in Form von Wochenendseminaren u.a. Veranstaltungen an Schulen). Als Problem erwiesen sich jedoch die kurze Zeitdauer und die ungenügende Nachhaltigkeit solcher Angebote. Die vermittelten Inhalte wirkten sich kaum auf die Berufs- und Lebenswege der Jugendlichen aus. Es fehlte an Systematik in der Erziehung zur Gleichberechtigung, aber auch an der notwendigen intensiven Kooperation zwischen Jugendhilfe und Schule mit beidseitiger Verantwortung. Eine Fortführung der Angebote an der Schule oder gar Einbindung in den Unterricht bestand nicht. Anzustreben war daher eine langfristige intensivere Zusammenarbeit mit den Schulen, und zwar zu einem biografisch frühen Zeitpunkt, in dem die Berufsorientierung beginnt.

Die Projektkonzeption wurde im Entwurf vom Jugendbildungswerk erarbeitet. Förderlich im Hinblick auf die Umsetzbarkeit der Projektidee waren beispielsweise eine flächendeckende Jugendarbeit in den Städten und Gemeinden des Kreises Groß-Gerau, fünf in Betracht kommende integrierte Gesamtschulen, eine punktuelle Öffnung von Schule für Jugend- und Freizeitarbeit in der vorangegangenen Zeit sowie die Einführung von Schulsozialarbeit im Verlauf des Projekts. Nicht förderlich waren die verfestigten verschiedenartigen Strukturen von Schule und Jugendarbeit. Ein Netzwerk zur Unterstützung des Projekts bestand damals nicht, ebenso gibt es kaum Erfahrungen bezüglich einer planmäßigen Mischung von geschlechtergetrennter und -gemeinsamer Arbeit in der Thematik.

Zur Durchführung wurde die Martin-Buber-Schule Groß-Gerau (IGS mit Ganztagsangebot, ca. 950 Schüler/innen) ausgewählt. Die Wahl fiel vor allem aus folgenden Gründen auf die Martin-Buber-Schule:

- ein klar bekundetes Interesse der Schulleitung an der Projektdurchführung, Bedarf an einer kontinuierlichen Zusammenarbeit mit Institutionen der außerschulischen Jugendbildungsarbeit,
- Probleme an der Schule infolge struktureller Veränderungen in der Umgebung (durch Umwandlung einer anderen Schule verlor sie die leistungsstärksten Schüler und wurde einzige Alternative zum Gymnasium),
- ein hoher Anteil von bildungsbenachteiligten Schülerinnen/Schülern: z.B. 42 % mit Migrationshintergrund aus über 30 Nationen mit entsprechenden kulturellen Unterschieden, ein überdurchschnittlicher Anteil von allein Erziehenden unter den Eltern in schwieriger Erziehungssituation, die Integration von „Grenzfällen“ zur Sonderschule (in Kooperation mit dieser),
- Interessenbekundung der kommunalen Jugendarbeit der Stadt Groß-Gerau zur Zusammenarbeit mit dieser Schule im Projekt,
- langjährige Kooperationserfahrungen des Trägers in der geschlechtsspezifischen Seminararbeit mit dieser Schule.

Begünstigend, wenn auch nicht direkt ausschlaggebend, wirkte die unmittelbare Standortnähe zum Büro des Trägers.

Die Modellphase des Projekts verlief von April 1999 bis August 2002. Danach trat eine größere Verselbstständigung der Durchführung an der Schule mit neuen Förderbedingungen ein. Die nachstehenden Ausführungen betreffen die Modellphase.

Konzeption

Leitziel des Projekts ist die Stärkung von Mädchen und Jungen in einem auf neue Rollen bezogenen geschlechterbewussten Denken und Verhalten, einschließlich des Abbaus von traditionellen Rollenzwängen und Benachteiligungen. Es geht a) um die Erziehung zur Gleichberechtigung und zur Gleichwertigkeit in der Differenz beider Geschlechtergruppen und b) um die Entwicklung neuer Standards und Methoden der Zusammenarbeit von Schule und Jugendhilfe auf struktureller Ebene.

Im Einzelnen soll bei den Jugendlichen Folgendes erreicht werden:

- Begleitung der Mädchen und Jungen in der Entwicklung ihrer (Geschlechts-)Identität, Förderung ihrer Emanzipation,
- Vermittlung von Wissen zur Thematik Gleichberechtigung und Benachteiligung,
- Förderung von sozialen Kompetenzen, insbesondere Konflikt-, Kommunikations- und Kooperationsfähigkeit,
- Förderung von Lebensplankompetenzen.

Zielgruppe sind Schüler/innen der 7. und 8. Klassenstufen einer Gesamtschule. Nachdem Erfahrungen mit einigen Klassen vorlagen, wurde ein kompletter Jahrgang in die Projektarbeit einbezogen (7. Klasse). Das Projekt stützt sich auf drei Säulen: emanzipatorische Mädchenarbeit, bewusste Jungenarbeit und geschlechterreflektierende Koedukation, die in ihrer Durchsetzung aufeinander abgestimmt sind. Während des gesamten 7. Schuljahres hat das Projekt 14-tägig an der Schule abwechselnd für geschlechtergetrennte oder koedukative Arbeit eine Doppelstunde zur Verfügung (Unterrichtsstunden der Klassenlehrer), gelegentlich auch längere Zeiteinheiten. Im 8. Schuljahr gibt es mehrere gemeinsame und längere Veranstaltungen (ganze Projekttage) in größeren Zeitabständen.

In der Projektarbeit werden vielfältige Methoden der schulischen und außerschulischen Jugendbildung eingesetzt. Diese betreffen langzeitpädagogische sowie lebensweltbezogene Ansätze, die zur Erweiterung der Handlungsmöglichkeiten führen sollen. Das Projekt soll Teil des pädagogischen Alltags sein und in diesen hineinwirken mit Elementen aus der Medien-, Erlebnis- und Sexualpädagogik, aus Spiel, Sport und Theaterarbeit. Es gibt themenbezogene Kleingruppen- und Teamarbeit. Die geschlechtergetrennten Veranstaltungen bieten den Mädchen wie Jungen einen Schon- und Erfahrungsraum. Die gemeinsamen Einheiten fördern einen offenen und konstruktiven Austausch, die Überprüfung des Gelernten und die Reflexion über die andere Geschlechtergruppe.

Besonderheiten liegen vor allem a) in diesem Wechsel zwischen geschlechtergetrennter und koedukativer Erziehung zur Gleichberechtigung, b) in der gleichberechtigten Kooperation zwischen Schule und Jugendarbeit mit – erstmals – gemeinsamer Konzeptionsbearbeitung, Verantwortung und Durchführung (in Teamarbeit), c) in einer gemeinsamen Fortbildung aller Beteiligten zum Projektbeginn, d) in einem jährlichen Folgeeinstieg der neuen 7. Klassenstufe, e) in der Evaluation in den beteiligten Klassen mit verschiedenen Methoden.

Das Projekt läuft in Kooperation zwischen der kommunalen Jugendarbeit der Stadt Groß-Gerau, der Martin-Buber-Schule, der Schulsozialarbeit an dieser Schule („Netzwerk Schulgemeinde" des Kreises Groß-Gerau).

Lernorte sind vorwiegend Räume der Schule, vor allem bei 7. Klassen. In der 8. Klassenstufe werden Projekttage mitunter in Jugendzentren o. Ä. ausgelagert. Personelle Voraussetzungen wurden in der ersten Staffel (drei, später fünf Klassen im 7. Jahrgang) durch zwei hauptamtliche Mitarbeiter/innen aus dem Jugendbildungswerk sowie eine Kollegin aus der Kommunalen Jugendarbeit geschaffen. Hinzu kamen stundenweise drei Lehrer/innen, sechs Honorarkräfte (Studentinnen/Studenten) und eine Teilzeit-Verwaltungskraft. Nach Erweiterung des Projekts auf die gesamte neue 7. Klassenstufe und Weiterführung der alten 7. Klassen im 8. Schuljahr konnte die inzwischen installierte Schulsozialarbeit einbezogen werden. Nur durch diesen Kapazitätsgewinn war die Erweiterung möglich. Die Kosten variierten nach den jeweils einbezogenen Klassen und Veranstaltungen. Die Finanzierung erfolgte vor allem durch den Kreis Groß-Gerau, die kommunale Jugendarbeit und die einbezogene Schule.

Umsetzung

Der Zugang der Jugendlichen zum Projekt erfolgt über die Schule. Da es sich vorrangig um eine Durchführung innerhalb der Unterrichtseinheiten handelt, ist die Teilnahme zwar Pflicht, aber eine gute Motivierung zur aktiven Mitarbeit für den Erfolg ist dennoch unbedingt nötig. Motivierung war im Projektverlauf ständig erforderlich; sie gelang unterschiedlich entsprechend der Aktionen. Als Alternative zum Unterricht war das Projekt bei den Schülerinnen/Schülern sofort willkommen, die aktive Mitarbeit entschied sich nach Interesse an den einzelnen Themen und Methoden. Stimulierend war zunächst die Aussicht, zu einer besseren Klassensituation zu gelangen, später war es auch die Unterstützung bei der Berufsorientierung. Die Arbeit direkt blockiert haben immer nur Minderheiten unter den Jungen. Mädchen verhielten sich zu allen Zeiten durchschnittlich aufgeschlossener und den Themen gegenüber offener.

Zunächst mussten Schule und Lehrer/innen von der Mitarbeit überzeugt werden. An der einbezogenen Schule signalisierte zwar die Direktion großes Interesse. Jedoch waren anfangs die Lehrer/innen zurückhaltend bis skeptisch (sowohl gegenüber den Zielen als auch den anzuwendenden schulfremden Methoden). Schließlich konnten eine Klasse zur Vorbereitung und wunschgemäß drei weitere zur Projektdurchführung gewonnen werden. Dass sich später eine große Mitarbeitsbereitschaft unter den Lehrerinnen/Lehrern entwickelte, hatte vor allem folgende Gründe:

- inhaltliche und strukturelle Anpassung der Konzeption an die Wünsche der Lehrer/innen und der Schule, gemeinsame Weiterentwicklung in der Folgezeit,
- die geleistete Überzeugungsarbeit bei den Lehrerinnen und Lehrern, Schülerinnen und Schülern sowie Eltern durch die Projektmitarbeiter/innen, einschließlich Öffentlichkeitsarbeit in den regionalen Medien,
- Bildung einer gemeinsamen AG „Starke“, die wesentliche Vorbereitungen traf und der neben den Projektmitarbeiterinnen und -mitarbeitern die beteiligten Klassenlehrer/innen sowie andere außerschulische Kräfte angehörten,
- intensive mehrtägige Fortbildung in den Teams mit gegenseitigem Kennen- und Verstehenlernen
- positive Ergebnisse der Pilotstudie (ein halbes Schuljahr in einer Klasse) sowie der ersten teilnehmenden Klassen.

Die inhaltlichen Anpassungen der Konzeption an die Wünsche der Schule bestanden vor allem in der Konkretisierung und Transparenz von Inhalten und Methoden. Die strukturellen Anpassungen lagen in der Auswahl der Klassen/-stufen sowie in der Verabschiedung von der Idee, die Arbeit unter Ausschluss der Lehrkräfte durchführen zu können. Neben der inhaltlichen Überzeugung erwies sich anfangs auch das Finden geeigneter Termine und Räume als problematisch. Inzwischen ist die Projektarbeit in die Schularbeit und Stundenplanung integriert. Dies soll noch intensiviert werden, indem die Projektarbeit zum festen Bestandteil des Schulkonzepts und der Berufsorientierung bei allen 7./8. Klassen erhoben wird.

Die Zahl der teilnehmenden Klassen wuchs im Verlauf der Arbeit von drei auf insgesamt elf. Mit der gestiegenen Teilnehmerzahl wurde es schwieriger, bei gleicher Personalausstattung die hohe Qualität abzusichern. Durch die Möglichkeit, im zweiten Projektjahr die neu geschaffene Schulsozialarbeit in die Projektarbeit mit einzubeziehen, konnte dem begegnet werden. Zudem übernahm die Schule nach Abschluss der Modellphase einen größeren finanziellen Anteil.

Etwa ein halbes Jahr vor Projektstart hatten intensive Vorbereitungsarbeiten eingesetzt, die in der Hauptverantwortung des Trägers lagen, aber von der Schule und der gemeinsamen „Starke-AG“ verantwortlich mitgetragen wurden. Es ging in der AG-Arbeit wesentlich um Folgendes:

- bedarfsorientierte Themensammlung für die Arbeit mit den Schülerinnen/Schülern
- Erarbeitung eines Ablaufschemas für die einzelnen Arbeitseinheiten in den Klassen
- Vorarbeiten für Schüler/innen-Befragungen (Fragebogen) zu Beginn und am Ende
- Einschätzungen der Klassenlehrer/innen zu ihren Klassen
- Erarbeitung von Standards des Berichts- und Dokumentationswesens.

Die „Starke-AG“ wurde vor allem zur Vorbereitung des Projekts gegründet. Sie tagte im ersten Projektjahr alle sechs bis acht Wochen (empfehlenswert wäre häufiger), später seltener, aber sie trug wesentlich zu Transparenz, Vernetzung, Austausch, Strukturierung und Weiterentwicklung des Projekts bei.

Ein wichtiger Baustein zur Einführung und erfolgreichen Durchführung des Projekts war die zweitägige Einführungsfortbildung, die zusammen mit der Arbeitsstelle „Erziehung zur Gleichberechtigung“ des Pädagogischen Instituts Starkenburg durchgeführt wurde. Sie galt vor allem der Theorie- und Methodenvermittlung, Teamfindung und Planung des Projektstarts und den Beratungen zur Situation in den Schulklassen.

Die geschlechtergetrennte Projektarbeit verläuft in gemischten Teams, denen jeweils eine hauptamtliche Pädagogin/ein hauptamtlicher Pädagoge (außerschulischer Bereich), eine Klassenlehrerin/ein Klassenlehrer sowie zwei Honorarkräfte (meist Studentinnen/Studenten der Sozial-/Pädagogik) angehören. Nach Möglichkeit sollen das je zwei Frauen und zwei Männer sein. Die geschlechtergemischte Arbeit wird allein von den Klassenlehrerinnen/Klassenlehrern durchgeführt (ursprünglich nach Anleitung durch den Träger, inzwischen selbstständig). Durch die gemeinsamen Teams und die Eingangsfortbildung entstehen Annäherung, Verständnis und gegenseitiges fachliches Profitieren.

Das Projekt beginnt jeweils am Anfang des 7. Schuljahres. Den Eltern wird ein Elternabend zur Information angeboten. Die Schüler/innen werden in den betroffenen Klassen informiert. Ein anonymer Fragebogen für die Schüler/innen dient als Grundlage einer konkreten Projektarbeit (zu Klassensituation, Wünschen an das andere Geschlecht, bevorzugten Themen, vorhandenen Rollenbildern usw.). Er soll zugleich Neugier wecken und Aufgeschlossenheit herstellen. Ein ähnlicher Fragebogen am Ende der 8. Klasse gibt Aufschluss über den Erfolg des Projekts. Dem gleichen Zweck dienen Einzelbefragungen der beteiligten Klassenlehrer/innen durch die Projektmitarbeiter/innen. Es zeigte sich, dass die Rollenbilder für Frauen bei allem geäußerten Interesse an Ausbildung und Erwerbsarbeit unter den Jugendlichen doch noch recht traditionell sind.

Projektinhalte in der 7. Klasse sind vor allem: Rollenverhalten von Mädchen und Jungen in der Klasse/gegenseitige Erwartungen, späteres Rollenverhalten/Frauen- und Männerbilder, Pubertät, Freundschaft/Liebe/Sexualität, persönliche Stärken und Schwächen (Selbst- und Fremdwahrnehmung), Vertrauen/Mut/Angst, Umgang mit Ärger/Problemen/Gewalt, die Klasse/Gruppe.

Projektinhalte im 8. Schuljahr sind: Berufsorientierung (z.B. Berufeparcours), Lebensplanung, Bewerbung. Die Inhalte stehen im Zusammenhang zu anderen Arbeiten der Schule zur Berufswegplanung, z.B. Praktika. In der Modellphase wurden die Themen des 7. Schuljahres im 8. Schuljahr nicht wieder aufgenommen, was sich als ungünstig erwies.

Die ersten Arbeitseinheiten dienten dem Kennenlernen, „Aufwärmen“ sowie dem Zusammentragen von Gruppenregeln, die sich beide Geschlechter im Umgang innerhalb der Klasse wünschen – hier gab es nach Bedarf auch später noch Ergänzungen. In den ersten koedukativen Gruppen überwogen Themen zu Geschlechterrollen/Geschlechterverhalten innerhalb der Klassen. Die durch diesen Teil der Projektarbeit meist erreichte größere „Ruhe“ in den Beziehungen unter den Jugendlichen war eine günstige Basis für Aufgeschlossenheit und Mitarbeit bei den Folgethemen.

Da die Arbeitseinheiten einen direkten Bezug auf die konkreten Interessen und Probleme der Schüler/innen nahmen und jedes Thema zu einem gewissen Abschluss, zumindest Zwischenstand bringen sollten, ließen sich die geschlechtergetrennten Themen nicht immer parallel abhalten. Zielprioritäten, ggf. auch das Ausräumen von Konflikten, waren im Prinzip wichtiger als eine strenge Themenabfolge, denn mangelndes Ausdiskutieren hätte das Gesamtprojekt gefährdet. Reste vom letzten Mal werden mitunter in der folgenden Projektstunde behandelt.

Bei den Diskussionen zum Verhalten in der Klasse wird nach Ursachen und Wirkungen gefragt sowie auf Befindlichkeiten eingegangen: Welchen Vorteil haben negative Verhaltensweisen in der Gruppe/Klasse, wie z.B. Ausgrenzungen, Gewaltanwendungen? Wie fühlst du dich als Verursacher/in oder Opfer dabei? Wie kann man sich davor schützen?

Die Themen werden anhand verschiedener Methoden abgehandelt: jeweils ein Warm-up am Anfang, teils auch zwischendurch (einstimmen auf die Arbeitseinheit, Aufmerksamkeit und Spaß an der Mitarbeit wecken), danach wechselnd Gesprächsrunden, Diskussionen in unterschiedlichen Gruppen, Spiele mit Materialien/Gegenständen/Worten, Rollen- und Theaterspiele, Malen und kreatives Gestalten, Übergabe kleiner Geschenke usw. Jede Arbeitseinheit wird am Schluss in der Gruppe auf ihre Wirksamkeit hin diskutiert (Reflexionsrunde). Diese und eigene Einschätzungen werden von den Durchführenden schriftlich festgehalten: Wie war die Mitarbeit in den einzelnen Bereichen, wer hat an welcher Stelle blockiert/gestört, wann war die Aufgeschlossenheit besonders hoch, wo muss man noch nacharbeiten? Eine Reihe von Übungen und Experimenten war für die Jugendlichen ungewohnt und erst allmählich bekam ein Teil Lust am Experimentieren. Erst mussten Gewöhnungsprozesse an Methoden und Inhalte eintreten (auch bei Lehrerinnen/Lehrern), ehe eine aktive Mitarbeit bei den Schülerinnen/Schülern einsetzte. Das war zunächst problematisch, da das Projekt von der Aktivität der Teilnehmer/innen lebt, zahlte sich aber am Ende aus: Die meisten der vorerst ungewohnten Methoden wurden schließlich von der Mehrheit akzeptiert, erwiesen sich als motivierend und sinnvoll.

Der Wechsel zwischen geschlechtergetrennten und -gemeinsamen Veranstaltungen erfolgt nach vorher festgelegtem Plan. Die Ergebnisse der getrennten Arbeitseinheiten werden zum Teil in den koedukativen weiterbehandelt, wodurch eine Information und Rückmeldung des jeweils anderen Geschlechts zustande kommt.

Nach der Modellphase wurden die konzeptionellen Inhalte im Wesentlichen beibehalten. Eine Änderung trat in der Projektverantwortung, -durchführung und -finanzierung ein: Die Schule übernahm eigenständig Koordination und Finanzierung (die Koordination übernimmt z.B. – in Absprache mit kommunaler Jugendarbeit und Schulsozialarbeit – der Jahrgangsleiter der Mittelstufe). Um das leisten zu können, wurde vom Träger eine umfangreiche Dokumentation für Schule, Jugendhilfe und Fachöffentlichkeit mit genauen Anleitungen und detaillierten Einschätzungen verfasst. Zudem dienen die jährlichen ein- bis zweitägigen gemeinsamen Fortbildungsveranstaltungen unter Federführung des Jugendbildungswerks dem Kompetenzerwerb beim Lehrpersonal. Inzwischen wurde das Projekt durch rege Öffentlichkeitsarbeit in den regionalen Medien, bei diversen Veranstaltungen, Elternabenden usw. bekannt. Es läuft an der Martin-Buber-Schule im 7. und 8. Schuljahrgang (verselbstständigt unter den neuen Bedingungen).

Das Projekt wird über Einschätzungen der Klassenlehrer/innen sowie Fragebögen für Schüler/innen am Anfang des Projektjahrgangs 7. und am Ende der 8. Klasse evaluiert. Diese Fragebögen dienen der Bestandsaufnahme, der Konkretisierung von Zielprioritäten und der Zielkontrolle. Gleichzeitig ist die o. g. Dokumentation Basis für eine ausführliche Reflexion, Einschätzung und Ableitung von Schlussfolgerungen für die weitere Projektarbeit. Die Evaluation war von Anfang an vorbereitet, indem z.B. die Fragebogen für Schüler/innen darauf ausgerichtet und später bedarfsgerecht überarbeitet wurden. Daneben erfolgten beständig unsystematische Bewertungen durch Schüler/innen- und Lehrer/innen-Gespräche, die in die Projektarbeit einflossen.

Erfahrungen

Es handelt sich bei „Starke Mädchen – Starke Jungen – Gemeinsam stark!“ um ein Projekt, das mehr Zulauf erhielt, als anfangs geplant war, auch in der Öffentlichkeit großen Anklang fand, und dessen Ausdehnung inzwischen in Angriff genommen wurde. Das Projekt stieß offensichtlich in mehrere Lücken und füllte dringende Bedarfe:

- Es hebt sich mit seinem Erziehungsanspruch von Auffassungen ab, die den Erziehungsbegriff/-ansatz vermeiden oder negieren.
- Es vermittelt altersgerechte Erziehungsinhalte, die anderenorts für diese Jugendlichen schwer abrufbar oder ohne Anstoß uninteressant sind.
- Das Projekt erzeugt eine Wechselwirkung zwischen Erziehungserfolg und Verhaltensänderung im Klassen-/Gruppenverband, woraus positive Bedingungen für die Annahme der weiteren Projektinhalte entstehen.

- In den Arbeitseinheiten wurden ungewohnte Methoden angewendet, die aus der Jugend-/Freizeit-/Sozialarbeit kommen und nicht typisch für den Schulunterricht sind.
- Die Veranstaltungen verliefen im Wechsel geschlechtergetrennt oder koedukativ, inhaltlich und zeitlich aufeinander abgestimmt. Dieser kontinuierliche Wechsel, vorher in der Jugendbildungs- und -sozialarbeit nicht typisch, hat sich sehr bewährt.
- Die Projektarbeit wurde von gemeinsamen Teams aus Jugendbildungsarbeit und Schule mit beidseitiger Verantwortung geleistet. Die Teams sind gründlich eingestimmt worden (Fortbildungsveranstaltungen am Beginn usw.) und arbeiteten sehr intensiv.

Nach Beendigung der Modellphase zeigte sich, dass das Projekt starke Denkanstöße in Bezug auf die behandelten Themen gegeben hatte, die teilweise im Unterricht noch fortgesetzt wurden. Gleichberechtigung – in den ersten Tagungen stark auf die Situation in der Klasse bezogen – wird von beiden Geschlechtergruppen inzwischen differenzierter gesehen, wobei zum Ausdiskutieren der vielen damit zusammenhängenden Fragen mehr Zeit nötig gewesen wäre.

Die Situation in den Klassen hat sich zumindest im Projektverlauf geschlichtet (Bemühen um freundlichere Umgangstöne, mehr gegenseitige Achtung usw.), und bei neu aufbrechendem Streit verhalf das Projekt zu verbesserten Reaktionsmöglichkeiten. Mädchen reagieren seitdem selbstbewusster gegenüber „Angriffen“ von Jungen. Da jedoch die Probleme in den Klassen vielfach gar nicht zwischen, sondern auch innerhalb der Geschlechter auftreten, ist nicht nur die Erziehung zur Gleichberechtigung, sondern auch die Erziehung zur Stärke wichtig (Selbstbewusstsein, aktives Handeln, sich den Problemen stellen usw.).

Das Interesse der Jugendlichen an den einzelnen Themen war unterschiedlich, je nach konkreter Klassen- oder persönlicher Situation; dementsprechend verlief die Mitarbeit. Oft gelang es, trotz ursprünglichem Desinteresse und Skepsis, Aktivität und sogar Freude oder Begeisterung zu wecken. Das spricht für die Methoden und deren Vielfalt. Eine richtige Schlussfolgerung daraus war, die Inhalte und Methoden an den Erwartungen der Jugendlichen auszurichten. Gut bis sehr gut behandelt fanden die Jugendlichen folgende Themen: Freundschaft/Liebe/Sex, Bewerbung und Beruf, Stärken/Schwächen, Rollenverhalten, Ärger/Probleme/Gewalt.

Die Themen in der 8. Klasse (Berufsorientierung, Bewerbung, Berufswege) waren von einem unterschiedlichen Vorbereitungsstand und in der Gesamttendenz von viel Unwissen der Schüler/innen gekennzeichnet, besonders bei Jungen. Die dringende Notwendigkeit, außerhalb der üblichen Veranstaltungen zur Berufsvorbereitung auf die Schüler/innen zuzugehen, wurde bestätigt. Für manche Mädchen/Jungen war die Mitarbeit nicht schwierig, andere waren überfordert. Eine bessere Vorbereitung auf die entsprechenden Projekttage könnte zu noch mehr Effektivität führen (stärkere Verbindung von Unterricht/Berufsberatung/Projekt, ggf. Einbeziehung der Eltern in die Vorbereitungsarbeit bezüglich Berufswünschen, Führen von Telefongesprächen, Bewerbungen u. a. – was allerdings bei Migrantenfamilien schwierig ist). Zum Zeitpunkt dieser Projektthemen wollte erklärtermaßen eine Reihe Schüler/innen noch nicht an Beruf und Bewerbung denken. Hier tat teilweise das Projekt den zweiten Schritt vor dem ersten, wovon punktuell auch die Gleichberechtigungs- und Vereinbarkeitsthemen im Beruf betroffen waren. Eine vorherige längere Einführung mit Motivierung, Erzielung von Aufgeschlossenheit und Bereitschaft scheint nötig.

Mit dem Projekt gelang es erstmals, eine intensive Zusammenarbeit zwischen Jugendbildungsarbeit und Schule herbeizuführen, die gleichberechtigt und von gemeinsamer Verantwortung getragen ist. Bei früheren Kooperationsbeziehungen war die Jugendarbeit mehr der gebende, die Schule mehr der nehmende Partner, und die Verantwortung für die jeweiligen Veranstaltungen lagen bei Ersterer. Es wurden neue Standards der Zusammenarbeit sowie ein eigenes Methodeninstrumentarium zur Realisierung der Projektziele entwickelt, was sich bewährte. Beides wird über eine umfassende Dokumentation weitergegeben.

Sowohl die beteiligten Lehrer/innen, als auch die Mitarbeiter/innen der Jugendarbeit, Sozialpädagoginnen und Honorarkräfte bekunden persönlichen Gewinn aus der Zusammenarbeit (z. B. wuchsen fachliche Kompetenzen und gegenseitiges Verständnis). Die Beziehungen in den Teams sowie zu den Schülerinnen/Schülern entwickelten sich meist sehr positiv, mehrheitlich verbesserten sich auch die Kontakte zwischen Lehrerinnen/Lehrern und Schülerinnen/Schülern der jeweiligen Klassen.

Das Projekt beinhaltet eine große Problemvielfalt, die bei den differenzierten Voraussetzungen der Schüler/innen nicht immer gründlich zu bewältigen war. Trotz der Schüler/innenbefragungen und ständiger verbaler Rückmeldungen konnte nicht vorausgesehen werden, welche Fragen/Probleme sich aus den hinzugewonnenen Informationen bei den Teilnehmerinnen/Teilnehmern ergeben würden. Zudem mussten sich die beteiligten Schüler/innen und Lehrer/innen erst an bestimmte Methoden gewöhnen. Die Auftauphase bei den Jugendlichen kostete Zeit. Somit litt das Projekt von Anfang an unter Zeitdruck, was durch die Schulstundenbindung enorm verschärft wurde. Auszudiskutierende Fragen von der vorigen Begegnung verkürzten die Zeit für die folgende. Während im ersten Jahr vor allem der Diskussionsbedarf oder auch die Eingangsmotivierung unter dem vollen Zeitplan litt, war es im zweiten Projektjahr der Beratungs- und Unterstützungsbedarf. Das betraf auch die leistungsstärkeren Teilnehmer/innen, um die man sich kaum individuell kümmern konnte. Insofern braucht das Projekt entweder zusätzliche offene Zeit oder inhaltlich offene Projektstunden zum „Nachholen“ und Vertiefen, wenn eine länger anhaltende Wirkung garantiert sein soll.

Ein gewisser Ausweg aus der zeitlichen Problematik könnte eine stärkere Verknüpfung von Themen der 7. mit denen der 8. Klasse sein. Hier bestand bisher weitgehende Trennung. Die Schüler/innen erkannten nicht, was z.B. die Stärke-Schwäche-Themen mit der Berufswahl zu tun haben. Hier ist eine Konzeptveränderung bereits für das kommende Schuljahr in Arbeit. Angestrebt wird ferner eine direkte Verflechtung von Schule und Projekt (Aufnahme der Projektarbeit ins Schulkonzept), was eine verbreitete Übernahme der Themen in den Unterricht bedeuten könnte.

Das Projekt ist nach Abschluss des Modellversuchs in eine neue Phase eingetreten. Anfängliche Bedenken, dass sich das Schüler-Lehrer-Verhältnis negativ auf die Projektarbeit auswirken könnte, bestätigten sich generell nicht. Aber die Gefahr besteht, das Projekt zu stark zu „verschulen“ oder als Selbstläufer zu betrachten. Ebenso wenig würde eine Diskontinuität des beteiligten Personals in den Teams funktionieren, denn das Vertrauen der Schüler/innen ist für den Erfolg notwendig. Das Projekt lief bisher ohne schriftlichen Vertrag zwischen Jugendarbeit und Schule. Sicherer wäre es, die Zusammenarbeit schriftlich zu fixieren.

Die Erfahrungen in der Kooperation sind für neu anstehende Projekte nutzbar, u.a. auch im Rahmen des jüngst geschaffenen Netzwerkes „Schulgemeinde im Kreis Groß-Gerau“. Mit der Trägerdokumentation zum Modellprojekt wurde eine praxisnahe Handreichung für geschlechterbewusste Gruppenarbeit geschaffen, die vielerorts nutzbar ist. Erhofft wird davon eine vielfältige Kooperation zwischen Jugendhilfe, Jugendbildungsarbeit, Schulsozialarbeit und Schule.

Fazit

Es handelt sich um ein Projekt, das erfolgreich neue inhaltliche und methodische Standards einführte, die nicht nur bei ähnlich gelagerten

Projekten einsetzbar sind. Evaluierung und Dokumentierung gestatten, die Erfahrungen aus dem Modellprojekt zu nutzen, um Angebote (auch für Eltern) auszubauen sowie weitere Institutionen und andere Bereiche der Jugendhilfe mit einzubeziehen. Über eine Verflechtung der Themen in beiden Projektjahren lässt sich noch mehr lang anhaltende Wirkung erreichen.

Kontakt:
Jugendbildungswerk Kreis Groß-Gerau
Herr Peter Schlimme, Frau Katja Rauch
Wilhem-Seipp-Str. 4
64521 Groß-Gerau

8 Mädchen und junge Frauen in den Informations- und Kommunikationstechnologien

Elise Bohlen, Claudia Flesch

Verbesserung der Zugangschancen von jungen Frauen zu den neuen Medien
Mädchen in den neuen Medien – eine Recherche[24]

Problemaufriss

Unter dem Vorzeichen des Gender Mainstreaming sind im Aktionsprogramm „Informationsgesellschaft Deutschland 2006" erklärte Ziele der Bundesregierung, den Anteil von Mädchen und jungen Frauen in den IT-Berufen bis zum Jahr 2006 auf 40 % zu steigern (BMWA und BMBF 2003). Die für die Berufsausübung immer wichtiger werdenden IT-Kompetenzen sollen in der Breite vermittelt werden, und über das deutsche Bildungssystem soll eine Basis für die Teilhabe aller gesellschaftlichen Gruppen am Nutzen der neuen Medien geschaffen werden.

Im Handlungskonzept des Bundesministeriums für Bildung und Forschung „Anschluss statt Ausschluss – IT in der Bildung" liegen die Schwerpunkte einerseits darauf, Mädchen und Frauen für die neuen Technologien zu interessieren, d. h. ihr Berufswahlspektrum zu erweitern, und andererseits benachteiligte Jugendliche mit schlechten Startchancen mit einzubeziehen (BMBF 2000).

Die Entwicklung der letzten Jahre zeigt, dass Kompetenzen im Umgang mit dem PC und neuen Informations- und Kommunikationstechnologien in beinahe jedem Beruf gefragt sind. Die meisten Ausbildungsbetriebe setzen Grundkenntnisse im Umgang mit dem

---

[24] Dieser Beitrag wurde dem Reader „Lebensentwürfe jenseits von Rollenfixierungen. Beiträge zur beruflichen Förderung junger Frauen", herausgegeben von IN VIA Katholische Mädchensozialarbeit – Deutscher Verband e.V., Freiburg i. Br. 2002 (74 Seiten), entnommen, gekürzt und aktualisiert.
Der Reader kann bei IN VIA Kath. Mädchensozialarbeit für 3 EUR bestellt werden. Tel. 0761-200231, E-Mail antonie.blatter@caritas.de

PC, Anwendungssoftware und dem Internet bei neu einzustellenden Auszubildenden voraus. Um also ihre Chancen auf einen Ausbildungs- oder Arbeitsplatz zu erhalten oder zu verbessern, müssen Jugendliche zumindest über Grundkompetenzen im Umgang mit dem PC und den neuen Medien verfügen.

Wenn benachteiligte Jugendliche bereits bezüglich ihrer Berufschancen im IT-Bereich eingeschränkt sind, dann potenzieren sich die schlechten Startchancen bei jungen Mädchen und Frauen mit Benachteiligungen durch die geschlechtsspezifischen Chancenungleichheiten.

Eine wichtige Aufgabe der Benachteiligtenförderung ist es deshalb, für benachteiligte junge Frauen Maßnahmen und Fördermöglichkeiten bereitzustellen, die ihre Integrationschancen auf dem Arbeitsmarkt verbessern und ihnen berufliche Perspektiven in den so genannten Zukunftsberufen eröffnen.

Wie können Maßnahmen und Qualifizierungsangebote der Benachteiligtenförderung der Zielgruppe benachteiligter junger Frauen Zugang zu den neuen Informations- und Kommunikationsberufen ermöglichen? Welche – sowohl gemischtgeschlechtlichen als auch mädchenspezifischen Ansätze und Projekte – gibt es mit welchen Erfahrungen und Erfolgen?

Ein erster Blick auf die Träger- und Maßnahmenlandschaft lässt erkennen, dass es bisher nur wenige spezielle Projekte und Maßnahmen in der Benachteiligtenförderung gibt, die junge Frauen gezielt in einem der neuen IT- oder Medienberufe ausbilden oder auf eine solche Ausbildung vorbereiten. Die wenigen Projekte in diesem Feld richten sich in der Regel gleichermaßen an junge Frauen und an junge Männer. Aus den Projektkonzepten, den Erfahrungsberichten und den Informationsmaterialien lässt sich erkennen, dass nur in den allerwenigsten Fällen Genderperspektiven berücksichtigt oder reflektiert werden.

Berufswahlverhalten junger Frauen

Die Bildungsbeteiligung von jungen Frauen ist seit den 1970er-Jahren gestiegen. Junge Frauen haben mittlerweile die besseren Schulabschlüsse, brechen weniger als junge Männer Schule oder Ausbildung ab. Junge Frauen sind in ihrer Berufswahl flexibler als junge Männer und eher bereit, wegen einer Ausbildungsstelle den Wohnort zu wechseln.

Nach wie vor zeigen sowohl junge Frauen als auch junge Männer ein geschlechtstypisch ausgerichtetes Berufswahlverhalten. Trotz besserer Schulabschlüsse orientieren sich junge Frauen immer noch an wenigen – traditionell „weiblichen“ – Berufen. Die geschlechtsspezifische Segmentierung des Ausbildungs- und Arbeitsmarktes setzt sich weiter fort. Auch wenn mittlerweile die meisten Frauen zwischen 25 und 30 Jahren eine abgeschlossene Ausbildung haben, trifft dieses immer noch weniger auf junge Frauen als auf junge Männer zu. Im dualen Ausbildungssystem sind sie mit 40 % trotz besserer Schulabschlüsse unterrepräsentiert. Nach wie vor konzentrieren sie sich auf nur wenige Berufe: Rund die Hälfte der jungen Frauen werden in nur zehn Berufen ausgebildet. Bei den Dienstleistungsberufen stellen die jungen Frauen 71,4 % aller Auszubildenden, während ihr Anteil an Ausbildungen im Handwerk nur 20 % beträgt (BMBF 2001). Der Anteil der jungen Frauen mit Migrationshintergrund an der Ausbildung im dualen System ist sehr gering, 48 % bleiben ohne Berufsabschluss. Ihre Ausbildungsbeteiligung beträgt insgesamt nur 31,6 % mit sinkender Tendenz.

Junge Frauen in der Benachteiligtenförderung

Die geschlechtsspezifische Segmentierung des Ausbildungsmarktes wird durch Maßnahmen der Benachteiligtenförderung aufgegriffen und weiter verfestigt. Viele Maßnahmeträger konzentrieren ihre Angebote für junge Frauen ebenfalls auf die traditionell weiblichen Berufsfelder.

Nach einer Befragung von 400 Maßnahmeträgern der Berufsvorbereitung im Frühjahr 2000, die das Bundesinstitut für Berufsbildung durchgeführt hat, ist das Spektrum der Berufe, in denen benachteiligte junge Frauen ausgebildet werden, eng und auf traditionell „weibliche“ Berufe beschränkt. Es fehlen Berufe, die eine breite Schlüsselqualifikation vermitteln. Berufe im IT-Bereich werden kaum angeboten (vgl. Linder 2000).

Junge Frauen in IT- und Medienberufen

Seit 1997 gibt es innerhalb der dualen Ausbildung vier neue Ausbildungsberufe in der IT-Branche: IT-Systemelektroniker/in, IT-Systemkauffrau/Systemkaufmann, Fachinformatiker/in und Informatikkauffrau/Informatikkaufmann. Folgende Zahlen verdeutlichen den Frauenanteil:

	Frauen-anteil in %	Auszubildende (m/w) mit Hauptschulabschluss in %
IT-Systemelektronikerin	4,3	9,0
IT-Systemkauffrau	29,3	8,6
Fachinformatikerin Systemintegration	7,8	6,7
Fachinformatikerin Anwendungsentwicklung	14,3	6,9
Informatikkauffrau	22,5	5,9

(Quelle: Datenblätter des BIBB 2002 (URL: http://www.bibb.de)

Festzustellen ist, dass der Anteil junger Frauen an diesen Ausbildungsberufen jeweils annähernd gleich gering geblieben ist und im Durchschnitt bei etwa 14 % liegt. Dabei gilt: Je größer die scheinbare technische Ausrichtung des Berufes auch über die Berufsbezeichnung vorhanden ist, desto geringer ist der Anteil der jungen Frauen.

Wie der geringe Anteil der Auszubildenden mit Hauptschulabschluss zeigt, sind in den vier neuen IT-Ausbildungsgängen überwiegend Jugendliche mit höheren schulischen Abschlüssen vertreten. Die Chancen von benachteiligten Jugendlichen, insbesondere von benachteiligten jungen Frauen, sind in diesen vier Ausbildungsberufen gering.

Obwohl die kaufmännischen und technischen Schwerpunkte in einer gemeinsamen Grundausbildung zusammengefasst sind, ist der Frauenanteil in den Berufen, die eine scheinbar technische Ausrichtung haben, geringer. Junge Frauen orientieren sich bei ihrer Berufswahlentscheidung eher an den kaufmännischen Berufen und beziehen die technischen Berufe nicht selbstverständlich in ihre Berufswahl mit ein. Auch innerhalb der IT-/Multimediaberufe gibt es also eine geschlechtsspezifische Differenzierung.

Innerhalb der Benachteiligtenförderung wird die Diskussion offensichtlich auf die vier neuen IT-Berufe verengt. Darüber hinaus sind in den letzten Jahren sehr viel mehr Berufe im weiteren Spektrum der IT-/Multimediabranche entstanden, die für Frauen interessant sind. Bei der Ausbildung zur Mediengestalterin beträgt der Frauenanteil 29,9 %, bei der Fachangestellten für Medien- und Informationsdienste liegt er sogar bei 66,5 %.

	Frauen-anteil in %	Anteil Auszubildender (m/w) mit Hauptschul-abschluss in %
Fachkraft für Veranstaltungstechnik	11,0	13,6
Mediengestalterin Bild und Ton	29,9	7,3
Fachangestellte für Medien- und Informationsdienste	66,5	0,0

(Quelle: Datenblätter des BIBB 2002 (URL: http://www.bibb.de)

In der IT- und Medienbranche findet man Frauen eher in kreativen und kaufmännischen Berufsfeldern wie zum Beispiel Fachangestellte für Medien- und Informationsdienste, Mediendesign, Multimedia-Design, Multimediafachfrau/-mann, Informationsdesign, Computergrafik, Assistentin/Assistent – Screen Design, Mediengestalterin, Medienfachwirtin, Medienberaterin, Content-Managerin, Online-Redakteurin, Multimedia-Konzeptionistin.

Die Entwicklung der relativ neuen Berufe im IT-Bereich reproduziert altbekannte Verteilungsmuster der Geschlechter. Die Typisierung der IT-Berufe als technikorientierte Berufe verschleiert den tatsächlich komplexeren Anforderungskatalog der benötigten Fähigkeiten, der auch Kompetenzen wie Kommunikation, Management und Kundenorientierung voraussetzt. Weil die männlich besetzte Technik bislang überbetont wird, werden diese Berufe von Frauen nicht entsprechend ihren schulischen Qualifikationen gewählt. Eine Ausnahme bildet der Bereich der Mediengestaltung, der weiblich besetzt ist. Dort steht in der Berufsbeschreibung das Kreative im Vordergrund, obwohl die technischen Anforderungen gleichwertig sind. Es ist bislang nicht gelungen, die neuen Berufsbilder in ihrer qualifikatorischen Komplexität und Aufgabenvielfalt adäquat abzubilden und damit für alle Zielgruppen attraktiv zu machen (vgl. Puhlmann 2002).

Barrieren für benachteiligte junge Frauen beim Zugang zu den neuen Medien

Die Chancen benachteiligter junger Frauen, sich einen Beruf im weiten Feld der IT- und Multimediabranche zu erschließen, sind nicht sehr gut. Die Zugangs- und Einstellungsvoraussetzungen und die Erwartungen der Ausbildungsbetriebe sind hoch. Mädchen mit Hauptschulabschluss haben nur wenige Chancen auf einen Ausbildungsplatz. Ohne Hauptschulabschluss erscheint es fast aussichtslos, einen Beruf im IT-/Multimediaspektrum anzustreben.

Damit benachteiligte junge Frauen nicht zu „Informationsverliererinnen" werden, ist es Aufgabe einer geschlechtergerechten Benachteiligtenförderung, Maßnahmen und Konzepte zu entwickeln, die die Arbeitsmarktchancen von jungen Frauen in den so genannten Zukunftsberufen verbessern.

Die Ursachen und Faktoren für die über Jahre gleich bleibende geringe Beteiligung von Frauen an IT-Berufen sind vielfältig und liegen auf verschiedenen Ebenen.

IT-Berufe sind „männliche" Berufe

Das Image von IT-Berufen ist „männlich". Technik und Technikkompetenz werden sowohl von jungen Frauen selbst als auch von Eltern, Ausbilder/innen und Betrieben eher Männern zugeschrieben. Damit reproduzieren sich traditionelle Geschlechtsstereotypen, die „Männlichkeit" mit „Zentrierung auf Maschinen" und „Weiblichkeit" mit „Zentrierung auf Menschen" assoziieren. Dies beeinflusst die Berufswahl von Mädchen, weil sozial akzeptierte weibliche Identitätskonzepte als inkompatibel mit technischem Handeln gelten (Winkler 2002).

Junge Frauen identifizieren also IT-Berufe als nicht erstrebenswerte oder uninteressante Technik-Berufe, die nicht mit weiblichen Identitätskonzepten in Einklang stehen.

Geschlechtsspezifische Unterschiede beim Zugang zum Internet

Das Internet ist männlich dominiert. Erst in den letzten Jahren ist es gelungen, über Initiativen wie „Frauen ans Netz" den Anteil der Internetnutzerinnen zu steigern, der jedoch immer noch geringer ist als bei Männern (Frauen geben Technik neue Impulse e.V. u. a. 2002). Männer bestimmen im Internet nach wie vor die Inhalte und die Zugangswege. In der Altersgruppe bis 20 Jahre nutzen mittlerweile gleich viele Frauen wie Männer das Internet. Die Altersgruppe der 16- bis 24-Jährigen nutzt mit 77 % das Internet am häufigsten (Statistisches Bundesamt 2003). Der Grad der formalen Bildung hat jedoch einen starken Einfluss auf den Zugang zum Internet und auf die Internetnutzung: 69 % der Personen mit niedrigem Bildungsabschluss sind „offline“, davon 58 % Frauen, und nur 42 % Männer. Sozial benachteiligte Frauen mit geringem Einkommen und/oder ohne Erwerbsarbeit sind zu 73 % offline. Haushalte mit niedrigem Nettoeinkommen haben insgesamt eher selten einen Internetzugang.

Unterschiede bei der Computernutzung

Jungen und Mädchen arbeiten zwar in der Schule gleich viel mit dem Computer, doch die Computernutzungsprofile weisen deutliche Unterschiede nach Geschlecht auf: Mädchen nutzen mehr Textverarbeitungs- oder Lernprogramme, Jungen bevorzugen Computerspiele oder nutzen CD-ROMs. Insgesamt nutzen nur 49 % der Mädchen den Computer – gegenüber 70 % aller Jungen (Medienpädagogischer Forschungsverbund Südwest 2000).

Am stärksten zeigen sich geschlechtsspezifische Unterschiede in der Mediennutzung während der Freizeit. Hier spielen Jungen erheblich länger Computerspiele, sie experimentieren intensiver und deutlich länger als Mädchen. Besonders während der Pubertät benutzen Jungen ihr durch Spiele, technische Ausstattungen und neue Produkte gewonnenes Wissen innerhalb ihrer Peergroup als Macht- und Prestigemedium und als Abgrenzung gegenüber anderen Gruppen, speziell gegenüber Mädchen (Schinzel/Ruiz Ben 2002).

Bei benachteiligten Mädchen kommt erschwerend hinzu, dass sie zu Hause seltener als Jungen über einen PC verfügen und dass ihr Technikinteresse von den Eltern weniger gefördert wird. Bei Mädchen insgesamt und bei Hauptschülerinnen im Speziellen spielen Lehrkräfte und Schule als Vermittlungsinstanz von Computer- und Medienkompetenz eine wichtigere Rolle als die Eltern (Medienpädagogischer Forschungsverbund Südwest 2000).

Auch wenn sich die Interessen von Mädchen und Jungen bei der Nutzung von PC und Internet in den letzten Jahren angenähert haben, setzen sich tendenziell die geschlechtsspezifisch unterschiedlichen Zugangsweisen fort: Während bei Jungen eher die technische Seite und die Computertechnologie im Vordergrund stehen, präferieren Mädchen die kommunikativen Elemente des Internet und sehen die Technik eher als anwendungsbezogenes Hilfsmittel für die Arbeit. Mädchen wollen wissen, wozu und warum eine Software gebraucht wird, sie wollen Zusammenhänge herstellen und sehen den Computer eher als „Werkzeug“, während Jungen die „Maschine“ in den Vordergrund stellen. Die kommunikativen und die technischen Elemente stellen wichtige Fähigkeiten dar, die bei Berufen in der

Informations- und Kommunikationstechnologie als Schlüsselqualifikationen gebraucht werden. Die Mädchen trauen sich selbst in diesem Feld noch viel zu wenig zu.

Methodische Bausteine: Konsequenzen und Beispiele zur Verbesserung der Zugangschancen von benachteiligten jungen Frauen zu den neuen Medien

Wie können benachteiligte Mädchen in Ausbildungs- und Qualifizierungsmaßnahmen der Jugendberufshilfe auf IT-Berufe vorbereitet werden?

Die Zahlen sprechen für sich: Der Anteil an jungen Frauen in den IT-Berufen ist umso geringer, je „technischer" die Ausrichtung des Berufs erscheint. Entsprechend dieser Tendenz geht der Anteil an Hauptschülerinnen bzw. Mädchen ohne Hauptschulabschluss bei „technischen Berufen" gegen null. Die Tatsache, dass innerhalb der Benachteiligtenförderung für junge Frauen überwiegend Qualifizierungsmaßnahmen und Ausbildungsgänge in den „typischen Frauenberufen" zur Verfügung stehen, erweist sich als eine zusätzliche Barriere.

Die derzeitige Diskussion in der Jugendberufshilfe wird zu sehr auf die vier neuen IT-Ausbildungsgänge verengt und verstellt damit den Blick auf die vielfältigen beruflichen Möglichkeiten, die in der IT- und Medienbranche auch für Frauen mit Benachteiligungen vorhanden sind – bei entsprechender Förderung und Unterstützung. Darüber hinaus sind IT-Kompetenzen wichtige Alltagskompetenzen, und nahezu für alle Ausbildungsgänge werden IT-Grundkenntnisse und -kompetenzen vorausgesetzt. Solange junge Frauen unter den benachteiligten Jugendlichen besondere Barrieren beim Zugang zu den Informations- und Kommunikationstechnologien überwinden müssen, sind besondere Angebote und Fördermaßnahmen für diese Zielgruppen erforderlich.

Berufsorientierung und Berufswahl

Eine Erweiterung des Berufswahlspektrums für junge Frauen ausschließlich in Richtung IT-/Multimedia-Berufsfelder greift zu kurz und ist zudem dem Risiko gegenläufiger Entwicklungen auf dem Arbeitsmarkt ausgesetzt. Es kann nicht darum gehen, die bisherigen Berufswahlentscheidungen von jungen Frauen abzuwerten, sondern vielmehr darum, über geeignete Maßnahmen und Angebote ihr Berufswahlspektrum allseitig zu erweitern.

Wichtig ist, umfassend und nachhaltig zu beraten und zu qualifizieren, wobei insbesondere die modernen Dienstleistungsberufe, in denen IT-/Multimedia-Kompetenzen vorausgesetzt werden, als Chance auch für Benachteiligte begriffen werden müssen.

Jungen Frauen mit Benachteiligungen sind zielgruppenadäquate Zugangswege zu den neuen Technologien zu eröffnen. Geeignete Informationsangebote zu beruflichen Chancen in diesem Berufsfeld sind eine wichtige Voraussetzung, die Beteiligungschancen junger Frauen zu verbessern.

Informationsangebote im Internet zur Erweiterung des Berufswahlspektrums

Im Zusammenhang mit der Kampagne der Bundesregierung zur Steigerung des Anteils von jungen Frauen an Ausbildungs- und Studiengängen der IT-Branche sind eine Reihe von Projekten und Initiativen entstanden, die darauf abzielen, junge Frauen zu informieren, Vorurteile gegenüber diesen Berufen abzubauen und für eine Ausbildung bzw. ein Studium in diesem Bereich zu werben. Diese Initiativen richten sich allerdings häufig an Realschülerinnen oder Abiturientinnen. Exemplarisch seien folgende Projekte genannt:

- Das „Do-ing"-Projekt der Technischen Hochschule Aachen (URL: http://www.do-ing.rwth-aachen.de) will Schülerinnen für einen ingenieurwissenschaftlichen Studiengang motivieren und sie im Studium an einer großen Technischen Hochschule unterstützen.
- Die Gesellschaft für Informatik will mit ihrer Website „Girls go Informatik" (URL: http://www.girls-go-informatik.de) junge Frauen über das Berufsbild „Informatikerin" informieren und vorhandene Vorurteile abbauen. Ausbildungs- und Berufsmöglichkeiten sowie Arbeitsfelder werden vorgestellt. Für diese Zielgruppe gibt es viele Informationsangebote. In der Regel setzen sie bereits Kenntnisse und Erfahrungen mit den neuen Medien voraus.

Es gibt kaum Informationsangebote im Internet, die sich speziell an die Zielgruppe benachteiligter junger Frauen richten bzw. die in Aufbau und Inhalt geeignet sind, diese Zielgruppen anzusprechen. Folgende Projekte sind hierfür positive Beispiele:

- Die aus dem Projekt „Fit für die neuen Medien und IT-Berufe durch Film, Internet und Talk" des Jugendgemeinschaftswerkes

Hamm entstandene Website (URL: http://www.jgw-hamm.de/Fivenationgirls/unser_projekt.htm) wurde zusammen mit am Projekt beteiligten Mädchen wurde entwickelt. Es werden vier ausgewählte Berufe aus der IT-Branche vorgestellt.

- Das Online-Informationsangebot im Rahmen des Projektes „Idee-it“ (URL: http://www.idee-it.de) will junge Frauen für die neuen IT- und Medienberufe gewinnen und ihnen Lust auf eine Ausbildung in einem der Zukunftsberufe machen.
- Beim Internetportal für Schülerinnen „Lizzynet“ (URL: http://www.lizzynet.de) der Initiative „Schulen ans Netz“ werden nicht nur Berufe aus dem IT-Bereich vorgestellt. Insgesamt will Lizzynet alle Mädchen anregen, sich ins Netzgeschehen einzumischen.
- Die Internetseite und CD-ROM „joblab.de: Multimedia-Planspiel zur Berufsorientierung und Berufswahlentscheidung von Mädchen“ (URL: http://www.joblab.de) zielt darauf, Mädchen anzuregen, sich mit ihren Lebens- und Berufsvorstellungen auseinander zu setzen. Auf spielerische Weise können die Nutzerinnen sich mit neuen Berufsfeldern beschäftigen.

Insgesamt sind Informationsangebote im Internet zu wenig auf die Zielgruppe der benachteiligten Mädchen und jungen Frauen ausgerichtet, weil sie zu kompliziert sind oder wenig mit der Lebensrealität der Mädchen zu tun haben. Diese Zielgruppe hat in der Regel wenig Erfahrungen im Umgang mit dem Computer und seltener Zugang zum Internet (Medienpädagogischer Forschungsverbund Südwest 2000). Außerdem sind die Mädchen und jungen Frauen mehrheitlich nicht darin geübt, im Internet die entsprechenden Informationen zu recherchieren. Sie brauchen also mehr aktions- und handlungsorientierte Formen, um den Zugang zu diesem Medium zu bekommen. Internetangebote können das Informationsangebot nur ergänzen.

Aktionen und Events als Angebote der Berufsorientierung für junge Frauen

Berufsorientierung in den Schulen darf nicht erst in den 8./9. Klassen beginnen, weil sich zu diesem Zeitpunkt die Berufswünsche bereits verfestigt haben. Sie muss den Schülerinnen außerdem Möglichkeiten bieten, Berufe „hautnah und praxisorientiert“ zu erleben.

Ein guter Ansatzpunkt sind beispielsweise Mädchenprojekttage, wie auch der Erfolg des Aktionstages „Girls’ Day“ (URL:

http://www.girls-day.de) zeigt. Der seit April 2001 jährlich durchgeführte Girls' Day, ein Zukunftstag für Mädchen, ist eine bundesweite Kampagne mit dem Ziel, die Berufswahlorientierungen von Mädchen zu erweitern.

Zur Vorbereitung und Durchführung des „Girls' Day“ haben sich 2002 bundesweit 83 regionale und lokale Bündnisse und Arbeitskreise gebildet. An solchen Aktionsbündnissen und Arbeitskreisen auf lokaler/regionaler Ebene müssen sich auch Träger von Maßnahmen der Benachteiligtenförderung beteiligen, um dazu beizutragen, dass Aktivitäten und Angebote für ihre Teilnehmerinnen zielgruppengerecht durchgeführt werden.

Darüber hinaus sind gerade auf lokaler Ebene vielfältige Aktivitäten zur Erweiterung des Berufswahlspektrums möglich wie beispielsweise

- Praxistage in IT-/Medienunternehmen
- Aufbau von Kontakten zu Frauen in IT-Berufen
- Einbeziehung von Expertinnen als Mentorinnen
- Entwicklung internetgestützter regionaler Bildungsangebote zur Berufswahlvorbereitung von Schülerinnen
- Durchführung von Berufsfindungsveranstaltungen, die mit Spiel, Spaß und Musik über neue Berufsfelder informieren
- Wettbewerbe wie z.B. „Miss Technik“, um Schülerinnen für technisch-handwerkliche Berufe zu motivieren (URL: http://www./miss-technik.de)
- Schnuppertag in der Medienwirtschaft
- Aktionstage in Internetcafés und Einrichtungen der Jugendberufshilfe.

Lokale und regionale Netzwerke

Wichtig ist, dass auf lokaler Ebene der Aufbau von Netzwerken und die Zusammenarbeit von Jugendhilfe und Schule, IT-/Multimediabetrieben, Gleichstellungsstellen, Arbeitsamt, Berufsberater/innen usw. forciert werden. Solche Netzwerke sind in den letzten Jahren vielerorts entstanden und müssen weiter ausgebaut werden.

Ein Beispiel für eine regionale Aktion ist das Projekt „Girls just do IT! – Berufswahl mit Zukunft“, das Mädchen und junge Frauen an die neuen IT-Berufe heranführen will (URL: http://www.girls-just-do-it.de). Mädchen und junge Frauen entdecken mit „Girls just do IT!“ die vielfältigen Möglichkeiten und den spielerischen Umgang mit den neuen Medien. Sie lernen die beruflichen Perspektiven der IT-Berufe kennen, um dabei Vorbehalte abzubauen. Das Projekt kooperiert eng mit mittelfränkischen Unternehmen, Nürnberger und Fürther Schulen sowie mit dem Arbeitsamt Nürnberg. Es werden vielfältige Aktivitäten angeboten: „Schnupperwoche" im Betrieb (IT-Fachfrauen zeigen die Vielfalt ihres Arbeitsfelds), IT-Werkstattnachmittage, Surfen durch eine „Internetnacht".

Berufsvorbereitung und Berufsqualifizierung

Umsetzung von Genderperspektiven

Bestehende Projekte für Benachteiligte im IT-Bereich differenzieren in der Regel nicht nach Geschlecht und berücksichtigen geschlechtsspezifisch unterschiedliche Zugänge und Lernstile von Mädchen und Jungen zu wenig. Grundsätzlich muss es darum gehen, eine geschlechterbewusste und -adäquate Ausrichtung der Maßnahmen zu erreichen. Das birgt für beide Geschlechter neue Chancen. Notwendig sind differenzierte Lern- und Lehrarrangements, die die Ressourcen und Kompetenzen der Mädchen nutzen und fördern. Auch gegenüber Ausbildungsbetrieben und IT-Unternehmen müssen die Ressourcen, die Mädchen und junge Frauen bereits mitbringen, stärker herausgestellt werden, wie z.B. Teamfähigkeit, nutzungsbezogene Anwendung, Erfassen von übergreifenden interdisziplinären Zusammenhängen, Kommunikationsfähigkeit, Kreativität. Diese Fähigkeiten sind in den IT- und Medienberufen genauso wichtig wie Technikorientierung.

Neben den Methoden und Standards der Jugendberufshilfe – wie z.B. individuelle Förderpläne, Potenzialassessment, Case-Management, Qualifizierungsbausteine – müssen Genderperspektiven in der Berufsorientierung und Berufsvorbereitung grundlegend Eingang finden, um Mädchen Zugänge zu Informationstechnologien und neuen Medien zu ermöglichen.

Kompetenz- und Ressourcenorientierung

In berufsvorbereitenden Angeboten müssen gezielt Projekte entwickelt werden, die Mädchen auf eine Ausbildung in den IT-Berufen bzw. den Medienberufen vorbereiten. Um die Kompetenzen von jungen Frauen feststellen zu können, sind dabei entsprechende Verfahren der Kompetenzfeststellung erforderlich, die nicht nur Aspekte von IT-/Medienkompetenz sondern auch Genderperspektiven beinhalten.

Der Frauenbildungsträger Life e.V. hat ein Kompetenzfeststellungsverfahren entwickelt, das beide Aspekte aufgreift (URL: http://www.taste-for-girls.de). Unter dem Titel „Technik ausprobieren – Stärken entdecken“ hat Life e.V. ein Assessment-Verfahren zur Potenzialermittlung und zur beruflichen Orientierung für junge Frauen am Ende der Schulzeit entwickelt. Ziel ist es, die Potenziale und Kompetenzen der jungen Frauen zu erfassen und sie für Berufe in Handwerk, IT und Technik zu interessieren.

Mädchen- und frauengerechte Lernsettings

Die unterschiedlichen Lebenswelten von Frauen und Männern müssen bei der Gestaltung von Qualifizierungs- und Bildungsmaßnahmen sowie Lernmaterialien berücksichtigt werden. Die Maßnahmen müssen praxisorientiert und anwendungsbezogen sein und „Ernstfallcharakter“ haben, beispielsweise sollten Teilnehmerinnen nicht abstrakt Dinge lernen, sondern kleinere Projekte für Auftraggeber/innen erarbeiten (Beispiel: Junge Frauen entwickeln eine Lernsoftware zur Prüfungsvorbereitung in einer Holzwerkstatt).

Junge Frauen mit Benachteiligungen haben zumeist weniger Erfahrungen im Umgang mit Computern und Informationstechnologie oder bringen sogar negative Lernerfahrungen aus Schule oder Ausbildung mit. In diesem Kontext sind koedukative Lernzusammenhänge in der Regel ungeeignet, Mädchen zu motivieren. Geschlechtsspezifisch ausgerichtete niedrigschwellige Lernarrangements und selbst gestaltete Lernprozesse haben sich als sinnvoll erwiesen, Mädchen Zugänge zu diesem Lernfeld zu eröffnen.

Differenzierung der Begriffe IT-Kompetenz und Medienkompetenz

Aufgrund der umfangreichen Anforderungsprofile wird der Anteil der benachteiligten Frauen in IT-Berufen relativ gering bleiben. Unabdingbar ist dennoch, IT-Grundkompetenzen in allen Maßnahmen der Berufsvorbereitung zu vermitteln, um die beruflichen Integrationschancen dieser Zielgruppe zu verbessern.

IT-Kompetenz ist als Teilbereich von Medienkompetenz zu begreifen, wobei sich perspektivisch die Unterschiede zwischen „neuen“ und „alten“ Medien verwischen werden.

Für die Maßnahmen mit benachteiligten jungen Frauen ist hier die folgende Unterscheidung zwischen verschiedenen Kompetenzgraden hilfreich:

- IT-Basiskompetenz: z.B. Umgang mit Computer, gängiger Bürosoftware, Internetdienste;
- IT-Anwendungskompetenz: fortgeschrittene Nutzung aller notwendigen PC-Programme eines spezifischen Anwendungsbereiches oder Berufes;
- IT-Spezialkompetenz: Spezialisierung auf Teilbereiche, Programmierung von Anwendungen, Systembetreuung.

Als wichtige Schlüsselqualifikationen sollten zu Beginn aller Maßnahmen die IT-Basiskompetenzen vermittelt werden. Diese sollten kontinuierlich zum Einsatz kommen. Darauf aufbauend können mithilfe von entsprechenden Kompetenzfeststellungsverfahren geeigneten und interessierten Teilnehmerinnen in weiteren Lernmodulen und Qualifizierungsbausteinen IT-Anwendungskompetenz und IT-Spezialkompetenz vermittelt werden (Kendzia 2001).

Module und Qualifizierungsbausteine

Berufsvorbereitende Maßnahmen und Qualifizierungsmaßnahmen für benachteiligte junge Frauen sollten modular aufgebaut sein und die unterschiedlichen Lernvoraussetzungen und -bedingungen der einzelnen Teilnehmerinnen im Sinne des individuellen Förderns berücksichtigen. Lerninhalte müssen individuell angepasst werden können und anschlussfähig für aufbauende Qualifizierungsangebote sein. Weil benachteiligte Jugendliche häufig Schwierigkeiten mit theoretischen Inhalten haben, sind berufsvorbereitende/-qualifizierende Maßnahmen möglichst praxisnah und handlungsorientiert anzulegen.

Lerninhalte und Module IT-qualifizierender Angebote sind bei INBAS beschrieben (INBAS 1999, 2000):

- Vermittlung von Grundkenntnissen in der Handhabung von Hard- und Software unter Beachtung der individuellen Voraussetzungen;
- Vermittlung von grundlegenden Kenntnissen gängiger Textverarbeitungs-, Tabellenkalkulations- und Präsentationssoftware;
- Bewerbungen am PC, einfache Grafiken mit einem Tabellenkalkulationsprogramm erstellen, Präsentationen über sich selbst oder ein durchgeführtes Projekt erarbeiten;
- Kennenlernen und Nutzung der wesentlichen Internetdienste sowie E-Mail und Chat;
- Recherche, Verarbeitung und Bewertung von Informationen im Internet;

- Einsatz geeigneter Lernsoftware in Grundlagenfächern und berufsspezifischen Modulen, um Individualisierung und Binnendifferenzierung von Lernprozessen zu ermöglichen sowie die Jugendlichen durch die neuen Technologien zum Lernen zu motivieren und ihre Selbstlernkompetenz zu steigern;
- Vorbereitung der Teilnehmer/innen auf die neuen Anforderungen in den Berufen;
- PC-Fortgeschrittene sollten ihre vorhandenen Kenntnisse und Fähigkeiten festigen und vertiefen sowie in Arbeitsgruppen sinnvoll zum Einsatz bringen;
- Zertifizierung der erworbenen Kenntnisse und Fähigkeiten im Umgang mit dem PC (z. B. Europäischer Computer Führerschein ECDL);
- Informations- und Kommunikationstechnologie ist in allen Berufsfeldern zu vermitteln und sollte Bestandteil des begleitenden Stützunterrichts sein.

Erweiterung des Angebotsspektrums

Das enge Angebotsspektrum ist für benachteiligte junge Frauen zu erweitern. Jeder Maßnahmeträger sollte im IT-Bereich mindestens eine berufsvorbereitende oder -qualifizierende Maßnahme für diese Zielgruppe anbieten. Voraussetzung hierfür ist, dass in den Einrichtungen Genderkompetenz *und* IT-Kompetenz vorhanden sind. Zudem ist eine kontinuierliche Zusammenarbeit mit der Arbeitsverwaltung und den lokalen IT-Unternehmen erforderlich, um bei der schnellen Entwicklung neuer Berufsbilder in der Branche nicht abgehängt zu werden und auf neue Anforderungsprofile mit entsprechend gestalteten Maßnahmen reagieren zu können.

Auf lokaler und regionaler Ebene ist dabei die Bildung von Lern- und Ausbildungsverbünden und eine systematische Zusammenarbeit der Träger von Jugendberufshilfemaßnahmen mit den örtlichen Betrieben im Medien- und IT-Bereich, mit der Arbeitsverwaltung und mit den Schulen anzuraten. Für frauenspezifische Projekte sind Frauencomputerschulen u. Ä. wichtige Kooperationspartner.

Ein gutes Beispiel hierfür ist die Initiative der niedersächsischen Landesregierung „Love-it – Lernortverbünde für IT- und Medienberufe“ (URL: http://www.projekt-love-it.de). Das Projekt unterstützt Initiativen vor Ort, beispielsweise durch Organisation der Ausbildung – auch im Verbund – Festlegung der Lerneinheiten und Lernorte auf der Basis der geltenden Ordnungsmittel (Betrieb/Schule/sonstige Institutionen), Verknüpfung von Ausbildung und Weiterbildung, Organisation (gemeinsamer) Fortbildungen für Ausbilder/innen und Lehrkräfte, Vernetzung der Ressourcen und des Wissens usw.

Qualifizierung der Fachkräfte

In den Einrichtungen und Maßnahmen gibt es nach wie vor zu wenige weibliche Fachkräfte, die die jungen Frauen fachlich und technisch versiert anleiten können. Das Projekt IT-Ausbilderinnen (URL: http://www.it-ausbilderinnen.de) hat dieses Problem erkannt. Durch die Ausbildung weiblicher IT-Fachkräfte zu Ausbilderinnen soll diese Lücke geschlossen werden. Die Sensibilisierung und Qualifizierung der Ausbilder/innen für die unterschiedliche Herangehensweise von Frauen und Männern an technische Ausbildungsinhalte ist eine wichtige Voraussetzung.

Davon unabhängig schreiben sich Sozialpädagoginnen/Sozialarbeiterinnen häufig selbst wenig IT-Kompetenz zu. Die Barrieren, sich mit den neuen Techniken zu beschäftigen, sind hoch und die Motivation dazu fehlt häufig. Geschlechtsspezifische Schulungen und Trainings zur Erweiterung der IT-Kompetenzen sind daher auch bei den Fachkräften erforderlich.

Frauennetzwerke

Es sind Netzwerke einzurichten mit Sozialarbeiterinnen, Sozialpädagoginnen, Ausbilderinnen und Anleiterinnen, die benachteiligten jungen Frauen Zugänge zu IT-Berufen vermitteln bzw. berufsvorbereitende oder qualifizierende Maßnahmen in diesem Bereich durchführen.

Ein gutes Beispiel ist das Netzwerk Leanet (URL: http://www.leanet.de), das Service-, Informations- und Arbeitsnetzwerk für Lehrerinnen von Schulen ans Netz e.V. oder die Website des Projektes IT-Ausbilderinnen (URL: http://www.it-ausbilderinnen.de).

Insgesamt beziehen bestehende Netzwerke zu wenig Genderperspektiven und Genderkonzepte mit ein.

Literatur

Bundesministerium für Bildung und Forschung (Hrsg.) (2001): Berufsbildungsbericht 2001. Berlin

Bundesministerium für Bildung und Forschung (Hrsg.) (2000): Anschluss statt Ausschluss – IT in der Bildung. Bonn

Bundesministerium für Wirtschaft und Arbeit und Bundesministerium für Bildung und Forschung (Hrsg.) (2003): Aktionsprogramm „Informationsgesellschaft Deutschland 2006". Berlin

Frauen geben Technik neue Impulse e.V. u.a. (Hrsg.) (2002): (N)onliner Atlas 2002 – Gender Mainstreaming Sonderauswertung – Internetnutzung von Frauen und Männern in Deutschland. http://www.kompetenzz.de/article/articleview/1289/1/2/

Institut für berufliche Bildung, Arbeitsmarkt- und Sozialpolitik GmbH (INBAS) (2000): Modellprojekte berufliche Integration von Mädchen und jungen Frauen. In: Infodienst 4/2000. Offenbach

Institut für berufliche Bildung, Arbeitsmarkt- und Sozialpolitik GmbH (INBAS) (1999): Lernen mit neuen Informations- und Kommunikationstechniken. In: Infodienst 2/1999. Offenbach

Kendzia, Michael (2001): IT-Qualifizierung in der beruflichen Integrationsförderung. URL://http://www.konnetti.de/das_thema/konzeptionelle_aspekte/it-qualifikationen.htm

Linder, Ute (2000): Das Berufsspektrum in der Berufsvorbereitung. URL: http://www.good-practice.de/Linder-Berufsvorbereitung.pdf

Medienpädagogischer Forschungsverbund Südwest (Hrsg.) (2000): JIM 2000. Jugend, Information, (Multi-) Media. URL: www.mpfs.de/studien/jim/JIM2000.pdf

Puhlmann, Angelika (2002): Zukunftsaufgabe Gender Mainstreaming. In: Dokumentation, Workshop Gender Mainstreaming in der beruflichen Bildung: Anforderungen an Medienpädagogik und Medienentwicklung. Begleitprojekt zum BMBF-Programm „Neue Medien in der Bildung – Schule und berufliche Bildung" am 29.5.2002. URL: http://www.gmd.de/PT-NMB/Gender/Dokumentation_Berufliche_Bildung.pdf

Schinzel, Britta/Ruiz Ben, Esther (2002): Gendersensitive Gestaltung von Lernmedien und Mediendidaktik: von den Ursachen für ihre Notwendigkeit zu konkreten Checklisten. In: Dokumentation, Workshop Gender Mainstreaming in der beruflichen Bildung: Anforderungen an Medienpädagogik und Medienentwicklung. Begleitprojekt zum BMBF-Programm „Neue Medien in der Bildung – Schule und berufliche Bildung" am 29.5.2002. URL: http://www.gmd.de/PT-NMB/Gender/Dokumentation_Berufliche_Bildung.pdf

Statistisches Bundesamt (Hrsg.) (2003): Informationstechnologie in Haushalten – Ergebnisse einer Pilotstudie für das Jahr 2002. Wiesbaden

Winkler, Gabriele (2002): Informationstechnik und Geschlechterhierarchie – eine bewegende Beziehung. In: Technikfolgenabschätzung – Theorie und Praxis 2/2002

Ulrike Richter

Online Girls' Guide

Ausgangsproblematik

Junge Frauen sind in den IT-Berufen bisher deutlich unterrepräsentiert. Im Bundesdurchschnitt liegt der Frauenanteil in den IT-Ausbildungsberufen bei 14 %. In der Elbe-Weser-Region liegt dieser Prozentsatz noch einmal wesentlich darunter – nur ca. 4 %. Diese Tatsache ist verhängnisvoll, da damit Mädchen und Frauen von der rasanten Entwicklung der Kommunikationsgesellschaft ausgeschlossen werden. Das Ziel muss darin bestehen, mehr Mädchen für IT-Berufe zu interessieren. Interdisziplinäres Denken sowie Teamfähigkeit sind Schlüsselqualifikationen, die vor allem Frauen zugeschrieben werden. Sowohl in der Selbst- als auch in der Fremdwahrnehmung erzielen Frauen höhere Werte in der sozialen und kommunikativen Kompetenz. Diese stellen eine Grundvoraussetzung zur Realisierung neuer Formen der Arbeitsteilung in flachen Hierarchien und dezentralen Unternehmensstrukturen dar. Gerade in der IT-Branche wird die Arbeit in Bezug auf Zeit, Ort und Inhalte immer flexibler. Frauen bringen grundsätzlich gute Voraussetzungen mit, um sich diesen Veränderungen zu stellen. Zudem gewinnen in der kunden- und problemorientierten Arbeitsweise gestalterische, kommunikative und soziale Qualifikationen verstärkt an Bedeutung.

Weshalb sind Frauen in den IT-Berufen noch zu wenig vertreten? Jungen Frauen wird viel zu selten geraten, IT-Berufe zu wählen. Eltern und soziales Umfeld prägen Bilder, bei denen zwischen „technik- und menschennahen" Berufen unterschieden wird: Frauen wählen die „menschennahen" Berufe, weil sie viel zu wenig konkreten Nutzen in den interdisziplinären IT-Berufen sehen. Außerdem sind die abwechslungsreichen Berufsbilder mit guten Entwicklungsmöglichkeiten noch nicht ausreichend bekannt. Die eingeschränkte Berufswahl junger Frauen wirkt sich auf Dauer zu ihrem Nachteil aus, angefangen von den Arbeitsmarktchancen bis hin zu den Gehältern.

Mädchen fehlt z. T. das Vertrauen in ihre Fähigkeiten, ihnen fehlt Technikerfahrung und u. U. auch die Experimentierfreude. Als Ursachen werden unter anderem fehlende weibliche Vorbilder in diesen Berufen genannt (beispielsweise sind alle Informatiklehrer im Landkreis Stade Männer). Technikkompetenz wird eher Männern zugetraut, sie wird v. a. in der Erziehung bereits mit jungen Jahren vom

Vater/Mann dem Sohn/Jungen vermittelt. Im schulischen Alltag erleben Mädchen immer wieder, dass sie von Mitschüler/innen, Lehrer und Lehrerinnen degradiert werden. Seitens der Lehrer/innen erfolgen oft Rollenzuweisungen, die sich auf die Entwicklung der Mädchen und Jungen negativ auswirken. Diese Muster können und sollen aufgebrochen werden, aber dazu müssen auch die Mädchen Bereitschaft mitbringen.

Der Landkreis Stade ist von ländlichen Strukturen mit Landwirtschaft geprägt. Darüber hinaus finden sich vor Ort mehrheitlich kleine und mittelständische Unternehmen im Bereich Handwerk und einige wenige Industrieunternehmen. Einzelne Unternehmen sind in der IT-Branche tätig. Auch in dieser ländlichen Region besteht das Problem abwandernder Jugendlicher, wenn ihnen keine Qualifikationsmöglichkeiten geboten werden. Die IHK Stade ist seit 1.9.2000 am Modellversuch Lernortverbünde in IT- und Medienberufen (LOVE-IT) der Niedersächsischen Landesregierung beteiligt. Mit diesem Programm sollen die Anzahl der Ausbildungsplätze im Landkreis Stade erhöht, Hemmnisse bei Unternehmen sowie öffentlicher Institutionen abgebaut, die Qualität der Ausbildung gefördert und die Chancen neuer Lernformen aufgezeigt werden. Die Region erhält durch die Teilnahme an diesem Programm einen Innovationsschub. Infolge dieser Aktionen ist inzwischen der Anteil der weiblichen Auszubildenden im Landkreis gestiegen. Die Ausbildungsbetriebe sind von dem Programm begeistert und sehr bemüht, Mädchen auszubilden. Die Schwierigkeiten liegen eher darin, interessierte Mädchen zu finden.

Die Frauenbeauftragte des Landkreises Stade und die Projektleiterin von LOVE-IT der IHK Stade kooperieren mit dem Ziel, Angebote für Mädchen im Landkreis Stade zu organisieren. In der Vergangenheit fanden z. B. Erzählcafés statt, wo weibliche IT-Auszubildende ihre Erfahrungen in der Ausbildung den Schülerinnen mitteilten.

Konzeption

Der bundesweite Aktionstag Girls' Day bildet den Ausgangspunkt für eine gemeinsam von der Frauenbeauftragten des Landkreises Stade und der Projektleiterin LOVE-IT der IHK Stade organisierten Veranstaltungsreihe „Girls' Day and more" (2002). Anlässlich des Girls' Day lernen interessierte Mädchen mit ihren Müttern und/oder Vätern deren Arbeitsplätze kennen. Hier werden insbesondere die Betriebe der neuen Medien angesprochen und aufgefordert, die Türen für Mädchen und junge Frauen zu öffnen. Im Anschluss an den Girls' Day gibt es eine Reihe von Internet-Einstiegskursen und Bewerbungstrainings. Hinzu kommt eine Veranstaltung mit einer Dozentin einer Universität/Fachhochschule, die für das Studienfach Informatik Mädchen anspricht. Des Weiteren erhalten Mädchen die Möglichkeit, Unternehmen wie z. B. die Deutsche Telekom in Hamburg zu besuchen. In Hamburg wird unter anderem auch das Museum für Kommunikation besucht. Ein zentraler Baustein der Veranstaltungsreihe ist ein Ferienkurs, wo zehn Mädchen die Gelegenheit erhalten, IT- und Internet-Praxiserfahrungen zu sammeln, indem sie erstmalig einen „Online Girls' Guide“ für den Landkreis Stade erarbeiten.

Anliegen des Onlineangebotes ist es, Aktionen für Mädchen besser zu vernetzen und Informationen zu Veranstaltungen, bestehenden Gruppen, Treffpunkten sowie Adressen zu veröffentlichen. Den „Online Girls' Guide“ für den Landkreis Stade sollen Mädchen als Orientierungshilfe und Nachschlagewerk im Internet nutzen. Als Anregung dienen ähnliche Seiten für Mädchen im Internet, z. B. der Städte Oldenburg und Bremerhaven. Die Gestaltung der Internetseiten erfolgt durch die Teilnehmerinnen selbst. Dazu werden Real-, Berufsschülerinnen und Gymnasiastinnen zwischen 14 und 16 Jahren angesprochen. Der Kurs findet in den Ferien jeweils eine Woche lang statt.

Das Kursangebot „Online Girls' Guide“ (www.maedchen-landkreis-stade.de) – ein Produkt für Mädchen von Mädchen – hat verschiedene Aspekte. Interessierte Mädchen setzen die Vorgaben um und erweitern diese durch eigene Ideen. Mädchen nutzen das Medium Internet, um sich und ihre Interessen und Stärken gestalterisch zu präsentieren. Zur Erstellung der Internetseiten erlernen sie die Anwendung von speziellen Programmen.

Folgende Ziele werden verfolgt:

- Interesse für IT wecken, Vorbehalte gegenüber Technik überwinden (Zugang),
- Internetseiten mit FrontPage gestalten (Qualifizierung),
- Übungsmöglichkeiten in einem geschützten Raum für Mädchen schaffen (Übung).

Der Kurs findet im Schulungsraum einer IT-Firma in Stade statt. Die Mädchen werden von einer Studentin der Medieninformatik als Fachanleiterin und einer Pädagogin betreut, zu deren Aufgaben Moderation, Gruppenarbeit und Organisation gehören. Nach einem fachlichen Input erfolgt die Umsetzung der gestellten Aufgaben vorwiegend in Einzelarbeit.

Finanziert wurde der Kurs mit Mitteln des niedersächsischen Modellprojekts Mädchen@Neue Medien.nds, Geldern des Landkreises Stade und im kleineren Umfang mit Mitteln der IHK aus dem LOVE-IT-Projekt. Oberstes Ziel des Modellprojektes ist es, der Benachteiligung von Mädchen und jungen Frauen im Bereich der IT- und Medienberufe entgegenzuwirken. Das Modellprojekt Mädchen@Neue Medien.nds stellt Kontakt zwischen den kommunalen Frauenbeauftragten und den Mitarbeiterinnen/Mitarbeitern der Leitstellen des Modellversuchs LOVE-IT her. Durch eine Zusammenarbeit der Beteiligten soll der Aspekt der mädchenspezifischen Förderung im Ausbildungsbereich der IT- und Medienberufe umgesetzt werden. Über das Modellprojekt können Honorare oder Projektmittel zur regionalen Durchführung durch die kommunalen Frauenbeauftragten pro Standort des Modellversuchs LOVE-IT bis zu 2.500 EUR gewährt werden. Die Förderung von Investitionen und Sachkosten ist nicht vorgesehen. Darüber hinaus ist eine Beteiligung Dritter erwünscht.

Durch die enge Kooperation mit der Leitstelle Stade des Modellversuchs LOVE-IT, dem Modellprojekt Mädchen@Neue Medien.nds und der Firma Ernst Bergau GmbH entstand der Kurs zur Erstellung des „Online Girls' Guide".

Umsetzung

Um die Zielgruppe, Mädchen ab 14 Jahren, zu erreichen, wurde ein Flyer zur Veranstaltungsreihe „Girls' Day and more" erstellt und an allen Schulen des Landkreises (Gymnasien, Berufsschulen, Realschulen, Hauptschulen) verteilt. Des Weiteren wurde die Veranstaltungsreihe (insbesondere der Kurs „Online Girls' Guide") auch in der regionalen Presse ausgeschrieben, in den Schulen persönlich vorgestellt und über den Newsletter des LOVE-IT-Projekts der IHK in Stade verbreitet.

Die Verteilung innerhalb der Schulen verlief nicht ohne Schwierigkeiten. Leider erreichten die Flyer nicht immer die Schülerinnen oder auch die Lehrer/innen. In einer wegen der wenigen Rückmeldungen erfolgten erneuten Ausschreibung des Kurses wurden wiederum an allen Schulen, mit Ausnahme der Hauptschulen, Flyer verteilt. Zehn Plätze standen zur Verfügung, von denen letztlich nur vier besetzt werden konnten. Die Akquise ist nicht zufriedenstellend verlaufen.

Die Initiatorinnen haben sich mehr Resonanz gewünscht, sodass mehr Mädchen von dem Angebot profitiert hätten.

Der Ferienkurs fand in der IT-Firma Bergau GmbH in Stade statt, die ihren freundlichen Schulungsraum nebst Küche vermietete. Für die Pausen- und Mittagsverpflegung sowie für Getränke wurde gesorgt. Der Schulungsraum ist mit fünf PC ausgestattet. Geplant war die Nutzung eines Rechners von jeweils zwei Mädchen. Aufgrund der geringen Teilnahme hatte jedes Mädchen ihren eigenen Rechner, was sich letztlich als günstig erwies.

Angesichts des fehlenden Öffentlichen Personennahverkehrs in dieser Region wurde die An- und Abfahrt nach Stade privat durch Fahrgemeinschaften der Eltern organisiert. Teilnahmegebühren wurden nicht erhoben, jedoch wird vermutet, dass eine angemessene Teilnahmegebühr die Ernsthaftigkeit der Anmeldung unterstreichen und die Motivation positiv beeinflussen würde.

Der erste Ferienkurs fand im Juli 2002 an fünf Tagen von 10 bis 16 Uhr statt. Eine Fortsetzung war nach der erstmaligen Durchführung von den Mädchen gewünscht, sodass ein zweiter Kurs im April 2003 an drei Tagen von 10 bis 16 Uhr, ebenfalls in den Räumen der Firma Bergau veranstaltet wurde. Das Ziel, die Internetseiten lediglich zu überarbeiten, bedingte die Verkürzung der Dauer für die zweite Durchführung. Der Kurs wurde wiederum öffentlich ausgeschrieben, auch die ehemaligen Teilnehmerinnen erhielten eine Einladung. Die zweite Gruppe setzte sich aus zwei neu hinzukommenden und zwei Mädchen des ersten Kurses zusammen. Auch beim zweiten Anlauf konnten wiederum nur vier Mädchen gewonnen werden. Die Überarbeitung der Internetseiten mit neuen Inhalten soll jedes Jahr von einer Mädchengruppe erfolgen. Die Aktualisierung von Adressen und Eingabe von Veranstaltung übernimmt im laufenden Jahr die Frauenbeauftragte des Landkreises Stade.

Die Internetseite umfasst zwei Bereiche: zum einen den Adress- und Veranstaltungsteil von Verbänden, Vereinen, Beratungsstellen etc. und zum anderen den von den Mädchen gestalteten Teil. Für den Adressteil ist die Frauenbeauftragte zuständig. Ursprünglich wurde überlegt, auch diesen Bereich als gemeinsame Aufgabe zu bearbeiten. Schon zu Beginn des Kurses hat sich jedoch herausgestellt, dass die Bearbeitung beider Teile zu einer Überforderung führen würde. Im Mädchenteil stellen sich die Teilnehmerinnen persönlich vor. Jede Teilnehmerin gestaltete einen individuellen Steckbrief, der auch Buchvorstellungen, Rezeptsammlungen, Linktipps umfasst. Diese Ideen kamen von den Mädchen selbst.

Im Vorfeld wurde erhoben, welche Inhalte auf der Internetseite enthalten sein sollten. Die konkrete Gestaltung ist Gegenstand des

Kurses. Dazu wurden die einzelnen Schritte nicht fest geplant, sondern Inhalte und Vorgehensweisen prozesshaft entwickelt. Die Teilnehmerinnen waren am Prozess stark beteiligt und bestimmten, welche Inhalte umgesetzt werden. Am ersten Tag wurden die Ideen und Wünsche gesammelt und die Vorhaben geplant. Da in der zweiten Veranstaltung zwei Mädchen aus dem ersten Kurs teilnahmen, gab es im Vergleich kaum Veränderungen der Inhalte. Dies führte zu einem ähnlichen Aufbau der Steckbriefe.

Die Umsetzung erfolgte nach einem fachlichen Input vorwiegend in Einzelarbeit oder in Zweiergruppen (Learning by Doing). Es wurde Wert darauf gelegt, dass die Mädchen sich untereinander austauschten. Für die Mädchen war es jedoch spannender, ihre Ideen allein umzusetzen. Angeleitet wurden sie durch eine Studentin der Medieninformatik der Fachhochschule Wedel. Die Referentin zur technischen Betreuung wurde über eine Anfrage an das Netzwerk von Informatikstudentinnen in Hamburg gefunden. Die pädagogische Betreuung übernahm eine Mitarbeiterin des DRK-Kreisverbandes Stade e.V. Sie verfügt über Erfahrungen in der Mädchenarbeit und Medienpädagogik.

Die Erstellung der Internetseiten erfolgte im HTML-Format mit dem Programm FrontPage. Kursmaterialien wurden nicht eingesetzt. Nach der Fertigstellung der Seiten am letzten Tag wurden diese sofort im Internet veröffentlicht. Es gab demzufolge keine Zeitspanne zwischen Fertigstellung und Veröffentlichung, was ausgezeichnete Erfolgs- und Belohnungseffekte für die Mädchen bewirkte. Die Veranstaltung wurde gemeinsam in der Mädchengruppe ausgewertet. Die Mädchen empfanden die Zeit unter sich als angenehm und vermissten die Anwesenheit von Jungen nicht. Sie waren engagiert dabei und entwickelten kreative Lösungen. Positive Rückmeldungen erhielten die Veranstalterinnen auch von den Eltern. Ebenso waren die Mitschüler/innen von dem Resultat der „Online-Mädchen" überrascht und begeistert. Mit der Kursankündigung sowie nach Fertigstellung der Seiten stieg die Anzahl der Zugriffe auf die Homepage stark an.

Zum Abschluss wurde am letzten Kurstag eine Grillparty zusammen mit den Teilnehmerinnen, Referentinnen und Eltern veranstaltet.

Die Veranstaltungsreihe „Girls' Day and more" wurde in der regionalen Presse angekündigt. Resultierend aus einem Pressegespräch während der Veranstaltung, erschienen Beiträge zum Kurs „Online Girls' Guide".

Erfahrungen

Das bestimmende Arbeitsprinzip der Frauenbeauftragten des Landkreises Stade besteht darin, in Kooperation mit anderen Stellen Projekte zu initiieren. Die Resonanz auf die Angebote der Frauenbeauftragten ist generell sehr hoch.

Mit dem „Online Girls' Guide" wurde ein erfolgreiches Projekt organisiert, welches von nachhaltigem Nutzen ist. Einerseits erwarben die Mädchen Qualifikationen im IT-Bereich (HTML-Programmierung) und konnten ihre Ideen kreativ umsetzen. Andererseits wurden mit den Internetseiten (www.maedchen-landkreis-stade.de) Bedarfe aufgegriffen und ein Informationsangebot für Mädchen neu geschaffen, das von vielen genutzt wird. Die Seiten stellen ein umfangreiches Nachschlagewerk dar, welches im Vergleich zu einer Buchveröffentlichung leicht zu aktualisieren ist und eine weitere Verbreitung findet.

Die am Kurs teilnehmenden Mädchen sind stolz auf die eigene Leistung. So konnten die Teilnehmerinnen ohne umfassende theoretische Einführung handlungsorientiert persönliche Inhalte über das Medium Internet umsetzen und veröffentlichen. In der Zusammensetzung der zweiten Gruppe bestand die Gefahr, dass sich aufgrund der erneuten Teilnahme zweier Mädchen aus dem ersten Kurs kaum neue Ideen entwickeln konnten, da das Vorjahresresultat sehr stark als angestrebtes Ziel verinnerlicht wurde. Positiv hervorzuheben ist der hohe Partizipationsgrad der Teilnehmerinnen am Projekt. Aufgrund des prozesshaften Vorgehens und der fundierten Leitung einer jungen Fachfrau konnten die Mädchen ihre Bedürfnisse und Wünsche hervorragend umsetzen.

Folgende Hemmnisse, die ein verändertes Vorgehen erfordern, konnten im Rückblick auf den Kursverlauf benannt werden:

- Die Arbeit im Vorfeld erfordert einen enormen organisatorischen und zeitlichen Aufwand. Dazu gehört die Adressenrecherche und -eingabe: Anschreiben an alle Gemeinden, Vereine, Organisationen mit der Bitte um Übermittlung von Ansprechpersonen zu bestimmten Themen, Anschreiben an alle Personen mit der Bitte um Genehmigung zur Veröffentlichung der Adresse im Internet. Diese Arbeiten würden bei einer Wiederholung des Projekts extern vergeben.
- Ein weiteres Problem ist die Werbung der Teilnehmerinnen, die in diesem Projekt nicht zufrieden stellen kann. Mögliche Gründe dafür könnten sein, dass die Akquise über die Schulen die Teilnehmerinnen nicht erreicht, dass die Kurse in den Ferien statt-

fanden und somit Familienurlaube geplant waren bzw. die Ferien zum Erholen genutzt wurden.

Der „Online Girls' Guide" trägt in sich eine Fülle von Erweiterungsmöglichkeiten. Vorgesehen ist eine einmal jährliche Aktualisierung des Mädchenteils innerhalb eines Kurses, um den Seiten wiederkehrend ein neues Gesicht zu geben. Weiterhin ist es notwendig, die Adressen fortlaufend auf dem aktuellen Stand zu halten. In Zusammenarbeit mit Mädchenprojekten benachbarter Landkreise sowie im Land Niedersachsen wäre eine Vernetzung denkbar.

Kontakt:
Frauenbeauftragte Landkreis Stade
Frau Anne Behrends
Am Sande 2
21682 Stade

Bärbel Geiß

M@dchen M-IT Darmstadt – Mädchen und neue Technologien

Ausgangsproblematik

Auf dem bundesrepublikanischen Arbeitsmarkt findet eine geschlechtsspezifische Segregation mit dem Ergebnis statt, dass Frauen in bestimmten Branchen sowie in höheren Berufspositionen kaum präsent sind. Trotz der Qualifikationserfolge von Frauen in allen Bereichen der schulischen Bildung bleibt das Berufswahlspektrum von Mädchen und jungen Frauen weiterhin in einem traditionell engen Rahmen. Noch immer werden sie bevorzugt Verkäuferin, Arzthelferin oder Frisörin. Bei der Studienwahl bevorzugen sie weiterhin sozial- und geisteswissenschaftliche Fächer. In zukunftsträchtigen Berufsbereichen in der Informations- und Kommunikationsbranche sind sie nach wie vor stark unterrepräsentiert. Dies gilt auch für strukturstarke Regionen wie das Rhein-Main-Gebiet, in dem das Projekt M@dchen M-IT Darmstadt angesiedelt ist. Auch in dieser Region, die sich durch einen hohen Beschäftigungsstand, ein starkes wirtschaftliches Wachstum und einen hohen Bedarf an qualifizierten Fachkräften bei IT- und Multimediafirmen auszeichnet, existiert eine viel zu geringe Beteiligung von Frauen. Das gleiche Bild zeigt auch der Ausbildungsmarkt. Hessenweit betrug der Mädchenanteil im Jahr 2001 bei den abgeschlossenen Ausbildungsberufen in den IT-Berufen nach Angaben des Statistischen Bundesamtes nur 13,6 % und liegt damit leicht unter dem Bundesdurchschnitt.

Eine Veränderung dieser Situation ist aber dringend geboten, um Frauen existenzsichernde Erwerbspositionen zu ermöglichen. Im Rahmen der von der EU geförderten Gemeinschaftsinitiative Equal wird im Bereich der Chancengleichheit der Geschlechter das hessische Verbundprojekt „Equal-IT-y in the information society“ durchgeführt, das sich dieser Situation mit speziellen Gender-Mainstreaming-Ansätzen von neun verschiedenen Projektträgern stellt. Eines der Teilprojekte ist M@dchen M-IT und wird vom „Frauenbüro der Wissenschaftsstadt Darmstadt“ durchgeführt. Zielsetzung ist hier, das Berufswahlspektrum von Mädchen und jungen Frauen insbesondere hinsichtlich der IT- und Medienberufe zu erweitern.

Hierzu wurde vom Frauenbüro eine Analyse in Auftrag gegeben, die darauf abzielte, den derzeitigen Bestand von Bildungsangeboten im computertechnischen Bereich in der Stadt Darmstadt für die Zielgruppe von Mädchen und jungen Frauen zu erheben. Daraus sollten gezielt Maßnahmen und Projekte entwickelt werden, die zur Erweiterung des Berufswahlspektrums von Mädchen und jungen Frauen beitragen.

Die Erhebung fand an allen allgemein bildenden Schulen der Stadt Darmstadt statt. Darüber hinaus wurden alle Berufsschulen befragt sowie die Ausbildungsstatistik im Bereich der IT- und Medienberufe ausgewertet. Ergänzt wurde die Untersuchung durch die Analyse der Angebote der städtischen Jugendzentren, der Jugendverbände und von freien Trägern. Die Ergebnisse machten deutlich, dass die Bemühungen der letzten Jahrzehnte, das Berufswahlspektrum von Mädchen und junge Frauen zu erweitern, zwar nicht vergeblich waren, jedoch nur zu sehr eingeschränkten Erfolgen geführt haben. Denn nach wie vor sind Mädchen und junge Frauen in technischen und techniknahen Berufen stark unterrepräsentiert.

Konzeption

Lange Zeit gingen Maßnahmen zur Förderung des Frauenanteils in den Arbeitsbereichen der Informations- und Kommunikationstechnologien von einem sehr einseitig geprägten Technikverständnis aus. Der Umgang mit Technik orientierte sich an der männlichen Norm, die zumeist Technik mit Mechanik und Hardware gleichsetzte und den Dienstleistungsanteil dieser Berufsfelder nachrangig behandelte. In diesem Verständnis fehlte es den Mädchen und jungen Frauen lediglich an der rechten Begeisterung, die über gezielte Aktionen geweckt werden müsste. Jüngere Ansätze, die Gender-Mainstreaming-Aspekte berücksichtigen, beziehen die weibliche Lebenswirklichkeit und Bedürfnisse mit ein.

Der Grundsatz lautet hier: Frauen und Männer haben unterschiedliche Zugangsweisen zum IT-Bereich. Dieser Grundsatz macht bereits deutlich, dass sowohl auf die strukturellen Rahmenbedingungen als auch auf die kognitiven Einstellungen der Mädchen und jungen Frauen Einfluss genommen werden muss.

Drei Faktoren sind in diesem Zusammenhang entscheidend: erstens die gesellschaftliche Zweiteilung von Erwerbs- und Familienarbeit (Vereinbarkeit von Familie und Beruf), zweitens die Stereotypisierung der Geschlechterrolle (Kopplung von Technik und Männlichkeit) und drittens die vertikale und horizontale Segmentierung des Arbeitsmarktes. Die Gender-Mainstreaming-Strategie des

Projekts M@dchen M-IT Darmstadt ist auf diese Faktoren abgestimmt.

Das Projekt M@dchen M-IT Darmstadt zielt zum einen auf die Zielgruppe der Mädchen und jungen Frauen aller Schulformen in der Phase der Berufsfindung ab. Zum anderen werden alle am Berufsfindungsprozess beteiligten Personen und Institutionen (Eltern, Lehrkräfte, Fachkräfte aus der Jugendarbeit, Unternehmen, Multiplikatorinnen/Multiplikatoren wie Arbeitsämter, Kammern, Bildungsträger etc.) angesprochen.

Das Projekt verfolgt die Zielsetzungen:

- gendersensible Zugänge zu IT-Berufen für Mädchen und junge Frauen zu schaffen und damit ihren Anteil in diesen zukunftsträchtigen Berufsfeldern zu erhöhen,
- langfristige Projekte und Handlungsansätze zu entwickeln sowie
- Kooperationen zwischen den an der Berufswahl junger Frauen beteiligten Institutionen und Einzelpersonen zu fördern.

Anhand der folgenden Teilschritte strebt das Frauenbüro Darmstadt, in Kooperation mit Fachkräften und Institutionen, die Umsetzung oben genannter Zielsetzungen an.

Evaluation

Bestandsaufnahme der Angebote für Mädchen im IT- und Medienbereich in der Stadt Darmstadt in den Bereichen Schulen, Jugendzentren und freie Träger; Erfassung der derzeit in Ausbildung befindlichen jungen Frauen in Informations- und Medienberufen (Technische Universität Darmstadt, Dr. Olga Zitzelsberger, Institut für Allgemeine Pädagogik und Berufspädagogik – Praxislabor)

Fach- und Informationsveranstaltungen

Mit der Fachtagung „Mädchen und neue Technologien“ wurde das Projekt M@dchen M-IT Darmstadt, das sich an Fachpersonen aus ganz Hessen richtete, eröffnet.

Bausteine

Es wurden Bausteine entwickelt, zusammengetragen und aufeinander abgestimmt, die in Zusammenarbeit mit interessierten Schulen, Jugendzentren und Mulitplikatorinnen/Multiplikatoren angeboten und umgesetzt werden:

- Berufsorientierungsseminar für Schülerinnen,

- Girls' Day – Mädchenzukunftstag,
- Gender-Mainstreaming-Workshops für Multiplikatorinnen und Multiplikatoren sowie Lehrkräfte,
- Informationsveranstaltungen für Eltern in Schulen,
- JOBLAB – ein Multimedialabor zur Berufsfindung auf CD-ROM,
- Beteiligung an Hochschulinformationstagen und Ausbildungsmessen,
- Ausbildung zur Mediengestalterin,
- Theaterworkshops für Mädchen und Fachkräfte (Galli Theater Frankfurt),
- Fortbildungen für Lehrkräfte,
- Informationsveranstaltungen zur Berufswahl für Eltern (Sozialkritischer Arbeitskreis e.V.).

Auswertung und bedarfsgerechte Fortschreibung

Auf der Basis eines kontinuierlichen Auswertungsprozesses und den sich aus den einzelnen Teilschritten entwickelnden Netzwerken erfolgte eine bedarfsgerechte konzeptionelle Weiterentwicklung. Sie hat zum Ziel, in den Schulen, der Jugendberufshilfe, der offenen Jugendarbeit, Elternhäusern und Unternehmen einen kontinuierlichen Prozess der Herstellung von Chancengerechtigkeit für Mädchen und jungen Frauen im Ausbildungs- und Studiensektor einzuleiten und fortzuschreiben.

Umsetzung

Das „Frauenbüro der Wissenschaftsstadt Darmstadt" hat seit Beginn des Projekts M@dchen M-IT Bausteine (Module) gesammelt und entwickelt, die
- zur Erweiterung des Berufswahlspektrums von Mädchen und jungen Frauen sowie
- zum Gendertraining von Fachkräften eingesetzt werden können.

Interessierte Fachkräfte und Institutionen aus Darmstadt können diese Bausteine buchen und umsetzen. Nachfolgend wird der Fokus auf die Bausteine zur Erweiterung des Berufswahlspektrums von Mädchen und jungen Frauen gelegt. Die Module zum Gendertraining finden Sie in der Datenbank PRAXIMO in der Projektdarstellung Entwicklungspartnerschaft „Equal-IT-y in the information society".

Baustein Berufsorientierungsseminare für Schülerinnen

Ziel

Erweiterung des Berufswahlspektrums für Mädchen an Gesamt-, Haupt- und Realschulen sowie Gymnasien, mit besonderem Fokus auf IT- und Medienkompetenz.

Angebote

12 Schulstunden umfassende Seminare, die als Unterrichtsblock (2-3 Tage im Rahmen von Projektwochen etc.) oder integriert in den Unterrichtsablauf gebucht werden können und in Kooperation mit den jeweiligen Schulen erfolgen.

Seminarinhalte:
- Einführungen in Hard- und Software,
- Einheiten über den Computereinsatz in verschiedenen Berufsfeldern,
- Erarbeitung eines kleinen eigenen Produktes (z. B. Bildbearbeitung, Kalender, Bewerbung),
- Arbeiten in geschlechtshomogenen Gruppen mit weiblichen Vorbildern.

Infos

SKA e.V. – Internationaler Mädchenwerkstatttreff, Liebigstr. 27, 64293 Darmstadt,
Tel.: 06151/23565, Fax: 06151/23566,
E-Mail: ska_maedchenwerkstatttreff@web.de

Kosten

Keine für die Dauer der Equal-IT-y Projektlaufzeit

Baustein Girls' Day – Mädchenzukunftstag

Der Girls' Day ermöglicht den teilnehmenden Mädchen zwischen 10 und 15 Jahren aller Schulformen praxisorientiert eine Vielzahl von Berufen kennen zu lernen, eventuelle Vorbehalte gegenüber techniknahen Berufen abzubauen und auch die Bedeutung der beruflichen Entwicklung und Karriere in den Blick zu nehmen. Unternehmen, Hochschulen und Behörden bieten Hospitationsplätze bevorzugt in technischen und technikorientierten Bereichen an. Mädchen begleiten ihre Eltern oder andere Erwachsene zur Arbeit. Lehrkräfte können den Mädchenzukunftstag als ein interessantes Veranstaltungsangebot für die schulische Berufsorientierung nutzen. Unternehmen können qualifizierte Nachwuchskräfte gewinnen.

Koordinierende Stellen in Darmstadt sind

- das „Frauenbüro der Wissenschaftsstadt Darmstadt“,
- die Internetplattformen www.girls-day.de und www.equal-it-y.de, die detaillierte Informationen für Schulen und Unternehmen zur Gestaltung des Tages bieten.

Kooperationspartner/innen sind:

- die Beauftragte für Chancengleichheit am Arbeitsmarkt (Agentur für Arbeit Darmstadt),
- die Jugendförderung (Jugendamt) und Jugendberufshilfe der Stadt Darmstadt,
- die Frauenbeauftragte des Staatlichen Schulamtes,
- der Unternehmerverband Südhessen e.V. (in Zusammenarbeit mit Hochschulen, Unternehmen, Behörden und Schulen).

Baustein Hochschulinformationstage, Ausbildungsmessen

Zur Erweiterung des Berufswahlspektrums von Mädchen mit besonderem Fokus auf IT- und Medienberufe ist M@dchen M-IT auf Ausbildungsmessen und Informationsveranstaltungen vertreten und spricht damit Mädchen aller Schulformen an. Dazu informieren „Vorbildfrauen“ aus IT- und Medienberufen am Messestand über einzelne Berufsbilder. Speziell aufbereitetes Informationsmaterial, Referate und Mitmachaktionen veranschaulichen die erforderlichen Schlüsselqualifikationen, bauen Hürden ab und wecken Interesse.

Baustein JOBLAB

Mit dem Programm JOBLAB können Mädchen ihre Berufs- und Studienwünsche, Interessen und Fähigkeiten spielerisch entdecken und für Ihre berufliche Orientierung nutzen. Angesprochen werden Mädchen aller Schulformen und Personen, die mit Mädchen am Übergang Schule und Beruf arbeiten (Berufsberatung, Lehrkräfte, Jugendsozialarbeit).

Inhalte

Das Multimedialabor zur Berufsfindung auf CD-ROM, JOBLAB, ermöglicht die Simulation und Gegenüberstellung unterschiedlicher Berufs-, Studien- und Lebensentwürfe. Neue Berufe können „erfunden" werden. In der Simulation können verschieden Alternativen durchgespielt und deren Vor- und Nachteile abgewogen werden. Ein integrierter Persönlichkeitstest hilft dabei, interessante Berufe zu entdecken. Das interaktive Labor ermöglicht den Nutzerinnen, entsprechend ihrer Interessen und Informationsbedürfnisse zu experimentieren und ihre individuellen Faktoren für die Berufswahl auszusuchen und zusammenzustellen.

Einsatzmöglichkeiten

JOBLAB kann als eigenes Experimentierlabor genutzt werden und alleine oder gemeinsam mit anderen gespielt werden. JOBLAB kann in der Berufsberatung sowohl als Präsentation für Gruppen als auch in der Einzelberatung eingesetzt werden. (www.joblab.de/berufsberatung.html) JOBLAB lässt sich methodisch gut in den Unterricht integrieren, z.B. zur Vor- und Nachbereitung von Berufspraktika. (www.joblab.de/unterricht.html)

Infos

www.joblab.de, Bezugsquellen: Die JOBLAB-CD-ROM kann über die Forschungsstelle des Bildungswerks der Hessischen Wirtschaft e.V. (www.joblab.de/bestellung.html) sowie über das „Frauenbüro der Wissenschaftsstadt Darmstadt" bestellt werden.

Baustein Mediengestalterin für Digital- und Printmedien

Diese außerbetriebliche Ausbildung in Vollzeit zur Mediengestalterin für Digital- und Printmedien Fachrichtung Mediendesign richtet sich an junge Mütter ohne abgeschlossene Berufsausbildung. Dieser Ausbildungsberuf existiert seit 1998, hat sich aufgrund der technologischen Veränderungen aus den alten Druckberufen entwickelt und wird den innovativen Anforderungen des Arbeitsmarktes gerecht. Neben der praktischen Qualifizierung werden im begleitenden Unterricht theoretische Kenntnisse vermittelt. Die Kinderbetreuung während der Ausbildungszeiten ist ein wichtiger Baustein. Im Bedarfsfall erfolgen Beratung und Unterstützung durch eine Sozialpädagogin. Selbstverständlicher Bestandteil der Ausbildung sind Bewerbungstrainings und Hilfestellung bei der Vermittlung von Anschlussarbeitsstellen.

Infos

Verein für Bildung und berufliche Förderung von Mädchen und Frauen e.V./BAFF. Christa Michel, Stiftstr. 37, 64287 Darmstadt, Tel.: 06151/317725, Fax: 06151/33428.

Baustein Theateraufführungen und -workshops nach der Galli-Methode

Zielgruppe

Angesprochen werden Mädchen aller Schulformen und Personen, die mit Mädchen am Übergang Schule und Beruf arbeiten (Berufs- und Ausbildungsberatung, Lehrkräfte, Fachkräfte der Jugendarbeit, Bildungsträger, Gleichstellungsbeauftragte).

Inhalte

Die Arbeit nach der Galli-Methode bietet die Möglichkeit, sich in spielerischer Form dem Thema Mädchen/Frauen und neue Technologien zu nähern. In praktischen Übungen zu Ausdruck und Bewegung erleben die Teilnehmer/innen die Wirkungsweise des Spiels in Verbindung mit einem vorgegebenen Thema. Das Theaterspielen ist hierbei eine ideale Möglichkeit, sich mit dem geschlechtsspezifischen Zugang zu neuen Technologien phantasie- und wirkungsvoll auseinander zu setzen. In spontanen Spielszenen lassen sich geschlechtsspezifische Zugänge zu Informationstechnologien untersuchen, Vorurteile hinterfragen und Handlungsmöglichkeiten entwickeln.

Angebote im Theaterbereich: Aufführungen, Situationstheater, Kommunikationstheater, Analogietheater.

Angebote im Ausbildungsbereich: Vortrag mit Spiel, Seminare, Kurzworkshops, Workshops, Theaterprojekt, Anleitung zur spielerischen Arbeit mit Gruppen nach der Galli-Methode.

Der Zeitliche Rahmen und der Umfang der Maßnahme wird jeweils individuell vereinbart.

Das Theater ist unter den folgenden Adressen zu buchen:

- Galli Theater, Rainer Eckhardt, Karola Diestel, Basaltstraße 23, 60487 Frankfurt, Tel: 069/97 09 78-0, Fax: 069/97 09 78-22, E-Mail: frankfurt@galli.de

- „Frauenbüro der Wissenschaftsstadt Darmstadt“

Für die Dauer der Equal-IT-y-Projektlaufzeit fallen keine Kosten an.

Öffentlichkeitsarbeit

Die Öffentlichkeitsarbeit des Projekts M@dchen M-IT ist in die PR-Aktivitäten der hessischen Entwicklungspartnerschaft „Equal-IT-y in the information society“ eingebettet. Neben den üblichen nur auf Darmstadt bezogen öffentlichkeitswirksamen Maßnahmen wird die Projektarbeit von PR-Maßnahmen in Verantwortung der Women.de GmbH flankiert. Auch die Präsenz auf Fachveranstaltungen leistet einen Beitrag, um die Ziele der Initiative in die Breite zu tragen. Während Bildungsveranstaltungen und Workshops gezielt die kognitive Ebene ansprechen, dienen die Fachveranstaltungen dazu, Informationen zu vermitteln und in der Öffentlichkeit das Thema „Frauen, Mädchen und IT“ zielgruppengerecht aufzubereiten.

Wichtigstes Informationsmedium – neben einem Newsletter – ist der Online-Auftritt der Initiative. Die gesamten Aktivitäten der Partner werden unter www.equal-it-y.de einer breiten Öffentlichkeit zugänglich gemacht. Gleichzeitig fördert die Plattform (inklusive eines internen Bereichs) die Interaktion und Kommunikation zwischen den Partnern und interessierten Frauen, Mädchen und Multiplikatorinnen/Multiplikatoren, sodass sich das Netzwerk auch als Online Community im Netz dynamisch weiterentwickeln kann. Darüber hinaus bietet die Website eine spezielle IT-Jobbörse an, die eigens auf Arbeitsplätze, Ausbildungsplätze und Praktika aus den neuen IT-Beschäftigungsfeldern ausgerichtet ist. Dieses Spezialangebot wurde von der jobpilot AG, einem der größten Internet-Stellenportale, entwickelt, die mit diesem Service die Initiative in hohem Maße unterstützt.

Erfahrungen

Die nach rund einem Jahr vorliegenden Erfahrungen zeigen Stärken des Projektes auf mehreren Ebenen:

Kooperationen und Netzwerke

Hier sind die Entwicklung und die Einbindung in lokale Kooperationen sowie in internationale Netzwerke zu nennen. Beispielhaft sei hier die Durchführung des Girls' Day genannt, dessen besondere Stärke darin liegt, dass alle an der beruflichen Orientierung von Mädchen Beteiligten (Eltern, Schulen, Mädchen, Unternehmen) miteinander in Dialog treten und den geschlechterbewussten Aspekt in den Blick nehmen.

Gender Mainstreaming

Der Modellversuch ermöglicht erstmals lokal die gezielte Entwicklung, Erprobung und Überprüfung von Gender-Mainstreaming-Ansätzen in einem strukturierten Arbeitsfeld und reicht von Bildungsveranstaltungen für Multiplikatorinnen und Multiplikatoren bis hin zur Fortbildung der Lehrkräfte einer Schule.

Genderansatz

Der Genderansatz hat sich – trotz der kurzen Projektlaufzeit – bereits bewährt. Es wurde ein Prozess in Gang gesetzt, der eine deutliche Gendersensibilisierung nach sich zieht. Dies gilt insbesondere für Schulen und Unternehmen.

Schulen

Insbesondere die Lehrkräfte an Schulen, als wichtigste Multiplikatorinnen und Multiplikatoren, haben einen großen Bedarf an qualitativ hochwertigen Genderangeboten. In den Schulen muss sich der Grundsatz verankern, dass eine geschlechtssensible Herangehensweise als der wichtigste ausschlaggebende Qualitätsstandard im schulischen Curriculum anzusehen ist. Die Verankerung von Gender Mainstreaming in der Schule ist eine der erklärten Zielsetzungen des Projektes.

Geschlechtssensible Angebote

Geschlechtssensible Angebote in der Berufsorientierung wie z. B. die Berufsbildungsmessen zeigen viel Erfolg bei den Mädchen und den Multiplikatorinnen und Multiplikatoren.

Evaluation

Durch die Bestandsaufnahme der geschlechterdifferenzierten Zugänge und Angebote in Darmstadt wurde eine Datenbank erstellt, die über die Projektebene hinaus von Akteurinnen und Akteuren im Bereich berufliche Orientierung genutzt werden kann.

Netzwerke und ihre Folgen

Neue Projekte entstanden im Rahmen von Kooperationen, z. B. „Die 1. Darmstädter Netzwerkparty für Mädchen“ als niedrigschwelliges Angebot.

Mainstream

Die Fachkompetenz der zur beruflichen Orientierung arbeitenden Fachfrauen floss in Handlungsempfehlungen für die Hessische Landesregierung mit ein, sodass die im Projekt gemachten Erfahrungen in den Mainstream einfließen. Gender Mainstreaming ist ein neuer Prozess für alle. Gender Mainstreaming ist zwar als theoretisches Konzept bekannt, wirklich interessant wird es aber erst in der praktischen Umsetzung. Dieser Prozess muss von Frauen und Männern gleichermaßen gelebt werden.

Kontakt:
Frauenbüro der Wissenschaftsstadt Darmstadt
Frau Sabine Eller
Frankfurter Str. 71
64293 Darmstadt

Ulrike Richter

Maßnahmen zur Förderung der Chancengleichheit am Arbeitsmarkt

Ausgangsproblematik

Aufgrund der anhaltenden wirtschaftlichen Schwäche, insbesondere in Sachsen, ist die Zahl arbeitsloser Frauen und Männer sehr hoch. In Chemnitz betrug die Arbeitslosenquote im Juni 2003 bei Frauen 19,9 % und bei Männern 17,0 %. Die Lage auf dem Ausbildungsmarkt ist ebenfalls angespannt. Zum Ende des Monats Juni 2003 standen in Chemnitz 2.997 noch unvermittelten Bewerberinnen und Bewerbern lediglich 467 noch unbesetzt gemeldete Berufsausbildungsstellen zur Verfügung. Von der dramatischen Lage auf dem Ausbildungsmarkt sind Mädchen, trotz besserer Schulabschlüsse, stärker betroffen als Jungen. Besonders für Frauen mit Kindern ist die Arbeitsaufnahme erschwert. Der Wiedereinstieg in den Beruf nach einer Familienphase ist häufig mit Schwierigkeiten verbunden, da Frauen mit Kindern weniger flexibel auf innerbetriebliche Änderungen reagieren können. Besonders davon betroffen sind allein erziehende Mütter. Als Folge ungleicher Verteilung familienbezogener Arbeit und tradierten Rollenverhaltens sowie fehlender Rahmenbedingungen (zeitlich flexible Kinderbetreuung etc.) wird es weiter Nachteile für Frauen am Arbeitsmarkt geben. Nach längerer Arbeitslosigkeit trauen sich die Frauen nur noch wenig zu. Ihre Resignation resultiert vielmals aus vergeblichen Bewerbungen. Generell ist zu sagen, dass zum Lebensentwurf der Frauen die Erwerbsarbeit unbedingt dazugehört. Mit flexibleren Arbeitszeiten und besseren Rahmenbedingungen könnten die Möglichkeiten der Frauen verbessert werden. Mehr Chancen für Frauen auf einen Arbeitsplatz werden eher in technischen Berufen als in den typischen Frauenberufen gesehen. Frauen sind noch zu wenig in den technischen und zukunftsorientierten Bereichen (z. B. IT-Berufen) vertreten. Jedoch gelten diese Prognosen nicht für ländliche Regionen des Arbeitsamtsbezirkes Chemnitz, die von Landwirtschaft und wenig Industrie geprägt sind.

Auch für Männer mit Familien ist es schwierig, sich am Arbeitsmarkt zu behaupten. Für allein erziehende Väter bzw. Väter, die sich der Kindererziehung widmen, sind die gleichen Hemmnisse wie für Mütter festzustellen. Im Baubereich – der typischen Männerdomäne

– beispielsweise herrscht eine hohe Arbeitslosigkeit. Zum Teil sind die Männer auf Montage während der Woche in den alten Bundesländern beschäftigt. Für Väter und ihre Familien ist dies auf Dauer sehr belastend, da nicht nur das Familienleben unter dieser Situation leidet.

Die Förderung der Chancengleichheit von Frauen und Männern auf dem Arbeitsmarkt ist besonderes Anliegen der Bundesanstalt (jetzt Bundesagentur) für Arbeit (BA). 1998 definierten Vorstand und Verwaltungsrat die Förderung der Chancengleichheit als ständige Leitlinie der Geschäftspolitik. Dazu wurden erstmalig hauptamtliche Mitarbeiter/innen eingesetzt. Mit der Übernahme der beschäftigungspolitischen Leitlinien der Europäischen Union und des Nationalen Aktionsplanes der Bundesrepublik Deutschland (NAP) für die Geschäftspolitik im Jahr 2001 verfolgt die Bundesanstalt für Arbeit die Doppelstrategie zur Förderung der Chancengleichheit: Das Job-AQTIV-Gesetz (gültig ab 01.01.2002) zielt auf die bessere Nutzung des beschäftigungspolitischen Potenzials von Frauen durch die Sicherung gleicher Chancen auf dem Arbeitsmarkt für Frauen und Männer ab.

Konzeption

Die Bundesanstalt für Arbeit soll die Chancengleichheit von Frauen und Männern am Arbeitsmarkt im Rahmen all ihrer Aufgaben fördern. Dieser Auftrag leitet sich insbesondere aus folgenden gesetzlichen Regelungen und Vorgaben ab:

- Artikel 3 Absatz 2 Grundgesetz (GG) „Männer und Frauen sind gleichberechtigt ..."
- §§ 1, 8, 8a, 11 und 397 Arbeitsförderungsgesetz (SGB III)
- Schwerpunkt IV in den Beschäftigungspolitischen Leitlinien der EU und des Nationalen Aktionsplans der Bundesrepublik Deutschland (NAP)
- Förderung der Chancengleichheit von Frauen und Männern am Arbeitsmarkt als Leitlinie der Geschäftspolitik der Bundesanstalt für Arbeit seit 1998

Bei der Umsetzung ihres gesetzlichen und geschäftspolitischen Auftrags verfolgt die Bundesanstalt für Arbeit eine Doppelstrategie: Die Gleichstellung von Frauen und Männern ist als durchgängiges Prinzip in den Zielen des Gesetzes verankert. Die unterschiedlichen Lebenssituationen von Frauen und Männern sollen bei der Umsetzung sämtlicher Leistungen der Arbeitsförderung berücksichtigt werden (Gender Mainstreaming). Mit speziellen Fördermaßnahmen für Frauen am Arbeits- und Ausbildungsmarkt sollen die berufliche Situation von Mädchen und Frauen verbessert und bestehende Benachteiligung abgebaut werden.

Die wesentlichen Vorschriften zur Förderung der Chancengleichheit im SGB III sind:

- § 1: Gleichstellung von Frauen und Männern ist Querschnittsaufgabe und somit Aufgabe aller Mitarbeiterinnen und Mitarbeiter der Arbeitsämter.
- § 8: Zur Verbesserung der Situation von Frauen und zum Abbau von Benachteiligungen sollen Frauen mindestens entsprechend ihrem Anteil an den Arbeitslosen und ihrer relativen Betroffenheit durch Arbeitslosigkeit gefördert werden.
- § 8a: Arbeitsförderungsmaßnahmen sollen möglichst zeitlich, inhaltlich und organisatorisch so ausgestaltet werden, dass Frauen und Männer mit Familienpflichten Beruf und Familie miteinander vereinbaren können.
- § 11: Die Arbeitsämter müssen über ihre gleichstellungs- und Frauen fördernden Aktivitäten in den Eingliederungsbilanzen berichten.
- § 397: Beauftragte für Chancengleichheit am Arbeitsmarkt in allen Arbeitsämtern begleiten und unterstützen die Umsetzung des gesetzlichen Auftrags.

Seit In-Kraft-Treten des SGB III in der Fassung des Job-AQTIV-Gesetzes zum 1.1.2002 erfolgte eine Umbenennung von der bisherigen Bezeichnung „Beauftragte für Frauenbelange“ zu „Beauftragte für Chancengleichheit am Arbeitsmarkt“. Damit veränderte sich ebenso das Aufgabenfeld. Die Beauftragten sind nun der Dienststellenleitung unmittelbar zugeordnet und tragen dazu bei, dass bei allen Aufgaben der Arbeitsförderung das Ziel „Gleichstellung von Frauen und Männern“ verfolgt wird.

Die Beauftragten für Chancengleichheit am Arbeitsmarkt (BCA) repräsentieren das Arbeitsamt in übergeordneten Fragen der Frauenförderung, der Gleichstellung von Frauen und Männern am Arbeitsmarkt sowie der Vereinbarkeit von Familie und Beruf bei beiden Geschlechtern. Hierzu zählen insbesondere Fragen der beruflichen Ausbildung, des beruflichen Einstiegs und des Wiedereinstiegs nach einer Familienphase sowie Fragen einer flexiblen Arbeitszeitgestaltung. Die Beauftragten für Chancengleichheit beraten und unterstützen Arbeitgeber/innen, Arbeitnehmer/innen sowie deren Organisationen in diesen Fragen. Sie informieren über die Situation von

Frauen auf dem Ausbildungs- und Arbeitsmarkt und zeigen Handlungsbedarfe auf, wo Benachteiligungen auftreten. Sie arbeiten mit den Stellen des Arbeitsamtsbezirks zusammen, die in Fragen der Frauenerwerbsarbeit tätig sind, um die gleichberechtigte Teilhabe von Frauen zu sichern. Sie informieren, sensibilisieren und beraten die Fach- und Führungskräfte in den Arbeitsämtern bei der frauen- und familiengerechten Aufgabenerledigung.

Umsetzung

Im Arbeitsamt Chemnitz ist die Beauftragte für Chancengleichheit am Arbeitsmarkt (BCA) zuständig für den Arbeitsamtsbezirk Chemnitz, der die Stadt Chemnitz und die Geschäftsstellen in Brand-Erbisdorf, Flöha, Freiberg, Heinichen, Rochlitz umfasst.

Der BCA steht kein eigener Etat für Maßnahmen zur Verfügung. Dagegen kann sie über ein Budget für Öffentlichkeitsarbeit verfügen. In Kooperation mit den Abteilungen des Arbeitsamtes sowie externen Partnern werden Projekte initiiert. Die Finanzierung erfolgt über die Fachabteilungen des Arbeitsamtes, über den Europäischen Sozialfonds (ESF), über kommunale bzw. Landesmittel.

Zur Umsetzung der geschäftspolitischen Leitlinien, die in die Organisation des Arbeitsamtes wirken, ist die BCA mit folgenden Aufgaben betraut:

- interne Information: Informieren der Fachabteilungen zu gleichstellungsrelevanten Themen,
- Erstellung von Informationsmaterial: gleichstellungsrelevante Informationen für Arbeitssuchende erstellen,
- Durchführung und Kontrolle: die Aktivitäten der Arbeitsämter hinsichtlich angemessener Frauenförderung kontrollieren.

Die BCA ist Ansprechpartnerin für arbeitslose Frauen und Männer. Dazu führt sie nach Terminabsprache Einzelberatungen mit Arbeit suchenden Frauen und Männern durch, welche über die Beratung zur Arbeitssuche hinausgehen. Die BCA ist Ansprechpartnerin für Probleme. Sie möchte die Frauen motivieren, ihr Selbstbewusstsein stärken, nach Chancen suchen. Dabei wird sie oftmals mit der Erwartung konfrontiert, dass sie Arbeitsstellen vergeben könnte. In den Einzelberatungen werden oft Problemfelder sichtbar, die wiederum zum Ausgangspunkt für Projekte der Arbeitsförderung werden können. Schwierigkeiten bereitet die Abrechnung der Beratungsleistung in der Eingliederungsbilanz, da kaum eine Beratung zu abrechenbaren statistischen Zahlen führt.

Nach außen wirkt die BCA durch Initiierung von Projekten in Kooperation mit externen Partnern. Zu den Kooperationspartnern zählen die Gleichstellungsbeauftragten der Kommunen des Arbeitsamtsbezirks Chemnitz, das Regierungspräsidium, Frauenvereine, Gewerkschaften, freie Träger der Jugendarbeit und Weiterbildung, Unternehmen, IHK, HWK, überbetriebliche Ausbildungsstätten. Die BCA arbeitet mit Vereinen, Institutionen, Gewerkschaften und Stiftungen zusammen, die sich mit dem Thema „Chancengleichheit von Frauen und Männern" beschäftigen. Sie regte u. a. die folgenden Projekte an, die sich am ersten Beispiel auf die Qualifizierung während der Elternzeit beziehen, an den Beispielen zwei bis vier auf die Berufswahlorientierung.

Maßnahme: Qualifizieren in der Elternzeit

Diese Maßnahme wurde vor zwei Jahren initiiert. Bis dahin gab es keine Qualifizierungsangebote des Arbeitsamtes für Eltern im Erziehungsurlaub. „Qualifizieren in der Elternzeit" zielt darauf ab, Frauen und Männer langfristig auf den Wiedereinstieg in den Beruf nach einer Elternzeit vorzubereiten. Finanziert wurde das Projekt über den Europäischen Sozialfonds. Dieses Projekt wird sachsenweit durchgeführt. Im Arbeitsamtsbezirk Chemnitz befinden sich Projektstandorte in Freiberg, Altmittweida sowie fünf Standorte in der Stadt Chemnitz. Mütter und Väter, die sich in der gesetzlichen Erziehungszeit befinden, können am Projekt teilnehmen. Der Kurs umfasst 300 Unterrichtsstunden und findet zwei- bis dreimal pro Woche vormittags für vier Stunden statt. Der Kurs ist für die teilnehmenden Eltern kostenlos. Die Kinderbetreuungs- und Fahrtkosten werden für diesen Zeitraum übernommen. In enger Zusammenarbeit mit dem Amt für Familie und Soziales in Chemnitz konnte erreicht werden, dass Kindertagesplätze in Anspruch genommen werden können, obwohl die Eltern keinen Anspruch auf einen Kinderbetreuungsplatz bei gleichzeitigem Erhalt von Landeserziehungsgeld haben.

Die Inhalte werden in Modulform vermittelt, die sich wiederum in Pflicht- und Wahlmodule aufteilen. Die Inhalte sind weniger spezifisch auf bestimmte Fachrichtungen zugeschnitten, sondern beziehen sich auf allgemeine verwertbare Qualifikationen/Arbeitstechniken, die sich durch die schnelllebige Entwicklung verändern bzw. der Übung bedürfen: IT, neue Rechtschreibung, Maschineschreiben, englische Sprache, BWL, Rechtsgrundlagen SGB III. Hinzu kommen Module, die persönlichkeitsorientiert auf den Wiedereinstieg vorbereiten: Bewerbungstraining, Stärken-, Schwächenprofilanalyse. Das Thema Rechte und Pflichten für Berufsrückkehrer ist ebenfalls Gegenstand der Schulungen. In Kooperation mit der IHK, die sich im Kurs vorstellt, werden Kontakte zwischen den Kursteilnehmer/innen sowie regionalen Unternehmen und Institutionen geknüpft. Die Teilnehmer/innen erhalten ein Zertifikat nach Abschluss des Kurses. Die Teilnahme am Kurs hat dazu beigetragen, dass die Frauen ihre Qualifikation und auch ihr Selbstbewusstsein erhöhten bzw. bewahrten und so nahtlos ihr Beschäftigungsverhältnis fortsetzen konnten bzw. reibungsloser in den Arbeitsmarkt eingegliedert wurden. Am Kurs nahmen mehrheitlich Frauen teil, jedoch waren unter den Teilnehmer/innen auch drei Männer. Das Projekt „Qualifizierung in der Elternzeit“ vereinigt familienfreundliche Rahmenbedingungen und für den Berufswiedereinstieg nützliche Trainings, um Eltern die Vereinbarkeit von Familie und Beruf zu ermöglichen sowie die Rückkehr in den Beruf zu erleichtern.

Projekt: PC-Kurse für Mädchen

Mädchen schränken ihr Berufswahlspektrum sehr viel mehr ein, als Jungen dies tun. Das hat geringere Wettbewerbschancen für Frauen zur Folge. Auch in den neuen Ausbildungsberufen im Bereich der Informations- und Kommunikationstechnik, die auf neue Art moderne Technologie mit kaufmännischen und kommunikativen Elementen verknüpfen und damit eine wichtige Lücke in der Bereitstellung qualifizierter Fachkräfte schließen sollen, sind junge Frauen deutlich unterrepräsentiert. Ziel des Projektes ist es daher, die Schulabgängerinnen der nächsten Jahre anzusprechen, ihnen den Umgang mit dem PC als neue unabdingbare Kulturtechnik bewusst zu machen und damit zur Erweiterung ihres Berufswahlspektrums beizutragen. Das Interesse für die neuen IT-Berufe (wie z.B. Fachinformatikerin, Informatikkauffrau, IT-Systemelektronikerin) soll damit geweckt werden. Hemmschwellen sollen abgebaut und die Schülerinnen in einer angenehmen, lockeren Atmosphäre spielerisch an die Technik herangeführt werden.

Die Vorbereitung der Kurse erfolgte in enger Zusammenarbeit mit dem Sächsischen Staatsministerium für Soziales/Leitstelle für Gleichstellung von Frau und Mann, dem Landesarbeitsamt Sachsen und den Arbeitsämtern. Die BCA begleitet und unterstützt vor Ort die Kurse. Durchgeführt werden die PC-Kurse für Mädchen von ortsansässigen Trägern. Finanziert wurde das Projekt zunächst über Mittel zur freien Förderung des Arbeitsamtes als Modellprojekt. Nach der Erprobungsphase erfolgte die Regelförderung mit Mitteln des Europäischen Sozialfonds (ESF) und des Freistaates Sachsen.

Angesprochen werden vorrangig Schülerinnen aus Klassen 8 bis 10 der Haupt- und Mittelschulen, auch Gymnasiastinnen sind willkommen. Der Kurs findet für die Dauer einer Woche in den Sommer-, Herbst- und Winterferien statt. Die Bildungseinrichtungen stellen das Projekt an den Schulen vor. Die Anmeldungen erfolgen grundsätzlich in den Schulen, in Ausnahmefällen bei der Beauftragten für Chancengleichheit am Arbeitsmarkt.

Seit 2000 finden in Zusammenarbeit mit ortsansässigen Bildungseinrichtungen die PC-Kurse für Mädchen statt. Bis jetzt nahmen ca. 1.400 Mädchen in 60 Kursen an den Standorten Chemnitz, Rochlitz, Freiberg, Mittweida, Hartmannsdorf und Brand-Erbisdorf teil. Die BCA koordiniert die Verteilung der Kurse. Sie kooperiert mit der Gleichstellungsbeauftragten des Regierungspräsidiums und mit der ESF-Referentin und dem Regionalschulamt Chemnitz, um Doppelförderungen in einem Bereich auszuschließen. Die BCA und Berufsberaterinnen und Berufsberater des Arbeitsamtes führen eine „Berufsorientierung“ vor Ort in den Kursen durch. Die Kurse sind modular aufgebaut, sodass auf persönliche Wünsche der Mädchen eingegangen werden kann, z. B. individuelle Einführung zu PC-Programmen. Die Kurse verstehen sich als vertiefendes, ergänzendes Angebot zum Schulunterricht. Einzelne Lehrer/innen sahen zunächst den Kurs als Konkurrenz zum Informatikunterricht. Die Ergebnisse zeigen jedoch, dass Mädchen ihre Leistungen im Fach Informatik nachweisbar steigern konnten und sie dieser Unterstützung bedürfen. Die Mädchen sind stolz auf ihre Leistungen; damit ist ebenfalls die Hebung des Selbstbewusstseins verbunden. Der Kurs ist bewusst anders als der Schulunterricht strukturiert: kein Unterricht im 45-Minuten-Takt, kein Leistungsdruck, lockere Atmosphäre, orientiert an den individuellen Bedürfnissen. Die Mädchen sind mit Begeisterung im Kurs, teilweise besteht ein E-Mail-Kontakt zu den Referent/innen über die Kurszeit hinaus.

Projekt: Mädchen und Technik

Gemeinsam mit fünf Kooperationspartnern der Region wurde das berufsorientierende Projekt „Mädchen und Technik“ konzipiert. Mädchen von Mittelschulen der Klassen 8 bis 10 konnten in den Sommerferien eine Woche lang ein Praktikum in den Berufsfeldern Holz, Metall, Elektrotechnik, Elektronik und Informatik bei fünf Unternehmen bzw. Ausbildungseinrichtungen in Chemnitz absolvieren. Mit diesem Projekt sollte das Interesse für gewerblich-technische Berufe bei Mädchen geweckt werden. Die Akquise erfolgte über Flyer, die in den Schulen verteilt wurden, über die Berufsberatung bei Veranstaltungen des Arbeitsamts und über Veranstaltungen der BA in den Schulen, des Weiteren über Pressemitteilungen. Die Anmeldung erfolgte über die Träger, deren Kontaktadressen auf dem Flyer vermerkt waren. Trotz der zeitintensiven Vorbereitung und Akquise meldeten sich nur 58 Mädchen an. Dabei wurden vor allem Mädchen erreicht, die bereits Interesse für technische Berufe hatten. Auch nahmen Mädchen teil, die zu dem Fazit kamen, dass ein technischer Beruf für sie nicht infrage kommt. Auch dieses Ergebnis ist für die Berufsorientierung positiv zu werten.

Die BCA war für die Organisation in Zusammenarbeit mit der Berufsberatung für das Projekt verantwortlich. Dazu gehörten die Prüfung der rechtlichen Grundlagen, Klärung der Finanzierung mit der Berufsberatung, Erstellung des Konzepts, Klärung der Trägerkooperationen, Organisation von Veranstaltungen mit allen Beteiligten, Vorstellung und Diskussion des Konzepts, Einarbeitung der Veränderungsvorschläge der Träger, Unterstützung beim Antragsverfahren, Erstellung des Flyers, Verhandlung mit Druckerei oder Grafikbüros, Vertrieb, Öffentlichkeitsarbeit, Pressemitteilungen, Mitgestaltung der Kurse zu bestimmten Themen, einschließlich der Erstellung von Präsentationen in der Nachbereitung.

Während des Praktikums probierten die Mädchen den Umgang mit Holz und Metall (Anfertigung einer Intarsienplatte, Fertigung einer Blechdose). Die Mädchen merkten, dass sie für den Einstieg in einen technischen Beruf selbst etwas tun konnten. Sie waren stolz auf ihr Produkt und ihre Leistung. Aufseiten der Betriebe wie auch der Mädchen gab es überraschende Einsichten. So waren die männlichen Anleiter, die vorher noch nie eine Mädchengruppe betreuten, überrascht von der großen Begeisterung sowie von der Verlässlichkeit und Konzentrationsfähigkeit der Mädchen. Für die Teilnehmerinnen selbst widerlegten sich ihre Befürchtungen: Der Umgang mit Blech und Holz war einfacher als erwartet, die Arbeit war weniger schmutzig, sie führten für technische Berufe nötige Tätigkeiten aus, die sie sich nicht zugetraut hätten, und die Tätigkeiten waren nicht ausschließlich mit Muskelkraft zu meistern, sondern wurden mittels Steuerungstechnik ausgeführt.

Nach einer gemeinsamen Auswertung des Projekts mit allen beteiligten Trägern flossen die Erfahrungen in Folgeprojekte ein. Für das Folgeprojekt in den Sommerferien 2003 wurde die Akquise verändert, da sie vorher sehr aufwändig war. Die Anmeldung erfolgte nun über die Berufsberatung des Arbeitsamts, welche die Teilnehmer/

innen den Trägern zuwies. Für das Folgeprojekt standen 95 Plätze zur Verfügung. Im Zuge der Chancengleichheit von Mädchen und Jungen wurde das Projekt auch für Jungen geöffnet, da Jungen ebenfalls Beratungs- und Informationsbedarf haben und in ihrer Berufswahl unsicher sind. Die BCA achtete darauf, dass die paritätische Verteilung von Mädchen und Jungen in der Gruppe gewahrt blieb. Mädchen wie Jungen standen die gleichen Berufsfelder zur Verfügung. Zu den bestehenden kamen zusätzlich Wirtschaft, Verwaltung und Zahntechnikern hinzu.

Mädchen und Jungen können den Unternehmen in diesen Praktika ihre Fähigkeiten zeigen. Sie haben die Möglichkeit zu beweisen, dass sie u. U. trotz weniger guter Schulnoten für bestimmte Berufe geeignet sind. Im Gegenzug können die Unternehmen über diese Projekte eine Bewerbervorauswahl treffen. Einige Betriebe (z. B. Siemens, VW Chemnitz) versicherten, solches Engagement bei ihrer Bewerberauswahl zu berücksichtigen. Zum Ende des Praktikums erhalten die Teilnehmerinnen ein Zertifikat mit Angabe des Bereichs und der absolvierten Tätigkeiten.

Koordinierungsstelle für Berufsorientierung Chemnitz

Durch Anregung der BCA und der Direktorin des Arbeitsamtes entstand im Februar 2003 die Koordinierungsstelle für Berufsorientierung Chemnitz. An diesem Projekt sind das Regionalschulamt, der Arbeitskreis Schule-Wirtschaft Chemnitz und das Bildungswerk der Sächsischen Wirtschaft e.V. (bsw) sowie das Arbeitsamt beteiligt. Träger der Koordinierungsstelle ist das Bildungswerk der Sächsischen Wirtschaft. Eine Arbeitsstelle wurde geschaffen, die vom Arbeitsamt mit 60 % gefördert wird. Durch eine effektivere Koordinierung der Angebote zur Berufsorientierung werden eine geringere Abbrecherquote in der Berufsausbildung sowie eine Unterstützung zur Berufswahlentscheidung angestrebt. Aufgrund der Vielzahl der Träger und Projekte zur Berufsorientierung für Jugendliche in der Region Chemnitz ist das Angebot kaum zu überschauen. Daher wurde diese Stelle geschaffen, die kontinuierlich Aktivitäten koordiniert, den Aufbau eines Netzwerks unter Beteiligung aller Akteure forciert, neue Projekte initiiert und unterstützt sowie die Öffentlichkeitsarbeit zum Thema Berufsorientierung betreibt. Dazu gehören die Veröffentlichung von Angebotskatalogen, Broschüren, Kalendern und die Gestaltung der Internetseite. Weiterhin wird ein Schülerkalender mit einer Sammlung von Projekten und Initiativen zur Berufsorientierung des Arbeitsamts herausgegeben. Zu den Aufgaben gehört es auch, zwischen Anbietern und Schulen zu vermitteln. Da die Schulen gegenwärtig mit Projektangeboten der Träger „überrannt“ werden, sollen qualitativ hochwertige Angebote ausgewählt und gezielt an Schülerinnen und Schüler vermittelt werden. Durch die Koordinierung ist die gezielte Entwicklung bedarfsgerechter Angebote durch die Träger in einem breiten Berufsspektrum möglich. Durch überlegte Ansprache der Schulen sollen höhere Teilnahmequoten für die Projekte erzielt und damit der Erfolg abgesichert werden. Die Aktionen werden gebündelt, geplant und öffentlich mittels Veranstaltungskalendern und Katalogen verbreitet. Damit werden Projekte der Berufsorientierung für die Schulen planbar und können besser in das im Jahre 2003 im Land Sachsen neu eingeführte Schulfach Wirtschaft, Technik, Handwerk (WTH) integriert werden.

Erfahrungen

Aufgrund der Konzeption und des Auftrags sind die Aufgabenfelder der BCA sehr umfangreich. Die Hauptaufgabe besteht darin, fachübergreifend zu arbeiten. Dieser Handlungsspielraum wird an der Geschäftspolitik des jeweiligen Arbeitsamtes ausgerichtet. Darüber hinaus bestimmen örtliche Bedarfe, persönliche Neigungen und das eigene Engagement die Schwerpunktsetzung. Die Stelle erfordert hohe Motivation und Selbstorganisation, weil die Arbeitsaufgaben eigenverantwortlich gestellt, durchgeführt und ausgewertet werden müssen. Priorität haben bei der BCA in Chemnitz Mädchen- und Frauenprojekte, da die Beauftragte vor allem durch Einzelberatungen, Fachveranstaltungen und Expertengespräche fortwährend für die Problematik sensibilisiert wird.

Das Netzwerk zur Koordination der Frauenprojekte bzw. Projekte zur Chancengleichheit arbeitet sehr gut. Diese Arbeit ist durch gute Kontakte, schnelle Information, keine Konkurrenz, Offenheit und Zielorientierung geprägt. Ebenfalls ist die Zusammenarbeit mit der Berufsberatung innerhalb des Arbeitsamts sehr gut, da die Mitarbeiter/innen für neue Projekte sehr aufgeschlossen sind. Bei der Aufklärung über gesetzliche Vorschriften und deren Auswirkungen auf den Einzelnen könnte noch mehr verständliche Information für die Kunden angeboten werden, weil der Gesetzestext sich oft nur schwer verstehen lässt. Die BCA ist im Arbeitsamtsbezirk Chemnitz eine fachkompetente Ansprechpartnerin sowohl innerhalb des Arbeitsamts als auch für externe Partner. Resultierend aus den von ihr initiierten Projekten, wenden sich Träger und Mitarbeiter/innen an sie, wenn es um die Konzeption und Umsetzung von innovativen Projekten geht. Sie wird oftmals als Referentin zum Thema Chancengleichheit und SGB III von Bildungseinrichtungen angefragt.

Aufgrund des oft negativen Images der Bundesanstalt/Bundesagentur für Arbeit (BA), wird die BCA im Hinblick auf wahrgenommene Funktion und persönliches Engagement bei externen Präsentationen ambivalent wahrgenommen. Sie steht in einem Personalkonflikt, wenn sie in Beratungsgesprächen mit Angriffen – die BA betreffend – konfrontiert wird, sich aber nach beiden Seiten loyal verhalten muss, indem sie persönlich nicht angegriffen reagiert. Sie versucht, die gesetzlichen Möglichkeiten für jeden Ratsuchenden zu erläutern.

Für die Initiierung von Projekten können folgende Empfehlungen gegeben werden: Zuerst sollten die geschäftspolitischen Ziele des Arbeitsamtes bekannt sein. In einem nächsten Schritt geht es um die Suche von Kooperationspartnern. Dabei sind die Erfahrungen der Berufsberatung und Arbeitsvermittlung einzuholen. Dafür wird eine sensible Herangehensweise empfohlen. Erst wenn für das Konzept Interesse besteht, sollten weitere Schritte erfolgen. Wenn von Anfang an kein Interesse besteht oder geweckt werden kann, sollte man das Projekt nicht weiterverfolgen, weil auf dieser Basis keine günstigen Kooperationen entstehen können und das Projekt letztlich scheitert.

Für die weitere Arbeit plant die BCA die Beteiligung am Girls' Day 2004 wie auch in den vorangegangenen Jahren. Die Projekte zur Berufsorientierung für Mädchen und Jungen werden auch in Zukunft fortgeführt. Weiterhin wird eine enge Zusammenarbeit mit dem Arbeitskreis Schule–Wirtschaft verwirklicht sowie die Koordinierungsstelle für Berufsorientierung weiter ausgebaut. Das Frauenstadtbuch für Chemnitz ist zu aktualisieren und um wichtige Anlaufstellen für Frauen zu erweitern. Weiterhin ist geplant, eine Kindertagesstätte mit erweiterten Öffnungszeiten einzurichten.

Kontakt:
Arbeitsamt Chemnitz
Frau Karin Einenkel
Heinrich-Lorenz-Str. 20
09120 Chemnitz

9 Ausbildung in Teilzeit

Uta Zybell

Teilzeitausbildung für junge Mütter und Väter

Problemaufriss

Frühe Elternschaft bedeutet eine Abweichung vom allgemein gültigen Lebensmuster Schulbildung, Berufsausbildung, Erwerbstätigkeit und Familiengründung. Dies hat zur Folge, dass junge Mütter erst gar keine Berufsausbildung beginnen oder diese frühzeitig abbrechen. Eine Berufsausbildung zu einem späteren Zeitpunkt nachzuholen, ist nicht nur schwierig zu organisieren, sondern stößt auch auf große Vorbehalte und gesellschaftliche Widersprüche zwischen Sicherung des Lebensunterhalts und Erziehungspflichten. Von den kumulativen Benachteiligungen, die frühe Elternschaft hervorrufen kann, sind insbesondere junge Mütter betroffen, weil ihnen traditionell die Versorgung des Kindes zukommt und sich ihre Lebenslage als Erziehende dadurch umfassend ändert. Nicht selten werden zudem junge Mütter zu allein Erziehenden. Junge Väter dagegen unterbrechen ihre Berufsbiografie aufgrund früher Elternschaft bisher selten und werden auch kaum allein erziehend. Wenngleich also junge Mütter statistisch gesehen die Hauptbetroffenen der hier beschriebenen Problematik und deren Lösungsansätze darstellen, bezieht sich die Aufhebung von Benachteiligungen beim Übergang in eine Berufsausbildung aufgrund früher Elternschaft auch auf junge Väter, falls diese den Großteil der Pflege und Erziehung ihrer Kinder übernehmen.

Aus der Erziehungsverantwortung als dem zentralen Hindernis bei der Integration in eine Berufsausbildung resultieren verschiedene Barrieren:

- Betriebe haben große Vorbehalte, junge Mütter in Ausbildung zu nehmen, weil sie hohe Ausfallzeiten und eine generelle Überforderung befürchten. Es wird davon ausgegangen, dass Lern- und Leistungsbereitschaft sowie Arbeitsfähigkeit durch die Kindererziehung stark eingeschränkt sind. Die Zweifel gründen also nicht auf berufsbezogener oder individueller Eignung, sondern auf den Lebensumständen als Erziehende. Es wird ein Konflikt zwischen Berufsorientierung und privater Lebenssituation angenommen, der nicht zuletzt auf herkömmlichen geschlechtsspezifischen Zuständigkeiten beruht.

- Die Lebenslage als Erziehende bedingt für die beruflichen Qualifikationswege zeitliche Einschränkungen hinsichtlich des Umfangs und der Flexibilität. Eine Ausbildung mit Kind erfordert besondere und vor allem verlässliche Bedingungen, was die zeitliche Organisation anbelangt.
- Hinzu kommt, dass die örtliche Gebundenheit durch die Kinder eine geringere Mobilität impliziert. Wohn-, Ausbildungs-, Berufsschul- und Kinderbetreuungsort müssen miteinander im alltäglichen Arrangement vereinbart werden. In ländlichen Gebieten führt dies zu besonderen Schwierigkeiten, nicht nur aufgrund mangelnder privater und öffentlicher Betreuungsangebote, sondern auch aufgrund schlechter öffentlicher Verkehrsverbindungen.

Da in vielen Fällen Schwangerschaft und Geburt Grund für das (vorzeitige) Beenden von Bildungsphasen waren, verfügen die jungen Mütter im Durchschnitt über eher geringe Bildungsabschlüsse und nicht selten liegen Abbrucherfahrungen hinsichtlich begonnener beruflicher Qualifizierungen vor. Allerdings hat ein Großteil von ihnen bereits Erfahrungen in der Arbeitswelt gesammelt oder auch berufsbildende Maßnahmen besucht.

Oftmals kumulieren verschiedene soziale Benachteiligungen bei der Gruppe der jungen Mütter, durch die ihre Startchancen in eine Berufsausbildung weiter gesenkt werden:

- In der Regel leben sie in einer schlechten sozioökonomischen Situation. Das Bestreiten des Lebensunterhalts ist nicht nur deshalb schwierig, weil sie mit wenig Geld haushalten müssen, sondern auch, weil mit der Mischfinanzierung (Kindergeld, Unterhalt bzw. Unterhaltsvorschuss, Sozialhilfe, Wohngeld etc.) aufwändige Antragstellungen bei verschiedenen Behörden verbunden sind. Zum Teil bestehen auch Schulden, die die finanzielle Situation noch prekärer werden lassen.
- Die Wohnsituation ist zwar sehr verschieden und wird auch unterschiedlich empfunden, muss aber mehrheitlich als eher ungünstig beschrieben werden. Zumeist leben junge Mütter in beengten Verhältnissen, in Einzelfällen sogar mit ihrem Kind bei der eigenen Herkunftsfamilie.
- Materielle und sozial-kulturelle Ressourcen sind im Herkunftsmilieu nur im geringen Maße verfügbar. Sozialhilfebezug sowie Arbeitslosigkeit in der Familie bilden für einige reale Erfahrungshintergründe.

- Bedingt durch die frühe Elternschaft und die differente Lebenslage im Vergleich zu Gleichaltrigen sowie mangels finanziellen Spielraums leben junge (allein) Erziehende häufig isoliert.
- Die Unterstützung, die im sozialen Umfeld geleistet wird, reicht von praktischer und organisatorischer Hilfe bis zu emotionaler Stütze. Zum Teil konnte aber die Ablösung von den eigenen Eltern noch nicht vollzogen werden, weil angesichts des erhöhten Bedarfs an Hilfe und Beistand durch die Mutterschaft Abgrenzung und Eigenständigkeit schwieriger durchzusetzen sind. Die berufliche Selbstständigkeit wird in manchen Familien nicht gefördert, sodass die betroffenen jungen Mütter mit Widerständen zu kämpfen haben, wenn sie sich qualifizieren und erwerbstätig sein wollen.

Junge Mütter und auch junge Väter, wenn sie umfassend Erziehungsverantwortung übernehmen, haben besondere Schwierigkeiten, über eine Berufsausbildung die Integration ins Erwerbsleben vollziehen zu können. Fördermaßnahmen greifen für sie in der Regel nicht, weil die spezifischen Lebensbedingungen unberücksichtigt bleiben. Ohne eine systematische Unterstützung führt frühe Elternschaft zum Ausschluss aus beruflicher Qualifikation.

Lösungsstrategien

Den lebenslagenspezifischen Benachteiligungen junger Mütter und Väter kann dadurch entgegengewirkt werden, dass eine so genannte Teilzeitausbildung oder auch eine zeitmodifizierte Vollzeitausbildung ermöglicht wird. Veränderte zeitliche und organisatorische Bedingungen einer betrieblichen Berufsausbildung zielen darauf, berufliche Qualifikation und Kindererziehung vereinbar zu machen. Mit den im März 2001 vom Ausschuss „Berufliche Bildung“ der Bund-Länder-Kommission verabschiedeten „Eckpunkten für eine zeitmodifizierte Vollzeitausbildung“ besteht eine bundesweite Empfehlung, auch eine Teilzeitausbildung als vollwertig anzuerkennen.

In acht Eckpunkten wird festgehalten, dass „jungen ausbildungswilligen Menschen in einer besonderen persönlichen Situation“ (Punkt 8) eine Berufsausbildung im Dualen System ermöglicht werden soll und dazu die Ausbildung gegebenenfalls verkürzt absolviert werden kann. Bisher war es nur möglich, die Ausbildungsdauer insgesamt abzukürzen oder zu verlängern, also das Ende der Berufsausbildung vorzuverlegen bzw. zu verschieben. „Bei entsprechender Gestaltung der betrieblichen Ausbildung ist jedoch auch eine andere,

z. B. tageszeitliche Verkürzung bei im Übrigen unveränderter Regalausbildungsdauer möglich“ (Punkt 2). Betrieb und Auszubildende vereinbaren in diesen Fällen vertraglich die tägliche Ausbildungszeit. „Eine regelmäßige Anwesenheit im Betrieb von mindestens 75 % der üblichen betrieblichen Arbeitszeit wird (...) für erforderlich gehalten“ (Punkt 3). Damit soll eine adäquate Vermittlung des Ausbildungsziels sichergestellt werden. Betont wird darüber hinaus, dass sich die Verkürzung der Ausbildungszeit „an den Umständen des Einzelfalls zu orientieren“ (Punkt 4) hat. In den Eckpunkten ist die Rede von einer angemessenen Gesamtausbildungszeit: „Eine Überschreitung der Regelausbildungszeit um mehr als zwölf Monate kommt deshalb nicht in Betracht“ (Punkt 7). Die Beteiligung der Betriebe an dieser Regelung ist freiwillig, das heißt es besteht kein Anspruch auf eine zeitmodifizierte Ausbildung (Punkt 5).

Die Zeitreduzierung betrifft nicht die Berufsschule; ihr Besuch findet regulär in vollem Umfang statt. Die im Modellprojekt JAMBA (Junge allein erziehende Mütter in der Berufsausbildung)[25] erprobten Varianten der Teilzeitausbildung differieren zum einen im zeitlichen Umfang (25 bis 30 Stunden pro Woche inklusive Berufsschulunterricht), in der Gesamtdauer der Ausbildung (regulär oder verlängert), in der Durchführung fachlicher Ausgleichsmaßnahmen (mit oder ohne Vermittlung von Ausbildungsinhalten durch Bildungsträger) und in der Vertragskonstruktion (Ausbildungsvertrag von Auszubildender mit Bildungsträger und Kooperationsverträge mit Ausbildungsbetrieb oder lediglich Vertrag mit Betrieb). Prinzipiell kann in allen anerkannten Berufen im Dualen System zeitmodifiziert ausgebildet werden. Während sich die Variante mit einer Verlängerung der Ausbildungsdauer auf dreieinhalb bis vier Jahre nicht bewährt hat (auch wegen des Besuchs der Berufsschule), erfährt die mit regulärer Gesamtdauer große Akzeptanz. Eine Teilzeitausbildung bedeutet demnach nicht notwendigerweise eine Verlängerung der Ausbildungszeit.

Für die Vereinbarkeit von Berufsausbildung und Kindererziehung zählt nicht nur das zeitliche Gesamtvolumen, also der quantitative Umfang, sondern auch die konkrete Umsetzung der Wochenarbeits-

---

[25] Das hessenweite Modellprojekt JAMBA wurde von 1998 bis 2002 am Fachgebiet Berufspädagogik der Technischen Universität Darmstadt wissenschaftlich begleitet. Das Programm ist mittelfristig verstetigt, d. h. bis 2006 werden junge Mütter in Hessen darin gefördert, eine betriebliche Berufsausbildung mit Kind zu absolvieren. Die Verabschiedung der oben genannten Eckpunkte der Bund-Länder-Kommission hat die bundesweite Aufmerksamkeit auf die Zielgruppe sowie die Einrichtung von Teilzeitausbildungen in anderen Bundesländern befördert.

zeit, also die qualitative Verteilung. Wechselnde Arbeitszeiten, sehr früher Tagesbeginn, lange Pausen und Samstagsarbeit stellen ungleich schwierigere Anforderungen an das Zeitmanagement als kontinuierliche, moderate Arbeitszeiten unter der Woche. Günstig ist, wenn die betriebliche Ausbildungszeitregelung nicht nur Regelmäßigkeit und Planbarkeit gewährt, sondern auch ein gewisses Maß an Flexibilität und Spontaneität für unvorhergesehene Ereignisse (z.B. in Form von Gleitzeit) zulässt. Eine verbindliche Absprache, Transparenz und günstige Lage der Ausbildungszeiten erweisen sich als wesentlicher Faktor für die Motivation und das Durchhalten einer Ausbildung mit Kind, weil sie die Rahmenbedingungen für die Alltagsorganisation darstellen. Zu bedenken ist jedoch, dass es kein Zeitarrangement gibt, das für sämtliche Lebenssituationen das Beste ist, dafür sind die individuellen Rahmenbedingungen und Präferenzen zu verschieden. Wichtig ist jedoch die gemeinsame Aushandlung, sodass sowohl die Seite des Betriebes als auch die der Auszubildenden berücksichtigt wird.

Die reduzierte Betriebsanwesenheit führt zu keinem Qualitätsverlust, wenn Motivation und Leistungsbereitschaft auf Seiten der bzw. des Auszubildenden stimmen, wenn eine professionelle und fachlich-systematische Anleitung im Betrieb erfolgt, Ausbildungsstrukturen flexibel gehandhabt werden und das Ausmaß an ausbildungsfremden Tätigkeiten eng begrenzt bleibt. Die Anforderung an die Qualität von Ausbildung bleibt bestehen. Dabei kommt es nicht nur auf die Qualität der Inhalte, sondern auch auf die gute Betreuung durch qualifiziertes Ausbildungspersonal an.

Mit einer Teilzeitausbildung sollen individuelle Lebenslagen flexibel berücksichtigt werden, anstatt eine Normalität junger Menschen im Berufsbildungssystem zu unterstellen, die den realen Verhältnissen nicht entspricht. Besondere Ausbildungsbedarfe gründen sowohl auf Elternschaft als auch auf anderen zeitintensiven Verpflichtungen wie beispielsweise der Pflege Angehöriger.

Methodische Bausteine

Eine Teilzeitausbildung kann die folgenden verschiedenen Elemente umfassen, die je nach Bedarf und Rahmenbedingungen verankert werden können.

Sozialpädagogische Begleitung

Die Verankerung einer sozialpädagogischen Begleitung trägt maßgeblich zur Bewältigung der Ausbildungssituation und zur Stabilisierung der jungen Mütter (bzw. Väter) bei. Nach dem Motto „so viel Hilfe wie nötig, so wenig Hilfe wie möglich" zielt die während der gesamten Ausbildungszeit kontinuierliche Begleitung, Beratung und Unterstützung auf die Förderung der sozialen, persönlichen und teils auch fachlichen Kompetenz der jungen Frauen (und Männer) im Spannungsfeld von Ausbildung, Kindererziehung und verschiedenen Abhängigkeitsverhältnissen ab. Insbesondere geht es um die persönliche Stabilisierung, die Stärkung des Selbstbewusstseins sowie der Motivation, den Lebensweg bewusst und eigenverantwortlich zu gestalten. Eine sozialpädagogische Begleitung ist für viele Ausbildungsbetriebe darüber hinaus ein wichtiges Argument, sich auf die Ausbildung junger Mütter einzulassen, da sie dadurch von psychosozialen Aufgaben entlastet werden und selbst Unterstützung erfahren.

Zum einen besteht die sozialpädagogische Begleitung aus der einzelfallbezogenen Betreuung, die auf die persönlichen Bedürfnisse und Erfordernisse ausgerichtet ist und Themen wie familiäre Situation, Trennungsprobleme, psychische Belastungen, Schwierigkeiten in der Ausbildung, Nachhilfebedarf etc. abdeckt. In Einzelgesprächen geht es darum, das Durchhaltevermögen zu stärken, Krisenintervention zu leisten und gegebenenfalls an weitere Beratungen zu vermitteln (z.B. Schuldnerberatung). Indem Problemlagen frühzeitig erkannt und bearbeitet werden, kann rechtzeitig einem Ausbildungsabbruch entgegengewirkt werden. Darüber hinaus ist es wichtig, lebenslagenbezogene Leistungen wie Unterhaltsangelegenheiten und ergänzende Sozialhilfe zu klären und die jungen Mütter (und Väter) bei der Antragstellung zu unterstützen. Intensität, Regelmäßigkeit und Inhalte der subjektorientierten Beratung richten sich nach individuellen Voraussetzungen und Wünschen sowie dem aktuellen Bedarf. Je nach Konzeption beruht die sozialpädagogische Begleitung auf dem Prinzip der grundsätzlichen Freiwilligkeit oder auf einer gewissen Obligation. Zum anderen sind Gruppengespräche in größeren Abständen sinnvoll, um den Austausch untereinander zu ermöglichen, Hilfe zur Selbsthilfe anzuregen und der Isolation entgegenzuwirken. In der Gruppe können die jungen Mütter – möglicherweise zum ersten Mal – erfahren, nicht die Ausnahme zu sein, sondern Frauen mit ähnlicher Lebenslage, ähnlichen Themen und Fragen zu treffen. Als Themenkomplexe in der Gruppe eignen sich beispielsweise folgende: zum einen die Auseinandersetzung mit der

Frauen- und Mutterrolle und der Ambivalenz zwischen enger Mutter-Kind-Bindung und gleichzeitigem „Loslassen können", mit Erziehungsfragen und dem Gefühl des Ungenügens, mit dem Stellenwert von Beruf im Lebenskonzept und zum anderen der Umgang mit Zeitmangel und Zeitdruck als Dauerzustand und die Frage der Vereinbarkeit von Beruf und Familie.

Unterstützung bei der Organisation der Kinderbetreuung

Die Suche nach einer geeigneten Kinderbetreuung ist angesichts mangelnder Angebote, häufiger Abstimmungsprobleme sowie traditioneller Geschlechterstereotypen eine schwierige Aufgabe. Die jungen Mütter (und Väter) bedürfen hier der Unterstützung zum einen, indem eine adäquate Lösung in der jeweiligen individuellen Situation gefunden wird, zum anderen durch konkrete Vermittlungshilfe mittels Kontaktadressen, Anrufe etc. In jedem Fall geht es darum, die Kinderbetreuung in räumlicher Nähe zum Wohn-, Arbeits- und Schulort zu organisieren, um eine möglichst schnelle und einfache Erreichbarkeit aller Orte zu gewährleisten. Das Betreuungsarrangement muss nicht nur mit den beruflichen Anforderungen in zeitlicher und örtlicher Hinsicht kompatibel sein, sondern auch den erzieherischen und persönlichen Ansprüchen gerecht werden. Eine praktikable, akzeptierte und verlässliche Kinderbetreuung ist die unabdingbare Voraussetzung für das Gelingen einer Berufsausbildung.

Finanzielle Förderung der Kinderbetreuung sowie der ausbildenden Betriebe

Überaus günstig ist es, wenn Fördermittel bereitstehen, um die jungen Mütter bei zusätzlicher Kinderbetreuung finanziell zu unterstützen, um Lernzeiten und persönliche Freiräume schaffen zu können. Darüber hinaus sind Betriebe für die Ausbildung junger Mütter (und Väter) leichter zu gewinnen, wenn ihnen Anerkennung und Ausgleich für eventuelle Ausfallzeiten in Form monatlicher Subvention zur Verfügung steht.

Bildungsträger als Vermittlungs- und Koordinationsinstanz

Werden gemeinnützige Träger als Vermittlungs- und Koordinationsinstanz beteiligt, hat das erhebliche Vorteile für alle an der Ausbildung Beteiligten, weil sie dann für die gesamte Organisation und Abwicklung vor Ort zuständig sind (und die sozialpädagogische Begleitung übernehmen können) und damit die zentrale Anlaufstelle bilden. Aufgaben und Funktionen können, wie folgt, vielfältiger Art sein:

- *Akquise der Auszubildenden, Aufnahmegespräche, Berufsorientierung, Vermittlung in Praktikum und in Ausbildung*
- *Akquise (zusätzlicher) Ausbildungsplätze, Vorbereitung der Betriebe auf die Klientel und die zeitmodifizierte Ausbildungsform*
- *Unterstützung bei der Vermittlung von Ausbildungsverhältnissen*
  Bevor junge Mütter (und junge Väter) in Ausbildung gelangen können, bedarf es in der Regel einer zeitaufwändigen vorgeschalteten Orientierungs- und Vermittlungsphase. In mehrstufigen Beratungsgesprächen sind neben der Motivation zur Ausbildung und den persönlichen Voraussetzungen die (realistischen) Berufswünsche und Rahmenbedingungen im Lebenskontext zu klären. Maßnahmen der Berufsorientierung (z. B. in Form des Lehrgangs „Testen–Informieren–Probieren“ TIP) helfen, eigene Interessen und Möglichkeiten für die berufliche Qualifikation herauszufinden und einer „falschen“ Wahl vorzubeugen. In einem Praktikum können sich Betrieb und Auszubildende persönlich kennen lernen und zeitliche Arrangements im Vorfeld erproben. Für die junge Mutter (bzw. den Vater) besteht darüber hinaus die Möglichkeit, nicht nur die konkrete betriebliche Situation und die Anleiter/innen zu erleben, sondern auch Einblick in das Berufsfeld zu erhalten und somit den Berufswunsch zu überprüfen.
  Betriebe müssen dazu motiviert werden, junge Mütter (bzw. Väter) in Ausbildung zu nehmen, Teilzeitformen zu akzeptieren und gegebenenfalls einen zusätzlichen Ausbildungsplatz zur Verfügung zu stellen. Dies können die Ausbildungswilligen allein nicht schaffen. Eine Vermittlungs- und Kontaktstelle muss die Auswahl der Ausbildungsbetriebe so treffen, dass dem Berufswunsch der Interessent/innen entsprochen wird und die Wohnortnähe sichergestellt ist. Zudem sind Bewerber/innen und Betriebe zusammenzubringen; beide Seiten sollten aber frei entscheiden können. Die Vermittlung erfordert viel Organisationsgeschick, gute Kontakte in der Region und nicht zuletzt genügend zeitlichen Vorlauf.
- *Übernahme von fachinhaltlichen Anteilen/Prüfungsvorbereitung*
  Je nach Konzeption der Teilzeitausbildung übernehmen Träger auch die Vermittlung ausbildungsbezogener Inhalte in Form von begleitendem oder Blockunterricht. Sind die Träger in die Ausbildung eingebunden, bedarf es klarer Absprachen mit den Kammern, welche Anteile von welchem Lernort übernommen werden.

Das Konzept des Lernort-Verbundes erweist sich bei der Akquise von Ausbildungsplätzen in Kleinbetrieben als hilfreich, da diese zum Teil nicht die vollständige Ausbildung abdecken können und auf fachliche Unterstützung angewiesen sind. Gezielte Prüfungsvorbereitung ist ein zusätzliches Angebot, das von den Auszubildenden gerne genutzt wird.

- *Treffen der betrieblichen und berufsschulischen Ausbildungsverantwortlichen, Kontaktpflege*
  Der Bildungsträger kann ein Forum organisieren, damit sich die Betriebsvertreter/innen und Lehrkräfte an den Berufsschulen untereinander über ihre Erfahrungen austauschen. Treffen der Ausbildungsverantwortlichen dienen in erster Linie der Klärung offener Fragen oder auch Schwierigkeiten und unterstützen die Bereitschaft zur Beteiligung. Sie können auch Impulse setzen, um weitere Betriebe für eine flexibilisierte Form der Ausbildung zu interessieren. Generell ist die Kontaktpflege zu den beteiligten Betrieben und Berufsschulen sinnvoll, um einerseits in Konfliktfällen zu vermitteln und andererseits die Teilzeitausbildung im regionalen Kontext nachhaltig zu verankern.
- *Unterstützung der Absolventinnen/Absolventen beim Übergang in Beschäftigung*
  Damit der Übergang von der Ausbildung in Beschäftigung gelingt, ist die Unterstützung in Form von Bewerbungsschreiben, Zusammenstellen der Unterlagen, Gesprächsführung und Adressenlisten von Betrieben überaus sinnvoll.

Literatur

Bundesanstalt für Arbeit (2002): (Teilzeit-)Ausbildung für junge Mütter und Väter. Modellprojekte aus der Praxis. Informationen für die Beratungs- und Vermittlungsdienste. Heft 02/02. Nürnberg (darin enthalten: Eckpunkte für eine zeitmodifizierte Vollzeitausbildung des Ausschusses „Berufliche Bildung“ der Bund-Länder-Kommission)

Friese, Marianne/Fischer, Bernd/Piening, Dorothea/Pregitzer, Sabine (Hrsg.) (2003): Teilzeit in der Ausbildung – eine Herausforderung für die Reform der beruflichen Bildung. Dokumentation der Fachtagung am 19. März 2002 in Bremen. Bremen

Nader, Laima/Paul, Gwendolyn (2003): Ausbildung in Teilzeit. Eine Chance für junge Mütter. In: berufsbildung. Zeitschrift für Praxis und Theorie in Betrieb und Schule. Heft 82, S. 17–19

Nader, Laima/Paul, Gwendolyn/Paul-Kohlhoff, Angela (2003): An der Zeit – Zur Gleichzeitigkeit von Selbstständigkeit und Begleitung aus Sicht der Betriebe, der Berufsschulen und der Bildungsträger. Dortmunder Beiträge zur Sozial- und Gesellschaftspolitik. Bd. 48. Münster

Paul, Isabel/Zybell, Uta (2001): Emotionen als Störfaktor in der Berufsausbildung? Junge allein erziehende Mütter im Projekt JAMBA. In: berufsbildung. Zeitschrift für Praxis und Theorie in Betrieb und Schule. Heft 67, S. 16–18

Paul-Kohlhoff, Angela/Zybell, Uta (2003): Teilzeitausbildung als Reformperspektive für die duale Ausbildung – eine effektive Förderung der Integration von Frauen in die Berufsausbildung. In: Schlag, Thomas (Hrsg.): „Wenn die Schere auseinander geht …" Jugendberufshilfe, PISA und die Anforderungen der Dienstleistungs- und Wissensgesellschaft. Heidelberger Institut Beruf und Arbeit. Darmstadt, S. 141–149

Paul-Kohlhoff, Angela/Zybell, Uta (2002): Junge allein erziehende Mütter – geeignet für eine Berufsausbildung? In: berufsbildung. Zeitschrift für Praxis und Theorie in Betrieb und Schule. Heft 73, S. 13–15

Paul-Kohlhoff, Angela/Zybell, Uta (2001): Teilzeitausbildung. Eine Chance der Integration junger Mütter in die Berufsausbildung? In: Friese, Marianne u.a. (Hrsg.): Berufliche Lebensplanung für junge Mütter. Dokumentation der Fachtagung vom 17.–18. November 2000 in Bremen. Bremen, S. 45–60

Schaub, Günther (2001): Teilzeitausbildung für junge Frauen mit Kindern. In: Braun, Frank/Lex, Tilly/Rademacker, Hermann (Hrsg.): Jugend in Arbeit. Neue Wege des Übergangs Jugendlicher in die Arbeitswelt. Opladen, S. 120–125

Zybell, Uta (2003): An der Zeit – Zur Gleichzeitigkeit von Berufsausbildung und Kindererziehung aus Sicht junger Mütter. Dortmunder Beiträge zur Sozial- und Gesellschaftspolitik. Bd. 47. Münster

Uta Zybell

Erstausbildung in Teilzeit für junge Mütter

Ausgangsproblematik

Der Verein zur beruflichen Förderung von Frauen e.V. (VbFF) in Frankfurt/Main besteht seit 20 Jahren und hat langjährige Erfahrungen in der beruflichen Aus-, Fort- und Weiterbildung sowie der berufsorientierten Beratungs- und Bildungsarbeit für Mädchen und Frauen. Dabei sucht der Verein immer nach neuen innovativen Wegen, Methoden und Ideen, das bestehende Angebot zu modifizieren; dies immer mit dem Blick auf die Lebensumstände der Teilnehmerinnen bzw. der Besucherinnen des Vereins.

Das übergeordnete Ziel des Vereins ist, die Gleichstellung der Frau im Arbeits- und Berufsleben zu fördern. Daher gehören Geschlechterthemen grundständig zur Tradition des Trägers. Der Begriff des Gender Mainstreaming ist bisher in der Satzung nicht verankert.

Der Arbeitsbereich, der sich der Jugendberufshilfe zuordnen lässt, verfügt über eine differenzierte Angebotsstruktur. Diese zielt darauf ab, Mädchen und junge Frauen in ihrer Berufsorientierung, -planung und -ausbildung zu unterstützen. Die dort angesiedelte Beratungsstelle für Mädchen und junge Frauen wurde und wird von jungen Müttern aufgesucht, die auf der Suche nach Erwerbsmöglichkeiten immer wieder erfahren mussten, dass sie aufgrund ihrer fehlenden Erstausbildung keinen Zugang zum Arbeitsmarkt finden. Hinzu kommen die – antizipierten – Befürchtungen potenzieller Arbeitgeber, dass die jungen Mütter aufgrund ihrer Lebenssituation (beispielsweise bei Krankheiten der Kinder) „nicht zur Verfügung stehen“ und damit der betriebliche Ablauf sowie der Ausbildungsverlauf empfindlich gestört werden. Frühe Erziehungsverantwortung führt somit zu geschlechtsspezifischen Benachteiligungen, indem jungen Frauen allein aufgrund ihrer Lebenslage die Chance auf einen Ausbildungsplatz weitgehend verweigert wird. Die Erfahrung aber zeigt deutlich: Gerade junge Mütter verfügen über eine hohe Motivation, einer beruflichen Tätigkeit nachgehen zu wollen – dies auch unter dem Blickwinkel, den Lebensunterhalt für sich und ihre Kinder in Eigenregie zu sichern und damit auch einer möglichen lebenslangen Sozialhilfekarriere gegenzusteuern.

Das Projekt leistet einen bedeutenden Beitrag zur Herstellung der Chancengleichheit zwischen den Geschlechtern, indem es Benachteiligungen, mit denen die Personengruppe der jungen Mütter konfrontiert ist, durch die gezielte Förderung ihrer Integration in den Ausbildungsmarkt mindert. Die geschlechtsspezifisch unterschiedliche Problemlage wird berücksichtigt, indem eine zeitmodifizierte Ausbildungsform angeboten wird, sodass die Gleichzeitigkeit von Berufsausbildung und Erziehungsverantwortung möglich wird.

Konzeption

Das Projekt richtet sich an junge Mütter, die zu Beginn der Ausbildung das 27. Lebensjahr noch nicht vollendet haben, zumindest über einen Hauptschulabschluss verfügen, ohne abgeschlossene Berufsausbildung sind und die aus persönlichen Gründen keine Vollzeitausbildung absolvieren können. Die Teilnahme ist im Wesentlichen auf junge Mütter aus dem Arbeitsamtbezirk Frankfurt/Main und der Stadt Frankfurt begrenzt. Der Ausbildungsberuf der Bürokauffrau bietet breite Beschäftigungsfelder und im „Dienstleistungszentrum“ Rhein-Main-Gebiet reale Arbeitsplatzchancen. Um den jungen Müttern die Vereinbarkeit von Familie und Beruf zu erleichtern, wurde ein spezieller zeitlicher und organisatorischer Ausbildungsrahmen entwickelt. Es ist nicht beabsichtigt, die Zielgruppe auf junge allein erziehende Väter zu erweiten.

Die dreijährige Ausbildung zur Bürokauffrau findet innerhalb eines Lernort-Verbund-Systems in Teilzeit statt (d. h. 75 % der normalen Ausbildungszeit; tägliche Arbeitszeit 6 statt 8 Stunden, wöchentliche Ausbildungszeit 30 Stunden). Sie endet mit den Prüfungen bei der Industrie- und Handelskammer.

Im Lernort-Verbund-System erfolgt die Ausbildung an drei Lernorten: Die praktische Ausbildung erfolgt zu zwei Drittel im Kooperationsbetrieb und zu einem Drittel im Verein als „Stammbetrieb“. Die fachtheoretische Ausbildung erfolgt durch die Berufsschule und richtet sich nach den regulären Berufsschulzeiten (11–12 Wochenstunden). Die Auszubildenden erhalten die volle tariflich festgelegte Ausbildungsvergütung. Davon entfällt auf die Kooperationsbetriebe der monatliche Anteil von 200 Euro im 1. Ausbildungsjahr, 250 Euro im 2. und 300 Euro im 3. Ausbildungsjahr.

Der Verein führt das Projekt mittlerweile im fünften Ausbildungsjahr durch. Die Teilnehmerinnen der ersten drei Durchgänge haben ihre Ausbildung erfolgreich abgeschlossen.

Die insgesamt etwa 60 Teilnehmerinnen waren zu Beginn der Ausbildung zwischen 18 und 27 Jahre, die Kinder zwischen ein und elf Jahre alt. Knapp ein Drittel waren bzw. sind Migrantinnen, vorwiegend aus den Ländern Kroatien, Türkei, Spanien und Marokko.

Zur Durchführung der Maßnahme stehen jeder Ausbildungsgruppe eine Ausbilderin/Lehrerin sowie 1,6 Sozialpädagoginnen-Stellen zur Verfügung.

Mit der Initiierung des Projekts „Erstausbildung in Teilzeit für junge Mütter" sind folgende Ziele im beruflichen Bereich verbunden:

- jungen Müttern eine Erstausbildung zu ermöglichen, welche sich an deren Zeitbedürfnissen orientiert, eine Ausbildung in Teilzeit stellt dabei eine praktikable Lösung dar,
- die Akquise neuer – zusätzlicher – Ausbildungsplätze,
- neue Erkenntnisse im Hinblick auf die Möglichkeiten einer attraktiven und effektiven Ausgestaltung von Ausbildungsplätzen für die Zielgruppe zu gewinnen.

Folgende psycho-sozialen Aspekte spielen eine zentrale Rolle:

- jungen Müttern den Ausstieg aus der Sozialhilfe ermöglichen, damit sie mittelfristig ökonomisch unabhängiger werden,
- Ausgrenzung junger Mütter abbauen,
- Gruppe der jungen Mütter sichtbar machen,
- Steigerung des Selbstbewusstseins und des Selbstwertgefühls der jungen Mütter,
- Förderung, Vorbild für ihr Kind sein zu können.

Hinsichtlich der Lebensplanung gelten die übergeordneten Ziele:

- die eigene Lebensplanung in den Blick zu nehmen und eigenverantwortlich zu gestalten,
- auf verschiedenen Ebenen unabhängiger zu werden.

Bezogen auf den Genderaspekt steht das Anliegen, ein stärkeres Bewusstsein bei den Frauen hinsichtlich geschlechtsspezifischer Unterschiede in der Gesellschaft hervorzurufen, im Vordergrund. Durch Reflexion im Unterricht und bei der sozialpädagogischen Begleitung soll die Sensibilität in Geschlechterfragen gesteigert werden:

- Blick auf gesellschaftliche Zusammenhänge: Warum sind die Frauen in bestimmten Bereichen benachteiligt? Welche strukturellen Zusammenhänge liegen dem zugrunde? Gibt es eine geschlechtsspezifische Berufsorientierung? Welche Diskriminierungen erfahren insbesondere junge Mütter in der Berufswelt?
- Blick auf individuelle Verhaltensweisen: Inwiefern stützen die jungen Frauen eine geschlechtsspezifische Erziehung bei ihren

Kindern? Welches Frauen- und Männerbild haben die jungen Frauen selbst?

Der „Stammbetrieb"

Der Verein zur beruflichen Förderung von Frauen e.V. übernimmt im Rahmen des Projekts folgende Aufgaben:

- die Gesamtorganisation der Ausbildungsmaßnahme,
- die Koordination und Kommunikation zwischen den einzelnen Lernorten,
- die sozialpädagogische Betreuung der Auszubildenden,
- die Unterstützung bei der Organisation der Kinderbetreuung,
- die praxisnahe Vermittlung der vereinbarten Ausbildungsinhalte in Modulform,
- die Prüfungsvorbereitung der Auszubildenden.

Damit die Verkürzung der wöchentlichen Ausbildungszeit kompensiert werden kann, erfolgt der Teil der betrieblichen Ausbildung, welcher durch den Verein geleistet wird, in Modulform. Die Inhalte der Module orientieren sich an den Richtlinien des Ausbildungsplans sowie an Absprachen und Koordination der drei Lernorte.

Zu wichtigen pädagogischen Methoden zählt, dass der Unterricht möglichst handlungsorientiert stattfindet und die jungen Frauen an Fallbeispielen Praxis erlernen. Es wird insgesamt viel in Kleingruppen gearbeitet, sodass Gruppenarbeit, in der beispielsweise Teamfähigkeit geübt werden kann, zum zentralen Erfahrungsfeld wird. Darüber hinaus wird ein ganzheitlicher Ansatz verfolgt, d. h. die sozialpädagogische Begleitung ist nicht nur für die individuelle Problembewältigung da, sondern thematisiert auch Fragen aus den Bereichen Politik und Erziehung. Die Auszubildenden werden damit als „ganze Person" angesehen, die als Individuum immer in sozialen Bezügen stehen. Für die sozialpädagogische Arbeit gilt der Ressourcenansatz als handlungsleitend. Für jede Teilnehmerin wird ein individueller Förderplan aufgestellt, der regelmäßig durchgesprochen und fortgeschrieben wird.

Die „Kooperationsbetriebe"

Durch die Maßnahme werden neue – zusätzliche – Arbeitsplätze geschaffen. So sind 95 % der Ausbildungsstellen bei den Kooperationsbetrieben zusätzliche Plätze, die ohne das Projekt nicht existieren würden. Dabei erwies sich das Konzept des Lernort-Verbund-Systems gerade bei der Akquise von Plätzen in Kleinbetrieben als äußerst hilfreich. Viele der Betriebe haben bislang noch keine Erstausbildung durchgeführt oder konnten aufgrund des Spektrums der berufstypischen Tätigkeiten, die jedoch für eine Ausbildung grundlegend sind, keinen vollständigen Ausbildungslehrgang ermöglichen (z. B. bei der Auslagerung der Finanzverwaltung an ein Steuerbüro). Dies wird dann über die Ausbildungsmodule im Verein aufgefangen.

Umsetzung

Aufgrund der langjährigen Erfahrung des Vereins zur beruflichen Förderung von Frauen e.V. bestehen viele Kooperationen dementsprechend lange. Dies war u. a. auch für die Kammern, das Arbeitsamt und das Sozialdezernat der Stadt Frankfurt der Anlass, dieses Ausbildungsmodell in Zusammenarbeit mit dem Verein durchzuführen. Im Vorfeld wurden viele Arbeiten durch Vereinsmitarbeiterinnen geleistet, welche durch die Projektförderung nicht abgedeckt waren.

Das Projekt wird im Rahmen des Programms JAMBA (Junge allein erziehende Mütter in Berufsausbildung) vom Hessischen Ministerium für Wirtschaft, Verkehr und Landesentwicklung gefördert. Das Projekt wird mittlerweile durch den Europäischen Strukturfonds mitfinanziert. Zwei Drittel der Projektfinanzierung erfolgten durch die Arbeitsverwaltung und das Sozialdezernat Frankfurt. Kleinere Zuschüsse gibt es durch „ProRegion – Flughafenstiftung zur Förderung der beruflichen Bildung“.

Auswahl und Zugang zu den ausbildungsinteressierten jungen Müttern sowie den Kooperationsbetrieben waren und sind sehr arbeits- und zeitintensiv. Mittels zielgruppenbezogener Infobroschüren und Flugblätter werden Multiplikatorinnen in sozialen Einrichtungen und auch in Ämtern über das Projekt informiert. Zur Öffentlichkeitsarbeit zählt auch die Darstellung in diversen Fachgremien. Durch die Unterstützung des Verbandes allein erziehender Mütter und Väter werden Schnupperkurse für junge Mütter angeboten, die sich beruflich orientieren wollen. Inzwischen hat sich das Projekt in Frankfurt und Umgebung herumgesprochen, sodass weit mehr Interessentinnen an den Verein herantreten, als Teilnehmerinnen aufgenommen werden können. Vor Aufnahme in das Projekt werden Bewerbungsgespräche und ein Berufsanfängertest durchgeführt. Interessierte Frauen, die der Verein nicht in die Projektförderung aufnehmen kann (kein Schulabschluss, große sprachliche Defizite, keine

Plätze), werden entsprechend ihren beruflichen Fähigkeiten und Möglichkeiten beraten.

Der Förderzeitraum der Ausbildungsprojekte beläuft sich vom 1.9.1998 bis zum 31.8.2006 mit jeweils zwölf Teilnehmerinnen pro Ausbildungsdurchgang.

Damit das Projekt umgesetzt werden konnte, mussten folgende Voraussetzungen erfüllt sein:

- Büro-, Beratungs- und Unterrichtsräume stehen zur Verfügung,
- Auffinden von ausbildungsinteressierten jungen Müttern,
- Auffinden und Motivierung von Betrieben,
- Abstimmung der Ausbildungsinhalte und entsprechende konzeptionelle Entwicklung der (theoretischen) Ausbildungsmodule.

Inzwischen wurden die Ausbildungsmodule auf die Themen Teamtraining, Stressbewältigung, Zeitmanagement und Umgang mit Prüfungsängsten erweitert.

Die Reflexion über Geschlechterthemen findet während der gesamten Ausbildung statt. Schon beim Bewerben um einen Ausbildungsplatz erfahren die jungen Mütter die Benachteiligung als Erziehende. Auch beim Übergang in Beschäftigung ist ihre Rolle als Mutter wichtiges Thema, insbesondere was die Vereinbarkeit von Beruf und Familie anbelangt. Thematisiert wird dabei auch, dass Männern Fragen der Erziehungsverantwortung im Bewerbungsverfahren so nicht gestellt werden. Mangelnde öffentliche Kinderbetreuungsangebote und die Schwierigkeit der Alltagsorganisation sind bei der Reflexion des Geschlechterverhältnisses ebenso bedeutsam wie individuelle Gewalterfahrungen und Abhängigkeitsverhältnisse.

Die Akzeptanz des Gleichberechtigungsanspruchs ist bei den jungen Müttern insgesamt sehr hoch; die Identifikation mit einem stark feministischen Ansatz, der sich z.B. durch die Ausrichtung des Vereins allein auf Frauen manifestiert, ist unterschiedlich.

Im Verein werden generell nur Frauen eingestellt und diese müssen sich mit dem Ziel des Vereins, die Gleichstellung der Frau im Arbeits- und Berufsleben zu fördern, identifizieren. Da das Projekt in der Frauenförderung angesiedelt ist und lediglich Frauen im Verein beschäftigt sind, entfallen Maßnahmen eines „Gleichstellungscontrollings“. Die Genderkompetenz der Mitarbeiterinnen wird abgefragt. Es finden regelmäßig Fortbildungen zu Geschlechterthemen statt, von denen in den Teamsitzungen berichtet wird.

Die Umsetzung des Genderkonzepts im Projekt erfolgt im Wesentlichen durch die Ausrichtung auf die spezifische Gruppe der jungen Mütter. Dadurch dass es ein reines Frauenprojekt ist, erhält das Thema Frau-Sein, verbunden mit geschlechtsspezifischen Benachteiligungen auf vielen Ebenen großes Gewicht. Darüber hinaus wird auf die weibliche Form in der Sprache geachtet, um der Marginalisierung von Frauen sprachlich entgegenzuwirken.

Im Verlauf des Projekts haben sich konzeptionelle Veränderungen im Berufsangebot ergeben. Das ursprüngliche Angebot von drei Ausbildungsberufen (Fachkraft im Nahrungsmittelhandwerk, Einzelhandelskauffrau, Bürokauffrau) wurde mit Blick auf die Vermittlungschancen auf dem Arbeitsmarkt auf nur noch einen Ausbildungsberuf (Bürokauffrau) reduziert. Darüber hinaus entstand eine neue Projektidee aus der Tatsache heraus, dass sich viele junge Mütter beworben haben, die verheiratet sind, aber aufgrund der Förderbedingungen nicht aufgenommen werden konnten. Inzwischen wird die so genannte Kombi-Maßnahme im Verbund mit der Mädchenwerkstatt des Internationalen Bundes (IB) und der Starthilfe im Taunus (SiT) im zweiten Jahr durchgeführt. Die Projektkoordination liegt beim Verein zur beruflichen Förderung von Frauen e.V. Teilnehmen können junge Mütter bis 27 Jahre. Vor Aufnahme in das Projekt machen alle Teilnehmerinnen einen Berufsanfängerinnentest. Die Berufswahl ist frei, die jungen Frauen werden bei der Ausbildungsplatzsuche unterstützt. Der Ausbildungsvertrag wird nur zwischen Betrieb und Auszubildender abgeschlossen. Zehn Tage pro Jahr wird Blockunterricht für EDV, Schlüsselqualifikationen und Prüfungsvorbereitungen durchgeführt. 2002 konnten 18 junge Mütter in Ausbildung vermittelt werden, 2003 sind es 24. Das Arbeitsamt finanziert die Personal- und Sachkosten des Projekts sowie einen Zuschuss für schwervermittelbare junge Frauen für die Ausbildungsbetriebe.

Öffentlichkeitsarbeit findet in verschiedenen Arbeitskreisen (regional und bundesweit) statt. Gelegentlich erscheinen Artikel in regionalen Zeitungen und in Fachzeitschriften. Einmal gab es einen Rundfunkbeitrag. Zuweilen beteiligt sich das Projekt auch an Fachtagungen mit Infoständen und Infomaterial.

Die Evaluation des Projekts im Sinne der Verbesserung der Lebenssituation der jungen Mütter erfolgt mittels regelmäßiger Ausbildungsgespräche. Zu Beginn des Projekts wird ein ausführliches Aufnahmegespräch geführt, in dem die Lebenssituation der jungen Frau erhoben wird. Daraufhin wird ein Förderplan erstellt, der mindestens alle halbe Jahre fortgeschrieben wird. Regelmäßig werden dazu die Mitarbeiterinnen und Honorarkräfte zum Entwicklungsstand befragt, ebenso wie die Betriebe und Berufsschulen. Aufgrund dessen lässt sich ermitteln, wo Entwicklungen stattfanden und wo Defizite zu erkennen sind bzw. welcher Förderbedarf besteht. Über die Ergebnisse wird mit der Auszubildenden ein Gespräch geführt, das Zielvereinbarungen für das nächste halbe Jahr enthält. Am Ende der Ausbildung wird ein Abschlussgespräch geführt, das die gesamte Ausbildungszeit einbezieht.

Erfahrungen

Es hat sich gezeigt, dass die Auswahlkriterien des Vereins (mindestens Hauptschulabschluss, bestandener Eignungstest, positive Antworten auf die Fragen: Ist der Verein in der Lage, die Frauen zu begleiten? Wie hoch ist die Motivation der Frauen?) den tatsächlichen Bedingungen der Ausbildung am nächsten kommen. Von allen Lernorten und auch von den Müttern wird eine hohe Professionalität gefordert, was sich vor allem bei der Arbeitsverteilung in den Betrieben widerspiegelt. So können die Projektmitarbeiterinnen ein gesteigertes Selbstbewusstsein bei den Teilnehmerinnen beobachten. Die Mütter haben allesamt erkannt, dass „dies ihre letzte Chance ist, die sich ihnen bietet und der sie sich stellen und die sie vor allem nutzen wollen".

Erreicht werden konnte, dass alle Teilnehmerinnen, die die Ausbildung durchlaufen haben, diese auch erfolgreich abgeschlossen haben. Die Übergangsquote in Beschäftigung ist extrem hoch: Alle Absolventinnen, die eine Arbeitsstelle gesucht haben, waren dabei auch erfolgreich. Allerdings verschlechtern sich angesichts der Arbeitsmarktkrise gerade die Übergangschancen, wobei die jungen Frauen insgesamt recht anspruchsvoll hinsichtlich ihres Arbeitsplatzes sind. Hilfestellung beim Bewältigen der zweiten Schwelle bietet der Verein durch Bewerbungstraining und Unterstützung beim Erstellen der Unterlagen, auch wenn die Absolventinnen nicht mehr im Projekt sind.

Insofern hat sich das gleichstellungsbezogene Ziel erfüllt, die jungen Mütter beruflich zu qualifizieren und in Beschäftigung zu bringen. Nicht nur für die einzelnen Frauen konnten geschlechtstypische Benachteiligungen abgebaut werden, sondern auch die soziale Gruppe der jungen Mütter wurde bundesweit in den Blick genommen.

Ein bildungspolitischer Erfolg ist durch die wissenschaftliche Begleitung zu verzeichnen: Eckpunkte der Bund-Länder-Kommission empfehlen, eine zeitmodifizierte Berufsausbildung auch bundesweit anzuerkennen. Insgesamt bestand ein breites öffentliches Interesse an dem Teilzeitprojekt für junge Mütter, sodass aus dem gesamten Bundesgebiet Anfragen kamen und Besuche erfolgen.

Zu den Schwächen des Projekts zählt, dass der personelle Aufwand für Verwaltung, Betreuung der Auszubildenden und Unterricht vom

Geldgeber unterschätzt wird und daher der geplante Personalschlüssel schwer durchzusetzen ist. Insgesamt fehlen für eine intensivere Öffentlichkeitsarbeit die nötigen Ressourcen. Darüber hinaus ist es schwierig und sehr zeitaufwändig, Ausbildungsbetriebe für die jungen Frauen zu finden.

Die Weiterentwicklung des Projekts ist bereits durch die Einrichtung eines zusätzlichen Projekts vollzogen, das jungen Müttern unabhängig ihres Familienstandes offen steht und in dem das gesamte Berufsspektrum zur Verfügung steht. Allerdings fehlen für Mütter über 27 Jahre vergleichbare Ausbildungsprojekte. Dies ist durch die rechtlichen Rahmenbedingungen nicht möglich.

Fazit

Kennzeichnend für das hier vorgestellte Projekt „Erstausbildung in Teilzeit für junge Mütter" ist das für seine Umsetzung notwendige hohe Maß an Professionalität und Flexibilität aller Beteiligten.

Seitens des Projektträgers beziehen sich diese Anforderungen vor allem auf die Entwicklung und Umsetzung der Projektidee, auf die Auswahl und Beratung der Teilnehmerinnen und der Kooperationsbetriebe sowie auf Kooperation mit den Berufsschulen.

So sind die Stärken des Projekts auch seine Besonderheiten:

- Erstmals richtet sich eine Erstausbildung für junge Mütter nach deren Zeitbedürfnissen.
- Die dreijährige Ausbildungszeit wird in Teilzeit geleistet, d. h. in einer wöchentlichen Ausbildungszeit von 30 Stunden.
- Die Ausbildung erfolgt in einem Lernort-Verbund-System, d. h. an drei Lernorten: im Verein als „Stammbetrieb", in den Kooperationsbetrieben und in der Berufsschule.
- Diese Kombination hat ihre Vorteile auf mehreren Ebenen. Exemplarisch seien folgende genannt: Zum einen konnten zusätzliche Ausbildungsplätze geschaffen werden (95 %). Zum anderen ermöglicht die ständige Kooperation und Kommunikation der drei Lernorte eine praxisnahe und komprimierte Ausbildung, welche sich in den Ausbildungsmodulen und deren Inhalten widerspiegelt. Damit ist sichergestellt, dass eine Kürzung der wöchentlichen Ausbildungszeit nicht zu einer Kürzung der Ausbildungsinhalte führt.

Das Projekt hat sich in seiner Gesamtkonzeption bewährt, was nicht zuletzt sein fünfjähriges Bestehen und die hohe Erfolgsquote belegen. Es sollte in jedem Fall verstetigt werden. Vor allem sollten auch bundesweit Ausbildungsangebote für junge Mütter bereitgestellt werden. Dabei ist darauf zu achten, dass eine sozialpädagogische Begleitung installiert wird. Denn die Erfahrung zeigt, dass schätzungsweise vier Fünftel der jungen Mütter ohne eine kompetente Beraterin die Ausbildung abbrechen würden.

In Richtung Politik und Wirtschaft ist deshalb eine Weiterfinanzierung und Ausweitung solcher Ausbildungsprojekte sowie die Steigerung der Ausbildungsbereitschaft der Betriebe zu fordern. Darüber hinaus bedarf es dringend eines ausreichenden öffentlichen Angebotes an Kinderbetreuung mit flexibleren Öffnungszeiten.

Kontakt:
Verein zur beruflichen Förderung von Frauen e.V.
Frau Barbara Walzok
Taunusstr. 33–35
60329 Frankfurt/Main

Gwendolyn Paul

Familie und Ausbildung – Erstausbildung in Teilzeit

Ausgangsproblematik

Das Bildungswerk der Niedersächsischen Wirtschaft (BNW) gehört seit seiner Gründung (1969) zu einem der größten Bildungsdienstleister in Niedersachsen. Ziel des BNW ist es, Menschen in unterschiedlichen beruflichen Lebensphasen zu begleiten und praxisnah weiterzubilden. Das BNW setzt sich nicht schwerpunktmäßig mit Geschlechterthemen auseinander. Der Begriff „Gender Mainstreaming" bzw. „Chancengleichheit für beide Geschlechter" ist nicht im Leitbild des Trägers verankert und wird in Bezug auf das Projekt nicht angewandt.

Das Projekt ermöglicht jungen Müttern, eine Ausbildung in Teilzeit zu absolvieren und gibt ihnen damit die Chance, nicht dauerhaft von Sozialhilfe abhängig zu sein und Anschluss an das Berufsleben zu finden. Um zu gewährleisten, dass die jungen Mütter die gleichen Möglichkeiten auf dem Ausbildungsmarkt wie andere Jugendliche ohne Kinder erhalten und um ihrer spezifischen Lebenssituation gerecht zu werden, wird die Ausbildung in zeitreduzierter Form durchgeführt. Auf diese Weise leistet das Projekt aktiv einen Beitrag zur Herstellung von Chancengleichheit.

Ausgangslage für das Projekt war die Feststellung, dass es bisher in Oldenburg kein Angebot zur beruflichen Qualifizierung speziell für junge Frauen mit Kindern gab. Der Bedarf nach einem Angebot dieser Art wurde immer wieder von Sozialämtern, dem Arbeitsamt und der Beschäftigungsgesellschaft der Stadt Oldenburg „Stellwerk" thematisiert. Diese Ämter berichteten von zahlreichen Anfragen junger Mütter und großem Interesse an entsprechenden Angeboten. Das Vorläuferprojekt für das jetzige Angebot war eine Ausbildung in Teilzeit für Umschülerinnen, die bereits eine abgeschlossene Berufsausbildung hatten. Das derzeitige Projekt richtet sich an junge allein erziehende Frauen, die eine berufliche Erstausbildung absolvieren möchten.

Das Projekt wird durch den Europäischen Sozialfonds, durch Ländermittel und Gelder der Kommune finanziert.

Konzeption

Die Zielgruppe des Projekts sind junge allein erziehende Frauen bis 27 Jahre ohne berufliche Erstausbildung. Das Projekt richtet sich ausschließlich an Frauen.

Im zweiten Ausbildungsgang des Projekts gibt es keine Altersbegrenzung mehr und auch Mütter, die nicht allein erziehend sind, dürfen an dem Projekt teilnehmen. Die Veränderungen zielen darauf, die Zielgruppe zu erweitern. Die Bedingungen, dass die teilnehmenden Frauen Mütter sind und zuvor keine Berufsausbildung abgeschlossen haben dürfen, bleiben bestehen.

Der berufliche Bereich steht im Vordergrund des Projekts. Ziel des Angebots ist, junge Mütter in eine berufliche Ausbildung zu integrieren und damit langfristig ihre Selbstständigkeit und ihre Unabhängigkeit von öffentlichen Geldern zu fördern. In der Vorlaufphase spielen auch die Bereiche Lebensplanung und sozialpsychologische Aspekte eine wichtige Rolle. Und auch neben der laufenden Ausbildung werden die Frauen begleitet und bei Problemen in Betrieb, Berufsschule, in der Partnerschaft oder bei finanziellen Schwierigkeiten beraten und unterstützt.

Die Frauen werden während der dreijährigen Laufzeit des Projekts betreut. Die Betreuung der Frauen wird je nach Bedarf individuell gehandhabt. Die Mitarbeiterinnen halten Kontakt zu den beteiligten Betrieben und Berufsschulen. Es finden regelmäßige Treffen mit den Frauen statt, ferner ist der Träger ständiger Ansprechpartner bei allen auftretenden Problemsituationen. Der Träger organisiert zudem bei Bedarf Stützunterricht für die Frauen.

Im bisherigen Projektdurchlauf streben die Teilnehmerinnen die typischen „Frauenberufe“ an. Die jungen Frauen orientieren sich daran, in welchen Berufen auch nach der Ausbildung eine Teilzeitbeschäftigung möglich ist und wählen so Berufe, die als typisch für das eigene Geschlecht gelten (z. B. Büroberufe/Arzthelferin). Zudem gibt es im handwerklichen Bereich große Probleme, eine Teilzeitausbildung durchzusetzen, da diese Betriebe eine solche Ausbildung als schwer durchführbar einschätzen. Grundsätzlich wird eine Ausbildung in einem für Frauen typischen Beruf als der einfachere Weg angesehen. Sollte eine Teilnehmerin aber einen so genannten „Männerberuf“ anstreben, wird sie in ihrem Bestreben auch unterstützt.

Lernorte sind die ausbildenden Betriebe (derzeit 17) und Berufsschulen. Beim Träger wird bei Bedarf Stützunterricht angeboten, aber es werden keine eigenen Lerninhalte vermittelt.

Ein wichtiger Punkt, der dieses Angebot von anderen Angeboten mit derselben Zielgruppe unterscheidet, ist die Bezuschussung der

Betriebe durch den Träger. Die Betriebe erhalten einen monatlichen Ausbildungszuschuss von 580 EUR, sodass die anfallenden Kosten für sie wesentlich günstiger als bei üblichen Ausbildungsverträgen sind: Der Betrieb zahlt monatlich 580 EUR netto an die Auszubildende aus, beim Betrieb verbleiben die Kosten für die Sozialversicherungsanteile des Arbeitgebers und des Arbeitnehmers (ca. 300 EUR). Im neuen Ausbildungsgang werden nur noch 480 EUR monatlicher Ausbildungszuschuss an die Betriebe gezahlt, beim Betrieb verbleibt jetzt eine Aufwendung von ca. 400 EUR.

Mit der Berufsschule besteht ein ständiger Kontakt. Ansonsten gibt es keine fest installierten Kooperationsstrukturen, sondern es wird je nach individuellem Fall entschieden, welche Kooperationen sinnvoll und notwendig sind.

Umsetzung

Die Teilnehmerinnen des Projekts wurden vom Sozialamt und der Beschäftigungsgesellschaft der Stadt Oldenburg „Stellwerk“ vermittelt. Dort finden Informationsveranstaltungen über das Projekt statt. Das Konzept des Projekts wird zuvor von den Mitarbeiterinnen des Trägers beim Sozialamt und Arbeitsamt vorgestellt.

Zugangsvorrausetzung ist, dass die Frauen allein erziehend sind und keine abgeschlossene berufliche Erstausbildung haben. Nach der Vermittlung durch die Ämter finden beim Träger Auswahlgespräche statt; danach wird entschieden, welche Frauen an dem Projekt teilnehmen können.

Die angebotene Unterstützung durch den Träger während der dreijährigen Projektdauer sowie die Begleitung insbesondere zu Beginn des Projekts ist für viele Frauen eine wichtige Motivation, um den Einstieg in das Projekt zu finden. Des Weiteren gibt es einen finanziellen Anreiz, denn im ersten Ausbildungsjahr bekommen die Frauen etwas mehr als die reguläre Ausbildungsvergütung. Eine ganz wichtige Motivation ist zudem der Wunsch der Frauen, unabhängig vom Sozialamt zu werden.

Die Verweildauer im Projekt beträgt drei Jahre, maximal 3,5 Jahre. Im jetzigen Projekt gibt es 24 Plätze und derzeit 17 Teilnehmerinnen. Im nächsten Ausbildungsgang des Projekts gibt es 20 Plätze, zurzeit sind an der Vorlaufphase 40 Teilnehmerinnen beteiligt.

Veränderungen gibt es bezüglich des Projektbeginns: Während das gegenwärtige Projekt zu einem ungünstigen Zeitpunkt startete (Vorlaufphase im November 2002) und die Teilnehmerinnen im Februar 2003 ihre Ausbildung begonnen und so in das laufende erste Ausbildungsjahr einsteigen mussten, beginnt die Vorlaufphase des neuen Ausbildungsgangs im Mai 2003, sodass die Ausbildung regulär im September 2003 begonnen werden kann. Die Teilnehmerinnen beginnen ihre Benachteiligungen, die sich aufgrund ihrer frühen Mutterschaft für sie am Arbeitsmarkt ergeben, zu reflektieren. Die Themen Gleichstellungspolitik oder Gleichberechtigung der Geschlechter werden nur mühsam in Diskussionen aufgegriffen.

Für die Vorlaufphase des Projekts sind drei sozialpädagogische Mitarbeiterinnen eingestellt. Zusätzlich gibt es Honorarkräfte, die verschiedene Unterrichtsanteile übernehmen. Bei der Einstellung der Mitarbeiterinnen wurde darauf geachtet, dass Vorerfahrungen in anderen frauenspezifischen Maßnahmen vorhanden waren. Schulungen oder Workshops beim Träger, bei denen die Mitarbeiterinnen für den Gender-Mainstreaming-Ansatz geschult werden, gibt es nicht.

Der Träger hat einen zentralen Standort, sodass er mit öffentlichen Verkehrsmitteln einfach zu erreichen ist. Die räumlichen und technischen Vorraussetzungen für den Unterricht oder die Gruppentreffen sind beim Träger vorhanden. Der Träger unterstützt die jungen Mütter bei der Suche nach einer geeigneten Kinderbetreuung, zusätzliche Kinderbetreuungskosten können vom Träger übernommen werden.

Das Projekt beginnt mit einer Vorlaufphase über drei Monate, in der die Frauen sechs Stunden am Tag (30 Wochenstunden) intensiv geschult werden, um sie auf die Ausbildung vorzubereiten. Diese Vorlaufphase umfasst eine Unterrichtsphase über vier Wochen und eine Praktikumsphase über vier Wochen, die in den Betrieben stattfindet, in denen die Frauen danach auch ausgebildet werden. Die Praktikumsplätze werden von den Frauen eigenständig gesucht oder vom Träger organisiert, je nach individuellem Bedarf. Nach dieser Vorlaufphase beginnt in der Regel die reguläre betriebliche Ausbildung für die Frauen. Jeweils ein Betrieb bildet eine Frau aus, sodass bislang 17 Betriebe am Projekt beteiligt sind.

Eine konzeptionelle Änderung gibt es hinsichtlich der Finanzierung: Während die Frauen im ersten Ausbildungsgang aus dem Sozialhilfebezug herausgenommen wurden, verbleiben sie im zweiten dort, um ihnen das Beantragen von Geldern von verschiedenen Ämtern und den damit verbundenen Zeit- und Organisationsaufwand zu ersparen.

Um das Projekt bekannt zu machen, wurde ein Flyer erstellt, der an verschiedenen Orten ausliegt. Zu Beginn des Projekts wird seitens des Trägers eine Pressekonferenz veranstaltet. Das Projekt ist zudem im Internet vertreten.

Die Beurteilung der in der Konzeption angezielten Verbesserung der Lebenssituation erfolgt anhand von Erfahrungswerten bzw. Gesprächen mit den teilnehmenden Frauen. Die Erfahrungen aus dem ersten Ausbildungsgang fließen in den zweiten Durchlauf ein.

Erfahrungen

Das Ziel, jungen allein erziehenden Müttern die Möglichkeit zu geben, trotz ihrer frühen Mutterschaft eine Ausbildung zu absolvieren, wurde mit dem Projekt erreicht. Durch das Projekt wurde den Frauen die Chance gegeben, möglichst früh in eine Berufsausbildung einzumünden, sodass dies nicht erst in einer späteren Lebensphase (z. B. wenn das Kind älter ist) geschieht. Insofern wurden mit dem Projekt auch gleichstellungsbezogene Ziele erreicht, da diese jungen Mütter ansonsten kaum eine Chance auf dem Ausbildungsmarkt gehabt hätten. Die spezifische Lebenslage der jungen allein erziehenden Mütter fand besonders in der angebotenen Teilzeitausbildung Berücksichtigung, die ihnen die Vereinbarung von Berufsausbildung und Kindererziehung erleichterte.

Die anfangs sehr kritische und skeptische Haltung der Betriebe gegenüber der Klientel der jungen allein erziehenden Mütter konnte durch das Projekt verändert werden. Einige der beteiligten Betriebe konnten sich durchaus vorstellen, erneut eine junge Mutter als Auszubildende einzustellen. Hinsichtlich der Einstellung der Betriebe bezüglich dieser Personengruppe konnte also ein Abbau von geschlechtstypischen Benachteiligungen oder Vorurteilen geleistet werden.

Eine Schwäche des Projekts zeigte sich in der dreimonatigen Vorlaufphase des ersten Durchgangs. Die Frauen, die für das Projekt nicht geeignet waren, konnten vom Träger nicht an andere Stellen weitervermittelt werden, d. h. nach der dreimonatigen Teilnahme an der Vorlaufphase erfolgte für diese Frauen der Rückschritt zum vorherigen Status und in den Sozialhilfebezug. Dass für diese Frauen kein alternatives Angebot vorhanden war, erwies sich sowohl für den Träger als auch für die betroffenen Frauen als äußerst unbefriedigend.

Der erste Ausbildungsgang zeigte, dass der Anspruch der Maßnahme für einige der jungen Mütter zu hoch war und nur die jungen Mütter, deren Alltag gut organisiert und strukturiert war, in der Lage waren, erfolgreich das Projekt zu durchlaufen bzw. eine Ausbildung zu absolvieren.

Demzufolge wäre eine Erweiterung des Projekts in Richtung verschiedenster Vermittlungsaktivitäten für diejenigen Frauen, die (noch) nicht in eine betriebliche Ausbildung einmünden können, denkbar. Durch diese Weiterentwicklung des Projekts könnten auch diejenigen Frauen erreicht und vermittelt werden, welche den Anforderungen für das jetzige Projekt nicht gerecht werden.

Insgesamt hat sich die Gesamtkonzeption des Projekts bewährt, sodass eine Verstetigung des Projekts angestrebt werden sollte. Das Angebot der Teilzeitausbildung hat sich durchgesetzt und erscheint für alle an der Ausbildung Beteiligten praktikabel. Eine Übernahme dieses Ansatzes in anderen Städten oder Bundesländern wäre denkbar und sinnvoll.

Eine wichtige Forderung an Politik und Wirtschaft ist die Schaffung von mehr öffentlichen Kinderbetreuungseinrichtungen mit flexibleren Öffnungszeiten. Gerade für die jungen Mütter in Ausbildung ist es wichtig, über eine verlässliche, bezahlbare und den Arbeitszeiten angepasste Kinderbetreuung zu verfügen.

Kontakt:
Bildungswerk der Niedersächsischen Wirtschaft gGmbH
Frau Susanne Busche, Frau Beate Schlachter
Kanalstraße 23
26135 Oldenburg

Laima Nader

Teilzeitausbildung für junge Frauen mit Kind(ern)

Ausgangsproblematik

In unterschiedlichen Ausbildungsprojekten und durch die Ausbildung im Verbund werden strukturell benachteiligte junge Menschen durch die Jugendwerkstätten Heilbronn e.V. (JWS) darin unterstützt, eine berufliche Qualifizierung zu absolvieren. Die Jugendwerkstätten Heilbronn e.V. sind eine Einrichtung des Diakonischen Werkes Baden-Württemberg mit Tätigkeitsschwerpunkten in der Jugend- und Jugendberufshilfe.

Die Klientel der JWS hat durch unterdurchschnittliche Schulabschlüsse und soziale Beeinträchtigungen einen erschwerten Zugang zu einer Berufsausbildung. In diesen Tätigkeitsfeldern hat der Träger die Erfahrung gesammelt, dass junge Frauen mit Kindern es noch schwerer haben, einen passenden Ausbildungsplatz zu finden. Die strukturelle Benachteiligung der Frauen am Arbeits- und Ausbildungsmarkt wird kaum durch entsprechende Maßnahmen kompensiert. Junge Frauen werden, sobald sie Mütter sind, in Jugendhilfe- und Jugendberufshilfemaßnahmen kaum mehr berücksichtigt. Eine Ausbildung in Vollzeit zu absolvieren, war für sie bisher kaum möglich. Als einen der wichtigsten Gründe dafür wird eine unzureichende Kinderbetreuung identifiziert, die es den jungen Müttern erschwert, flexibel auf die Bedingungen des Ausbildungsmarktes zu reagieren. Außerdem verhindern unflexible Arbeitszeit- und Ausbildungszeitregelungen die Vereinbarkeit von Ausbildung und Erziehungspflichten, für die in den meisten Fällen noch immer die Frauen die Verantwortung tragen. Einen weiteren die Aufnahme der Ausbildung erschwerenden Faktor stellt der Migrationshintergrund dar. Oftmals kommen unzureichende Sprachkenntnisse hinzu, die den Frauen den Zugang zu einer Berufsausbildung verwehren, auch wenn die Kinderbetreuung gesichert und das soziale Umfeld intakt ist.

Die Erfahrungen aus zahlreichen Ausbildungsprojekten haben gezeigt, dass über geschlechtsspezifische Benachteiligungen in der Jugend- und Jugendberufshilfe nicht mehr hinweggeschaut werden kann. Der Genderansatz ist in den meisten Projekten konzeptionell verankert. Der Begriff des Gender Mainstreaming wurde mit der

Entwicklung des Projekts „Teilzeitausbildung für junge Frauen mit Kind(ern)" in das Leitbild des Trägers aufgenommen.

Die Ausbildung für junge Mütter bildet eine lebenslagenorientierte Erweiterung des bisherigen Angebotsspektrums in der Jugendberufshilfe. Ziel des Projekts ist es, adäquate Ausbildungsmöglichkeiten in Teilzeit für Frauen zu schaffen. Dies wird als Beitrag zur Chancengleichheit zwischen den Geschlechtern verstanden, denn den jungen Frauen mit Kindern wird eine bisher nur schwer zu realisierende Möglichkeit geboten, einen qualifizierten Berufsabschluss zu erlangen und somit ihre beruflichen Chancen auf dem Arbeitsmarkt zu verbessern.

Eine „Berufswunschorientierung" gilt bei den Mitarbeiterinnen der JWS als ein wichtiges Arbeitsprinzip bei der Umsetzung des Projekts. Für junge Frauen mit Kindern ist es besonders schwierig, einen Ausbildungsplatz in ihrem gewünschten Beruf zu bekommen – einerseits, weil sie aufgrund der Mutterschaft als eingeschränkt zur Verfügung stehende Arbeitskraft gelten und andererseits, weil starre Arbeitszeiten die Vereinbarkeit von Kindererziehung und Ausbildung fast unmöglich machen.

Im Rahmen der Ausbildungsoffensive des Diakonischen Werkes Baden-Württemberg wurde das Projekt „Teilzeitausbildung für junge Mütter mit Kind(ern)" als innovatives Projekt in der Jugendberufshilfe prämiert und erhielt eine finanzielle Förderung für die Laufzeit von drei Jahren. In diesem Zeitraum wurde das Projekt wissenschaftlich begleitet. Darüber hinaus verlängerte das Diakonische Werk die Finanzierung um ein Jahr, die im April 2003 endete.

Das Projekt erfuhr großen Zuspruch sowohl von den jungen Frauen als auch regional ansässigen Wirtschaftsunternehmen und der Öffentlichkeit. Es wurden daraufhin Anstrengungen unternommen, die Teilzeitausbildung für junge Frauen mit Kind(ern) möglichst als Regelangebot zu etablieren. Es wurde nach Finanzierungsmöglichkeiten gesucht, die ein kontinuierliches Angebot gewährleisten könnten. In Kooperation mit dem Arbeitsamt Heilbronn erfolgte die Vereinbarung, das Projekt aus den Mitteln der Arbeitsverwaltung über die Regelung des SGB III §§ 241ff. (Berufsausbildung in außerbetrieblichen Einrichtungen, BaE) als Pilotprojekt zu finanzieren. Die Kosten für die sozialpädagogische Begleitung sowie den Lohnkostenzuschuss für die Ausbildungsvergütung der Teilnehmerinnen wurden durch das Arbeitsamt Heilbronn übernommen.

Konzeption

Zielgruppe des Projekts bilden junge Frauen mit Kindern aus sozial benachteiligten Lebenslagen, die zu Beginn der Ausbildung nicht älter als 24 Jahre sein sollen und noch über keine berufliche Erstausbildung verfügen. Am Projekt nehmen überwiegend Frauen mit Sozialhilfebezug und mit „Jugendhilfekarrieren" teil. Das Durchschnittsalter der Teilnehmerinnen beträgt 20,5 Jahre, wobei die jüngste Teilnehmerin 17 Jahre alt ist. Ob die jungen Frauen verheiratet sind, allein oder mit einem Partner zusammenleben ist unerheblich, da jeder jungen Mutter unabhängig von ihrem Familienstand der Zugang zu einer Berufsausbildung ermöglicht werden soll. Obwohl ursprünglich das Projekt für junge Frauen mit Kindern entwickelt worden ist, wird die Ausweitung der Teilzeitausbildung auch auf junge Männer, welche die Hauptverantwortung bei der Erziehung ihrer Kinder übernehmen, angestrebt. Da es bisher noch keine Anfragen von Vätern gab, ist diese Idee konzeptionell noch nicht verankert.

Ziel ist die Schaffung von betrieblichen Ausbildungsmöglichkeiten im Dualen System in Teilzeit für junge Frauen mit Kindern (oder künftig auch für junge Männer mit Kindern), die noch keine Erstausbildung absolviert haben. Dadurch soll die berufliche Integration dieser Personengruppe verbessert und die Existenzsicherung durch Erwerbstätigkeit erreicht werden. Als Beitrag zur Geschlechtergerechtigkeit wird durch die Konzeption des Projekts das Ziel verfolgt, die Vereinbarkeit von Kindererziehung und Ausbildung zu erleichtern und somit den jungen Frauen mit Kindern mehr gesellschaftliche Partizipation zu ermöglichen.

Die Teilzeitausbildung erfolgt in einem anerkannten Ausbildungsberuf mit einer Reduzierung der wöchentlichen Ausbildungszeit auf 25 Stunden und einer kalendarischen Verlängerung der Gesamtausbildungsdauer auf vier Jahre. Die Ausbildung soll inhaltlich den vorgeschriebenen Ausbildungsordnungen folgen. Mit diesem Projekt soll besonders der integrative Ansatz verfolgt werden, d. h. es soll gezielt an der Verknüpfung und den Wechselbeziehungen von Qualifizierung/Ausbildung einerseits und Lebensbewältigung/Stabilisierung andererseits angesetzt werden.

Eine sozialpädagogische Begleitung während der Maßnahme soll sicherstellen, dass die beiden Lebensbereiche Beruf/Arbeitswelt und Kindererziehung bewältigt werden können und eine Verbesserung der Berufsaussichten und der Lebenssituation erreicht wird. Mit dem Ziel, das soziale Umfeld der Projektteilnehmerinnen besser kennen zu lernen, führen die Mitarbeiterinnen aufsuchende Sozialarbeit und

Einzelfallberatung in der häuslichen Umgebung durch. So wird den Sozialpädagoginnen eine bessere Einschätzung des Sozialraumes der jungen Mütter ermöglicht, um Lösungsansätze für die individuellen Problemlagen erarbeiten zu können. Der zentrale Ansatz der sozialpädagogischen Tätigkeit ist darum die Lebensweltorientierung. Es wird versucht, alle den Ausbildungsverlauf beeinträchtigenden Hindernisse zu identifizieren und für bestehende Probleme Lösungen zu finden, z.B. Wohnungssuche, Unterhaltsklagen. Die Mitarbeiterinnen des Projekts sind ebenfalls Ansprechpartnerinnen bei Erziehungsfragen. Sie geben den jungen Müttern Hilfestellungen in Bereichen, die die berufliche Ausbildung nicht unmittelbar betreffen. Die zentrale Voraussetzung für die sozialpädagogische Intervention ist der ausdrückliche Wunsch der jungen Frauen nach Unterstützung. Es wird nach dem ressourcen- und lösungsorientierten Ansatz vorgegangen, indem die angestrebten Ziele der Frauen in einem partizipativen Verfahren festgelegt werden. Dazu dient eine Betreuungsvereinbarung, in der die Schritte und die anzuwendenden Methoden gemeinsam erarbeitet und schriftlich fixiert werden. Nicht die Mitarbeiterinnen entscheiden, was wichtig und richtig ist, sondern die jungen Mütter selbst.

Im Unterschied zu anderen Ausbildungsprojekten, die im Angebot ganztägige Seminare und Projektarbeit verankert haben, finden in dem Teilzeitausbildungsprojekt solche zeitintensiven Phasen nicht statt. Für junge Mütter wäre das eine zusätzliche organisatorische, zeitliche und finanzielle Belastung, da für diese Gruppenangebote Kinderbetreuungsmöglichkeiten außerhalb der regulären Unterbringung gefunden werden müssten. Daher wurde für dieses Projekt die zeitaufwändigere und kostenintensivere Einzelbetreuung gewählt, die die besonderen Lebenslagen besser berücksichtigen kann.

Um das Gruppengefühl zu stärken und den gegenseitigen Austausch zwischen den Frauen zu fördern, werden im Projekt freizeitpädagogische Angebote offeriert, die ca. vierteljährlich und meistens gemeinsam mit den Kindern stattfinden. Die Konzeption des Projekts sieht vor, dass im Rahmen der Teilzeitausbildung keine Einengung auf frauentypische Berufe stattfindet. Dennoch werden die jungen Frauen nicht ausdrücklich in männlich dominierte Berufe gelenkt. Die meisten Teilnehmerinnen durchlaufen die Berufsberatung des Arbeitsamtes und kommen in das Projekt mit mehr oder weniger konkreten Berufswünschen, deren Realisierung dann beim Träger nach Möglichkeit unterstützt wird, insbesondere dann, wenn die Frauen eine geschlechtsuntypische Berufswahl getroffen haben.

In die Berufsausbildung sind Berufsschule und Betrieb als Partner des Dualen Systems eingebunden. Der Träger übernimmt die sozialpädagogische Begleitung und bietet den Stützunterricht als freiwilliges Angebot an.

Das Projekt konnte während seiner Laufzeit Kooperationsstrukturen ausbauen und festigen. Von zentraler Bedeutung war die Zustimmung der Kammern zur zeitmodifizierten Ausbildung. Als großer Fortschritt kann die Anerkennung der Teilzeitausbildung als Regelangebot bei der Handwerkskammer Heilbronn gewertet werden.

Fest installiert ist die Kooperation mit dem Arbeitsamt Heilbronn als Finanzträger. Gemeinsam mit dem Arbeitsamt erfolgten Absprachen bezüglich des Aufnahmeverfahrens, der Erfüllung der Zugangsvoraussetzungen und die Aufnahmeentscheidungen selbst.

Mit den ausbildenden Wirtschaftsbetrieben wird ein Kooperationsvertrag bzw. eine Ausbildungsvereinbarung geschlossen, in der alle ausbildungsrelevanten Modalitäten geregelt sind. In den Betrieben finden in regelmäßigen Abständen Beurteilungsgespräche statt, die der Prävention oder der Krisenintervention dienen. Die Betriebe nutzen ihrerseits das Angebot der sozialpädagogischen Begleitung beim Aufkommen von Problemen während der Ausbildung.

Weitere wichtige Kooperationspartner sind verschiedene Kindertagesstätten. Es werden regionale öffentliche Betreuungsangebote genutzt, die aber für die Abdeckung des Betreuungsbedarfs nicht ausreichen. Deshalb wurden die JWS Mitglied im Tageselternverein (Elterninitiative, die die Vermittlung der Tagesmütter übernimmt). Sie kooperieren ebenso mit dem Seniorenbüro und mit einer Beschäftigungsförderungsgesellschaft, die die Kinderbetreuung durch Erzieherinnen anbietet.

Umsetzung

Die Akquirierung der Teilnehmerinnen erfordert inzwischen keine Anstrengungen mehr. Zu Anfang des Projekts wurden alle Beratungsstellen (pro familia, Jugendhilfeeinrichtungen, Jugendamt, Sozialämter, Beschäftigungsförderungsgesellschaften, Bildungsträger usw.), deren Klientel u.a. junge Mütter sind, angeschrieben und über das Vorhaben informiert. Die Beraterinnen und Berater vor Ort, aber auch die potenziellen Teilnehmerinnen selbst haben den Kontakt zum Projekt aufgenommen.

Pro Ausbildungsjahrgang werden acht Ausbildungsplätze in Teilzeit angeboten, von denen sechs durch das Arbeitsamt finanziert werden. Momentan sind es 21 Frauen in vier Ausbildungsjahrgängen. Da die Aufnahmekapazität begrenzt ist, kann nur ein geringer Teil der 30 bis 50 Anmeldungen pro Jahr berücksichtigt werden. Viele der Bewerberinnen erfüllen entweder die Voraussetzungen nicht oder sie sind nicht ausreichend motiviert, um eine Ausbildung erfolgreich durchlaufen zu können. Aus der relativ hohen Anmeldequote ist ersichtlich, dass es keiner zusätzlichen Anstrengungen bedarf, um die jungen Frauen zur Teilnahme zu motivieren. Mit der Teilzeitausbildung kommt auf die Frauen mit Kindern eine belastende Situation zu. Sie müssen lernen, ihren Alltag zu strukturieren und zu organisieren und sie müssen genügend Motivation aufbringen, diese Belastung vier Jahre lang durchzuhalten. In den ersten Jahren gab es deshalb eine hohe Abbruchquote, da die Teilnehmerinnen wenig auf die auf sie zukommenden Belastungen und Problemlagen vorbereitet wurden. Auch die Projektmitarbeiterinnen konnten in den wenigen Aufnahmegesprächen mit den Bewerberinnen kaum einschätzen, ob die jungen Frauen in der Lage sind, die Berufsausbildung zu absolvieren. Dies hat sich seit der Einführung eines berufsvorbereitenden Lehrgangs geändert.

Die jungen Frauen erkennen ihre Benachteiligungen, die ihrer Meinung nach hauptsächlich durch die Mutterschaft bedingt sind. Während der Ausbildung verändert sich ihr anfänglich mangelndes Selbstvertrauen. Sie werden selbstbewusster und können ihre Rechte in der Gesellschaft besser artikulieren. Sie konstatieren mit dem gewonnenen Selbstvertrauen, dass sie jetzt „bessere Mütter" als vorher sind. Während der Ausbildung schwindet ihre Angst, im Betrieb nicht akzeptiert und in der Berufsschule in den Klassenverband nicht aufgenommen zu werden.

Im Projekt sind zwei Sozialpädagoginnen und eine Lehrerin beschäftigt. Die Entscheidung für weibliches Personal wurde bewusst getroffen, weil sich junge Frauen gegenüber weiblichen Mitarbeiterinnen offener verhalten. Eine Schulung oder andere Maßnahmen zur Aneignung der Genderkompetenz wurden bisher nicht durchgeführt. Die Mitarbeiterinnen beschäftigen sich fortwährend mit der geschlechtsspezifischen Problematik, da der Genderansatz die Basis des Konzepts bildet.

Bei der Umsetzung des Projekts ist es von zentraler Bedeutung, Rahmenbedingungen zu schaffen, die den jungen Frauen die Gleichzeitigkeit von Kindererziehung und Ausbildung ermöglichen. Das bedeutet, dass die Orte der Ausbildungsstätte, der Berufsschule und der Kinderbetreuung miteinander abgestimmt werden müssen, damit die Vereinbarkeit gelingen kann. Wichtige Kriterien dafür sind die Verkehrsanbindung und Mobilität, um damit die Fahrtwege möglichst kurz und den zeitlichen Aufwand dafür möglichst gering zu halten. In allen organisatorischen Fragen wie Kinderbetreuung oder

Finanzierung des Lebensunterhalt werden die Frauen vom Träger unterstützt.

Die Tätigkeiten im Projekt umfassen die Akquisition der Frauen sowie der Betriebe und die Vermittlungs- und Beratungsarbeit. Vor der eigentlichen Berufsausbildung besuchen die jungen Mütter sechs Monate lang eine berufsvorbereitende Maßnahme (Grundausbildungslehrgang) in Teilzeit. Ziel dieser der Ausbildung vorgeschalteten Maßnahme ist die Vorbereitung der jungen Frauen auf die zukünftige Ausbildung. Die Frauen haben hier die Möglichkeit, sich in gewünschten Berufsfeldern in Form von Betriebspraktika zu erproben, ihre Motivation und das Durchhaltevermögen sowie die Alltagsorganisation und die Trennung vom Kind in „Härtefallsituationen" zu testen. Der Grundausbildungslehrgang stellt ebenso die Voraussetzung im Rahmen der BaE-Richtlinien dar, um nach § 241ff. SGB III die Regelfinanzierung des Arbeitsamtes zu bekommen.

Diesem Grundausbildungslehrgang folgt entweder die berufliche Qualifizierung in einem anerkannten Ausbildungsberuf, oder es werden Alternativen gesucht wie z. B. das Nachholen von Schulabschlüssen oder eine weitere Berufswahlorientierung. Leider wird der Berufsvorbereitungslehrgang nicht auf die Ausbildung angerechnet, sodass die jungen Mütter insgesamt 4,5 Jahre im Projekt verweilen, was einem unverhältnismäßig hohen Zeitaufwand entspricht.

Zurzeit nimmt die sozialpädagogische Begleitung, gefolgt von Aufbau und Pflege der Kooperationsstrukturen zwischen den beteiligten Akteuren, eine wichtige Stellung ein. Außerdem nennen die Projektmitarbeiterinnen als eine ihrer wichtigsten Aufgaben die Öffentlichkeitsarbeit. Sie streben durch die öffentliche Bekanntgabe der Ergebnisse und Erfahrungen im Projekt die Etablierung der Teilzeitausbildung als Regelangebot für alle jungen Mütter an.

Seit Anfang des Projekts 1999 wurde die Konzeption ständig verbessert und den aktuellen Gegebenheiten angepasst. Im Laufe des Projekts hat sich eine Änderung bezüglich des Aufnahmeverfahrens der Teilnehmerinnen ergeben. Die Bewerberinnen durchlaufen die Berufsberatung des Arbeitsamtes, in der ihre (schulischen) Zugangsvoraussetzungen anhand eines psychologischen Gutachtens und die Berufswahl überprüft werden. Die Auswahl der geeigneten Teilnehmerinnen erfolgt in Abstimmung zwischen dem Träger und dem Arbeitsamt.

Die Lern-und-Spiel-Werkstatt ist eine weitere Neuerung im Projekt. Es wurde festgestellt, dass viele Auszubildende zu Hause unter erschwerten Bedingungen lernen müssen und eine Nachhilfe während der Ausbildung benötigen. Nachhilfestunden bedeuten aber eine zusätzliche Belastung für die Frauen, da die Kinderbetreuung für diese Zeit organisiert werden muss. Die Projektmitarbeiterinnen fanden eine adäquate Lösung, indem ein integriertes Angebot entwickelt wurde, das den Förderunterricht beim Träger umfasst und parallel dazu die Möglichkeit der Kinderbetreuung in den Räumlichkeiten des Trägers durch professionelles Personal anbietet. Diese Lern-und-Spiel-Werkstatt stellt den jungen Frauen einen geschützten Rahmen zu Verfügung, in dem sie sich der Ausbildung frei von Erziehungssorgen widmen können.

Das Interesse an einer Teilzeitausbildung äußerten auch Mütter, die älter als 24 Jahre waren. Sie konnten leider in diesem Projekt nicht berücksichtigt werden. Zusammen mit dem Arbeitsamt wurde für diese Frauen eine dreijährige Umschulung in Teilzeit entwickelt. Die Jugendwerkstätten Heilbronn e.V. verpflichteten sich durch einen Kooperationsvertrag, die sozialpädagogische Begleitung während der Umschulung zu übernehmen.

Leider sieht sich das Projekt in seinem Fortbestehen und seiner Etablierung als Regelangebot durch neueste Entwicklungen bedroht. Im Jahr 2003 konnte kein neuer Grundausbildungslehrgang gestartet werden, da die JWS dafür keine Folgefinanzierung vom Arbeitsamt erhalten haben. Die Entscheidung, ob im Jahr 2004 junge Mütter die Ausbildung in Teilzeit beginnen können, steht noch aus. Gegebenenfalls wird eine grundlegende Konzeptumgestaltung notwendig sein.

Die Öffentlichkeitsarbeit erfolgt durch die Präsentationen des Projekts bei überregionalen Bildungsträgern, durch die Presse und die Teilnahme der Projektverantwortlichen an Fachtagungen.

Die Indikatoren bzw. die Kriterien, die eine Verbesserung der in der Konzeption angestrebten Lebenssituation anzeigen, sind individuell und an die persönliche Situation angepasst. Die wichtigsten Kriterien sind das Absolvieren der Berufsausbildung und die stabile Finanzierung des Lebensunterhalts. Je nach individueller Lebenssituation und psychosozialen Bedingungen werden die persönliche Stabilisierung bzw. Verbesserung der Beziehungen zur Herkunftsfamilie sowie die eigene persönliche Entwicklung als Indikatoren für den Erfolg der Maßnahme einbezogen. Eine gelungene berufliche Integration und das Loslösen aus Abhängigkeitsverhältnissen (von Ämtern, Partnern) durch eigene Existenzsicherung ist das zentrale Ziel des Projekts. Da das Projekt wissenschaftlich begleitet wurde, stehen gesicherte Ergebnisse über den Erfolg der Maßnahme zur Verfügung, welche die Teilzeitausbildung in ihrer Konzeption bestätigen. Außerdem strebt der Träger an, im Rahmen des Qualitätsmanagements den Genderansatz auch in anderen Projekten zu implementieren.

Erfahrungen

Das Projekt „Teilzeitausbildung für Frauen mit Kind(ern)“ erfuhr großes öffentliches Interesse und konnte sich etablieren. Das vorrangige Ziel, jungen Müttern eine berufliche Ausbildung zu ermöglichen, kann für den ersten Projektdurchlauf als erreicht gelten: Mit großer Wahrscheinlichkeit werden alle Frauen aus dem ersten Ausbildungslehrgang ihre Ausbildung erfolgreich absolvieren. Außerdem sind während dieser vier Jahre persönliche Entwicklungsfortschritte bei den jungen Frauen erreicht worden, die neben dem Ausbildungsabschluss eine zentrale Intention der pädagogischen Arbeit darstellen.

Darüber hinaus hängt der Projekterfolg von den geschaffenen Rahmenbedingungen ab, um den Teilnehmerinnen die besten Voraussetzungen zur Erreichung des Ausbildungsziels zu ermöglichen. Das Konzept sieht eine Verlängerung der Ausbildung auf vier Jahre vor, welche gut angenommen wird. Dennoch kann sich der Träger vorstellen, die Ausbildung auf 3,5 Jahre zu reduzieren, da eine berufsvorbereitende Maßnahme von einem halben Jahr der eigentlichen Ausbildung vorgeschaltet ist. Im Einzelfall, nach der Prüfung individueller Voraussetzungen, wäre es auch möglich, die Ausbildung auf drei Jahre zu verkürzen.

Sehr schwierig war es, während des gesamten Projekts eine passende Finanzierung zu finden. Da kontinuierlich eine Abhängigkeit von unterschiedlichen Finanzgebern besteht, muss die Konzeption des Projekts an die durch die finanzierenden Institutionen vorgegebenen Kriterien angepasst werden.

Als problematisch hat sich ebenso die Finanzierung des Lebensunterhalts der jungen Mütter nach dem Bundessozialhilfegesetz (BSHG) erwiesen. Anfangs gab es eine Lösung über die Anwendung der Härtefallregelung nach § 26 BSHG in Ergänzung zur Berufsausbildungsbeihilfe (BAB). Leider wurde diese Regelung aufgehoben, sodass diejenigen, die eine Berufsausbildungsbeihilfe erhalten, z.Z. keinen Anspruch mehr auf ergänzende Sozialhilfe haben. Die jungen Mütter können ihren Lebensunterhalt mit lediglich anteilsmäßiger BAB und anteilsmäßiger Ausbildungsvergütung nicht bestreiten. Sie werden in manchen Fällen schlechter gestellt als mit dem Sozialhilfebezug. Es war notwendig, andere Finanzierungsinstrumente zu finden und den Lebensunterhalt über diese vier Jahre zu sichern. Schließlich konnte eine Regelung gefunden werden, die den Frauen, welche vorher Sozialhilfe bezogen, eine ergänzende finanzielle Hilfe zusicherte. Für diejenigen Teilnehmerinnen, deren Einnahmen durch Aufnahme der Ausbildung unterhalb des Sozialhilfesatzes lagen, mussten andere Lösungswege gefunden werden, z.B. durch die Familie oder über die Organisation „Menschen in Not“. Dies betraf ebenso die Kinderbetreuungskosten.

Die inhaltliche Konzeption des Projekts ist sehr umfassend und kann so beibehalten werden, wenngleich sie in ihrer Umsetzung anspruchsvoll und damit kostenintensiv ist. Künftig hängt es jedoch von den finanziellen Rahmenbedingungen ab, ob Abstriche und Veränderungen vorgenommen werden müssen. Auf jeden Fall bedarf die Organisation der Kinderbetreuung einer weiteren Entwicklung. Bisher wurden die öffentlichen regionalen Kinderbetreuungsangebote in Anspruch genommen, die jedoch nicht ausreichen. Angesichts der zurückgehenden Ausbildungsbereitschaft der Wirtschaft ist es auch für junge Mütter notwendig, arbeitszeitflexibel einsetzbar zu sein. Eine optimale und zuverlässige Kinderbetreuung stellt eine der wichtigsten Voraussetzungen für das Gelingen einer Ausbildung von jungen Müttern dar. Um adäquate Angebote bei Bedarf bereithalten zu können, werden weitere Kooperationen in diesem Bereich angestrebt. Dafür wird zurzeit eine Ist-Stand-Erhebung durchgeführt.

Als positiv kann die Kooperation mit den großen Kammern hervorgehoben werden. Anlaufschwierigkeiten gab es mit einigen freien Kammern. Alle anderen Akteure, wie Arbeitsverwaltung, Betriebe und Berufsschulen, zeigten von Anfang an Akzeptanz gegenüber dem Vorhaben. Die Kooperationsbereitschaft der beteiligten Akteure und Institutionen hat dazu beigetragen, dass Frauen ihre Ausbildung erfolgreich absolvieren können.

Positiv bewerten die Projektträgerinnen, dass den jungen Müttern während der Ausbildung eine Wiedereinstiegsoption gewährt wird. Diejenigen, für die die Belastungen zu hoch werden (z.B. psychosomatische Beschwerden), können ihre Ausbildung in der kritischen Phase unterbrechen und sie zu einem späteren Zeitpunkt fortsetzen.

Das Projekt hat mit seiner Konzeption sowohl in der breiten Öffentlichkeit als auch bei den betroffenen Frauen großen Zuspruch erfahren und sich über die vier Jahre bewährt. Für den Projektträger wären die Fortführung der Maßnahme mit einer geregelten und stabilen Finanzierungsbasis und die bundesweite Etablierung der Ausbildung in Teilzeit als Regelangebot wünschenswert. Von Wirtschaft und Politik wünschen sich die Projektinitiatorinnen, dass die starren Richtlinien, die bisher die Ausbildung bestimmen, flexibilisiert und den veränderten Bedingungen angepasst werden. Die Wirtschaft sollte innovative Ausbildungsprojekte initiieren, um ungenutzte Ressourcen freisetzen zu können. Die Politik ist gefordert, dafür die notwendigen Voraussetzungen zu schaffen.

Kontakt:
Diakonie Jugendwerkstätten Heilbronn e.V.
Frau Zimmermann
Wilhelmstr. 26
74072 Heilbronn

Verzeichnis der Autorinnen und Autoren

Bertram, Prof. Dr. Barbara
Am Amtsberg 16
06420 Rothenburg

Bohlen, Elise
IN VIA Deutscher Verband e.V.
Karlstr. 40
79104 Freiburg

Flesch, Claudia
IN VIA Deutscher Verband e.V.
Karlstr. 40
79104 Freiburg

Geiß, Bärbel
Am Lerchenberg 3b
97234 Reichenberg

Herwartz-Emden, Prof. Dr. Leonie
Universität Augsburg
Philosophisch-Sozialwissenschaftliche Fakultät
Universitätsstraße 10
86135 Augsburg

Hofmann-Lun, Irene
Deutsches Jugendinstitut e.V.
Nockherstr. 2
81541 München

Kolmer, Christine
Referat Erziehungshilfen/Mädchen- und
Frauensozialarbeit/Gender Mainstreaming
Internationaler Bund
Zentrale Geschäftsführung
Ressort Bildung und soziale Arbeit
Burgstraße 106
60389 Frankfurt/Main

Nader, Laima
Technische Universität Darmstadt
Institut für Allgemeine Pädagogik und Berufspädagogik
Fachbereich 3
Hochschulstr. 1
64289 Darmstadt

Paul, Gwendolyn
Technische Universität Darmstadt
Institut für Allgemeine Pädagogik und Berufspädagogik
Fachbereich 3
Hochschulstr. 1
64289 Darmstadt

Richter, Ulrike
Deutsches Jugendinstitut e.V.
Außenstelle Halle
Franckeplatz 1, Haus 12/13
06110 Halle

Schlottau, Heike
Jugendbildungsreferat
Nordelbisches Zentrum
Koppelsberg 5
24306 Plön

Steber, Corinna
Universität Augsburg
Philosophisch-Sozialwissenschaftliche Fakultät
Universitätsstraße 10
86135 Augsburg

Stockdreher, Petra
Zweiplus – Beratung, Entwicklung, Evaluation
Camerloherstr. 82
80689 München

Wagner, Barbara
Zentrum für Weiterbildung gGmbH
Trakehner Str. 5
60487 Frankfurt/M.

Wanzek, Ute
Gender-Institut Sachsen-Anhalt GbR
Ebendorfer Str. 3
39108 Magdeburg

Williges, Fabian W.
Bundesvereinigung Kulturelle Jugendbildung e.V. (BKJ)
Projektbüro Leipzig
Sternwartenstr. 4
04103 Leipzig

Zybell, Dr. Uta
Technische Universität Darmstadt
Institut für Allgemeine Pädagogik und Berufspädagogik
Fachbereich 3
Hochschulstr. 1
64289 Darmstadt